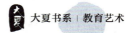

大夏书系 | 教育艺术

青少年
心理辅导方略

吴增强 / 编著

华东师范大学出版社
·上海·

图书在版编目（CIP）数据

青少年心理辅导方略／吴增强编著．—上海：华东师范大学出版社，2025.
— ISBN 978-7-5760-6116-1

I. G444

中国国家版本馆 CIP 数据核字第 2025SV1064 号

大夏书系｜教育艺术

青少年心理辅导方略

编　　著　　吴增强
策划编辑　　李永梅
责任编辑　　薛菲菲
责任校对　　杨　坤
装帧设计　　奇文云海·设计顾问

出版发行　　华东师范大学出版社
社　　址　　上海市中山北路 3663 号　邮编 200062
网　　址　　www.ecnupress.com.cn
电　　话　　021-60821666　行政传真 021-62572105
客服电话　　021-62865537
邮购电话　　021-62869887
地　　址　　上海市中山北路 3663 号华东师范大学校内先锋路口
网　　店　　http://hdsdcbs.tmall.com/

印 刷 者　　北京密兴印刷有限公司
开　　本　　700×1000　16 开
印　　张　　26.5
字　　数　　424 千字
版　　次　　2025 年 6 月第一版
印　　次　　2025 年 6 月第一次
印　　数　　2 100
书　　号　　ISBN 978-7-5760-6116-1
定　　价　　88.00 元

出 版 人　　王　焰
（如发现本版图书有印订质量问题，请寄回本社市场部调换或电话021-62865537联系）

目录

contents

preface

在人的一生发展历程中，青少年时代是个体身心加速发展的一个特殊时期。在这个时期，不论是个体的智力，还是情感、意志和自我意识等方面，都比童年期有着质的变化。心理学家常常称这一时期为"动荡的青春期"。青少年时期之所以动荡不安，是因为他们经历着以前所未有的速度来临的生物学上的成熟变化，同时主观和客观又对他们自身提出了不少社会化要求，如独立性、改善与同伴和成人的关系、教育和职业的准备等。除了应付这些发展变化，青少年还在为达到自己的同一性，即回答"我是谁"这个古老的问题而奋斗。他们将经历从未成年走向成年人的关键时期，他们是明天的公民，肩负着推动社会进步和传承人类生命与文明的使命。正因为如此，青少年心智健康成长一直是我长期关注的课题。

我从事儿童青少年心理发展与辅导的研究与实践 30 多年。20 多年前写的《当代青少年心理辅导：向成熟发展的科学》一书，开启了我对青少年心理发展与辅导的系统思考。那本书虽然获得全国教育科学优秀成果奖，但是我总觉得理论联系实践不够。于是，十几年前我写了《青少年心理辅导：助人成长的艺术》一书，通过理论结合实例的方式，围绕青少年心理健康发展的重要议题展开。该书自 2013 年 11 月出版后，多次印刷，受到广大读者的欢迎。但我后来感觉这本书里面的理论居多，对青少年成长过程中主要心理困惑的辅导策略方法偏少，相关辅导案例也偏少。本书是我在对前两本书的总结与反思的基础上写成的，其中我还吸取了之前出版的《班主任心理辅导实务（中学版）》中的精要，即典型案例、专业分析、辅导建议的撰写思路，力图将心理辅导的科学性、艺术性、有效性和可读性融为一体。作为前几年出版的《儿童心理辅导：孩子一生幸福的基石》的姐妹篇，本书是一本通俗易懂、可学可做的青少年心理辅导著作。本书特点如下：

1. 系统构架了青少年心理发展与辅导的主题和内容。围绕青少年学习、生活、社会交往和生活适应，从青少年自我发展与辅导、情绪发展与辅导、青春期心理辅导、学习心理辅导、人际交往辅导、生命教育、生涯辅导和休闲生活辅导等方面进行论述，涵盖了青少年成长的主要方面。通过对青少年成长过程中的重大主题的探讨，进一步理解他们的内心世界，为广大教育工作者和家长在帮助青少年心理健康成长时提供专业指导建议。

2. 注重青少年心理发展的循证研究资料的分析，为青少年心理辅导提供科学依据。我在撰写和查阅文献的过程中发现，近 20 年来有关青少年心理健康发展的研究报告与论文频频发表，在广度和深度上都有很大的进展，这大大丰富了本书各章节内容的论述，帮助我把心理学相关研究结论转化为广大教师和家长可以读懂、理解的教育与辅导策略。

3. 精选辅导案例，为青少年心理辅导的可操作性和有效性提供实践范例。我一直强调心理辅导是一门应用心理学科，能为学校心理工作者、教育工作者和家长提供解决青少年心理困惑的理念、方法与技术，是一种"临床"的工作实践。事实上，教师在教育教学实践、家长在家庭教育中，都在有意无意地运用心理学的理论与方法。从这个意义上讲，每个教师和家长都是一个朴素的心理学家。我在阅读和引用相关辅导案例时，为这些老师和专业工作者的辅导能力和精神所感动，也想把他们的经验介绍给广大读者，希望大家能够从中得到启发。当然，任何一个辅导案例都不可能是十全十美的，总会有不足之处。"理论是灰色的，生命之树常青"，理论很重要，但是对于教育实践而言，广大教师和家长更加需要通过丰富的实践智慧来加深对理论的理解。

4. 突出积极心理取向和发展性心理辅导的精神。本书一方面对青少年常见的心理和行为辅导有专章论述，另一方面也突出了对积极心理品质、乐观进取生活态度与方式的探讨。比如，生命的价值与意义，心理韧性、自我效能的培养，和谐人际交往、生涯辅导和休闲生活辅导等。每个人都经历过青少年时代，这是孩子逐步摆脱对家庭的依赖，心理上迈向独立的第一步。他们有许多成长中的需求希望得到满足，有许多内在的禀赋希望得到开发和实现。发展性心理辅导强调心理辅导与学校教育的目标是一致的。柏拉图告诉我们，教育的目的是让学生的心灵走向真善美；泰戈尔提示我们，教育的目的是让学生的生命和谐发展。心理健康教育的最终目标在于使每个学生身体、心理和精神世界和谐发展。

5. 关注新媒体时代对青少年成长的挑战。当今世界，技术发展日新月异，青少年通过各种信息技术手段可以非常便捷地获取大千世界的多元化信息。信息的多元化也影响着他们的价值观念和行为方式。技术是一把双刃剑，青少年可以在移动社交媒介中获取更丰富的课外知识，通过朋友圈、微信公众号等平台展示自己的爱好、才能和特长等，但社会不良信息的传播，也会干扰他们对生活意义、生命价值的理解。其中，新媒体对青少年成长的消极影响，应该引起教育工作者和家长足够的重视。

本书共分九章，各章主要内容简述如下：

第一章主要论述社会变迁与青少年发展、青少年心理健康、青少年心理发展特点以及青少年心理辅导的主要目标与任务等内容。强调在动荡的青少年时期，社会环境的变化对青少年成长的积极影响和消极影响并存，青少年心理健康应引起全社会关注。心智健康成长，是青少年一生幸福的基石。

第二章主要讨论青少年出现自卑心理、自负心理、依赖性人格倾向和完美主义心理时的辅导策略。青少年只有拥有健全的自我，才会拥有健全的人格。

他们在学习、社会交往和生活适应等方面会遇到困难和挫折，会面临各种各样的压力，由此而产生自卑心理、自负心理、依赖心理和完美主义心理等是可以理解的。青少年时期的自我与人格还在发展，具有可塑性，对这些自我与人格发展困惑的辅导，恰恰是青少年成长的契机。

第三章主要讨论青少年出现学习焦虑、社交焦虑、抑郁情绪和逆反心理时的辅导策略。青少年面临个体身心发展和学业、交往、社会适应等方面的双重挑战，随之而来的情绪困扰也会增多，这是青少年心智逐渐走向成熟的正常现象。对这些方面的辅导，一方面能帮助学生调整认知、改变行为，增加内在积极的资源，提高心理自助能力；另一方面能优化学校教育和家庭教育环境，给学生健康情绪发展以积极的支持。

第四章主要讨论青少年遇到体像烦恼、异性交往和性别角色等问题时的辅导策略。青春期的学生面临的诸多困惑和烦恼，大的来自内心成长的需求，这些伴随着性生理发育而来的性心理变化，促使青少年逐渐走向成熟。帮助青少年解决青春期的体像烦恼，可以让他们更好地悦纳自己；引导他们进行健康的异性交往，是对他们爱的能力的培养；帮助青少年建立健康的性别角色认同，有利于他们建立自我同一性。

第五章主要讨论青少年出现学习倦怠、拒学行为和学业拖延时的辅导策略。学习倦怠、拒学行为和学业拖延的共同点是缺乏学习动力，对学习缺乏热情和信心，学习行为怠惰。但是这三类问题的表现特点、形成原因不尽相同，因此，辅导策略各有侧重。

第六章主要讨论生命教育的价值与意义、生命教育的实践路径，同时辅以丧失与哀伤、自我伤害、自杀预防与干预的辅导策略。生命教育的目的，是既要让学生敬畏生命，使他们认识到生命的神圣与可贵，又要让学生在自己的生命历程中，在解决自己成长的困惑与烦恼中，体验和感悟生命的精彩。比如，丧失与哀伤辅导就是希望青少年在面对逝去的生命时，能尽快处理好自身的哀伤情绪，从中体会到生命的可贵、生活的美好。自我伤害辅导就是要青少年用乐观的生活态度、积极的应对方式，去面对学习、生活和社会中的种种挑战。对青少年轻生现象的心理危机预防和干预，需要学校、家庭及社会专业力量的协同工作，其目的是让每个学生都能够珍爱生命、活得幸福。

第七章主要讨论青少年出现同伴交往问题、亲子关系问题、攻击性行为时的辅导策略。与人和谐相处是青少年发展和社会化的一个核心任务。在当今多元化的社会，尤其需要关怀、尊重、宽容、理解和合群等优秀品质与为人处世之道。帮助青少年积累这些积极的人生经验，使其成为他们终身受用的精神财富。同伴关系、亲子关系是青少年成长过程中最重要的人际关系，这些人际关系构成了青少年最重要的情感支持系统。攻击性行为是一种破坏性力量，不利于青少年的学习、生活和社会交往。青少年攻击性行为辅导应着眼于预防。同时，对欺凌者和受欺凌者也需要进行心理辅导，以帮助他们回归到健康的人际交往活动中。

第八章主要讨论生涯辅导理论的发展，生涯辅导的目标、任务与实施策略，生涯探索与决策，生涯适应力培养和生涯混沌理论的启示。生涯辅导是帮助学生认知生涯、体验生涯、探索与决策生涯的过程，实现学生生涯发展目标的辅导活动。青少年生涯辅导不仅仅是为了应对高考改革，从更长远的视角看，是为了每个学生的终身发展。面对当今职业世界变幻莫测的发展，生涯发展的不确定性在增加，需要个体对可预测的生涯任务、所参与的生涯角色与面对生涯变化或不可预测的生涯问题时有足够的应对能力。青少年生涯适应力，是其今后职业生涯发展的基本能力。

第九章主要讨论青少年的休闲辅导、财商与消费辅导、网络沉迷辅导策略。休闲生活辅导着眼于从社会文化变迁的视角，帮助青少年在纷繁变化的世界里，不迷离自我，让他们体验生活情趣、拓展灵性，从而逐步走向成熟。财商教育不仅是帮助青少年学会理财、学会消费，更重要的是培养青少年的理财观念，普及理财与投资知识，以及理财智慧和能力。网络沉迷辅导主要是帮助沉迷网络的学生回归正常的学习生活。休闲生活辅导的宗旨是让青少年拥有精彩纷呈、青春飞扬的幸福生活。

本书得以写成，我要感谢 30 多年来在儿童青少年心理健康教育领域与我合作的同事和一线的心理老师、班主任，以及我工作室的伙伴们。没有他们扎实的研究成果和鲜活的实践案例，难以写成此书。也感谢华东师范大学出版社北京分社社长李永梅对我的长期支持与鼓励，感谢责任编辑薛菲菲精心细致的编辑，使得本书特色更加凸显、阅读更加顺畅。

希望广大教育工作者和家长能够喜欢这本书，也希望大家多提意见，以便今后不断改进和完善。

吴增强

2025 年 2 月于上海

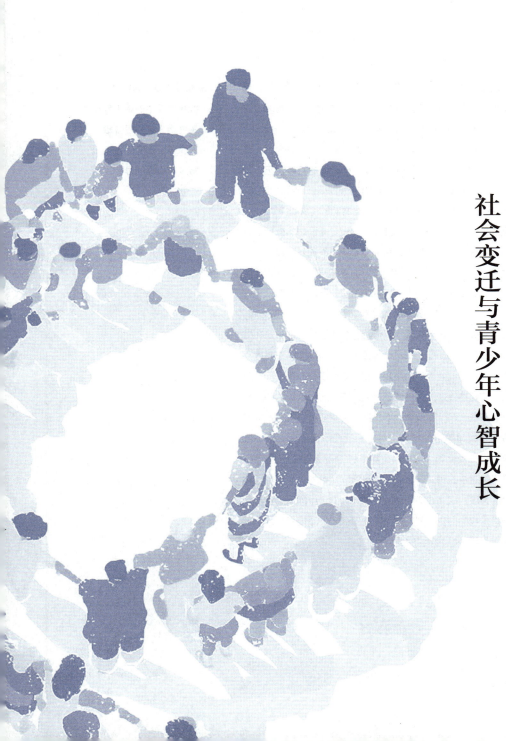

第一章　社会变迁与青少年心智成长

不论哪一个时代，青少年永远是值得社会关注的一代。青少年阶段是人的一生中最具有活力和变化的阶段，"恰同学少年，风华正茂"。美国心理学家埃里克森（Erikson）曾经说："在任何时期，青少年首先意味着各民族喧闹的和更为引人注目的部分。"青少年之所以值得关注，是因为他们将经历从未成年走向成年的关键时期，他们是国家的未来、民族的希望，肩负着推动社会进步、传承人类生命与文明的使命。

全球化背景下，中国社会变迁使得青少年面临的外部世界变得日益复杂。其一，社会文化环境影响，往往是积极因素与消极因素并存。一方面，人类核心价值观的趋同化，如关于自由、平等、民主、公正的观念，以人为本、不同文明对话、和谐共处的理念等，对学生现代性人格的形成产生积极的影响；另一方面，面对文化多元化，我们的社会主流价值体系正在处于艰难的重建阶段，享乐主义、拜金主义、极端个人主义等不良思想在社会上占有一定的市场。特别是数字化时代，移动互联网和社交媒体传播的各种信息扑面而来。这些积极的和消极的信息混杂在一起，导致部分学生道德观念模糊、道德选择能力下降，产生道德价值危机。其二，社会阶层分化、人口流动、家庭结构变化等，使得青少年成长的环境变得复杂多变，且极具不确定性。例如，流动儿童、留守儿童的生存状态日益受到社会关注。因此，如何理解处于社会变迁中的青少年，如何走进青少年的内心世界，如何帮助青少年健康成长，是当下教育工作者需要迫切探讨的课题。

本章讨论以下问题：
- **社会变迁中的青少年发展**
- **关注青少年心理健康**
- **青少年心理发展特点**
- **青少年心理辅导概述**

社会变迁中的青少年发展

青少年的心理和行为发展，往往是个体与社会环境交互作用的结果。班杜拉（Bandura）的社会学习理论认为：从社会认知的观点看，个体的行为既不是单由内部因素决定，也不是单由外部刺激控制，而是行为、个人的认知和其他内部因素、环境三者之间交互作用所决定的。因此，探讨青少年的心路发展历程，既要考察青少年发展的个人内在因素，更要考察社会环境对青少年发展的影响。

｜ 动荡的青少年时期 ｜

在人一生的发展历程中，青少年时代是个体身心加速发展的特殊时期。在这个时期，不论是个体的智力，还是情感、意志和自我意识等方面，比之童年期有一种质的变化。历史上不少学者对青少年有过各种各样的评论，不过批评多于赞扬。比如，亚里士多德曾抱怨青少年是"暴躁的、易发脾气的、易于为冲动所驱而失去控制"。柏拉图曾经劝告男孩，不到 18 岁不准喝酒，因为他们容易激动，"火上不能再加火"。美国心理学家霍尔（Hall）把青少年时期称为"风暴和紧张"时期，他认为青少年在身体、心理和情绪方面都蕴藏着极大的潜能。

青少年时期之所以动荡不安，是因为他们经历着以前所未有的速度来临的生物学上的成熟变化，同时主观和客观上又对他们自身提出了不少社会化要求，如独立性、改善与同伴和成人的关系、教育和职业的准备等。除了应付这些发展变化外，青少年还在为实现自我的同一性，即回答"我是谁"这个古老的问题而奋斗。由此可以想象，青少年处于多种冲突和矛盾的交叉点上，压力与挑战并存，迷茫与想望并存。正如我国著名心理学家杨国枢所说："在人生的各个阶段，青少年时期是最叫人忧虑的。这个阶段之所以令人担忧，主要是由于个体发展上存在两种现象：一是儿童时期适应不良所积累下来的问题，到了青少年时期便会表现得更加明显与严重；二是青少年期是个体从儿童期过渡到成人期的关键阶段，在追求独立与建立自我的过程中，常会发生特殊的适应困难。这两种倾向相聚相激的结果，遂使青少年在生活与行为上易于碰到问题。"

其实，动荡、冲突和危机并不仅仅发生在青少年时期。埃里克森把人生的发展分为八个阶段，任一时期的身心发展均与前一时期有关；前一时期发展顺利者，将有助于后一时期的发展。在人生的每一阶段，都是发展的"危机与转机"共存。不过，每个阶段的特点各不相同。青少年时期的主要冲突是同一性形成和对角色认知的混乱。有着强烈自我同一性的青少年，往往把自己看成独立的、独特的个体。这个"个体"认为自我是与其他分离的，又是自我统一的，是一个人的需要、动机、反应模式的整合。青少年在同一性形成的过程中常常会出现一些不适应问题，我们可称之为同一性危机。它表现为对自我和自己的生活方式感到困惑、难以认清自己的角色和地位、自我评价较低、道德观念不够成熟、难以承担责任、容易冲动而缺乏自制、思维缺乏条理等。

｜ 了解青少年内心的需求 ｜

人本主义心理学大师马斯洛的需求理论指出，人的需求是多层次的，有基本需求，包括生理需求、安全需求，还有高层次的精神需求，包括归属与爱的需求、尊重的需求和自我实现的需求。因此，青少年的内心需求也是丰富的、多层次的，他们需要安全感、依恋感和归属感，需要自尊和对理性的追求。教师和家长只有了解孩子的需求，认真倾听他们的心声，才能走进孩子的内心世界，帮助他们健康成长。

事实上，在家庭教育中，父母常常忽视青少年内心的想法和诉求。请听下面这位中学生的心声：

妈妈，请给我一点空间

　　我已经上七年级了。你开始更加关注我的情况了。我也有自己的小秘密、自己的空间了。你开始翻我的日记、查我的手机，这真的令我很反感。你也许是为了我好，也许是为了更加了解我，但这并不是我所希望的。我们也为此吵过。每个人都有自己的隐私，我也一样。请尊重我的隐私好吗？请给我一点空间好吗？

　　青少年时期，心理发展的最大特点是自我的觉醒，独立性日趋增强。他们需要有自己的空间和边界，其心理开放性与闭锁性并存。他们对同龄的知心伙伴是开放的，而对不理解他们的成年人是闭锁的。上例中的这位妈妈没有征得孩子的同意，就翻看孩子的日记和手机，打破了与孩子相处的合适边界，侵犯了孩子的隐私，孩子自然很反感，这会引起亲子冲突和青少年逆反心理。

　　教师和家长应怎样鼓励学生？表扬是不是多多益善？成年人的鼓励需要艺术，不能空洞，不能虚浮其辞，而要诚恳、真切，否则效果就适得其反。请看下例。

老师的鼓励为什么让他无动于衷 [①]

　　小玲对文老师说："班主任最近总说一些鼓励我的话，但我听着总觉得很奇怪。"文老师好奇地问："班主任对你说了些什么话？""就说'你是有潜力的''你还是很棒的''你要加油啊''老师很喜欢你'之类的话，我觉得他说这些话只是为了哄我，说话时皮笑肉不笑的，目的性很强，我也说不好那是一种什么感觉，就觉得有点假。"小玲回答道。文老师听后更加奇怪了，找机会问了小玲的班主任。班主任叹了一口气，说："小玲成绩不好，纪律更差，最近闹着不肯读书了。家长着急，天天打电话问我，我也是没办法，就想着多哄哄她，多鼓励她，但我估计这些都没有用，因为她的心思根本就不在学习上。"

---

① 彭玮婧，胡宓：《用"心"育人——中小学教师心理健康教育指导手册》，高等教育出版社，2023年，第65页。

文老师这才明白，当教师不能真诚地表达想法时，学生的心里其实很明白，他们都能感觉出来，这样的沟通不仅毫无意义，而且很可能会让学生反感。

教师对学生的期望能否转化为其积极的愿景和行动，关键在于如何让学生感受到。从下例中我们就会发现，有时教师的一个期待的目光也能够产生积极的激励效应。

用心传递积极的期望[①]

陈老师收到目前就读于北京航空航天大学的王天宇同学的来信，信中有一段话让他既感到意外，也备受鼓舞。王天宇在信中说："陈老师，您还记得吗？有一次您在课堂上提到中国被'卡脖子'的核心技术，我还记得您当时的神情，有些失落，有些不甘，有些无奈，但又充满希望。当时您在讲到芯片时，将期望的目光投向了我，从那一刻起，我就决定，我要去北京航空航天大学研究芯片，我这辈子要和芯片死磕到底。"

陈老师为什么在谈到芯片时会将目光投向王天宇？他正是通过用心观察和日常沟通，了解到王天宇心怀国事，并且对科学研究特别感兴趣，所以才会在说到芯片问题时无意识地将目光投向他。就是这一次目光交汇，让王天宇感受到了陈老师对他的期望，坚定了自己未来的发展方向，立志要考上北京航空航天大学，最终梦想成真。

┃ 社会环境变化与青少年发展 ┃

世界上唯一的不变就是"变"。我们处于社会变革的大时代，我国改革开放40多年来，社会变迁不仅带来经济持续高速增长，同时也引起中国社会广泛而深刻的改变，包括社会结构、社会价值观念和生活方式的变化等。社会环境的

[①] 彭玮婧、胡宓：《用"心"育人——中小学教师心理健康教育指导手册》，高等教育出版社，2023年，第79-80页。

急剧变化也给青少年发展带来巨大的挑战，产生重要的影响。

城市化进程对青少年成长的影响

城市化进程带来了人口的大流动，大量农民工涌入城市，为我国现代化建设作出了积极贡献，但也带来了流动儿童和留守儿童教育的问题。有报告发现，留守儿童的家庭教育和学校教育存在如下问题：一是留守儿童问题的根源来自家庭结构的拆分和亲情的缺失。将未成年子女留在户籍地是大多数流动父母迫不得已的选择，而留守带来的最大问题是孩子不能与父母保持日常的、近距离的沟通和交流。尽管多数留守儿童和外出父母有比较稳定的电话等沟通，但是从沟通频率和内容上看，仍然存在较多问题。二是留守儿童在不同学段的受教育机会远低于全国平均水平。[①]

升学与学业压力对青少年发展的影响

随着社会竞争的加剧，学生面临的升学与学业压力日趋加重，其心理健康问题、负性情绪问题也逐年增长。桑标等人认为，负性学业情绪对个体发展具有很大的负面影响，除了不利于学习，这些由超负荷的学业挑战情境（over-challenging situation）导致的负性情绪会让学生产生学业倦怠感。家长和教师过高的期望则在某种程度上加剧了学生的考试焦虑情绪。另外，当学生习惯性地对学业压力事件作出较高的威胁性评估时，他们会产生较高的威胁感、偏低的正性情绪体验、较差的考试表现。在关注由各种学业压力导致的负性学业情绪对青少年发展及其心理健康的作用时，人们可看到社会发展对个体发展的巨大作用，以及社会变迁对人们生活各方面至关重要的影响。[②]

---

① 段成荣等：《城市化背景下农村留守儿童的家庭教育与学校教育》，载《北京大学教育评论》，2014年第3期，第18—23页。
② 桑标、邓欣媚：《社会变迁下的青少年情绪发展》，载《心理发展与教育》，2010年第5期，第549—550页。

新媒体时代的冲击与挑战

在信息化时代，各类 App、微信等促使青少年非常便捷地获取大千世界的多元化信息。青少年的视野随之开阔了，社会交往的空间也扩大了，而信息的多元化又影响着他们的价值观念和行为方式。

移动社交网络是新媒体时代的技术载体，网红现象则是伴随而来的社会现象。下面将重点讨论移动社交网络和网红现象，以及网络对于青少年社会化的影响。

移动社交网络

随着互联网技术的深入发展和移动智能终端的快速普及，移动社交网络呈现出一种爆炸式增长的景象。它涵盖了信息获取、交流沟通、娱乐消遣、商务交易等方面，给人们带来了极大的便利。移动社交网络也成为人们的一种生活方式，尤其受到年轻人的喜爱。[1] 中国互联网络信息中心（CNNIC）2024 年 8 月发布的第 54 次《中国互联网络发展状况统计报告》显示，截至 2024 年 6 月，中国网民规模达 10.9967 亿，青少年（10~19 岁）网民已达 1.5 亿。

移动社交网络就是指在移动设备上所使用的传统社交媒介以及专门为移动设备所开发的具有社交功能的软件，如手机短信、社交网站、微博、手机 QQ、微信等。王伟等人对青少年的移动社交媒介行为进行研究，发现他们在移动社交媒介上的主要行为是交流互动和展示自己，其次是为了信息获取，娱乐消遣的行为则较低。[2] 姜永志等人的研究结论与前者大致相同，其发现青少年移动社交网络使用动机依次为信息获取、关系维持、娱乐消遣、情感支持、自我展示

---

[1] 吕楠：《"互联网+"时代移动 APP 对青少年发展的影响探析》，载《新西部（理论版）》，2016 年第 24 期，第 153 页。

[2] 王伟、雷雳：《青少年移动社交媒介使用行为的结构及特点》，载《心理研究》，2015 年第 5 期，第 61 页。

和避免焦虑。其中，主要动机为信息获取和关系维持。[①] 唐静就移动社交网络对青少年自我控制的影响进行了调查，发现移动社交网络在不断改变他们思想观念和行为方式的同时，也给青少年自我控制的五个维度，即自觉性、坚持性、计划性、冲动抑制性和自我延迟满足带来了一定的积极和消极影响。具体来说，移动社交网络对青少年自我控制的积极影响主要体现在自觉性和计划性两个方面，消极影响主要体现在坚持性、冲动抑制性和自我延迟满足三个方面。[②]

可见，技术是一把双刃剑，青少年可以在移动社交媒介上获取更丰富的课外知识，通过朋友圈、微信公众号等平台展示自己的爱好、才能和特长等；但社会不良信息的传播，也会干扰他们对生活意义、生命价值积极的理解。例如，一些貌似不具价值倾向的"中立"信息，打着缓解压力、放松身心的幌子，如看星座、算命运、测未来，使得一些青少年迷失自我、不思进取；一些网络游戏如"过关赢金币""通关拿大奖"，使得一些青少年留恋其中、玩物丧志；一些低俗的"造星"运动铺天盖地，使得一些青少年急功近利、贪功求名；一些突发事件被谣言左右，使得一些青少年因难以辨别信息真伪，而采取了非理性的行为表达。[③]

网红现象[④]

"网红"文化是大众文化的一个现象。现在，大众文化借助网络传播逐渐成为主流文化。"网红"文化对青少年的负面影响之一，是虚浮的"媒体奇观"使青少年失去对现实生活的主体判断。以视听刺激为主要表现形态的"网红"文化，借助高度发达的自媒体传播，打造了一个声势浩大的"媒体奇观"。"媒体奇观"的概念来自美国学者道格拉斯·凯尔纳（Douglas Kellner）。他认为"媒

① 姜永志等：《青少年移动社交网络使用动机调查》，载《中国青年社会科学》，2017 年第 1 期，第 93–94 页。
② 唐静：《移动社交网络与青少年自我控制的关系研究》，载《华中师范大学研究生学报》，2017 年第 1 期，第 126 页。
③ 简雪娟、林辉：《自媒体时代青少年价值观的培育机制探析》，载《教育评论》，2018 年第 3 期，第 100–101 页。
④ 孙晓蓓：《从"网红"大火现象谈互联网时代青少年的主体性危机》，载《当代青年研究》，2017 年第 2 期，第 46 页。

体奇观"是指"那些能体现当代社会基本价值观、引导个人适应现代生活方式，并将现代社会中的冲突和解决方式戏剧化的媒介文化现象。"一些网红、段子手发布的内容，大多是现代社会中的矛盾话题，如贫富差距、男女关系、明星八卦等，这也是即将步入成人世界的青少年所要面对的问题。"网红"文化以嘲弄、吐槽的方式将复杂问题简单化，表达能够得到青少年认同的观点或态度。"媒体奇观"构造是以形象为中介，人们通过视觉化的中介物来认识世界，而"网红"就充当了中介物的角色，它可以让青少年沉迷在"媒介奇观"中，失去了对现实世界判断的主体性。

负面影响之二，"网红"文化的泛娱乐化影响青少年的审美底线。调查发现，"网红"大多处于大众认知评价的两端，要么是"审美"，要么是"审丑"。"美"的"网红"是指能以个人的奋斗经历传播正能量，给予青少年教育、鼓舞和激励；"丑"的"网红"则是靠出位与夸张的言行消费自己，吸引他人眼球，给予青少年更多的是感官的刺激和消遣娱乐的无聊心理。而当前的"网红"以后者居多，这也是泛娱乐化造成的后果。在以资本为驱动的"网红"经济链中，受众数量决定着"网红"的吸金能力，由此引发了各大"网红"运营平台的激烈竞争，导致"网红"文化过度泛滥，娱乐至死现象颇为严重。为了迎合大众尤其是青少年的文化趣味和审美口味，"网红"群体制作和传播的内容并没有较高的传播水平，更多的是什么赚钱、什么能吸引受众，就上什么内容。青少年的社会阅历尚浅，越是能满足窥私、猎奇等原始欲求的内容越能吸引其关注，于是越来越多浅薄和庸俗的节目内容不断消解青少年的接受程度与审美底线。

网络对青少年社会化的影响

赵慧慧从网络对青少年社会化的影响方面提出如下观点[1]：

第一，青少年社会化受到网络工具特性的影响。青少年社会化的重要组成部分是学习知识、培养能力。网络作为青少年学习的工具，内容丰富，传播速度快，使青少年的学习变得更加便捷。但是也对青少年的学习产生了负面影响，

---

[1] 赵慧慧：《现代化视角下青少年社会化的困境及对策》，载《山西青年》，2019年第1期，第11页。

主要表现在以下三个方面：首先，网络信息的大量传播，使青少年的学习效率下降；其次，网络工具理性的特征，影响了青少年人文精神的学习，还可能消解他们关于传统的、艺术的和伦理的意识；最后，网络模式化的思维方式影响了青少年创造性思维的发展。

第二，青少年社会化受到网络媒体特性的影响。网络作为一种信息传播的媒体，它的公开性、不可控性的特点突破了传统媒体对信息的限制，使传统的传播原则如"正面宣传""突出主旋律"等受到挑战。这就使青少年社会化具有早熟的特点。此外，其公开性的特点使暴力、色情等网络垃圾泛滥，这对青少年健康成长产生了严重不良的影响。

同时，父母作为青少年社会化主要执行者的地位下降。当网络作为工具在青少年社会化过程中发挥作用时，网络成为青少年接收外部信息和接受社会教化的主要途径。这影响了青少年和父母之间的沟通与交流，使青少年和父母产生了隔阂，从而影响青少年的健康成长。

第三，青少年社会化受到网络虚拟特性的影响。首先，网络虚拟的特征为人们提供了变换角色的机会，提供了实现梦想的机会，但是其虚拟特征也很容易影响意志薄弱的个体。青少年心理发展不成熟，很容易受到网络虚拟性的影响而沉溺其中。其次，网络社会具有无规范性和匿名性的特征，影响了青少年健康人格的形成。在现实生活中，人们普遍受到道德规范的约束，并将其内化。网络的匿名性特征使青少年群体缺乏规范意识，从而影响了青少年人格的形成。最后，网络上的沟通与互动和现实中的沟通与互动存在差异，长期沉溺于网络使青少年人际交往能力弱化。

关注青少年心理健康

面对青少年心理发展的需求和社会环境带来的挑战，青少年心智健康成长越来越引起社会各界的关注。自 2002 年教育部颁布了《中小学心理健康教育指导纲要》以来，全国各地中小学心理健康教育得到有力推动。后来，国家相关部委又连续出台了多份文件，如 2016 年 12 月 30 日，国家 22 部委联合印发《关于加强心理健康服务的指导意见》；2018 年 11 月，国家 10 个部门联合印发《关于印发全国社会心理服务体系建设试点工作方案的通知》等。它们都把儿童青少年心理健康服务作为重要的一个部分。特别是 2023 年 4 月，教育部等 17 个部门联合印发了《全面加强和改进新时代学生心理健康工作专项行动计划（2023—2025 年）》，其中明确提出心理健康教育的目标旨在"培育学生热爱生活、珍视生命、自尊自信、理性平和、乐观向上的心理品质和不懈奋斗、荣辱不惊、百折不挠的意志品质，促进学生思想道德素质、科学文化素质和身心健康素质协调发展，培养担当民族复兴大任的时代新人"，将儿童青少年心理健康发展提到国家发展战略的高度。

青少年心理健康不容乐观

青少年处于人生中重要的"动荡期"，会出现许多心理健康问题。有学者认为，青春早期到中期是一个特别重要的健康或者问题调整的过渡阶段。物质滥用、危险性、暴力、意外伤害和心理健康问题都只是一些主要的使青春期成为一个特别易感阶段的问题。[①]

2013 年，上海学生心理健康教育发展中心对本市 4.5 万多名中小学生心理健康与发展状况进行了调查。本次调查发现，与 2006 年相比，小学生心理健康问题有所减少，初中、高中学生心理健康问题有所上升（见下图）。[②]

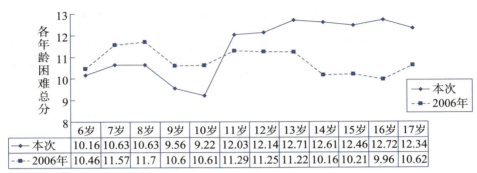

	6岁	7岁	8岁	9岁	10岁	11岁	12岁	13岁	14岁	15岁	16岁	17岁
本次	10.16	10.63	10.63	9.56	9.22	12.03	12.14	12.71	12.61	12.46	12.72	12.34
2006年	10.46	11.57	11.7	10.6	10.61	11.29	11.25	11.22	10.16	10.21	9.96	10.62

中小学生心理健康问题状况

小学阶段学生的心理问题相比中学生有所减少，可能有多种原因，其中"就近入学，取消升学考试"是一个重要因素。也就是说，小学生学业压力没有中学生重。相对来说，小学的课程比较丰富，给孩子不少活动的空间。而到了中学，由于升学压力，学生学习负担明显增加，因而引起中学生心理问题有所增加。

中国人民大学俞国良教授带领团队对 2010—2020 年有关中小学生心理健康调查的 1135 篇文献进行了元分析，得到如下表所示的结果（只罗列了部分）。[③]

不同阶段学生心理问题检出率统计表

心理现象	焦 虑	抑 郁	睡眠问题	攻击行为	自我伤害	自杀意念
小 学	12.3%	14.6%	25.2%	4.1%	—	—

① 埃里克·J. 马什、戴维·A. 沃尔夫：《异常儿童心理（第 3 版）》，徐浙宁、苏雪云译，上海人民出版社，2009 年，第 27 页。
② 吴增强等：《上海各级各类学生心理健康与发展调查报告》，2015 年（内部报告）。
③ 俞国良、何妍：《中小学生心理健康问题检出率及教育策略》，载《中小学心理健康教育》，2023 年第 4 期，第 5—9 页。

| 初　中 | 27.0% | 24.0% | 17.0% | — | 22.0% | 17.0% |
| 高　中 | 26.3% | 28.0% | 23.0% | — | 22.8% | 17.1% |

由上表可见，初高中学生焦虑和抑郁情绪问题的检出率均较高，17.0% 的初中生和 23.0% 的高中生睡眠不足；初中生和高中生的自我伤害行为均超过五分之一；17.0% 的初中学有过自杀意念。这些数据也从侧面反映了为什么近年来青少年危机事件居高不下。因此，青少年心理健康问题不容乐观，亟待寻求解决之道。

｜ 青少年心理健康问题成因简析 ｜

青少年心理健康问题日趋严重，究其原因，是个体因素与环境因素交互作用的结果。

基因与环境相互作用

多年前，科学家就提出了基因和环境相互作用的假说，即"素质—应激模式"。该假说认为，个体会以多基因的方式遗传获得某种特性或者行为倾向，然后在某种应激条件下被激活。每种遗传就是一种素质，也就意味着会产生某种障碍的易感性。这个假设被卡斯皮（Caspi）等人所进行的一系列非常严密的研究所证实。他们对于基因和早期环境相互作用引起成年期抑郁做了长达 23 年的追踪研究，得到如下结论：（1）两个长基因的个体比两个短基因的个体能够更好地应付应激；（2）短对偶基因者比长对偶基因者，在经历了至少 4 次应激事件后，发生抑郁的可能性高出一倍；（3）在短对偶基因者中，童年受到创伤和虐待的，比没有受到虐待的，到成年后发生抑郁的可能性高出一倍以上（63%:30%）；（4）长对偶基因者，童年时的应激经历与成年时抑郁发生率没有显著相关（均为30%）。[1]

儿童焦虑的发展路径

关于儿童焦虑障碍的成因分析，有学者提出一个可能发展路径：有着先天焦虑和恐惧倾向的儿童，感觉到这个世界是不安全的，可能会发展成对焦虑的心理易感性。这种心理易感性，一方面源于基因影响和产前环境引起儿童行为抑制的气质，而对抑制性儿童的家庭养育方式的过度保护和过度控制，会增加儿童的心理易感性。对9~12岁患焦虑障碍的儿童与其家长的互动展开观察的研究发现，患儿的家长更多地被评价为很少给儿童自主性；而儿童给父母评价时则认为他们的接纳度更小。另一方面，不安全依恋可能是儿童焦虑障碍出现的另一个危险性因素。研究发现，患焦虑障碍的母亲自身常有不安全依恋，而80%的这类母亲的孩子也有不安全依恋。依恋关系矛盾的孩子更容易在儿童期障碍。在应激源出现之后，儿童的焦虑和回避会持续很久，甚至在应激源已经和青春期被诊断为焦虑消失后依然存在。下图是一个简化的模型，因为不同类

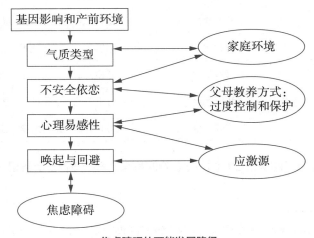

焦虑障碍的可能发展路径

① David H. Barlow, V. Mark Durand:《异常心理学（第四版）》，杨霞等译，中国轻工出版社，2006年，第39—40页。

型的焦虑障碍的发展路径应该是不同的，甚至那些相同的焦虑障碍对于不同儿童而言，其发展路径也是不同的。①

由上述模型可见，儿童心理和行为问题的成因是复杂的，是多重因素交互作用引发的。尽管儿童抑郁和焦虑障碍的成因有所不同，但总体来说，这些心理问题是和家庭教育环境、遗传因素、个体的气质类型、情感依恋和身体发育等因素的相互作用紧密联系的，而大多数情况是后天环境对个体发展的影响，这就为解决儿童的心理和行为问题提供了科学的病因学解释。

｜ 学生发展核心素养与心理品质 ｜

当前，基础教育改革都在关注 21 世纪核心素养。北京师范大学林崇德教授的研究团队研制了中国学生发展核心素养（如下表）。②

中国学生发展核心素养体系表

方　面	要　素	要　点
文化基础	人文底蕴	人文积淀、人文情怀、审美情趣
	科学精神	理性思维、批判质疑、勇于探索
自主发展	学会学习	乐学善学、勤于反思、信息意识
	健康生活	珍爱生命、健全人格、自我管理
社会参与	责任担当	社会责任、国家认同、国际理解
	实践创新	劳动意识、问题解决、技术运用

有学者梳理了国际上 29 个核心素养的框架，整合出 18 个条目（见下表）。③

---

① 埃里克·J.马什、戴维·A.沃尔夫：《异常儿童心理（第3版）》，徐浙宁、苏雪云译，上海人民出版社，2009年，第260—263页。
② 李雪、孙绵涛：《学生发展核心素养探究——兼与〈中国学生发展核心素养〉商榷》，载《上海师范大学学报（哲学社会科学版）》，2017年第6期，第82页。
③ 师曼等：《21世纪核心素养的框架及要素研究》，载《华东师范大学学报（教育科学版）》，2016年第3期，第33页。

21 世纪核心素养框架表

维 度		素 养
领域素养	基础领域	语言素养、数学素养、科技素养、人文与社会素养、艺术素养、运动与健康素养
	新兴领域	信息素养、环境素养、财商素养
通用素养	高阶认知	批判性思维、创造性与问题解决、学会学习与终身学习
	个人成长	自我认识与自我调控、人生规划与幸福生活
	社会性发展	沟通与合作、领导力、跨文化与国际理解、公民责任与社会参与

　　以上关于学生核心素养的框架都含有心理素养的内容，对于我们讨论青少年心理健康发展具有一定的启发。在中国学生发展核心素养中，健全人格、自我管理、理性思维、审美情趣等都是心理素养的成分；21 世纪核心素养里，高阶认知、个人成长和社会性发展三个领域均为心理素养。可见学生的心理素养在核心素养中占有重要地位。

┃ 青少年心理健康发展目标 ┃

　　教育的目的是什么？柏拉图说，"教育非他，乃心灵的转向"，即教育的目的，是使学生的心灵走向真善美，心灵是心智与灵魂的整合。泰戈尔说："教育的目的应该是向人类传递生命的气息。"人是一个完整的生命体，完整的生命应该是身体、心理、精神的整体和谐，是在社会、自然、自我之中获得养料和力量，继而成长和发展。生命向内探索构成了生命与自我的关系，向外探索构成了生命与社会的关系和生命与自然的关系。因此，心智健康成长主要体现在个体与环境的和谐关系上。具体表现在以下几个方面。

帮助学生认识自己、接纳自己，促进其积极自我发展

　　自我是个体内心和谐的基础、人格发展的核心，它是个体生命历程的生理和心理基础。人因为有了自我，才会觉得自己是独特的、与众不同的生命体。

而正因为每个人都是一个独特的自我，才构成了我们这个丰富多彩的生活世界。大量研究和事实表明，自我认同感较好的学生，在学习和生活中能够体验到较强的自尊和自信，热爱生活，充满生命的活力。而自我认同感较差的学生，常常会体验到自卑与沮丧，他们总是觉得自己一无是处，被人排斥，对于自己的社会角色认识模糊，感到生活没有意义、生命没有价值。因此，辅导旨在帮助学生从朦胧的自我走向理性的自我和同一的自我。实践告诉我们，人对生命的态度往往取决于内心的自我信念。热爱生命、热爱生活的个体，往往拥有健康的身体，以及健全的、积极的自我意识与信念。

帮助学生建立良好的人际关系，学会关怀、尊重与合群

与人和谐相处是一种智慧。2015 年，哈佛大学医学院麻省总医院精神科医生罗伯特·瓦尔丁格（Robert Waldinger）教授公布了一项"人生全程心理健康研究"的成果。这个研究开始于 1940 年，对哈佛大学学生和波士顿最贫穷区域的男孩两个群体追踪了 75 年，目的是研究美好生活最重要的个人因素是什么。报告的结论是：一个人要过上美好生活，最重要的因素并非富有，也非成名成家，而是心身健康，具有良好的、温暖的、和谐的、亲密的人际关系。

帮助学生积极适应学校生活，激发学生学习潜能

学会学习是青少年生命历程中一项主要的历史使命。青少年学习的目的不光是为了升学，更重要的是培养他们对知识的好奇心、探究欲和创造力，这是他们获得终身学习能力的基础。然而，功利主义教育使得学生学习的真正意义和价值发生了偏离，在"孩子不能输在起跑线"口号的鼓动下，学生的课业负担日趋加重，学业压力日趋加重，乃至学生的学习焦虑、厌学、退避等心理困惑越来越多，青少年的学习热情与潜能受到压抑。从更长远的意义思考，青少年的学习潜能、创新能力事关国家和民族的未来。

帮助学生学会情绪调节和积极应对能力，提高抗挫折能力

身体健康与心理健康是相互依存、相互作用的，其中情绪是连接二者的纽带，所以帮助学生学会情绪调节对其健康成长至关重要。困难与挫折的经历是学生成长中的财富。积极应对、抗逆力不仅是一种技能，更是一种心理品质与生活态度，帮助学生走向成熟。

帮助学生关心社会、热爱大自然，培养责任心

人的发展是个性化与社会化的统一。个性发展不是以自我为中心的发展，而是与社会性发展联系在一起的。社会由每个个体组成，每个人的社会责任感是社会进步、安定、有序的基础。只有在安定、有序、公正的社会里，才有个性的自由和发展。因此，一个真正自由的人，必然是一个富有社会责任感、使命感和正义感的人。人在承诺对社会的责任和义务的同时，其生命的价值和意义也会得到升华。

同时，也要培养学生热爱大自然的情怀，与自然环境和谐共处。生命与自然的和谐关系，是指理解和尊重生命的多样性，热爱自然，保护自然环境。学生在理解了二者关系的基础上，要进而理解个体与人类的和谐关系，懂得关心人类的危机，创造人类美好的未来。

青少年心理发展特点

丨 青少年自我意识发展 丨

青少年时期心理发展的重要特征是自我意识的觉醒，它是其个性健康发展的核心。了解青少年自我意识发展的轨迹，是理解青少年内心世界的一把钥匙。

什么是自我意识

心理学里描述自我的术语有自我意识（self-consciousness）和自我概念（self-concept）。这是两个意思相近的概念。西方学者一般用"自我概念"居多，我国学者多采用"自我意识"。本书采用国内的提法，把"自我意识"作为一个总概念来处理。

自我意识是指对自己存在的觉察，即自己对自己的认识，包括认识自己的生理状况（如身高、体重、体形等）、心理特征（如兴趣爱好、能力、性格和气质等），以及自己与他人的关系（如自己与周围人相处的关系、自己在集体中的位置与作用等）。总之，自我意识就是自己对于所有属于自己身心状况的认识和觉察。例如，当我们在与别人谈话时，自我能够意识到自己正在和人交谈，感觉到自己当时的心情愉快与否，判断自己的观点正确与否，评价自己的态度真诚与否。自我意识由自我评价、自我体验和自我控制三部分构成。这三部分相互联系、相互制约，统一于自我意识之中。

青少年自我评价

自我评价是指个体对自己的思想、愿望、行动和个性特点、状态的判断和评价。自我评价直接影响个体自尊、自信的确立。心理学家库利（Cooly）指出："在人们的心理生活中，自尊或自卑的自我评价意识有很大作用。人们经常会把自己看作是有价值的、令人喜欢的、优越的、能干的人。如果一个人看不到自己的价值，只看到自己的不足，什么都不如别人，处处低人一等，就会丧失信心，产生厌恶自己并否定自己的自卑感，这样的人就会缺乏朝气，缺乏积极性。如果一个人只看到自己比别人好，别人都比不上自己，这样就会产生盲目乐观情绪，自我欣赏，自以为是，因此就不能处理好人际关系，不能调动主客观双方的积极性，而且还会遇到社会挫折，产生苦闷。"[①]

那么，自我评价是如何形成的呢？个人的自我评价主要是在社会交往中形成的。大致有两条途径：其一，根据社会上其他人对自己的态度。个人的自我评价，往往以别人对自己的评价为参照系。例如，某学生学习成绩优秀，经常受到老师和同学的赞扬，这样会不断增强他（她）的自信心。其二，通过社会比较过程进行自我评价，即通过与社会上和自己地位、条件相类似的人的比较来评价自己。社会心理学家费斯廷格（Festinger）曾指出："一个人对自己的价值，是通过与他人的能力和条件的比较而实现的。"费斯廷格将其称为社会比较过程（social comparison processes）。

费斯廷格指出，个体为了适应生活，就必须十分清楚地了解自己及其周围环境的情况，如果对自己周围的环境不了解，就会产生不安和焦虑，甚至会紧张，不知道应该怎样表现自己，尤其是当个体处于新的环境，很想了解自己的能力在群体中有何影响时，社会比较就显得更为迫切。社会比较理论认为，当个体发现自己对自己的评价，和类似于自己条件的他人（如性别、年龄、职业）对自己的评价一致时，就加强了自我评价的信心，大大提高了安全感；相反，

---

① 时蓉华：《社会心理学》，浙江教育出版社，1998年，第148-149页。

如果发现和他人对自己的评价差距很大时，自己内心就会感受到极大的威胁。为了增强安全感，个体在进行社会比较时，有时也会选择能力和水平比自己低的人。

　　青少年自我评价发展的特点呈现出年级差异和性别差异。比如，钱雅琴等人对 1024 名中学生的调查发现：在学习自我评价方面，初中生得分显著高于高中生，班干部得分显著高于非班干部，男生得分显著高于女生；在人际关系自我评价方面，男生得分显著高于女生，班干部得分显著高于非班干部，独生子女得分显著高于非独生子女；在外貌自我评价方面，男生得分显著高于女生，班干部得分显著高于非班干部。男生的自我评价高于女生，可能是因为男女两性在成长过程中受到传统文化观念的影响，男性被要求更加独立、自信所致。高中生在学习方面的自我评价低于初中生，存在显著的年级差异。这是因为高中生的学业压力较大，对自己学习方面的要求也比初中生高，相应的满意度可能会较低，从而降低了他们对自己学习的评价。班干部在各方面的自我评价得分要明显高于非班干部，存在显著的差异。这可能是因为班级在选班干部时常会选班级中威信高、责任心强、人际关系较好、学习较好的学生，这些学生不仅要为班级中的其他同学服务，同时还在班级中起到表率作用。[1] 李晶等人对 420 名中学生的调查也发现，初中生的学业自我评价高于高中生，男生的自我评价显著高于女生。自我评价的学段差异可能与高中学业比初中学业任务更重、高中生感受到学业压力更大有关；性别差异可能由男生和女生对自己的角色期待不同所致，男生可能会过高估计、冲动和冒进，而女生会过低估计、保守和内敛。[2]

青少年自我体验

　　自我体验是个人对自己情绪、情感的体验。例如，自信、自卑、自满、自

---

① 钱雅琴等：《中学生自我评价与应对方式的相关研究》，载《中国临床心理学杂志》，2007 年第 1 期，第 48—49 页。
② 李晶等：《中学生自我评价的发展及其与学业成绩的关系》，载《心理科学》，2011 年第 3 期，第 619—623 页。

我欣赏等都是不同的自我体验。

自尊是自我意识的核心，也是十分关键的自我体验。一个人有没有积极的生活态度和价值信念，往往取决于他有没有积极的自尊。对于教师和家长来说，最难教的学生，往往不是不聪明的学生、顽皮的学生，而是丧失了自尊的学生。

自尊水平与人的心理健康密切相关。自卑是一种低水平的自尊，这是人格的一种不平衡状态。人们不会长久忍受它，必定会寻求建立新的平衡的出路。

生活中解决自卑的方法有两种：积极的方法和消极的方法。积极的方法是指个体努力消除引起自卑的根源，从而提高自我价值感。阿德勒（Adler）认为，人格的发展大多基于基本自卑和补偿的动机力量。对自卑的基本补偿是力求获得承认和优越感。许多有成就的人，如音乐家贝多芬、哲学家尼采等，都能克服自身的缺陷，自强不息、奋发图强，最终取得辉煌的成就。[1] 相反，消极的方法不是靠增强自身价值，而是以别人的态度和评价作为自我评价的主要标准，以此来修正自己的行为，从而达到提高自我价值感的目的。有一种人极度依赖别人的赞扬和肯定，一旦没有得到，就会感到无助、自卑；而另一种人恰恰相反，常常拒绝或否定别人对自己的评价，尤其是批评，以此来维持自己的自尊。这些消极的办法往往于事无补，反而导致行为的偏差，甚至人格障碍。

青少年在自我体验方面的基本特点是：成人感日趋增强，自尊感不稳定，闭锁性与开放性共存。

成人感是指青少年感到自己已经长大成人，渴望参与成人活动，要求独立，得到他人尊重的体验。成人感的产生是青少年自我意识迅速发展的一个新的重要特征。成人感表现之一，是独立性的增长，对各项事务有自己独立的见解，希望别人尊重自己的意见，并处处表现得与众不同。表现之二，是个人私密性意识逐渐增强。从儿童期向成年期过渡的青少年，开始发现一个内心的自我，这个内心世界只属于他自己，里面藏着自己的欢乐、喜悦、烦恼和痛苦等。孩子写日记，就是从这个时候开始的。他们把日记随同自己的秘密，珍藏在独属于自己的一个角落，不希望别人（尤其是父母）知道。

---

[1]　时荣华：《社会心理学》，浙江教育出版社，1998 年，第 157 页。

一位老师曾告诉笔者这样一个事例：学校一位同事家里乔迁新居。第一天，一家三口高高兴兴地搬进了新家，两室一厅，父母住一室，儿子住一室。第二天，儿子上学后，父母发现儿子的房门上贴了一张纸，走进一看，居然是一张"安民告示"。大意是，以后进他的房间，要先敲门，不要随意闯入，更不能翻他的书桌和抽屉，要尊重他的隐私权……气得父母到学校向班主任告儿子的状。

这件事乍一看，似乎儿子有些不近情理，但仔细想想，儿子的"安民告示"多少有些道理，那就是提醒父母，要尊重孩子，包括尊重他的隐私。

青少年的闭锁性与其成人感发展是相辅相成的。青少年内心的小秘密多了，闭锁性自然也就增加了。其实，这也是青少年情感深化的反映。与童年期相比，青少年往往变得老成一些，在重要场合不肯轻易说话。他们知道什么事情该公开，什么事情该保密。

青少年自我控制

自我控制又称自持，指个体能抑制自己的冲动，或克制暂时所获得欲望的满足，从而寻求更远大目标的心理历程。自我控制是人的理性力量的体现，是个体调节主观我与客观我、个体与外界环境极为重要的心理品质和行为特征。一个缺乏自制力的人，是很难与人和睦相处的，也很难适应各种变化的环境。一个人的自我控制能力反映了自我意识的成熟程度。与成年人相比，青少年比较容易冲动、缺乏自制。但随着年龄的增长、社会交往的增多、生活经验的积累和理智的增强，青少年的自我控制能力会逐步提高。

青少年的自我控制能力与身心健康发展水平密切相关，而自我控制能力受父母教养方式、社区环境、学校环境、同伴关系、创伤性事件、童年早期不良经历等因素的共同影响。自我控制能力低的个体在成长过程中可能面临多种危险因素。如何促进青少年自我控制能力的发展，值得关注。心理老师和班主任可以通过认知训练、运动训练、正念疗法和以家庭或学校为基础的综合干预等措施提高青少年自我控制能力。[1]

| 青少年情绪发展[2] |

青少年情绪发展特点

青少年心理发展是一个复杂而持续的过程，他们在许多方面尚未完全成熟。比如，因负责执行决策的大脑前额叶尚未完全成熟，青少年在决策时可能会缺乏成熟思考的能力和后果意识；通常会在不断探索自己的兴趣和身份的过程中感到困惑；在自我控制如延迟满足、计划和组织等方面，仍然存在挑战。

青少年情绪发展往往展现出敏感、多变、不稳定的特点，同时也在多个方面展现出与成年人迥异的状态。由于青少年对情绪自上而下的调节能力还未成功建立，故在情绪识别、感知和表达上，会显得更为敏感和冲动，且在情绪调控能力上还略显不成熟。成年人能够准确、直接地表达自己的情感，但青少年可能更多地表现为冲动、易怒、回避等欠成熟的行为。

另外，青少年的情绪体验相对成年人更单一、更极端。在多种因素的综合影响下，青少年在这个阶段会出现情绪的发展分化：成功度过这个阶段的青少年，会发展出良好的情绪感知、理解和表达能力，以及更有效的情绪调节策略，这些积极的情绪能够帮助青少年在学习、工作和生活中获得更佳的表现；未过渡好的青少年，则会引发焦虑、抑郁等情绪问题，进而影响认知学习能力、社会技能等，进一步影响情绪健康，甚至形成恶性循环。

青少年情绪发展的脑神经机制

青少年时期既是大脑高级认知功能和情绪调控能力发展的黄金期，又是各

---

① 胡倩等：《青少年自我控制研究的系统综述》，载《中国心理卫生杂志》，2022 年第 2 期，第 132 页。
② 王馨南、秦绍正：《青少年情绪发展与健康成长》，载《教育家》，2023 年第 43 期，第 68—69 页。

种情绪问题始发的易感分化期。从脑神经科学与认知科学的视角解析青少年情绪发展及情绪问题的脑认知基础，有助于为情绪问题的早期识别、预防和干预提供重要的科学依据。经典脑认知发育模型认为，人脑的感觉运动皮层、情绪与奖赏系统成熟相对较早，前额叶的高级认知控制系统成熟较晚，因而会在青少年时期出现情绪发展失衡的状态。研究发现，在青少年时期，相比中脑奖赏系统，负责情绪评价、理解和调控功能的前额叶网络发育相对较晚。这种大脑的发育不平衡，会让青少年经历情绪与认知控制发展"不平衡"：奖赏系统的成熟，会促使青少年寻求奖励的行为，容易引发成瘾或冲动行为；前额叶的发育不完全又会降低青少年对此类行为的控制能力，继而引发青少年易冲动、自控力不强的行为。

患有焦虑症的青少年群体，在受到负面情绪刺激时，杏仁核的激活会增加。有研究证明，青少年的社交焦虑与眼眶额皮质（orbitofrontal cortex，OFC）的灰质体积和 OFC– 杏仁核功能连通性呈正相关。同时，在情绪感知任务中，患有社交焦虑症的患者，其杏仁核表现出对威胁性社交线索的过度激活。哈佛医学院心理学副教授罗索（Rosso）等人也发现，相比于健康青少年，患有抑郁症的青少年的杏仁核体积相对较小。其他研究者也发现，通常患有抑郁症的青少年的海马体体积更小，这可能会通过影响抑郁症患者的情景记忆和压力调节能力来加重抑郁症状，从而形成恶性循环。

| 青少年情绪调节 |

情绪调节是一种内化、保持并调节情绪发生、强度和表达的内外交互的过程。有效的情绪调节对个体的心理健康、人际关系、工作与家庭间的平衡以及社会适应有着重要的意义。发展精神病理学强调情绪调节在发展研究中的重要性，并将个体在发展过程中所产生的情绪和行为问题与他们对愤怒和悲伤等负性情绪的调节困难相关联。[1]

---

① 赵鑫等：《青少年情绪调节的发展规律及影响因素》，载《中国临床心理学杂志》，2014 年第 4 期，第 713 页。

青少年情绪调节与心理健康

在青少年阶段，个体会经历许多全新的生活挑战及发展任务。来自神经成像的证据表明，与成年人相比，青少年不论是面对积极情绪还是消极情绪，其杏仁核、腹侧纹状体等皮层下边缘系统的活动都更加强烈，而他们的前额叶皮质功能却尚未完善。这使得青少年对情绪刺激的反应更加强烈，并且情绪常常起伏不定，显得狂躁与骚动。有研究发现，造成青少年疾病和死亡的主要原因是失控的情绪与行为所导致的意外、自杀、暴力、抑郁、药物成瘾和进食障碍等。[①] 因此，了解青少年情绪调节的发展特点对于帮助他们健康、平稳地度过情绪风暴期，促进其心理健康意义重大。

情绪调节模型 [②]

在情绪调节领域，学者们提出了多种理论模型，其中心理学家詹姆斯·格罗斯（James Gross）的过程模型在当前最具影响力。依据格罗斯的情绪调节过程模型，在情绪发生过程中，每一个阶段都会产生情绪调节，即情景选择、情景修正、注意分配、认知改变、反应调整。

情景选择是指个体趋近或避开某些人、事件与场合以调节情绪，这是人经常或者首先使用的一种情绪调节策略。个体经常使用这种策略来避免或降低负性情绪的发生，增加积极情绪体验的机会。比如，具有社交焦虑的个体会努力避开社交场合以减少焦虑的发生，就属于情景选择的范畴。情景修正是指应对问题或对情绪事件进行初步的控制，努力改变情景。比如，当个体处于一个令人尴尬的境地时，会努力改变令人尴尬的事情。注意分配是关注情景中许多方

---

① 赵鑫等：《青少年情绪调节的发展规律及影响因素》，载《中国临床心理学杂志》，2014 年第 4 期，第 713 页。

② 王振宏、郭德俊：《Gross 情绪调节过程与策略研究述评》，载《心理科学进展》，2003 年第 6 期，第 630–632 页。

面的某一个或某些方面，包括努力使注意力集中于一个特定的话题或任务，注意离开原来的话题或任务。比如，当谈到令人不愉快的话题时，个体会忽视这些话题，转而注意别的事情。认知改变是选择对情绪事件意义的可能解释。情绪事件的个人意义解释对特定情景中情绪发生的心理体验、行为表达、生理反应会产生强大的影响。认知改变经常被用来降低或增大情绪反应，或者改变情绪的性质。比如，当别人踩了你的脚，你解释为他不是故意的，则会避免生气。反应调整是指情绪已经被激发以后，对情绪反应趋势如心理体验、行为表达、生理反应施加影响，主要表现为降低情绪反应的行为表达。比如，别人踩了你的脚，他没有表示歉意，尽管你很生气，但你会努力控制自己的愤怒情绪，这就属于反应调整。

在情绪发生的整个过程中，个体进行情绪调节的策略很多，但常用和有价值的降低情绪反应的策略有两种，即认知重评（cognitive reappraisal）和表达抑制（expression suppression）。认知重评即认知改变，改变对情绪事件的理解，改变对情绪事件个人意义的认识，如安慰自己不要生气、是小事情、无关紧要等。认知重评试图以一种更加积极的方式理解使人产生挫折、生气、厌恶等负性情绪的事件，或者对情绪事件进行合理化。认知重评是先行关注的情绪调节策略。表达抑制是反应调整的一种，是指抑制将要发生或正在发生的情绪表达行为，是反应关注的情绪调节策略。表达抑制调动了自我控制能力，启动自我控制过程，以抑制自己的情绪行为。

格罗斯通过大量研究发现，认知重评与表达抑制两种情绪调节策略对后继的情绪情感反应、认知任务的完成和社会行为会产生不同的影响。认知重评更多地与积极的结果相联系，表达抑制更多地与消极的结果相联系。

青少年情绪调节特点

认知重评是格罗斯提出的一种情绪调节策略，即个体通过改变对情绪诱发刺激的认知和评价来调节自己的情绪。姜媛等人使用格罗斯情绪调节量表（Emotion Regulation Questionnaire，ERQ）探究了 547 名北京市中小学生（其中小学五年级 165 人，初中二年级 195 人，高中二年级 187 人）情绪调节策略使用的频率后发现，随着年龄的增长，个体认知重评策略的使用增多，高中生认知重评策略的使用显著多于初中和小学学生。[①]

青少年情绪调节与其社会认知因素密切相关。在情绪调节过程中，与社会认知相关的脑区激活程度显著增加。麦克雷（McRae）等人使用磁共振功能成像技术探讨了 77 名 10~23 岁健康被试的认知重评能力的年龄差异后发现，在成人中，认知重评的能力会伴随着认知控制相关脑区激活的增加而不断增长。然而，认知重评能力随年龄的增长还会呈现出一种非线性的发展趋势，这种非线性的发展趋势独特地影响着青少年。成功的认知重评与个体社会认知能力的发展存在着相关性。值得注意的是，与成人和儿童相比，青少年在认知重评的使用中更多地激活了与社会认知相关的脑区，如内侧前额叶区、后扣带回和颞区，而在不使用任何情绪调节策略的时候，青少年社会认知脑区的激活比成人和儿童都要低。这说明，青少年在认知重评的使用中会更多地激活他们的社会认知系统，进行更多的观点采择、心理归因等来达到调节自己负性情绪的目的。[②]

| 青少年认知发展 |

形式运算思维阶段

按照皮亚杰（Piaget）的认知阶段论，青少年认知发展是从儿童期的具体运算阶段过渡到形式运算阶段。皮亚杰认为，形式运算思维比具体运算思维更为抽象，青少年不再只局限于将具体的经验作为思维的参照，他们可以虚构想象情境，进行逻辑推理。青少年开始更像一个科学家一样进行推理，设计解决问题的方法并系统地检验这些方法。皮亚杰把这种思维方法称为假设—演绎推理，它是指形成关于如何解决问题（如代数方程）的假设。形成假设之后，青少年

---

① 姜媛等：《中小学生情绪调节策略发展的特点》，载《心理科学》，2008 年第 6 期，第 1308–1311 页。
② 赵鑫等：《青少年情绪调节的发展规律及影响因素》，载《中国临床心理学杂志》，2014 年第 4 期，第 714 页。

就会系统地演绎或推断解决问题的最佳路径。相比之下，儿童则更有可能通过尝试错误来解决问题。[①]

认知加工过程

信息加工理论指出，青少年认知过程是一个信息加工的过程，即信息如何进入青少年的记忆、如何被储存以及如何提取信息来思考和解决问题的过程。

认知资源

信息加工的发展变化受到加工能力和加工速度的影响。这两种特性通常被称为认知资源，它对于记忆和问题解决具有重要影响。在青少年时期，个体不断提高其有意识控制和有目的选择的能力，不断提高其管理和分配认知资源的潜能。青少年期的信息加工速度比儿童期有很大的提高。有研究发现，10岁儿童在选择反应、字母匹配、心理旋转和抽象匹配的任务上，信息加工速度比成年早期的个体慢，12岁的青少年也比成年早期慢，但15岁的青少年对这些任务的信息加工速度与成年早期的个体一样快。[②]

信息加工自动化

信息加工自动化是指只需要很少努力就能加工信息的能力。随着年龄的增长和经验的增加，青少年对信息的加工变得越来越自动化。一个12岁的青少年不需要太多意识努力就能算出一连串乘法的得数；一个16岁的青少年拿起报纸迅速浏览一下娱乐版就能获悉一部电影上映的时间、地点。凯斯（Keith）认为，由于自动化、信息加工容量的增加以及对很多内容更为熟悉，青少年拥有更多可用的认知资源。这就减轻了认知协同的负担，使得青少年能够同时记住一个话题或问题的几个维度。相比之下，儿童更倾向于只注意一个话题的一

---

① 约翰·桑特洛克：《青少年心理学（第11版）》，寇彧等译，人民邮电出版社，2019年，第114–115页。
② 同①，第123页。

个维度。[1]

注意和记忆

注意是认知加工的基础，大量的信息经过注意机制予以过滤，供后面的认知加工活动进一步处理，持续注意为认知活动创造了一个稳定的环境。不少研究表明，青少年的注意发展随着年龄的增加而得到加强。比如，姜运秋等人运用实验法研究 87 名 9~14 岁青少年的选择性注意时发现，青少年选择性注意的反应速度随年龄增长明显加快，证明青少年选择性注意功能一直处于发展过程中。11~12 岁可能是注意功能发展的波动期。[2] 王称丽等人对 643 名中小学生注意力发展状况的调查发现，他们的注意力随年龄增长呈不断发展的趋势。除8~9 岁和 13~14 岁两个年龄段学生的注意力发展较为平缓外，其他年龄段的发展较为快速。另外，注意力水平与学业成绩的相关性在各年龄段有所不同，其中 9~13 岁学生的注意力与各科学业成绩之间的相关性达到显著水平，而 7~8岁以及 14~15 岁学生的注意力与其学业成绩的相关性不显著。[3]

青少年的学习涉及三个重要的记忆系统，即短时记忆、工作记忆和长时记忆。[4]

（1）短时记忆。短时记忆是一个容量有限的记忆系统。在短时记忆中，信息如果得不到复述，则仅可以保持 30 秒的时间；如果得到复述，则可以保持更长的时间。有研究发现，短时记忆容量在儿童早期大量增加，且在儿童晚期和青少年时期会继续增加，但此时增加的速度较缓慢。

（2）工作记忆。短时记忆就像一间被动的存储室，它有许多架子来存储信息，直到信息被转移到长时记忆中。工作记忆是一种心理"工作站"，当个体解决问题时，它们就在那儿操作和收集信息。在对信息加工方面，工作记忆比短

① 约翰·桑特洛克：《青少年心理学（第 11 版）》，寇彧等译，人民邮电出版社，2013 年，第 124 页。
② 姜运秋等：《9~14 岁青少年选择性注意功能的发展》，载《中国儿童保健杂志》，2015 年第 12 期，第 1259 页。
③ 王称丽等：《7~15 岁学生注意力发展特点及其与学业成绩的关系》，载《上海教育科研》，2012 年第 12 期，第 51 页。
④ 同①，第 125—128 页。

时记忆更为主动和强大。有关研究表明，人在 8~24 岁时工作记忆大幅度增强。

（3）长时记忆。长时记忆是一个相对永久的记忆系统，它能够长期存储大量的信息。长时记忆在儿童中后期显著增强，并且在青少年时期可能继续改善。

执行功能

注意和记忆是信息加工的重要方面。一旦青少年注意到信息并保持它，他们就可以使用该信息来进行许多更高级的认知活动，如决策、推理、批判性思维、创造性思维和元认知。这些更高级、复杂的认知过程通常被称作执行功能。研究表明，执行功能在青少年期逐渐增强，这种执行功能根据任务需要担当监督和管理认知资源的角色。它的出现和加强，被认为是生命的第二个十年中唯一最重要的和连续的智力发展。

（1）决策。青少年时期是提高决策能力的时期：选择哪些朋友，上什么大学……有研究指出，年长的青少年比年幼的青少年更擅长作决策。研究者分别向八年级、十年级和十二年级的学生呈现涉及医疗程序选择的两难困境，结果发现，年龄最大的学生最有可能自发地提到种种风险，向专家咨询并且预测将来的后果。例如，当被问及是否要进行整容手术时，一个十二年级的学生说需要考察情境的不同方面，考虑整容对个体未来的影响。相比之下，一个八年级的学生给出的回答更具有局限性，他只谈论了手术是否会影响约会、所需的金钱，以及是否会被同伴嘲笑。

（2）推理。推理是一种逻辑思维，它使用归纳和演绎来得到结论。

归纳推理是指由具体到一般的推理。从单一事件中概括出结论时，仅从犯错误角度来看，青少年比儿童做得好，但还不如成年早期。

演绎推理是由一般到具体的推理。当你学习一个普遍规则，然后理解它是如何应用到某些情境时，你就在进行演绎推理。在青少年期，即使要进行推理的前提是错误的，个体的演绎能力也会不断增强。例如，下面这个演绎推理问题：

所有篮球运动员都是摩托车驾驶员。

所有的摩托车驾驶员都是女性。

假定上面的两项陈述是正确的，那么下面的陈述是正确的还是错误的呢？

所有的篮球运动员都是女性。

儿童很少会认为此类结论是由前提得出来的合理推论。从青少年早期一直到成年早期，当已有知识与推理相冲突时，个体得出精确结论的能力会得到改善。

（3）批判性思维。作出决定和进行教学逻辑推理都与批判性思维密切联系。批判性思维是反省式的、富有成效的思维，是要评估证据的思维。在一项关于五年级、八年级和十一年级的研究中发现，批判性思维随着年龄的增长而增强，但只有43%的十一年级的学生具备批判性思维能力。

青少年期是批判性思维发展的一个重要过渡期。在该时期，认知能力方面的改变可以引起青少年批判性思维的改善：

——信息加工的速度、自动化程度和容量均会增加，所有这些都解放了认知资源，可以用来处理其他任务。

——多个领域的知识积累。

——构建知识间新联结的能力增强。

——获得和应用知识的策略和程序更丰富，并能自发地使用它们，比如计划、考虑其他选择以及认知监控。

虽然青少年期是批判性思维发展的重要时期，但是如果个体在儿童期没有获得扎实的基本技能（如文字和数学技能），那么，批判性思维就不大可能在青少年期发展成熟。

（4）自我调节学习。美国心理学家齐默尔曼（Zimmerman）认为，所谓自我调节学习，是指学习者激活与维持自身的思想、感情与行为，并系统地指向获得学习目标的过程。学习目标、自我效能感和自我调节学习策略是自我调节学习的三个重要成分。研究发现，积极的自我调节学习者具有以下特点：①设置学习目标；②执行有效的学习策略（如组织、复述、做笔记等）；③监控并评价在目标上所取得的进步；④创设富有成效的学习环境；⑤保持学习的自我效能感。[①]

张锦坤等人对中学生自我调节学习状况的调查发现，高中生相对于初中生在自我调节学习的各维度上都表现出较好的水平，说明自我调节学习所包含的与学习相关的活动随着年龄的增长呈现一定的发展趋势。即相对于初一和初二学生而言，高一和高二学生在学习过程中表现出更善于制订计划，且其计划更为具体，更具可实施性；更善于对学习进行自我监控，及时发现学习过程中的问题，做好弥补工作；更善于合理地管理自己的"努力"，如在某一次失败之后能表现得更努力，或能为实现某一目标而使自己变得更努力；具有更丰富、更成熟的认知策略和学习动机策略，如在经历某次学习上的挫折之后，他们可能显得更有办法让自己重新鼓起信心和勇气，再次尝试并获取成功。[②]

｜ 青少年人际交往发展 ｜

随着青少年自主意识、独立性不断提高，他们对人际交往的需求日趋强烈，在情感交流上也逐渐从父母转向同龄伙伴。青少年人际交往有以下几方面特点。

年龄特点

王英春和邹泓对 597 名初中生人际关系能力的调查发现，在提供情感支持、施加影响和自我袒露三个维度上，初中三个年级的学生并未表现出显著差异，而在发起交往和冲突解决上，初一学生得分较高。究其原因，可能与初一年级的独特性有关。初一学生由于刚到一个新环境，彼此都不熟悉，同学之间会通

---

① 路海东、张丽娜：《自我调节学习的研究进展与趋势》，载《东北师大学报（哲学社会科学版）》，2011 年第 6 期，第 145—146 页。
② 张锦坤等：《中学生自我调节学习的发展特点研究》，载《河北师范大学学报（教育科学版）》，2010 年第 6 期，第 71 页。

过相互交往而建立亲密的人际关系。此时，个体是否具有主动发起交往的能力将会得到充分的体现。与此同时，在人际关系建立之初，个体之间会有一个相互磨合的过程，此时各种冲突的发生频率相对较高，而是否能够很好地解决冲突也是初一学生人际关系能力强弱的显著表现。随着时间的推移，尤其是到了初三，由于同学之间已经比较熟悉，各种人际关系已经相对稳定，发起交往和冲突解决的能力在人际关系中的地位不再凸显。[1]

类型特点[2]

王英春和邹泓对 726 名青少年人际交往类型进行了研究，发现青少年的人际交往能力可以划分为退缩型、认知型、动力型和完美型。其特点如下：

（1）退缩型青少年在交往动力、交往认知和交往技能上均有较低的得分。他们代表了现实中这样一群人：从个人意愿上，对人际交往不感兴趣；从认知上，没有认识到人际交往的重要，难以把握人际交往过程中的微妙关系，对其中的规则秩序也缺乏了解；交往过程中，他们的行为表现也难以让人满意。他们不能采取有效的沟通方式，难以对他人的行为给予合理、适当的反应。遇到突发情况时，也不能作出机智的应对。

（2）认知型青少年在交往认知上有较高的得分，而交往动力和交往技能的得分显著低于平均水平。在现实中，这种类型的学生有点像"安静的人际交往专家"。他们懂的道理比较多，具有丰富的人际交往知识，对人际交往过程中的原则或规范也有较为准确的认识，但从内心来说，似乎不太喜欢与人交往。现实交往中，他们的交往技能也让人担忧。

（3）动力型青少年在交往动力上有较高得分，而交往认知和交往技能得分低于平均水平。这种类型的青少年喜欢与人交往，但因为缺少有关人际交往的

---

[1] 王英春、邹泓：《初中生人际关系能力的发展及其与人格的关系》，载《中国健康心理学杂志》，2009年第1期，第61页。

[2] 王英春、邹泓：《青少年人际交往能力的类型及其与友谊质量的关系》，载《中国特殊教育》，2009年第2期，第77—78页。

知识，他们的行为表现也不能让大家感到满意。

（4）完美型可以说是青少年较为理想的人际交往能力类型。他们在交往动力、交往认知和交往技能上的得分均显著高于平均水平。他们喜欢交往，懂得人际交往的基本规则，而且在交往过程中也有令人满意的行为表现。在青少年群体中，约有三分之一属于完美型。这表明青少年的人际交往能力总体上还是呈现出比较积极的发展趋向。

该研究进一步考察了四种人际交往能力类型在初高中和男女生上的分布。对四种类型的年级比较发现，与总体样本的期望人数相比，高中生在退缩型中所占比例显著高于初中生。这一结果可能与青少年不同阶段心理发展的特点相关。初中生刚刚进入青春期，在成年人的推动下，他们热切地希望能与他人有更多的交流。但到了高中阶段，心理发展的逐渐成熟以及学业压力的增大使得很多高中生变得更为内敛。对四种类型的性别比较发现，男生和女生仅在完美型上表现出边缘显著水平的差异。尽管以往有些研究发现男女生在人际交往能力的不同维度上有所不同，但从类型的角度来看，并未表现出明显的差异。

亲社会行为

亲社会行为是指在社会交往过程中，表现出谦让、分享、帮助、合作、使他人愉快，甚至为了他人利益而作出自我牺牲等一切有利于他人和社会的行为。也就是说，亲社会行为是行为主体作出的能够使他人获益的行为。亲社会行为是个体社会性发展的一个重要指标，对个体心理健康发展以及社会适应性有重要意义。[①]

许多研究表明，同伴交往与儿童的亲社会行为关系密切。同伴接纳水平高、同伴关系良好的儿童，其亲社会行为也较多。有研究发现，亲社会行为水平高的儿童更容易受到同伴群体的接纳。另一项研究指出，儿童的同伴接纳受其亲

---

① 董晓楠：《儿童亲社会行为的影响因素及培养方法》，载《中小学心理健康教育》，2018 年第 27 期，第 17 页。

社会行为的影响，且二者是相互作用、相互影响的，一个儿童的亲社会行为水平高，他（她）的同伴接纳水平也会相应提高，而较高水平的同伴接纳反过来也促使他（她）作出更多的亲社会行为。这表明友爱互助会使儿童得到更多的认同感，更利于同伴关系的良性发展；而良好的同伴关系也有利于儿童继续展现出更多的友爱互助，进一步促进亲社会行为的发展。[1] 王美芳和陈会昌在对353名初中生的调查中发现，青少年亲社会行为与同伴接纳存在显著正相关，与同伴拒斥存在显著负相关。而在对青少年同伴关系进行的较为系统的研究中，研究者总结出青少年最喜欢或最不喜欢某个同学的五条重要原因。其中，在青少年最喜欢某个同学的五条原因中，有三条与亲社会行为有关，它们分别是：对人宽厚大度，容易相处；对人友好、合群；有同情心，善解人意。在青少年最不喜欢某个同学的原因中，有一条（自私自利、不考虑他人）与亲社会行为水平低有关。[2]

① 任玉萍：《同伴关系对儿童亲社会行为发展的影响和启示》，载《中小学心理健康教育》，2020年第15期，第60—61页。
② 王美芳、陈会昌：《青少年的学业成绩、亲社会行为与同伴接纳、拒斥的关系》，载《心理科学》，2003年第6期，第1131页。

青少年心理辅导概述

关注青少年心智健康成长，不仅要认识到日益变化的社会环境对青少年的影响，而且要理解青少年的内心世界，帮助其解决成长的烦恼。心理辅导是理解青少年内心世界的一把钥匙。

拒绝长大的高中生 [①]

一位高中女生向心理辅导老师这样诉说她的烦恼：

我是一个乍一看性格开朗的女孩，其实内心却不然。我很孤独，朋友可以说有几个还算是知心的。我不知道自己为什么会变成这样。自上高中以来，我的烦恼越来越多。我们学校是县里最好的中学。曾经我以为如果不到这里读书会是一种遗憾，可是来了以后我发现自己彻彻底底地错了，它好像与我格格不入，我也说不上是从哪里来的感觉。我以为第一次考试成绩不理想是因为我不够努力，可第二次我的名次依旧如此。我已经开始讨厌学习了。

现在的我改变了许多，我的性格早变了；我不再说话，开始变得沉默，坐在最后一排发呆，心情郁闷。

我现在只想回到小时候，回到那个年年拿两个奖状的时候，那时的我不会

---

① 杨敏毅：《是谁送来了红玫瑰——听心理老师讲故事》，上海社会科学院出版社，2009 年，第 202—204 页。略有删改。

让爸爸妈妈的脸上出现失望，那时的我是一个很快乐的人。我该怎么办？

心理辅导老师分析道：这位同学的烦恼其实是来自成长的烦恼。面对学习压力、环境适应压力和人际关系压力，她用回避的方式拒绝长大。于是，老师给这位同学提了三条建议：

1. 告诉自己我要长大。给自己画两张自画像，一张是童年的，一张是现在的。画完后分别在两张画下写上："我快乐的五个理由""我不快乐的三个理由"。然后，手拿第一张童年的自画像，闭着眼睛对自己说："我想回到童年，穿那时的衣服，读那时的书，玩那时的游戏……""我要变小，我要回到童年，你同意吗？"

记住此时的感觉。

再拿现在的自画像，闭着眼睛对自己说："现在我是高中生了，我面对学习、生活感到……""我一天天在长大，许多事需要面对、需要承受、需要改变……""我感受自己的身体在渐渐长高，头脑在逐步丰富，情感在慢慢成熟，有欣喜、有烦恼、有痛苦、有快乐……"

比较两次的感觉，告诉自己：我要长大。

2. 告诉父母我要长大。找一个合适的环境，找一个自己和父母心情都不错的时候，认真地告诉父母："我长大了。"长大需要力量，希望父母给予支持；长大需要时间，需要父母给予耐心；长大需要代价，希望父母给予理解。

3. 告诉老师、朋友我要长大。告诉老师：自己正在长大，在成长的过程中总会有这样或那样的不足，希望老师指导与帮助。主动找到朋友和同学，大家一起谈论学习与生活，此时你会发现，烦恼人人都有，并非只有你一人郁闷、痛苦。

心理辅导老师的三条建议旨在唤起这位学生用积极的态度接纳自己的变化，调动内心积极的力量，以解决自己面临的问题。这就是我们通常讲的，心理辅导是一门助人自助的艺术，通过辅导最终提高学生心理自助的能力。

｜ 心理辅导的概念 ｜

"辅导"一词，在英文里对应的术语是"guidance"，有引导、辅助别人的意思。我国心理学专家张春兴教授对"辅导"的定义是：辅导是一个教育的历程，在辅导历程中，受过专业训练的辅导人员运用其专业知能，协助受辅者了解自己、认识世界，根据其自身条件（如能力、兴趣、经验、需求等），建立有益于个人和社会的生活目标，并使之在教育、职业及人际关系等方面的发展上能充分展现其性向，从而获得最佳的生活适应。

张春兴指出"辅导"有四个特征：其一，辅导是连续不断的历程，人的一生任何阶段均需辅导；其二，辅导是合作和民主式的协助，根据受辅者的需求而辅导，而非强迫式的指导；其三，辅导重视个别差异，旨在配合个人条件，辅其自主，导其自立；其四，辅导的目标是个人与社会兼顾，其使个体在发展中既利于己，也利于人。[①]

另一个与辅导相关的术语叫"counseling"，一般译作"咨询"，但也有的译作"辅导"，有时两者混用。对于"咨询"，有两种界定：一是将咨询视为辅导的历程，基本含义同上。二是将咨询视为心理治疗过程，即咨询是一个再教育或习惯矫治的历程。在此历程中，受过专业训练的咨询员运用其专业知能，对生活适应困难或心理失常者给予适当的帮助，使之改正不良习惯，重建人格，从而恢复健康的人生。

根据学校教育的目标，学校心理辅导可以界定为：教育者运用心理学、教育学、社会学、行为科学乃至临床心理学等多种学科的理论和技术，通过小组辅导、个别辅导、心理辅导课程以及家庭心理辅导等多种形式，帮助学生自我认识、自我接纳、自我调节，从而充分开发自身潜能，促进其心理健康与人格和谐发展的一种教育活动。[②]

这个表述有以下几点含义：

（1）学校心理辅导的直接目标是提高全体学生的心理素质，最终目标是促进学生人格的健全发展。

（2）学校心理辅导是帮助学生开发自身潜能，促进其成长发展的自我教育

---

① 张春兴：《张氏心理学辞典》，上海辞书出版社，1992年，第292页。
② 吴增强：《学校心理辅导心理辅导实用规划》，中国轻工出版社，2012年，第2-3页。

活动，通过他助、互助，培养其自助能力。

（3）学校心理辅导是具有现代教育理念的方法和技术，它不是一种带有指示性的说教，而是耐心、细致的聆听和诱导；它不是一种替代，而是一种协助和服务。

（4）学校心理辅导工作应该由教师承担，但不同的教师承担的任务是不同的：专职心理辅导教师全面承担学校心理辅导工作计划的实施，对学生（有时也对教师）提供心理服务，包括个别辅导、小组辅导和心理问题转介等；班主任则主要承担面向班级全体学生的发展性心理辅导，帮助学生解决心理困惑，如学习困扰、人际关系问题、情绪问题以及青春期适应问题等。

心理辅导、心理咨询和心理治疗是既有联系又有区别的三种心理服务模式。其共同点在于：其一，都是帮助当事人解决心理问题，使当事人获得认知、情绪和行为的改变；其二，都需要在受助者与助人者之间建立良好的关系；其三，涉及的理论、技术和方法基本相同。因此，许多学者建议，要把心理辅导、心理咨询和心理治疗看成一条线上的不同点，其是连续的，而不是割裂的，其间的差异是程度的，而非本质的。

这三者的差异主要表现在服务对象、服务功能、干预方法的侧重点，以及服务人员等方面。心理治疗是以心理疾病患者为对象，经由精神医学的治疗计划，达到治愈的目的，主要由精神病医生和临床心理医生来承担。心理咨询是以心理障碍者为对象，主要由临床心理医生和其他心理咨询专业人员来承担。心理辅导是以一般正常人为对象（在学校里以全体学生为对象），通过各种辅导活动，提高其心理素质，促进其心理健康，主要由学校心理辅导教师和班主任承担。当然，这三者也不是截然分开的，承担心理咨询的专业人员有时也进行心理治疗的工作，学校心理辅导教师有时在处理个案时，也在一定程度上扮演心理咨询者的角色。

｜ 青少年心理辅导基本任务 ｜

围绕青少年心理健康发展目标，青少年心理辅导的基本任务如下。

帮助学生探索自我

由于学业、家长、同伴和生活适应等压力，相当一部分学生的自我效能感低下，他们对学校课程缺乏热情，厌学情绪滋长，常常会产生自卑和沮丧之感，觉得自己一无是处、被人排斥，感到生活没有意义、生命没有价值。学生的许多情绪和行为问题，其根由就是这些消极的自我意识。

青少年常见的自我发展困惑，包括自卑心理、自负心理、依赖心理和完美主义心理等。

自卑是学生学业挫折、社会适应不良、人际关系紧张的主要内在心理原因之一，其是一种自我认同危机。分析学生自卑心理的由来，解决学生的自卑心理，是帮助学生自我探索、增长自助能力的重要一环。

自负则是自卑的另一个极端。自负的学生往往对自己的评价过高，对别人的评价过低。自负的学生常因为看不起其他同学，使同学难以接近，也可能会被班级边缘化，而成为"孤家寡人"。

具有依赖型人格倾向的学生，常常会过分在乎别人的评价，这使学生增加了许多沉重的心理负担，抑制了学生的主体能动性。

完美主义心理常常会使学生思维方式绝对化，导致行为方式刻板，处理问题缺少弹性，自己给自己制造挫折。它是青少年强迫倾向、抑郁倾向等情绪问题产生的内在错误信念。

帮助青少年走出自我发展的困惑，其目的是让他们在探索自我的历程中，内心更加和谐。

帮助学生走出情绪困扰

情绪健康是心理健康的显著标志。现代脑科学研究表明，情绪健康不仅有益于身体健康，而且有益于智力活动和潜能开发。积极的情绪可以促进青少年学习、交往，提高参加各种活动的效果。青少年心理辅导工作中很大一部分的任务是处理学生的情绪健康问题，主要包括学习焦虑情绪、社交焦虑情绪、抑郁情绪等。

近年来，随着学生学业压力的增大，青少年焦虑情绪和抑郁情绪的检出率也在逐年增多。这就需要我们前移青少年心理健康工作的关口，做好预防与发展性心理辅导，让更多的教育工作者运用心理辅导的理念和方法技术，帮助学生走出情绪困扰，健康成长。

帮助学生破解青春期烦恼

在我国的许多学校，性教育、性心理辅导仍是一个"禁区"，大家避而不谈。然而，随着社会的进步、科技的发展，学生接触到的信息纷繁复杂。但学校、家庭正面的性教育开展乏力，而社会上的负面影响时时刻刻干扰着青少年，学校、家庭开展青春期心理辅导刻不容缓。

青春期心理辅导主要包括青春期体像烦恼辅导、青春期异性交往辅导和性别角色辅导等。

体像烦恼是青春期学生特有的"心病"。青青期的学生开始在乎自己的形象，表明学生人格的独立性与日俱增，教师应该理解他们的成长需求和烦恼。辅导的目的是让学生学会自我悦纳，克服对自己外在形象的非理性想法。

异性交往是青春期学生的必修课，这是青少年成长中必须经历的过程，而目前的学校教育和家庭教育存在的误区是，它们往往把青春期异性交往作为一个负面的议题。因此，有些老师和家长更多的是用管、堵、压的教育方法，封杀学生所谓的"早恋"，而不是跟学生平等地探讨少男少女健康的两性交往。

性别角色认同是青少年自我认同的一个重要部分。大众传媒的多元化使青少年对自己的性别角色认同界限变得模糊。许多研究表明，青少年性别角色未分化的、性别角色异性化的还占有一定的比例。青少年的社会化过程要求赋予男孩和女孩不同的性别角色和气质——阳刚之气与阴柔之美，而性别双性化是更为积极意义的性别角色学习。

帮助学生突破学习困境

学生在学校的主要任务是学习。许多资料表明，学生心理问题大多与学习有关。例如，因升学压力过重而厌学、弃学，因学习问题而产生的抑郁、自卑等，因学业失败而导致的各种危机事件（如自弃、自残、自杀或伤害他人）等。因此，学习心理辅导，旨在激发学生的学习动机和兴趣，帮助学生克服学习倦怠、学业拖延的不良习惯，对有拒学行为的学生进行心理辅导，让他们早日回归正常的学校学习生活。

启迪学生珍爱生命

生命教育是心理健康教育的重要内容，其宗旨是帮助青少年思考人为什么活着，人存在的价值和意义是什么。青少年作为未成年人，生命教育应该落在以健康为基础，即健康的身体、健康的心理、健康的人格；以情感为纽带，即珍惜、热爱、尊重生命；以价值为导向，即让学生认识到生命的意义、感悟到生命的可贵，走好人生的每一步，促进他们健康成长、和谐发展。

本书的生命教育着重讨论生命教育的价值与意义、生命教育的实践路径、丧失与哀伤辅导、青少年自我伤害辅导和青少年自杀预防与干预。

生活中充满着各种各样的丧失，其中亲人的丧失对青少年而言是一个重大的生活应激事件。哀伤辅导就是帮助学生消解哀伤情绪，增加内心的支持力量，度过困难时期，积极迎接未来的生活。近年来，青少年自我伤害事件频发、自杀事件增加，引起社会各界的高度关注。这是对青少年心理健康的严峻挑战，我们要协调各方资源和专业力量，作好积极的预防和应对工作。

培养学生积极的应对方式

当今社会，每个人都会在日常生活、学习、工作中面临各种各样的压力与挑战。有关研究表明，青少年主要的压力源来自学习负担、同学关系、师生关系、家庭变故、亲子关系和异性交往等方面。由于青少年不能很好地处理面临的压力，他们常常会表现出心理紧张、迷茫和反抗。因此，培养青少年积极的应对方式至关重要，同时要开发其心理韧性。

帮助学生与人和谐相处

良好的人际关系是一个人安身立命之本，也是一个人良好社会支持系统、心理健康的重要标志。同伴关系和亲子关系是青少年最为重要的社会情感支持，青少年人际交往辅导的重点是同伴交往辅导和亲子关系辅导。随着青少年自我意识的发展、独立性的增长，同伴关系变得越来越重要。在同伴交往过程中，学生会遇到同伴接纳和拒绝、同伴冲突的情况，帮助他们处理好这些问题，有利于其社会交往技能的提高和人际关系的和谐。当然，青少年时期的亲子关系常常会有冲突，改变家长的教养观念，了解孩子的心理变化，与孩子平等沟通，有利于亲子关系的融洽。

帮助学生生涯规划与发展

生涯辅导旨在使学生具备较强的生存能力，进而创造成功的人生，拥有成功的人生。在现代社会，行业分工不同，每个人都有发挥自己才能的舞台，都能找到属于自己应有的位置。尤其是当下职业的不确定性在增加，培养学生的生涯适应力显得格外重要。从这个意义上说，生涯辅导是青少年心理辅导的重要任务，是为学生谋求终生幸福而服务的。

引导学生健康休闲生活

青少年休闲生活与流行文化虽然不是学校课程规定的内容，但却与青少年的精神生活息息相关，并且潜移默化地影响青少年的精神世界与生活格调。例如：在青少年休闲生活中，给他们更多自由的空间和时间，让他们体验生活情趣、拓展灵性。财商教育不仅是帮助青少年学会理财、学会消费，而且更重要的是培养青少年的理财观念，普及理财与投资知识，以及理财智慧和能力。网络沉迷是近年来学生心理健康的一个突出问题，也是令老师、家长头痛的教育难题。网络沉迷辅导重在预防，即帮助学生健康地、合理地使用网络，降低网络沉迷的诱发因素，对高危学生进行重点辅导等。

·本章结语·

每个人都经历过青少年时代，这是孩子逐步摆脱对家庭的依赖、心理上迈向独立的第一步。他们有许多成长中的需求希望得到满足，有许多成长中的烦恼希望得到指点，有许多内在的禀赋希望得到开发和实现。柏拉图告诉我们，教育的目的是使学生的心灵走向真善美；泰戈尔提示我们，教育的目的是让学生的生命和谐发展。然而，现实世界复杂多变、丰富多彩，学生的视野在网络社会中大大拓展，远远越过了学校的围墙。社会环境的变化对青少年成长的积极影响和消极影响并存，青少年心理健康引起全社会关注。心理健康教育的最终目标旨在使每个学生身体、心理和精神世界和谐发展，这是青少年一生幸福的基石。

青少年的认知发展、自我意识觉醒、情绪发展、人际交往能力提高，使得青少年心智日趋成长、成熟。走进青少年的内心世界，学会与青少年进行心灵对话，是教育工作者的责任，也是一种使命。心理辅导作为一种助人的艺术，使我们在帮助青少年走向成熟的同时，也使自身的心灵得到洗礼和修炼，获得成长。

第二章

自我与人格辅导

"我是谁？""我从哪里来？到哪里去？"青少年常常会问自己这样的问题，这也是古往今来许多哲学家思考的问题。这些问题看似简单，其实非常深奥。古希腊德尔斐神庙门楣上镌刻着这样一句话，"认识你自己"。经典精神分析主义代表人西格蒙德·弗洛伊德（Sigmund Freud）用冰山理论来表述人类心智活动，即人所认识的自我只是冰山一角，隐藏在水面之下的巨大的"我"的世界，可能需要我们终其一生，不断修炼、不断探究，趋向人性完美的境界。青少年时期是探索自我最重要的时期。自我是在青少年学习、交往和生活适应中发展的：成功的情境让他们体验到自尊、自信，挫折的情境让他们体验到自卑；积极的自我信念促进其人格健康发展，而消极的自我信念会引发其心理与行为问题。通过心理辅导，我们能够帮助青少年走出自我发展的困惑。

本章讨论以下问题：
· **自卑心理辅导**
· **自负心理辅导**
· **依赖型人格倾向辅导**
· **完美主义心理辅导**

自卑心理辅导

　　每个人都会有自卑的时候，有时自卑可能是激发一个人改变境遇的动力，这是精神分析大师阿尔弗雷德·阿德勒（Alfred Adler）的观点。他认为，人生一开始就为克服自卑感而抗争，我们越自卑，寻求优越感的要求就越强烈。例如，富兰克林·罗斯福（Franklin D. Roosevelt）患有小儿麻痹症而致残，但他渴望成为20世纪最有影响的人物。但是，在大多数情况下，自卑具有消极意义，特别是自卑到了几乎绝望的时候，产生了无助感，就不可能建立优越感。青少年的自卑心理往往与自己在学习、生活和社会交往中失败的经历有关。请看一位初二女生对心理老师的诉说。

走出自卑的阴影 [①]

　　萍是一个初二女生，长得又高又胖，细细软软的头发贴在脑后。在胖胖的脸上，她的眼睛显得特别小，确实有点其貌不扬。一天，她神情沮丧地走进心理辅导室向我诉说："我已经很努力地学习了，成绩还是很差。而且学习中遇到的问题，我既不敢问同学，更不敢问老师。除了一名留级生，班里就数我的成绩最差了。我真笨。我不想上学，曾经出走过两次，但害怕爸妈责怪爷爷奶奶，就又悄悄地回来了。我每天都担惊受怕，害怕测验，害怕公布成绩，害怕别人因此更瞧不起我。现在我更担心的是升不上初三怎么办。

---

① 本案例由魏国玲老师撰写，略有删改。选自吴增强：《野百合也有春天——学生心理辅导案例精选》，上海教育出版社，2003年，第1—13页。

如果留级，我宁可死去，这真是太丢脸了。人们都不喜欢我，连我爸对我都很冷淡。像我这样的人活着还有什么意思呢？还不如跟着爷爷去呢。"

谈话中，我渐渐发现萍非常敏感，她的郁郁寡欢、孤独与她的思维方式有关。萍说话倒是蛮有条理的。她常常会很快给你一个消极的、听上去似乎很有道理的答案。譬如她会肯定地说："我能力差，特别笨；我不善于交谈，不像表妹那样能说会道；我外貌不好，不讨人喜欢""跟我年龄相近的两个表妹，一个学习成绩好，一个活泼可爱、能歌善舞，我一无是处""因为成绩不好，别人都看不起我，是不会愿意和我来往的"……这些谈话中常包含着一些典型的非理性信念。随着深入了解，萍含泪告诉了我一些痛苦的往事，其中有一件事一直在心里不停地困扰她。

一年级的期末，父母接萍回郊区的家。那次的数学考试她得了 88 分，担心父亲责骂，便央求来校接她的母亲不要告诉父亲。但在火车上，父亲还是从书包里翻出了测验卷。父亲非常生气，一边威胁要把她推下火车，一边粗暴地把她拖向列车的门口。当时她幼小的心灵中最害怕的不是被推下飞驰的火车，让她最难受的是：火车上的人都知道了她是一个成绩差的坏孩子，都看到了爸爸打骂她，真是太丢脸了，可怕极了。以后，学习成绩每况愈下，她看到父亲便害怕，父亲也很少与她说话，父女之间有什么事常通过妈妈来传达。在家里，父亲一回来或家里有人来，她会立即躲进自己的阁楼里待着。

父亲的严厉与粗暴给萍的内心留下的是长久的伤痛，"我成绩最差""特别笨"的自我标签凝固成为她的消极信念。这是她内心深层次的想法。解开她的这个心结，是帮助萍走出自卑的关键。

┃ 自卑心理解读 ┃

自卑心理，有时也称自卑感，是一个人低自尊的体验，是指个体的自我评价偏低，而产生的不如别人的一种消极心态。自卑感强烈的学生常常自我评价偏低，总觉得自己一无是处，缺乏进取精神，行为退缩、孤独离群等，甚至出现自闭、自伤、自杀等极端行为。

发展心理学的研究发现，青少年的自尊来自三个方面：学业自尊、社会自尊和身体自尊。学业自尊来自学业成就，学业优秀的学生会得到更多的肯定，体验到自尊自信，而学业落后的学生得到更多负面评价。社会自尊是个体拥有良好的人际关系和社会支持而获得的自尊感，亲子关系疏离、同伴关系紧张的学生因体会到被人遗弃的感觉而产生自卑。身体自尊是指个体对自己的体貌满意，并且因出色的运动技能等体会到自尊感，而体像烦恼、身体有缺陷的学生常常会有自卑感。[①]

∣ 自卑心理成因分析 ∣

自卑心理的形成原因是综合性的，有内部因素，也有外部因素。

个人因素

气质和性格因素

气质抑郁、性格过于内向的学生，心理易感性比较强，遇到应激性事件，容易产生消极的情绪和自我信念。一般来说，怯弱的性格、抑郁的心境、失败的经历等都会使人自卑。由上述案例可见，性格比较内向的学生在学业失败时比较容易自卑。这些学生往往对自己缺少信心，过分夸大自己的不足和学习困难，常常会因成绩不好而感到内疚和羞辱。自卑与自尊是密切联系的。一般来说，自尊性较强的学生在挫折情境中可能会产生两种反应：一种是自强不息，另一种则是自卑。若能正确面对失败，便会坚持努力不懈；倘若把失败看作对自尊的威胁，便会产生自卑情绪。

习得性无能倾向

所谓习得性无能（learned helplessness），是指个人经历了失败与挫折后，面对问题时产生的无能为力的心理状态。学习困难的学生往往会有这种无力感，

---

① 桑标：《学校心理咨询基础理论》，华东师范大学出版社，2017 年，第 237 页。

表现在：认知上怀疑自己的学习能力，觉得自己难以应付课堂学习任务；情感上心灰意冷、自暴自弃，害怕学业失败，并由此产生高焦虑或其他消极情感和自卑心理。学习困难学生的习得性无能不是一朝一夕形成的，而是个体在经常性的学习失败情境中习得的行为方式和心理体验。

体貌因素

如前所说，有体貌烦恼和身体缺陷的学生往往会产生自卑心理。阿德勒说："带着器官缺陷来到这个世界的儿童自小就被卷入了令人痛苦的生存斗争之中，结果常常使其社会感陷于窒息。"对于青少年尤为如此，因为他们非常在意他人对自己的评价，故而更加需要得到他人的肯定和接纳。

外部因素

学业压力

潘颖秋发现，学业压力对初中青少年的自尊水平有着显著的负面影响。[①] 这一结果与自尊研究先驱威廉·詹姆斯（William James）在一个世纪以前所提出的自尊能力观点一致：自尊水平随着个体在重要领域的成功与失败而起伏。对在校青少年而言，学业内容的挑战、同学之间的激烈竞争，以及家长和教师的期望，使得学业成为学生感受到的压力中最为突出的生活事件。学业压力反映了青少年对外部环境要求的应对困难，即感知到学业表现低于外界要求或预期，降低了青少年在学业领域的成功体验，因而容易使青少年产生自卑心理。案例中的女生萍由于学业上经常受挫，常常受到歧视和更多负面的评价，倍感学业压力沉重，总觉得自己是学困生，被别人看不起。

社会支持

青少年的社会支持主要体现在三个方面的关系上：亲子关系、同伴关系和

---

① 潘颖秋：《初中青少年自尊发展趋势及影响因素的追踪分析》，载《心理学报》，2015 年第 6 期，第 794 页。

师生关系。

亲子关系中，父母的关爱至关重要。父母关爱反映了父母对孩子的关注和情感接纳。得到父母关爱越多的孩子，越容易形成安全依恋，从而倾向于发展出一种自我肯定的内部工作模式，相信自己是重要的和可爱的。相反，父母关爱缺乏的个体容易觉得自己没有价值而产生被抛弃感，从而形成低自尊。[1]

良好的同伴关系意味着得到更多同伴的接纳，这对个体自尊的积极影响贯穿整个青少年时期直至成年期。在青少年阶段，个体情感的依恋对象逐渐从父母转向同伴，他们渴望与同伴交往。当青少年获得同伴的接纳和认可时，他们倾向于认为自己是有魅力的和有能力的；当被同伴拒绝和否定时，他们会对自己感到失望，产生无价值感和自卑。

和谐师生关系对于青少年健康成长是一个重要的社会支持力量。教师是学生成长的导师，教师给学生"传道、授业、解惑"，不仅是知识领域，而且还包括道德伦理、人格教育等。

｜ 自卑心理辅导策略 ｜

改变错误信念，打开心结

容易自卑的学生在不同程度上存在错误的信念（或者称非理性信念）。正如案例中的"我的成绩最差""别人都看不起我""太丢脸了，可怕极了"，把事物的负面因素无限扩大化；"我已经很努力地学习了……班里就数我的成绩最差了"，对自己能力的看法凝固化，这些都是思维绝对化和片面化的表现。因此，教师要视学生的具体情况，找出他们的错误认知，挑战错误信念，建立理性信念。要想打破本节案例中萍的自卑心理，就要以改变她的错误信念为切入口。心理老师这样写道：

---

[1] 张智慧、王玉龙：《留守困境下早期青少年自尊发展轨迹的异质性：父母关爱与友谊质量的作用》，载《中国临床心理学杂志》，2023 年第 6 期，第 1368 页。

萍对儿时在火车上被父亲责打的事件记忆犹新，甚至连当时的期考分数都记得一清二楚，这是她心中难以解开的结。我与她的谈话就此切入：

师：童年时一起坐火车的人，你还能认出他们吗？

萍：不能。

师：那些人会永远记得一个小女孩在火车上被责骂这件事吗？

萍：不一定。

师：即使记得这件事，他们还能认出你吗？

萍：可能认不出了。

师：那么你是不是应该一辈子为此抬不起头来呢？

（萍无语、思考。）

师：要是我告诉你，老师小时候也被家人打骂过，是不是你认为老师也是很糟糕的，从此完了呢？

萍：当然不会。

师：你想想看，拍完集体照后，拿到照片第一眼看的是谁？

萍：是自己啊。

师：对了，人不会一辈子把别人的经历记在心里。这样一想，你会觉得——

萍：好受多了。

通过这段对话，萍意识到所有人"都知道了她是一个成绩差的坏孩子"的想法是不合理的，是自己给自己套上的精神枷锁。

客观自我评价，增强自信

自卑的学生往往觉得自己一无是处，在自我评价和对他人评价上有偏差。有时也可以通过客观地评价他人，达到理性的自我评价，增强自信。本节案例中萍在数学学习上严重缺乏自信，心理老师与萍进行了下列对话：

师：得 100 分的同学是不是每次都得 100 分？

萍：有时不是。

师：如果有一次他没得 100 分，而其他人却在这次测验中得了 100 分，是不是就证明他的能力比别人差，比别人笨了呢？

萍：不一定，因为可能有种种原因的。

师：他可以有原因，你呢？

萍：我一直很差，别人都这么认为。

师：你还记得我上课时讲过著名数学家苏步青小时候有个绰号叫"数不清"吗？

萍：记得。

师：你怎么想？

萍：他通过努力奋斗改变了自己，改变了别人对他的看法。

师：每个人都会遇到失败和挫折，如果苏步青也害怕失败，很在意别人的评价，从此一蹶不振，还能取得今天的成功吗？

萍：当然不会。

师：更重要的是，每个人都有属于自己的那一份自信、那一份成功。某件事失败并不能说明你永远是失败的；某一种能力不如人并不见得你所有的能力都不如人。我看过你的作业，看得出你是很认真、很努力的。其实有不懂的学习内容，你可以问问老师和同学，你们班主任也是一个非常不错的人，是吗？

萍：班主任是很好，常常耐心地帮助我和其他同学，只是我担心他们会不理我，看不起我。（她的想法已渐渐开始转变。）

师：我也会给你讲一些学习方法的。不过，向同学请教既是一种学习的好方法，也是和同学融洽相处的机会。你试过吗？所有的同学都会拒绝你吗？

萍：我试试看。（一个好的想法，代表了好的开端。）

接受辅导后，萍感到最大的变化是自己不再害怕上学，也不再害怕面对老师、父母、同学。她对自己的不合理信念有了一定的认识，逐步把僵硬极端的观念转向相对灵活的、积极的态度、观念。之后，她顺利地升入了初三，性格逐渐变得开朗。观察中，我见到她与同学相处融洽，与父母特别是与父亲的交流也增多了。有时她会兴奋地告诉我，爸爸陪她去新华书店买书……其间，最宠爱她的爷爷去世，她也能比较平静地对待，并告诉我：爷爷在世时，她尽力作了陪护。这就是一种合理的思维方式（你不能改变一些事情，但你可以改变自己的想法；你无法阻止爷爷的离去，但可以在爷爷离世前，尽自己所能照顾他），我为她的改变感到欣慰。毕业后，萍如愿进了一所职校。再见面时，我发现她变得神采飞扬、热情、开朗，打扮得体，似乎人也变得漂亮起来了，且对目前的自我状况感到满意、自信。

按照精神分析的学说，童年的创伤会隐隐地影响人今后的成长。魏老师找到了女孩萍童年的痛苦经历，并以此为切入口，运用认知治疗技术，对她的消极想法进行驳斥，层层推进，帮助她建立理性信念，使她从忧郁变得开朗，从自贬走向自信。魏老师在本案例中表现出深入、细致的工作态度，合理运用心理分析技能，值得教育工作者借鉴和学习。

正视挫折，合理归因

学生在学习、生活和社会交往中难免遇到挫折，怎么让学生从挫折中获取进步的动力呢？这就需要帮助学生合理归因，不要把失败归结于能力不足，而是努力不够，进而克服自卑心理。林小芬老师运用周记对学生的自卑心理进行辅导，笔者认为值得学习。

一名学生在几次模拟考中败下阵来，他就唉声叹气，觉得自己前途渺茫，没有什么出息了。我就在他的《心灵的告白》里抄写下了革命老人徐特立 1956 年对湖南第一师范学生讲的一段话："失败是一种损失，失败后又来一个发愁、着急，不是再加上一层损失吗？这未免太不合算了！我不干这种傻事！一个人走路不小心，摔了一跤，唯一的办法就是爬起来再走。像小孩子摔了跤就滚地、哭脸，有什么用呢！事情失败了，就只有再干。真有决心毅力的人，失败每每都是成功之母，愁什么！急什么！"看了这段话后，这位同学在《心灵的告白》中感悟到："人可以被打败，但不可以被打倒，我不小心摔了几跤，但我会爬起来再走的，并且会走得更稳、更好。"[1]

自我激励，学会自我欣赏

自我激励是一种积极的心理暗示，也就是在遇到挫折和失败时，要暗示自己：不要紧，下次再来，我一定能成功，或者反复强调自己某方面的天赋和能力，反复强调自己应达到的成功目标以激发斗志。容易自卑的学生，往往内心缺少自我激励的声音。老师要帮助学生学会发现和赞美自己的长处，肯定自己的价值，获得自信，摆脱自卑的阴影。有老师通过让学生自我回答，启发他们发现自己的长处，学会欣赏自己。

- 你最欣赏自己的外表是……
- 你最欣赏自己的性格是……
- 你最欣赏自己所做的一件事情是……
- 你最欣赏自己对朋友的态度是……
- 你最欣赏自己的一次成功是……
- 你最拿手的事情是……
- 别人最欣赏你的是……
- 家人常以你为荣的是……[2]

教师要有耐心、有期待

教师和家长是学生最重要的社会支持，教师要多关心、多支持、多鼓励容易自卑的学生，尤其要对这些学生有耐心、有期待。苏联教育家苏霍姆林斯基说："教育，首先是关怀备至地、深思熟虑地、小心翼翼地触及年轻的心灵。在

---

[1] 林小芬：《浅谈初中生自卑心理的周记辅导法》，载《中小学心理健康教育》，2008 年第 12 期，第 34—35 页。

[2] 杨芷英：《青少年自卑心理的诊治与调适》，载《中小学心理健康教育》，2003 年第 5 期，第 16 页。

这里，谁有细致和耐心，谁就能获得成功。"前述用周记辅导学生自卑心理的林老师的耐心很值得大家学习。林老师这样写道：

自卑感的形成有一个过程，其转化也必然服从一定的"序"，需要从认识提高到行为矫正，从外在的变化到思想感情转变，特别是坚定信念的形成更需要经过长期锻炼、意志考验才能达到。因此，转化具有渐进性、反复性、长期性的特点。针对学生进步不明显，或收效甚微的情况，教师要不气馁，不谴责，不压制，不能企求几次谈心或几次周记就收到立竿见影的效果，要耐心地在他们的周记中根据具体情况"动之以情，晓之以理"，切不可操之过急。

例如，初三时，笔者任教的班上有一位从外校转入的学生，由于其他各门功课成绩平平，语文成绩差而被编入平衡班，由此，他便有了破罐破摔的心理。笔者利用《心灵的告白》同他交流，反复地进行鼓励、疏导。"水滴石穿"，经笔者多次耐心反复地教导，他终于消除了自卑的心理，形成积极进取的精神状态，加上他有较高悟性，在中考中，他的英语成绩脱颖而出，超过了其他班同学，位居全校榜首。"没有教不好的学生，只有不会教的教师"，这句话不无道理。

林老师的经验给我们的启示是：教师的耐心期待带给学生的是一种信念，即遇到困难不要放弃，要永远对自己抱有信心，这样才能调动学生内在的积极力量。

自卑对于青少年人格的成长具有双重意义，它既有消极影响，也有积极意义。阿德勒认为，当儿童体验到自卑感时，同时就会受到自己追求卓越动机的推动。帮助孩子走出自卑，他的内心就增加了一份自信的力量。这正如阿德勒所说的："在每个人身上，追求优越感和自卑感是并存的。因为自卑我们才会去追求优越，我们企图通过努力追逐来获得成就以消除自卑感。"

第二节

自负心理辅导

自负是学生自我感觉过于优越，不恰当地夸大自己的长处，无视自己不足的非理性自我评价与体验。自负与自卑是学生自我意识发展的两个极端，都是心智不成熟的表现，都需要进行心理辅导。假如一个聪明漂亮、学习成绩优秀、能力强的女孩在班干部选举中落选了，情绪一落千丈，如何对她进行辅导呢？请看以下案例。

我怎么会落选 ①

许玲是个聪明漂亮的女孩，一双眼睛又圆又大，仿佛会说话。不过现在，她气鼓鼓地坐在我的对面，向我抱怨。

许玲：我郁闷死了，今天班干部选举，真是太不公平了！

师：哦？你的"不公平"的意思是——

许玲：最后的计票结果，我只排第四位，而且我比排第一的张菲少了 12 票。我怎么也想不通？

师：这我就奇怪了。不是大家投票选班干部吗？怎么会不公平呢？

许玲：我真的想不通我怎么会落选，而且跟别人差好几票。我觉得我比这

---

① 本案例由周波老师撰写，略有删改。选自钟志农等：《高中生心理辅导案例解析》，华东师范大学出版社，2007 年，第 186—190 页。

几个候选人都优秀，论成绩、论能力，他们没有一个比我强的啊。

师：那你说说你比那几个候选人强在哪？

许玲：张菲，还不错，但是她的成绩没我好；陈军，他怎么比我强呢，这个人笨死了；还有丁杰，话都讲不好，怎么能当班干部啊。真是的！

（许玲每提到一个人，就会摇摇头或者撇撇嘴，露出一副不屑的表情。）

师：他们能够当选，应该也有些自己的优点，不是吗？

许玲：（"哼"了一声）拉关系呗。我最看不惯这样的人了。

（老师让许玲听听大家的说法，自己好好地总结一下，她很快就摆出了姿态。）

许玲：我才无所谓呢，没选上就没选上呗。谁稀罕啊，我现在还有时间去学习了呢。以后班级有事情也不用找我了，落得清闲。

许玲走了。看得出来，这是一个优秀而又自负的女生。我有预感，落选班干部这件事在她身上肯定没完。

┃ 自负心理解读 ┃

自负的学生往往是老师、家长心目中的好学生，这些学生聪明，学习成绩优异，社会活动能力比较强。但这些优势在一定的条件下，有时会滋长学生的自负心理。

从心理学上说，自负与自卑是相对的，都是心理不健康的表现，对人的生活和学习都有很大的影响。自负心理与人的自我意识、家庭因素、情感和性格都有紧密的关系。一般来说，具有自负心理的人在现实生活中常常有以下几种典型的特征：

其一，自傲自大，傲慢无礼。自负的人傲慢自大，自我感觉过于良好，认为自己非常了不起，什么都比别人强。在他人面前，他们有无比的优越感，高高在上、盛气凌人、藐视一切、忘乎所以，有时即便知道自己的一些弱点，也不以为然，或者千方百计地加以掩饰。他们不能正确地认识自己，只看到自己的优点，看不到自己的缺点，对别人经常傲慢无礼，不受他人欢迎。

其二，固执己见，人际关系不和谐。自负的人往往自以为是，目无他人，对别人的意见和批评，不能很好地接受，而是采取漠视甚至顶撞的态度。他们的自我感觉过于良好，不屑听取别人的建议，不愿与别人进行交流；很少参加集体活动，我行我素，人际关系不和谐。

其三，耐挫折能力差。自负的人生活多是一帆风顺，对自己的认识过高，对一些任务难度的估计偏低，有掉以轻心的倾向。因此，一旦遇到挫折，他们便会不知所措，在问题解决不了的时候，就会怀疑自己，自暴自弃。[①]

其四，父母、老师过多的赞扬和关注，容易使自负的学生产生优越感，变得以自我为中心，缺乏客观的自我评价。通过别人对自己的评价来了解自己，是学生认识自我的一个重要参照系。也就是说，别人的评价是自己的一面镜子，这在心理学上叫"镜中自我"。父母与老师对于青少年来说，就是重要他人，他们的评价对于学生认识自我至关重要。成人的偏爱容易使自负的学生看不到自己的不足，夸大自己的优点，陷入自我评价的盲区。遇到班级评优、评选之类的事，这类学生会认为当选是理所应当的，没有当选则会引起不良情绪反应。本节案例中的许玲在班干部竞选中落选时的心理反应就很典型。

其五，过于自我为中心，缺乏对别人的尊重。自负的学生常常目中无人，唯有自己，夜郎自大。一方面，一个人眼里没有别人，他就无法通过别人这面"镜子"清楚地认识自己；另一方面，自负的学生一意孤行，也易导致自己"众叛亲离"，同学关系紧张。许玲落选的重要原因是班级里同学人缘比较差。

其六，思维方式片面。自负的学生不仅在自我评价上存在偏差，而且思维方式容易片面。因为这些学生思考问题的出发点常常以自我为中心，根据自己的偏向行事，并且主观武断，强加于人。例如，本节案例中的许玲执意认为，自己班干部落选太不公平，潜台词是怀疑选举有问题。

[①] 吴吉惠、邰思航：《自负心理的精神分析理论解析》，载《赤峰学院学报（自然科学版）》，2016年第5期，第133页。

　　　　第二章　自我与人格辅导

｜ 自负心理辅导策略 ｜

学会聆听，建立客观的自我评价体系

自负的学生往往不会听取别人的意见。学会聆听，才能帮助他们建立客观的自我评价体系。本节案例中的心理老师周波是这样做的：

许玲落选以后，在班级里和同学的关系发生了变化。她觉得同学都在有意疏远她，对于班级活动也不热心。大家纷纷批评许玲太自私，班主任老师也批评了她。为此，她情绪很低落，第二次走进了心理辅导室。

师：你是个能力很强的人，不觉得自己可以为班级多做点事情吗？

许玲：那他们为什么不选我做班干部呢？

（心理老师与许玲的讨论又一次回到了"班干部落选"上来，许玲对此表现得耿耿于怀。）

师：你能说说做好一个班干部，要有哪些方面的优势呢？

许玲：学习成绩好，要有能力，会说话。

师：其他还有什么？

许玲：人际关系要好。

师：你说得不错。那对照一下自己，你觉得自己有哪些不足？

许玲：我的人缘……是不如张菲。

师：为什么呢？

许玲：也许是我脾气太差吧。

师：你能举例说明一下吗？

许玲：比如我的同桌问我问题，我觉得有些问题很简单，就不想耽误自己的时间，我会说，"这么简单的题目你自己好好想想吧"。

师：还有其他的吗？

许玲：我做事情很快，要是我看到别人手脚慢，就会说"你怎么这么笨啊"。

师：你觉得他们会怎么想？

许玲：他们应该会很不高兴吧。不过，这就是我的个性啊。

师：那别人会怎么评价你呢？

许玲：他们会觉得我自以为是，很了不起吧。

师：那你会跟自以为是的人交往吗？

（许玲低下了头，好像明白了什么。）

师：你想听听其他同学对你的评价吗？

（许玲有些吃惊，瞪大了眼睛望着老师。）

师：这是我在你们班录的同学们对你的评价，你想听听吗？"

（许玲犹豫了，然后点了点头。）

- 许玲，你是我们班能力数一数二的学生。可是，你又很骄傲，骄傲得让我们无法靠近你。

- 许玲，其实那天我是想要投你的票的，但我觉得张菲比你更合适当这个班长。并不是她能力比你强，而是她比你更亲切、更热情，更能和大家打成一片，这不是一个为班级服务的人所需要的个性吗？

- 许玲，咱们俩以前还是同桌，每次我有学习上的疑问，想去问你的时候，我总是很犹豫，因为，你看我的眼神，好像在说我真的很笨，连这么简单的问题都不会……

- 我很佩服你的学习成绩，不过你真的很骄傲。

  ……

许玲很认真地听着，我心里倒是很紧张，这些话到了许玲心里，会起怎样的作用？

几天后，我上完课回到辅导室，门下面塞了一封信。我一看落款，是许玲写的。

周老师：

首先我要说一声谢谢你，因为你的帮助，我能够更好地看清楚自己。班干部选举对我来说是一个挺大的打击，我一直觉得自己很优秀，可是却没有得到同学的认可，我不愿意接受这个事实，也不愿意去想这是为什么。现在，我明白了我落选的原因。我是有骄傲的资本，却没有把这种资本当作进一步提高自己的动力，而是沉醉于自己的优秀，骄傲而自负。这种骄傲与自负使我变得不清醒，看不清自己的不足，并且伤害了别人，使我和同学之间的关系越来越疏远……

　　班干部落选是学生经常会碰到的问题。而许玲的落选，引起她如此强烈的情绪反应，实则是自负心理在作怪。周老师运用倾听、同感、面质等心理辅导技术引导许玲发现了自己的问题：傲慢和自负使自己看不清自己，也看不清别人，更使自己远离同学；用录音让许玲听听同学对她的评价，通过他人评价这面"镜子"，帮助许玲进行客观、全面的自我评价。虽然有一定的风险（周老师自己也觉得没有把握），但却是一个颇有新意的辅导策略，而且产生了较好的效果。当然，如果事先征求意见，可能更加妥帖。这个案例具有典型性，周老师的辅导经验也具有启示性。

　　自负的学生往往是自信过了头，如果矫枉过正，可能会把他们的自信心也打击掉，走向另一个极端。有的教师和家长可能会对自负自满的学生说："你有什么了不起的""你不就那么点本事吗""你别嘴巴硬，哪天我倒要看看你的真本事"……这些话只能起到负面作用。明智的方法是，既充分肯定学生的优点，也不回避他们的缺点和问题，让学生感到有缺点并不可怕，人人都会有缺点，可怕的是看不清自己的缺点，从而产生致命的错误。全面地了解自己不是一件容易的事，我们能够认识到的自己只是浮在海面上的冰山一角，经常仔细聆听别人对自己的看法，有助于深入地了解自己。案例中的周老师就是这样循循善诱，引导许玲全面、客观地评价自我。

眼中要有他人，学会欣赏别人

　　帮助自负的学生克服以自我为中心的倾向，关键是学会欣赏别人。要想别人尊重自己，首先是要尊重他人；要别人接纳、认同自己，首先是要接纳、认同别人。这样个人才能在与他人的社会交往中汲取到有价值的东西，促进自己成熟与成长。对学生一味地赞扬、偏袒，只能助长他们的自负心理。因此，教师要公正地对待每个学生，同学之间要取长补短。学会欣赏别人，是与同学平等和谐相处的心理基础。

学会承受挫折

自负的学生从小到大往往比较一帆风顺。正因为路走得太顺，滋长了优越感，一旦遇到挫折和失败，情绪就会一落千丈。其实，挫折对于自负的学生来说未必是坏事，教师引导得当就是学生成长的契机。许玲落选班干部对于她而言，是一个不小的挫折，但是通过与周老师的探讨，她能够比较全面地认识自己、认识别人，这就是一分收获、一份成长。

依赖型人格倾向辅导

　　自负的学生常常目中无人，很少会有朋友，而且也很难进步。但是太在乎别人的评价，心理负担会很重，也会很累。这种情况往往也出现在老师心目中的好学生身上。例如，有位学习优秀的学生仅仅因为美术老师对他的忽视就想转学，经班主任与他几次谈心，发现他存在两个问题：一是他太在乎老师的关注和评价，心理显得过于脆弱；二是缺乏人际沟通的能力。从心理健康的角度看，这位学生的行为其实是依赖心理的表现。下面案例中的小凡也是如此。

活在别人眼里的好学生 [1]

　　小凡是位高中女生，文静稳重、学习刻苦、成绩优良，但是最近一段时间，她却非常焦虑。在班主任的陪同下，她走进心理辅导室，向我诉说道："最近一段时间，我每天上课都听不进，自修看不进书，想到考试就害怕。我已向学校申请免考，但我知道这不是解决问题的方法，所以我还是来找您了。"

　　她接着又说："以前我一直觉得学习是一件很快乐的事，我可以比别人做得更好。但是现在却不一样了。当我在休息时间看书时，很多同学就会说，'你好认真哟'。我很不喜欢听这样的话，我觉得他们似乎在说：'你好笨，付出了这么多的时间，只考了这样的成绩。'我原本对学习充满了热情、期待，所以当其他同学在玩的时候，我能强迫自己

---

[1]　本案例由沈慧老师撰写，略有删改。选自吴增强：《野百合也有春天——学生心理辅导案例精选》，上海教育出版社，2003 年，第 235-237 页。

不去和他们一起玩，抓紧每分每秒。但这种种的打击不断而来，我怕自己会对学习失去热情，失去期待。现在的我不知怎么回事，当我看到其他同学做的内容或复习的内容和我的不一样时，我就会想：哎呀，他们看的资料我都没有看过，时间来不及了，我复习不完了。想到这些，我就会很不平静，感到自己复习了很长时间，结果却好像什么都没有复习。我觉得他人的一举一动对我的影响很大，也许有时这与我无关。我很佩服那些'走自己的路，让别人去说'的人。我甚至在食堂吃饭的时候，都一直东张西望，注意这个人，看看那个人。"

小凡对自己的学习成绩要求得很高，也总希望自己能够做得更好。过分追求完美的她，害怕不尽如人意的成绩会挫伤自己的信心。于是，她为自己设立的参照物永远是别人，同时把对自己的认识也完全建立在别人对自己的看法和评价上，很少有对自己的独立评价，对自己缺乏了解和信心。综合分析小凡的情况，基本可以确定她是缺乏对自己的了解，自信不足而造成学习焦虑。要想从根本上解决问题，就要帮助小凡从"活在别人的眼睛里"解放出来，让她真正了解自己，合理定位，重建自信，真正走出心理阴影。

| 依赖型人格倾向解读 |

依赖型人格是相对于独立型人格而言的，主要是指个体自主精神比较弱、独立意识比较缺少的人格，表现为依恋他人、敏感多思、控制情绪的能力较弱。具有依赖型人格倾向的人偏向感性，不太注意自己参与决策的能力，社会参与程度较低。[1] 精神分析大师卡伦·霍妮（Karen Horney）在分析依赖型人格时指出，这种类型的人通常有以下几个特点：（1）深感自己软弱无助，当要自己拿主意时，便感到一筹莫展，像一只迷失了港湾的小船；（2）理所当然地认为别人比自己优秀，比自己有吸引力，比自己更高明；（3）无意识地倾向于以别人的看法来评价自己。

---

① 俞婷、陈传峰：《儿童依赖性人格研究概述》，载《教育观察》，2022年第3期，第8页。

依赖型人格主要有以下表现[1]：

（1）在没有得到他人的建议和保证之前，对日常事物不能作出决策。

（2）无助感。让别人为自己作重要决定，如在何处生活、该选择什么职业等。

（3）被遗弃感。明知他人错了，也随声附和，害怕被别人遗弃。

（4）无独立性，很难单独完成计划或做事。

（5）过度容忍。为讨好他人甘愿做低下或自己不愿做的事。

（6）独处时有不适和无助感，或竭尽全力以逃避孤独。

（7）当亲密关系中止时感到无助或崩溃。

（8）经常因遭人遗弃的念头而受到折磨。

（9）很容易因未得到赞许或遭到批评而受到伤害。

青少年处于心理发展快速期，人格尚未定型，真正有依赖型人格障碍者极少，但是存在依赖型人格倾向的有一定比例。有依赖型人格倾向的青少年，生活难以独立，思想缺乏自信，不论大事小事都需要家长、老师、同学帮助，遇事优柔寡断，缺乏判断、决断能力，总是依赖别人为自己作出决策。例如，在生活中，购买一件小小的物品，也要找人参谋；在学习中，从不相信自己能够取得好成绩，甚至做作业时，也要将答案与别的同学对一下才放心。

依赖及依恋的情感在社会中是普遍存在的，对他人某种程度的依赖对个体来说是适应，但是过分依赖可能就会产生心理问题。依赖与依恋的差异主要表现在：首先，依恋以寻求亲密为特征，而依赖行为以寻求帮助为特征。其次，依恋行为有特定的对象，并持久地指向同一个人，而依赖行为指向任何人，并且依赖的客体会随着年龄而发生改变，如幼儿时指向父母，小学时指向教师与其他权威人物，青少年时指向同伴而非权威，成年后指向配偶、不同的假想的父母式的权威人物（如雇主、医生、治疗家等）。[2] 简言之，依赖型人格倾向会影响青少年独立性、自主性的发展，需要及时进行心理辅导。

---

[1]　李遵清：《解析依赖性人格障碍》，载《家庭医学》，2006 年第 10 期，第 33 页。
[2]　李媛、黄希庭：《依赖研究的现状与启示》，载《西南师范大学学报（人文社会科学版）》，2002 年第 2 期，第 82 页。

| 依赖型人格倾向成因分析 |

依赖型人格倾向的形成受到个体内在因素和环境因素的影响。

个体内在因素[①]

一是气质。抑郁质的儿童缄默而沉静，感受性、敏捷性和兴奋性弱，他们不易接受新生事物，也不能迅速地适应新的环境。因此，他们会更多地依赖抚养者的照顾，希望抚养者时时刻刻陪伴在身边，以获得心灵上的满足。与此同时，父母对儿童所流露出的害怕、痛苦和忧郁等感受心疼不已，也会给予儿童更多的关注和保护。长此以往，儿童的依赖型人格在父母过度的关心和保护下持续存在并有所发展。

二是早期依恋。安斯沃斯（Ainsworth）将婴儿依恋分为安全型依恋、回避型依恋和反抗型依恋三种，其中，反抗型依恋与依赖型人格息息相关。反抗型依恋又叫矛盾型依恋，这种类型的儿童会在母亲离开时痛苦不已，当母亲回来亲近时又生气拒绝、躲避不理，然而其内心非常渴望与母亲接触。这类儿童内心常常会很矛盾，会通过他人的赞许来获得内心的安适、坦然。因此，他们会过度地寻求认同，沉溺于人际关系。他们常认为自己是无能的和没有价值的，总是要改变自己，获得他人的接纳。

三是认知方式。不适应性认知往往会使个体认为自我是脆弱的和无效的，最终导致一直持续到成年的低自尊和焦虑，这是形成依赖型人格的重要基础。另外，不适应性认知方式也会不断地进行自我强化，如不断重复和完善依赖他人的行为，拒绝促进成长的活动，贬低自己的才干和长处，为自己的无能找借口。这些错误的认知会进一步加强依赖型人格的塑造。

---

① 俞婷、陈传峰：《儿童依赖性人格研究概述》，载《教育观察》，2022 年第 3 期，第 9 页。

环境因素

一是早期抚养不周。由于依赖型人格者不论是作重要决定还是普通假定都依赖于他人，这就导致他们有一种不合常理的被抛弃的恐惧。一般认为，这种对被抛弃的恐惧来自早期的抚养环境。婴儿出生时都要依赖他人提供食物、保护以及照顾，儿童社会化的一部分就是学会独立生活。有学者认为，如果这个过程被干扰，比如父母去世或者照料者忽视他们或者拒绝提供照顾，都会使儿童在被抛弃中的恐惧里长大，从而逐步形成依赖型人格。

二是过度保护。当孩子不能应付环境压力时，父母应该提供相应的支持和帮助以增加孩子的生存机会。但是，父母因为考虑到"安全"而不让孩子试着去面对环境压力，或者无视孩子已经具备应付环境压力的生理、心理基础，仍然一味地包办代替，便属于过度保护。过度保护的结果是剥夺了孩子发展能力的机会，使他们应付环境压力的能力不随年龄的增长而增长。"能力发展滞后于年龄发展"，使孩子极容易图方便地寻求父母的支持和帮助，而父母一味地过度保护又会把依赖性植入孩子的行为模式。

三是社会角色偏见。由于依赖型人格者多见于女性，曾有学者推断，依赖型人格障碍源于女性固有的依赖倾向。这种观点因有明显的性别歧视而被一些人反对。跨文化研究发现，女性的依赖性是文化赋予的而非性别所固有的；进一步研究还发现，如果一个人接受了社会所赋予他的依赖性社会角色，他便会有依赖性行为，甚至还可能发展成为依赖型人格障碍。[1]

｜ 依赖型人格倾向辅导策略 ｜

青少年的人格正在逐步形成，尚未定型，我们可以根据下面提供的建议对

---

[1] 何克、刘丽君：《依赖型人格障碍的表现、形成和治疗》，载《贵州师范大学学报（自然科学版）》，2001 年第 1 期，第 81 页。

有依赖型人格倾向的学生进行辅导。

建立积极的认知方式

依赖型人格倾向的学生往往从消极的视角看待自己和他人，帮助他们建立积极的认知方式是重要的一环。本节案例中的心理老师沈慧老师是这样进行辅导的：

为了扭转小凡原来的思维方式，将其变为积极的思维，我要求小凡进行六个方面的训练：

第一，请停止对自己使用消极否定的词语。当你和别人说话时，你肯定要考虑使用什么样的词语，那么你对待自己至少要像你对待至交那样友好和宽容。要承认自己的不完美，人总会犯错误和有弱点。

第二，请将行为和人区分开。尽管你会做出一些不能令自己满意的事，但是你并不愚蠢。诚如尽管你可能做过什么不好的事，但是你并不坏。

第三，要为你所做的好事情表扬自己。你在选择可以表扬的事情时不要太严格，至少你每天都要给自己一个表扬。或者当你无法找到值得表扬的事情时，你也要为曾努力去做过而表扬自己。

第四，将至今感到自责和拒绝自己的所有事情与想法列一个表格，然后看看表格上有哪些错误和弱点是你能够根除的。同时提醒她：有些错误和弱点本身是你无法根除的。

第五，至少将你的十个积极的特点和行为方式列在纸上。这些特点和行为方式不必是与众不同的。每天通读一遍这张纸，再随时添上新特点。

第六，每天读一遍下面的文字，它是我和小凡共同制定的一个"宣言"。

我是一个有尊严的人。无论我做过什么，也丝毫改变不了这一点。

我能够努力去做得好一些，但是我不可能什么都懂。错误和不如意并不意味着我是一个坏人或一无是处。

我对自己也像对别人一样友好，没有理由对待自己比对待他人更坏。我心里想的是积极的事物。我也会告诉别人，我所想的事物也会有益于别人。

有些事情的发生我自己也不满意，不过我对此什么也改变不了。我现在拥有的唯一东西就是这一时刻。如果我不满意的事情发生了，我也得承认它，因为它能提醒我，我并不能决定一切。我唯一能改变的东西就是我此刻的感觉。我决定着自己如何去感觉。我坚信：If I think I can, I can！

我是自己生活中最重要的人，因为我决定着自己的生活。无论我做什么，我都将承认和接受自己。

一个月的训练后，小凡说："我发现自己对事情的看法有些改变，天不再永远是灰黑色的了。"

帮助学生建立自信心

具有依赖型人格倾向的学生普遍不自信。只有充满自信，才能彻底改正依赖他人的习惯。有专家建议可以分两步来树立自信心 [1]：

第一步，消除记忆中的挫折经历。具有依赖型人格的人之所以缺乏自信、自我意识低下，与其童年时期受到的挫折经历有关。比如，父母、长辈或老师可能都对其说过"你真笨，什么也不会做""瞧你笨手笨脚的，让我来做吧"之类的话。教师可以让学生把类似的话整理出来，然后用理性去推翻这些定论。也可以告知其所有的亲人和朋友，让他们改用热情的、鼓励的话来激励自己。

第二步，重建勇气，学会自立。人们只有鼓起勇气去做某件事，才会因为这件事的成功而树立起自信。教师可以鼓励学生选择一些以前没有做过的事情来做，如独自一人参加一项娱乐活动或到附近的景点做短途旅行等。还可以规定每周有一天的"自主日"。在这一天，凡事都要由自己做主，不可以依赖他人。只要坚持锻炼自主意识，学生就一定可以重拾勇气，学会自立，并矫正依赖他人的习惯。

---

① 吕淑云：《如何矫正依赖型人格》，载《心理保健》，2009 年第 5 期，第 11 页。

当然，自信心的增强还可以通过自我激励和自我强化来实现。本节案例中，沈老师要求小凡大声朗读"宣言"，就是通过积极暗示进行自我激励。沈老师这样叙述小凡的变化：

暑假就要来临了，将近半年的咨询工作就要告一段落了。小凡愉快地告诉我，她现在的心情非常好。"我想，应该说，我必须以一直积极的态度去面对作业或者考试，我想让自己的付出有价值。我不想让自己既不痛快，又没有一点收获。""我很能调整自己的心情，我对自己的高三学习已经满怀信心了。"而且她告诉我，她现在已经成为学校礼仪队的成员，在学校的一些重大场合上都会见到她的身影。

学生生活在班级群体之中，难免要与人比较，在比较中发现不足。比较具有积极意义，但是不合理的比较常常具有消极意义。过分在意别人的评价，会使人的自尊心越来越弱，自我形象越来越模糊，自信心越来越不足。把命运交给别人，你就失去了自己。相信自己便能真诚地对待自己，便能坦然地面对挫折。

对于小凡同学的辅导，沈老师的做法是值得肯定的：一是判断问题到位。对于小凡焦虑情绪原因的分析，她将其聚焦在"她活在别人眼里"，笔者认为是比较到位的。这种过分在乎别人的评价实质上是依赖型人格倾向的表现，一般常常为老师所忽视。二是辅导方法运用到位。对过于专注别人评价的学生辅导，一个关键策略是，通过专注自我，化消极思维为积极思维。当然，要完全使学生建立这种积极信念，还有许多工作要做。事实上，沈老师的辅导工作远不止案例中提到的六条，但学生的变化使老师看到了辅导成功的希望。这个案例的成功给我们的另一个启示是：学生内心蕴藏着积极的资源，辅导的艺术就在于如何开发这些资源，化学生的消极信念为积极信念。

改变家庭教养方式

学生过度依赖往往与父母过度保护和控制的教养方式密切有关。例如，有些家长担心孩子受累，事事包办；有些家长拒绝带孩子接受新事物、新环境，害怕有危险。他们总是以孩子不懂事为由，加大保护力度，限制孩子发展的自主性。笔者曾经询问过一个过度依赖父母的大一新生，他从小学到中学事事都是母亲包办，独立生活能力很弱，第一次过大学集体宿舍生活很不适应，连周末从学校（在上海郊区）回家的路怎么走都不知道。笔者认为，孩子要"散养"，不能"圈养"，因为"散养"可以增强孩子的独立性和社会适应性，"圈养"则会加重孩子的依赖性。

完美主义心理辅导

完美主义与追求完美是两个不同的概念。追求完美是一种积极向上、不断进取的品质，它认为人与事物的发展没有终点、没有十全十美；而完美主义是一种极端化的思维方式，表现出对己、对人、对事十分苛求，是许多心理障碍的思想根源。有些优秀学生往往会有这种完美主义心结，请看以下案例。

我得了强迫症吗[①]

小J是某重点中学高二的学生干部，是一个梳着童花式发型、长着一双大眼睛、聪慧可爱、性格娴静的少女。初次来心理咨询室时，她不见了平时工作的那份自信，而是带着更多的焦虑和腼腆。女孩进门便说："老师，我得了强迫症，在我眼前所见到的每一件东西，我都有想把它归类的念头，在家里我不断地整理，不仅占用了我许多宝贵的学习时间，更重要的是，影响了全家正常的生活，父母常因为我的整理而找不到所要用的东西。我为此感到很难过。"乍一听，似乎觉得小J同学有强迫意念和强迫行为。但经过几次心理辅导后发现，在其强迫意念和强迫行为的背后，其实隐藏着另一个实质性的心理问题。

我没有就事论事地去解决小J同学的强迫倾向问题，而是试图从她的成长经历中找到强迫归类的象征意义。小J从小学到初中都是优秀学生和学生干部，一切都看似那样顺利和完美。可实际上，小J也为此付出了许多艰辛，在她内心深处已深刻地形成了做

---

① 本案例由倪京凤老师撰写，略有删改。选自吴增强：《野百合也有春天——学生心理辅导案例精选》，上海教育出版社，2003年，第27-32页。

事认真刻板和力求做得最好的习惯（完美主义的萌芽）。进入高中后，在面临新的学习生活和人际交往时，情况却发生了变化。来自各初中校的佼佼者汇聚在一起，要在这里保持优秀的位置，并不是一件容易的事。刚进高中时，她与班上四个女生相处得很好，形成了一个小团体，但是小团体经常发生争论，小J首先从这个五人组合中游离出来，心里有一种被人排斥的感觉。由此，小J的自我优势感开始发生了动摇。

小J问我："老师，你说我到底是不是一个好学生？"

我连忙回答："是，而且肯定是，你现在不就是班中的学生干部吗？而且你的学习成绩好，又那么懂事，像你这样的学生如果称不上好学生，那就没有好学生了。"

"那么为什么我不能得到所有同学的认可和接纳？你知道吗，一个人若不能得到同学的接纳和认可，是多么孤独和让人不可接受。"她说。

"你能不能跟我讲一讲孤独的感受？"我说。

"你看，桌上的那支笔放着多孤单，它应该进入笔筒或是笔袋里和其他笔在一起。"小J说道。

她对孤独的解释一下子让我怔住了，很少有人将单个放置的笔形容成孤独。我紧紧抓住这一信息，凭着一个心理辅导老师的直觉，判断出在其背后一定蕴藏着其他含义。

｜ 完美主义的心理学解读 ｜

两种完美主义

有学者将完美主义分为正常的和神经质的。正常的完美主义，又称适应性完美主义。这类人会积极追求成就，能够从辛勤的付出中获得成功的满足，并依据环境及个人条件来设立合理的目标。神经质的完美主义，又称适应不良完美主义。这类人会强烈害怕失败，没有任何事情可以让其感到满意，无法从成就中获得满足。大多数临床心理学家将完美主义看作一种消极信念。早在20世纪初，美国心理学家珍妮特（Janet）指出，强迫型人格患者有一种内在的不完美感，总感到自己的行为没有达到自己的要求。到五六十年代，霍妮、霍伦德（Hollender）等人将完美主义视作一个精神病理学概念。1980年，美国精神病学会制定的《精神障碍诊断与统计手册（第三版）》把完美主义作为强迫型人格障碍的诊断标准之一。[1]

完美主义对心理健康的影响

由本节案例可见，小 J 的强迫倾向源自其完美主义心结。追求完美的需求本身是健康的，但当这种追求成为一种强迫性驱力时，就易引发心理问题。有学者认为，完美主义自我展示是身心疾病的人格易感因素。所谓完美主义自我展示，是指完美主义者在人际交往过程中为向他人展示自己非现实的、固定化的完美形象而进行的印象整饰过程。休伊特（Hewitt）等人提出完美主义自我展示包含三类行为：（1）自我提升，即个体通过主动展示自己的完美形象吸引他人，获得尊重和倾慕；（2）行为掩饰，即个体通过掩饰自身行为的缺陷与不足以防止他人对自己形成不完美印象；（3）言语回避，指尽管别人已觉察到其不足，个体在言谈中仍然不承认自己的失败、错误。完美主义自我展示行为的动机特点是获得"完美感"或回避"不完美感"：自我提升行为是试图使别人积极看待自己而采取的获得性自我展示方式，行为掩饰及言语回避则是为了弱化自己的不足或避免别人消极看待自己所采取的保护性自我展示方式。[2]

有研究表明，完美主义自我展示与抑郁、低自尊、社交焦虑等密切相关。抑郁是个体感到无力应付外界压力时产生的消极情绪，常伴有厌恶、羞愧、自卑等负性情绪体验。完美主义自我展示是一种适应不良的自我保护行为，不但不利于提升自己在他人眼中的形象，反而在引起负面评价的同时加剧抑郁情绪。社会距离理论指出，个体基于对归属感的需求和对社会拒绝的回避，利用自我展示来维持和提升自尊，但在此过程中，如果个体产生强烈的主观社会分离体验，可能会引发抑郁。采用自我提升行为者会极力在他人面前表现完美无缺的形象，试图在获得他人赞赏的同时体验到归属感，但这种完美形象往往是

---

[1] 方新等：《完美主义心理研究》，载《中国心理卫生杂志》，2007 年第 3 期，第 208 页。
[2] 陈童等：《心理病理学视野中的完美主义自我展示》，载《心理科学》，2012 年第 1 期，第 233 页。

虚假的、不真实的，不但得不到他人认可，反而会引起反感；采用行为掩饰和言语回避者倾向于夸大自己的缺点，却无力改变，感到无助和失望的同时，选择主动回避社交场合。可见，完美主义自我展示的各种方式均会使个体遭到他人拒绝而产生强烈的社会分离体验，引发抑郁。自尊是个体对自己能力和特性作整体评价时产生的主观体验。自尊是心理健康的前提条件，但过高的自尊会导致自恋等人格障碍，过低的自尊则会产生抑郁等负性情绪体验。社交焦虑是一种与人交往时担心自己的表现而产生的不舒服、不自然，甚至紧张的情绪体验。有研究指出，采取行为掩饰和言语回避的完美主义者认为社交环境存在潜在威胁，但又缺乏有效的应对方式，会出现较多的社交焦虑体验。比起塑造一个完美的自我形象，社交焦虑个体更在意掩饰自己的缺点，他们对社会线索极度敏感，对自己要求苛刻，缺乏积极的自我评价，导致社交焦虑水平进一步提升。[1]

　　休伊特等人还研究了完美主义、应激和抑郁之间的关系，发现应激事件和抑郁在那些完美主义倾向高于一般水平的被试者中有明显的相关。布拉特（Blatt）等人把抑郁分成两个维度：一个是依赖型，即怕被抛弃、无助感、依赖别人以得到爱、保护和营养；另一个是自我批评型，即感到自卑、无价值、内疚、经常批评自己。这个研究表明：完美主义总分与自我批评型抑郁显著相关，而且担心错误和行动的疑虑分量表与之相关更明显。休伊特等人认为，完美主义容易产生失败、焦虑、愤怒、无助、失望的感觉，这些感觉与抑郁和自杀观念关系密切。[2]

｜ 完美主义心理成因分析 ｜

　　大多数心理学家相信完美主义是习得的，其主要来自童年期与父母的互动关系。帕特（Pacht）观察到，完美主义者常常以为"如果我过去表现得再完美

---

① 陈童等：《心理病理学视野中的完美主义自我展示》，载《心理科学》，2012 年第 1 期，第 234–235 页。
② 方新等：《完美主义心理研究》，载《中国心理卫生杂志》，2007 年第 3 期，第 209 页。

一些，父母是会爱我的"。他们在成年以后还会努力追求达到某种完美，以得到奖赏，即父母的爱。哈马切克（Hamachek）认为，神经质的完美主义产生于两种童年期的情绪环境：一种是父母从不赞同或者表扬不一致，这样子女就不知道如何取悦父母；另一种是父母有条件地表示赞同，即只在子女做得完全正确时才给予表扬。莱斯（Rice）等人的研究指出，神经质的完美主义者较正常的完美主义者更容易认为父母较少鼓励自己。布拉特从客体关系的角度分析了神经质完美主义的形成原因。他认为这种完美主义者有严重的自我批评倾向，这是因为他们的父母曾过分左右他们的行为，并阻止他们自信、有个性的行为。这种与父母客体关系的不断重复就形成了一种内化的自我批评，导致了抑郁。斯托比（Stober）建议把"父母的冷漠/拒绝"和"过度保护"结合起来命名为"无情控制"，它与完美主义总分相关，并且母亲比父亲更有影响力。阿布拉德（Ablard）等人发现，那些父母对其持有成绩目标的儿童比那些父母对其持有学习目标的儿童更可能表现出神经质的完美主义。[①]

总体来看，父母的不当教养方式可能是造成子女完美主义的重要原因，尤其是父母对子女的过分干涉保护、惩罚严厉及冷漠拒绝。

| 完美主义心理辅导策略 |

完美主义常常存在于老师认为的优秀学生之中。如何在学生成长过程中发现这种消极信念，以及帮助学生告别完美主义，建立积极的自我信念，是学生心理辅导中一个富有挑战的课题。笔者提出如下建议供参考。

改变学生绝对化的思维方式

完美主义者存在两种心理歪曲：一是教条地认为消极事件将来还会同时出现；二是饱受"应该"原则的折磨——应该更好、应该不生气、应该与众不同。

---

① 方新等：《完美主义心理研究》，载《中国心理卫生杂志》，2007 年第 3 期，第 209-210 页。

帕特认为，完美主义者为自己树立了高得不能实现的目标，于是不断地被现实与目标之间的差距所挫败。他们持绝对化的思维方式，好走极端：要么成功、要么失败，要么正确、要么错误。[①] 改变学生的完美主义倾向，关键是改变他们错误的思维方式。本节案例中的倪京凤老师正是运用认知治疗技术，帮助小 J 走出了完美主义的误区。

小 J 的强迫归类倾向缘于完美主义情结：一向自我感觉很好，由被小团体的排斥产生的挫折感，进而得出绝对化的错误想法："我是一个各方面都不错的学生，应该得到所有人的认可，别人应该向我靠拢，否则我很失败、很孤独。"

如何解开小 J 的完美主义情结是本案的关键所在。我运用一张双向心理图，帮助小 J 进行换位思考。

师：你来看一张图，能告诉我图上画的是什么？

小 J：（接过图看了一会儿）这是一个年轻漂亮的姑娘。

师：请你再仔细看看，究竟是一个什么图案？

小 J：噢！我看出来了，它既是一位少女，又是一位老太太。

师：这是一张心理学上称为少女像与老太像相互转换的双向图，一张同样的图会使我们看出两个不同的图案，你知道这是为什么吗？其实这是由于我们站的角度不同，我们的知觉程度不同，从而得出不同结论。

小 J：老师，你是不是想要告诉我，对于同一个人，由于人们以自己的观点来看待，会得出不同的评价，是吗？

（老师点了点头。）

小 J：看来我不可能得到每个人的接纳和认可。一个人从一个小团体到另一个小团体是很正常的事，其实小团体也是互动的。

师：你很聪明，能明白这点我觉得是一大进步，我要向你祝贺。

（小 J 笑了。）

---

① 方新等：《完美主义心理研究》，载《中国心理卫生杂志》，2007 年第 3 期，第 208 页。

从小 J 自述的强迫归类现象，到解开她的完美主义情结，倪老师给我们展示了心理辅导老师的专业素养。从学生的种种困惑表象中，由表及里地聚焦问题，找到深层次的错误信念是有效辅导的关键。倪老师除了与小 J 面质，还运用双向心理图帮助她换位思考，重新认识自我。双向心理图给小 J 的启发是，同一个事物从不同的角度看结果是不同的，不同的人看待自己也是如此，所以要求班上每个同学都喜欢自己过于苛刻，完美主义扭曲了自我评价，应该重新审视和定位自己。

无独有偶。有一次，笔者到外地去讲学，为一位患有抑郁症的优秀生（以下称其为"小林"）做心理辅导。小林同学常年考班级、年级第一，可就是这个"第一名"害了他。为了保住"第一"，他背上了沉重的思想包袱，心理压力越来越大，每到考试前，就彻夜失眠。在咨询过程中，笔者发现小林头脑里有不少错误想法（在认知疗法中称为功能失调性思维，或者非理性信念），如"我一想到将来考不上重点大学，心里就很担心""我与名人比较，他们太伟大了，而我太渺小了""我常常感到很自卑，别的同学比我强""我没有什么优点""我从来没有失败过，我害怕失败，我认为失败是耻辱的""我做什么事都要有 100% 的成功"……内心充满了自卑、完美主义等歪曲的认知。从班主任那里笔者了解到小林是一个品学兼优的学生，但是却存在比较严重的心理问题。以下是我们的两段对话。

第一段对话主要针对"我与名人比较，他们太伟大了，而我太渺小了"这个消极信念。

师：你为什么要和名人比较？

小林：我很崇拜他们。我看了许多名人传记，希望长大后也能像他们那样有成就。

师：你有这样的志向很好。你认为你的比较合理吗？

（小林若有所思。）

师：你看过哪些名人传记？

小林：拿破仑、爱因斯坦、爱迪生……

师：他们在你这样的年龄时有成就吗？

小林：没有。

师：你的比较有问题吗？

小林：看来我的比较的确不恰当。

第二段对话主要针对"我做什么事都要有 100% 的成功"进行。

师：你能不能找到一个 100% 成功、从来没有失败过的企业家、科学家或者历史名人？

小林：（不好意思地摸摸头）看来找不到。

师：既然找不到，为什么你还走进这个"死胡同"？

小林：老师，我是不是自寻烦恼？

师：对，这个烦恼叫完美主义。

小林：哦，我明白了。

提高应对挫折能力

完美主义倾向的学生往往害怕失败，无限放大失败的后果。我们要允许自己失败，作好失败的心理准备。在学习中要重视过程，不要太在乎结果。过于看重结果的学生一般对外界的评价比较敏感，他们相信成功或者失败是判断人的能力的依据，所以他们会极力避免显示自己的能力不足，学习上便容易患得患失。而重视过程的学生关心自己能力的提高甚于自身能力的评价，他们更相信成就状况是促进自身能力增长的机遇，把困难看作一种挑战性的学习机会，能够以积极的态度和行动解决困难。

改进家庭教养因素①

一是改进家长对孩子的期望。米斯尔丁（Missildine）等人认为，父母对儿童的高期望是儿童完美主义产生的根源，如果父母只在孩子表现完美时才给予赞赏，儿童就会习得完美主义倾向，这种倾向的本质是有条件的自我价值感或"关联的自我价值感"。他们在遭到他人消极评价时往往会产生强烈的无助和绝望。这个观点源自罗杰斯（Rogers）的"价值条件化"。他认为，凡不能满足父母期望的儿童都会体验到慢性的无助感，这种无助感会导致他们对强加于自身的高标准无能为力，而有条件的自我价值感会增强无助感的发展。

二是家长的榜样示范。班杜拉认为，儿童的完美主义倾向是通过模仿父母发展起来的。由于儿童对父母都有一种理想化的观念，无论其父母是不是完美主义者，他们都会把父母视为"完美的人"，并希望通过自己的努力成为像父母一样"完美的人"。因此，家长要避免在孩子面前表现出完美主义倾向。

三是家长保持情绪健康。巴雷特（Barret）等人认为，父母的焦虑情绪会导致孩子形成完美主义。一方面，父母的焦虑特征会使他们过分关注子女的错误和消极面，子女为了避免错误以满足父母的要求就会产生完美主义倾向；另一方面，父母的焦虑特征又会使他们过分保护子女以避免子女犯错误，他们常常教育子女"当心犯错误"，提醒子女一旦犯错误他人可能给予消极评价，甚至威胁子女如果犯错误会受到怎样的惩罚。这种抚养方式容易导致子女产生完美主义倾向，其目的是避免可能犯错误，从而免遭各种可能的惩罚。

· 本章结语 ·

"自我"是一个复杂的人格系统，是人类生命体不断发展的重要部分。

---

① 王敬群、梁宝勇：《完美主义发展的模型综述》，载《心理与行为研究》，2005年第4期，第314—316页。

它不是与生俱来的东西，而是在个体经历的社会活动中出现的。自我的确立离不开社会和人际环境，个体往往是在他人对自己的态度和评价中产生自信、自尊或自卑。积极的自我信念使青少年具有良好的适应性和自主性。青少年只有拥有健全的自我，才会拥有健全的人格。

青少年的人格发展属于"心理性断乳"，这个时期，青少年的独立性、自主性与日俱增，他们的视野变得开阔，思想变得复杂。他们在学习、社会交往和生活适应等方面会遇到困难和挫折，面临各种各样的压力，由此而产生自卑心理、自负心理、依赖心理和完美主义心理等是可以理解的。青少年时期的自我与人格还在发展，具有可塑性，对自我与人格发展困惑的辅导，恰恰是帮助青少年健康成长的契机。当然，我们也要注意到，与青少年的情绪与行为问题相比，自卑、自负、依赖心理等自我困惑是比较深层的心理问题，这些问题的形成不是一朝一夕的，因此改变也需要一个过程。这就要求心理辅导工作者有更多的耐心、信心，提供更为细致的辅导服务。

第三章

情绪辅导

青少年时期一直以来都被描述为情绪混乱的阶段，其实这种观点过于刻板化，因为青少年并不总是处于一种"暴风骤雨"的状态。然而，青少年早期会更频繁地出现情绪高峰和情绪低谷。在很多情况下，他们情绪的强度与引发这些情绪的事件似乎是不相称的。有些青少年不知如何充分地表达自己的情绪、调节自己的情绪，他们可能会毫无理由地对人发脾气，将不愉快的情绪投射到别人身上。有些青少年遇到挫折与困难，容易焦虑和抑郁，缺少应对方法和技能。[1]

　　什么是积极、健康的情绪？可用六个字来表述：平和、稳定、愉悦。平和，是指心境宁静、安怡，不浮躁。稳定，是指情绪平稳，不大起大落。愉悦，是指心情快乐。

　　如果一个人的情绪能够经常表现出这"六字方针"，那么，他就是一个心理健康的人。现代脑科学研究表明，情绪健康不仅有益于身体健康，而且有益于智力活动和潜能开发。积极的情绪可以促进青少年学习、交往，提高参加各种活动的效果。因此，青少年心理辅导工作中很大一部分的任务，是培养学生健康的情绪。

---

[1]　约翰·桑特洛克：《青少年心理学（第11版）》，寇彧等译，人民邮电出版社，2013年，第182页。

学习焦虑辅导

　　学生在学习过程中总会遇到困难和挫折，尤其是当下升学压力不断增大，课业负担不断加重，测验、考试不断增多，学业受挫的情境也大为增加，使得学生觉得压力重重，由此引起了不同程度的紧张和焦虑。学习焦虑就是学生常见的一种焦虑情绪。请看以下案例。

还我一片蓝天 [①]

　　小虎，男，16岁，就读于一所市重点中学的重点班。学习成绩一般，处在班级的中下游，年级中等水平。作为高一新生，小虎在学习上存在较大的不适应，尤其是学校激烈的竞争环境、家长较高的期望值，使原本基础就不扎实的小虎倍感压力。他感觉只要一拿起书本，头就嗡嗡直响，听课的时候经常莫名其妙地走神。他常常会因为一点点小事就和同学闹别扭，无法集中精力学习。

　　小虎自述："这段时间，我发现自己的情绪很不稳定，无论做什么事，都很急躁。特别是学习，刚开始做作业，只要有一点不顺利，我的心情就变得很坏，感觉像掉进了无底深渊，万分难受。我很害怕，极力想摆脱这种情况，但又不知如何摆脱。我不愿意求助，因为这是塌台的事。我只能不断地告诉自己'我能行'，可就是不管用。"

[①] 本案例由吴俊琳老师撰写，略有删改。选自吴增强：《怎样做好个别辅导》，上海科技教育出版社，2016年，第72—76页。

| 焦虑情绪解读 |

焦虑是由紧张、不安、忧虑、担心、恐惧等感受交织而成的复杂情绪状态。焦虑大多是因为遭遇到威胁和内心冲突而引起的，不过这些威胁一般是想象成分多于真实成分，焦虑中的人往往夸大威胁的严重性。它可以是正常的，也可以是病态的；可以是偶尔发生的，也可以是持续存在的。

焦虑的分类[1]

按照弗洛伊德的理论，焦虑可以分为三种：第一种是神经症性焦虑。这是一种无名的恐惧，即使没有外界压力，也难以避免。这种焦虑实际上是个体对自身欲望和冲动的恐惧，唯恐无法控制内在原始冲动，以致造成双重人格。第二种是现实性焦虑。这种焦虑是因现实中的困难和压力而引起的，当事人由于穷于应付日常生活中的难题，而没有心思享受生活，甚至影响睡眠和食欲。第三种是道德焦虑。这种焦虑来源于父母过分严厉的价值观念或要求，如对自己要求过高，过于完美，受良心的束缚过于苛刻，唯恐犯错而引起罪恶感等。

人们更为广泛接受的是斯皮尔伯格（Spielberger）教授的两分法：一种是特质性焦虑（trait anxiety），是个体人格的一部分，比较稳定和持久，在个体各种活动中都有所表现；另一种是状态性焦虑（state anxiety），这种焦虑只存在于某些活动中，具有暂时性和波动性。这两种焦虑具有不同的特点：

（1）状态性焦虑大多发生于成年，持续时间较短；特质性焦虑从小就有所表现，并且持续一生。

（2）状态性焦虑程度较重，特质性焦虑程度较轻。

（3）状态性焦虑有明显的植物性神经症状，特质性焦虑一般没有。

---

[1] 吴增强：《青少年心理辅导：助人成长的艺术》，华东师范大学出版社，2013年，第246–247页。

（4）状态性焦虑以漂浮性焦虑为核心，特质性焦虑的典型表现是处境性焦虑或期待性焦虑。

正常焦虑情绪和焦虑障碍

焦虑与焦虑症是不是一回事？这是一个容易混淆的问题。在临床心理学上，它们是两种不同性质的焦虑状态。

焦虑称为正常焦虑情绪状态，如前所说，它是一种预期即将面临威胁性处境时的紧张、恐惧和不愉快的情绪反应，具有警戒性的适应反应。正常人在生活经验中几乎都有过这种经历和体验。

焦虑障碍称为病理性焦虑状态，与正常焦虑状态不同，常常会对未来并不存在的某种威胁或危险，作出无现实根据的过度紧张和恐惧反应，有时甚至有终日和发作性提心吊胆的痛苦体验。焦虑症持续时间很长，如不积极治疗，几周、几月，甚至数年难以痊愈。根据临床症状，它可分为广泛性焦虑和惊恐发作。

广泛性焦虑（generalized anxiety），又称慢性焦虑症，是临床主要类型，占焦虑症的 60%~85%，常缺乏明确、具体的对象和固定内容，但患者表现出恐惧、紧张、易怒、不安等情绪，注意力、记忆力降低，还包括躯体症状和植物性神经功能亢进，如头痛、肌肉紧张、震颤、睡眠不佳、有噩梦、心悸、尿急尿频、呼吸加快等。

惊恐发作（panic attack），又称急性焦虑症。与广泛性焦虑相比，本症更多见于青年或中年男性。患者表现出强烈的恐惧，犹如死亡降临，因而无法自控。同时还伴有植物性神经功能障碍，如心悸、心跳、出汗、发抖、面色苍白、心闷心痛等，症状一般持续数十分钟到 2 个小时，可反复发作数次。

青少年的焦虑大多是非病理性焦虑，一般的学习焦虑、社交焦虑等都属于正常焦虑状态。目前，绝大多数青少年的焦虑情绪，不是个体内部深层的人格障碍造成的，而是来自外界的压力，尤其是到了初三、高三毕业年级，他们承受的压力越大。对于青少年的焦虑情绪，主要辅导策略是通过创设宽松环境、松弛训练、调整预期等方法，减轻他们过重的心理负担。实践表明，学校心理辅导老师能够做好这方面的工作。而对于极少数确诊为焦虑症的青少年，则应该转介到医院心理门诊，进行必要的药物治疗和心理治疗。

| 学习焦虑成因分析 |

学习焦虑是指学习者在学习活动中产生的对学习行为不良后果或潜在威胁的一种忧虑、烦恼、紧张，甚至恐惧的情绪体验。它是学生在学习过程中产生的最为普遍的情绪反应，也是影响学生学习成效、学业成绩的重要因素。适度的焦虑状态能提高个体唤起水平、学习效率；而过度的学习焦虑情绪会影响学生的精神状态和身体状况，常表现出烦躁不安、思维受阻、行为不灵活、动作不敏捷、身体不舒服、失眠、食欲不振等；严重的还会引发焦虑障碍。

青少年学习焦虑的成因与个体内部因素和环境因素密切相关，具体有：

（1）认知偏差，主要表现在对学业成败的归因上。根据成就归因理论，把学习成功与失败归于不同的原因，产生的心理效应不同。例如，把成功归于能力，就会使学生体验到自信和自豪；而把失败归于能力，就会使学生体验到自卑、焦虑或者抑郁，即消极的归因会引发消极的情绪。事实上，不少学生的学习焦虑往往来自消极归因和对自己能力的怀疑。

（2）学业压力。学业压力无疑是学生心理压力的主要来源。近年来，基础教育学习科目增加、学习内容难度大、教学进度速度快是不争的事实，导致学生学习压力明显加重，引发学生的学习焦虑。

（3）成就目标定位过高。不切实际的成就目标，往往会增加学生的挫折与失败情境，引起学生的焦虑。另外，过于在乎学习结果，患得患失，心理负担重也会引发学习焦虑情绪。

（4）父母不当的教育期望、教养方式。父母的合理期望可以有效促进青少年的学习。当父母的期望过高，超出青少年的实际水平时，就会降低青少年的学习动机和学习效率，使他们产生较高的学习焦虑。从恩朝等人的研究发现，父母教养方式与青少年的焦虑情绪密切相关。积极的教养方式如关爱、鼓励等与青少年的焦虑情绪呈负相关；消极的教养方式，如父母过高的心理控制等与青少年的焦虑情绪呈正相关。①

本节案例中的小虎就有来自父母的压力：

我出生在一个大家庭中，同辈中几乎都是学习能手，个个有一串令人骄傲的学习战绩。我的父母要求我向他们看齐，即使不能超过他们，也得和他们打个平手，决不能让父母丢脸。

我在初中学习马马虎虎，基础不扎实，成绩一般，仅靠最后一学期的家教和运气才考出好成绩，幸运地进入重点中学的重点班。我笨，没法同他们比，因此，总是挨父母的骂，总是给父母丢脸。

吴俊琳老师分析，或许是由于现在的家庭里都只有一个孩子，父母关注的焦点过于集中，或许因为感受到了社会竞争的激烈与残酷，希望自己的孩子准备得好些，再走上社会。家长用别的孩子作例子为自己的孩子树立榜样是一种比较普遍的情况，目的在于"激将"。但当标准过高，孩子达不到时，往往容易导致孩子自信心丧失和崩溃，产生焦虑情绪。

（5）同伴之间学业竞争的压力。当下的教育生态，不仅学生有升学压力，老师和家长都有压力。这些压力的层层叠加，还会加剧同学之间的竞争。本节案例中的小虎这样说：

人们说进了重点班，就等于半只脚跨进了重点大学。我和父母都非常高兴，可惜，这样的喜悦之情并没有维持多久。开学后，我发现重点中学是个藏龙卧虎的地方，同学们个个都比我强，我觉得自己还没起跑，就已经落在别人后面了。我一开始就觉得力不从心，尤其是在每次考试后，看着自己不尽如人意的分数，看着同学高傲的表情，我就感到无限的沮丧、焦虑和无助。

---

① 从恩朝等：《青少年焦虑情绪与父母教养方式的关联研究》，载《中国儿童保健杂志》，2022年第8期，第900页。

　　　　第三章　情绪辅导

| 学习焦虑辅导策略 |

对于青少年产生的学习焦虑情绪，主要辅导策略是减少压力源，调整不合理认知，学习情绪的自我调节方法。对于极少数确诊为焦虑症的青少年，则应到医院心理门诊，进行必要的药物治疗和心理治疗。具体的辅导策略如下。

学会觉察和挑战消极认知

学习焦虑的学生往往觉察不到自己消极的认知。这是由于这种消极的认知已经成为习惯化的思维。要扭转这种情况，学生需要仔细留心自己在遇到学习困难时生理和心理上的细微变化，从而促使对自我消极认知的觉察，然后再向自己的消极认知发起挑战。所谓挑战，就是向消极的自我认知中的不合理成分进行质辩，包括指出这些消极认知中的不现实性和不必要性，阐明由此对自己所造成的危害，并选择让积极的认知取代。

本节案例中，吴老师针对小虎自我否定的错误认知，运用认知治疗技术进行辅导，具体过程如下。

1. 填空：我是（　　　）中最差的。

师：在班级里成绩最后几名，是不是代表就是最差的？

小虎：那是当然的。

师：是全世界最差的吗？

小虎：那倒不是，肯定有比我更差的，但我是重点班里最差的。

师：那在学校整个高一年级，你是最差的吗？

小虎：不是，在整个年级里，我的成绩还是可以的。

师：那就是说，在这个班里，在50位同学中你的学习可能是落后了，但不代表你就是几百甚至成千上万个人中落后的？

小虎：是的。

师：现在能不能再重新评价一下你在学校的位置？

小虎：在我们学校，我还是一个不错的学生，虽然不是最优秀的那个，但也是比较好的。

师：现在能不能再评价一下你在整个区里的位置？

小虎：应该也是属于好的吧。

吴：你现在的感受是什么？

小虎：（笑）我觉得虽然比我好的人有许多，但是我也不是自己想象中的"最差的人"。

2. 和别人比较的目的是什么？

师：我们总会情不自禁地拿自己与别人比较，你觉得你比较的目的是什么？

小虎：发现彼此的差距，了解自己的优势与劣势。

师：然后呢？

小虎：然后保持自己的优势，弥补自己的劣势。

师：如果差距太大，或许永远也补不足呢？

（小虎未说话。）

师：一种选择是彻底放弃，别浪费时间了；另一种选择是坚持到底，不达目标誓不休。你觉得还有其他选择吗？

小虎：（思考了一会）您说的是两个极端，放弃太可惜了，不试试又怎知一定不行；但是也不能太认死理，就像鸡蛋碰石头。我想我会折中，要学习别人的优点，但只求有进步就行，不一定非得达到什么程度。否则每个人的优点我都要的话，我岂不变成"超人"了？

师：你说得很好，现在我们来谈谈你的学习吧。

小虎：（沉思了片刻）老师，我明白了。在学习上，我以成绩好的同学作为比较对象，常常可以看到自己的不足，为我指明了努力的方向，使我有了动力。

但是如果我以和他们考一样好的成绩为目标，我可能无法完成，这会让我沮丧，动力会成为压力，甚至是阻力。我不该太看重结果，而应更注重过程。事实上，在向好同学看齐的过程中，我在努力学习，在进步。这样心态也会好，才能良性循环。

师：太好了，小虎。现在你明白了，你的对手其实就是你自己。

小虎：是的，我要和我自己赛跑！谢谢老师。

"超越自我"是调整小虎学习焦虑的转折点：过去，小虎按父母的要求学习，总是拿自己与亲戚、同学比；现在他意识到这是不合理的，根据自己的能力学习，与自己比才是理性的方法。

创设良好的家校环境，减少外部的压力

首先，家长切勿对孩子期望过高，更不应该把自己不切实际的期望和要求强加到孩子身上，否则可能会使孩子产生无助、沮丧、焦虑的感觉。家长要尊重孩子的意愿和能力，尽量不要在学习成绩、课外补习和兴趣培养方面提出过分的、主观的要求。其次，父母要注意营造温馨、融洽的家庭气氛，开展良好的亲子沟通，给孩子更多的心理安全感。学校方面，要加强素质教育，全面评价学生，克服以分数评价的单一标准，建立多元的评价体系，发现每个学生的优势。学校不该人为地营造紧张气氛，给学生带来过重的升学压力。

学习减压方法

学习肯定是存在竞争的。现在学习内容往往偏深、偏多，对大多数学生来说，学习不可能是轻轻松松的事情，总是辛苦的。所以，教师要教会学生一些减压方法，如练习松弛训练（包括心理暗示、主观想象、肌肉放松等），鼓励学生多参加体育活动、文娱活动等，都有助于学生调节情绪，保持身心健康。

本节案例中吴老师给了小虎以下减压方法：

1. 运动减压法。

科学地安排生活，体力劳动与脑力劳动有机结合，及时消除疲劳。对于长时段、高强度的脑力劳动，更应该进行有益而适宜的体育运动，以此减轻紧张度。如在学习的间隙可进行伸腰、踢腿、做深呼吸等小活动。

2. 转移减压法。

有意识地转移注意力是减轻心理压力的有效途径。针对精神长期高度紧张的状况，可以参加各种体育活动、放学后泡泡热水澡、与家人和朋友聊天、双休日抽出一些时间出游，还可以利用各种方式宣泄自己压抑的情绪等。

3. 环境减压法。

对于小虎来说，在学校的学习氛围已经够压抑和紧张了，所以在家庭环境方面，应营造一个良好且宽松的生活与学习氛围。所以我建议小虎与父母进行沟通，共同营造安静的家庭学习和休息氛围。

4. 睡眠减压法。

充足的睡眠是保证精力充沛、心理宽舒与平衡的前提，所以要注重睡眠质量，这已被爱因斯坦等许多科学家的切身经历所证明。

案例中的小虎在吴老师的精心辅导下，发生了很大的变化。他说："在同学、老师和爸妈的帮助下，我调整了期望值，无谓的压力减少了。我又开朗起来，参加了学校话剧社活动，我的表演受到大家的好评，现在我已经是团里的'台柱'了。这让我重新建立起自信。虽然现在我的学习成绩与全班的整体水平仍有一定的距离，但是与以前的我相比，我正在进步中。我能以平和的心态对待考试成绩的起伏，坦然地面对学习中的消极因素，以及生活中的种种不如意。"

当心理老师与小虎一起回顾、总结这段经历时，小虎动情地说："我终于又看到了那片蓝色的天。"

社交焦虑辅导

　　社交焦虑是青少年常见的一种焦虑情绪问题。有些学生在社会交往中由于种种因素困扰，表现得不自然、害羞、退缩和回避，并且产生强烈的焦虑情绪。李波和马长燕曾经对 9 名中学生和大学生进行了深度访谈，发现：中学生的社交焦虑问题主要表现在当众发言、当众表演、面对陌生人和学校中权威时的紧张焦虑方面。其中一位受访者说："很怕发言，越正式的场合越害怕，有时候班级活动，本来有自己的想法，但就怕说错，让别人嘲笑，直到等别人说出来跟自己差不多的想法，觉得好像同样的意思，别人就能够说清楚，自己好像就难以表达出来。即使有时候说出来了，也好像和自己本来心里想的不一样了。所以后来干脆就给自己找个理由，也不再去做什么努力了。"[1] 社交焦虑不仅影响青少年的社会交往，也影响其心理健康，应该引起大家重视。下面是一位学生患有社交焦虑的案例。

宿舍长的烦恼[2]

　　来访者小李是某公立初中学校初一年级学生。与同龄人相比，他身材较矮小，瘦弱。小李来自农村，从小和父母生活在一起，六年级时父亲外出务工，母亲在家务农。小李与父亲见面时间较少，平时也很少通过电话沟通，但父亲对其要求严格。进入初一担任

---

① 李波、马长燕：《对青少年社交焦虑个体的深度访谈》，载《北京理工大学学报（社会科学版）》，2004 年第 6 期，第 37—38 页。
② 舒鑫：《一例中学生社交焦虑心理咨询个案报告》，载《云南教育（中学教师）》，2023 年第 10 期，第 38—41 页。略有删改。

宿舍长以来，因为要在老师面前汇报工作以及和同学沟通安排任务等，他常常感到紧张和焦虑，担心自己说话带有口音而被老师和同学嘲笑，也担心别人会看出自己的紧张不安，更担心自己被老师和同学怀疑没有能力，别人会觉得自己不能胜任宿舍长这个职务。由于紧张和焦虑，小李尽量避免主动和班主任交流，有时候谎称自己身体不舒服。在和同学沟通值日任务前，小李会把说话稿写好，提前进行一遍又一遍的练习。在和人交流时，他会感到紧张、焦虑，出现心跳加速、脸红等躯体症状。之后回顾交流的过程，又经常感到不满意，觉得自己很差劲。

| 社交焦虑解读 |

社交焦虑与社交焦虑障碍

社交焦虑和社交焦虑障碍密不可分。最早提出"社交焦虑"一词的是英国精神病学家马克斯（Marks）等人。他们根据发病年龄以及害怕对象的不同，从恐怖障碍中区分出社交焦虑（social anxiety）。该类型的病人表现为害怕社交处境，如害怕在众人面前说话、吃东西，害怕参加聚会等。1970 年，马克斯又修改了他的理论，提出社交恐惧症（social phobia）的概念。1980 年，莱博维茨（Leibowitz）提出社交焦虑障碍（social anxiety disorder，SAD）的概念后，研究者们逐渐使用"社交焦虑障碍"一词来代替社交恐怖障碍。

《精神障碍诊断与统计手册（第五版）》将"社交焦虑障碍"定义为个体由于面对可能被他人审视的一种或多种社交情况时而产生显著的害怕或焦虑。例如社交互动（对话、会见陌生人）、被观看（吃、喝的时候），以及在他人面前表演（演讲时），并列出了社交焦虑障碍的诊断标准。

1990 年，莱特恩伯格（Leitenberg）认为，社交焦虑涉及具有社会评价情境中的不安感受、自我意识以及情绪困扰。这种焦虑发生在那些个体想要给别人留一个好印象但怀疑他们自己不能够做到的情境中。他们相信在这种情境中他人会评价或审视自己，而且评价结果往往是不好的，这些不好的结果带来的拒绝和伤害是他们所害怕的。但事实上，这种担心往往是不合理的。莱特恩伯格同时也指出，社交焦虑在许多不同的形式下被拿来研究，这些形式包括羞怯、演出焦虑、社交恐惧症、社会退缩、演讲焦虑、约会焦虑以及社会抑制。

从上面的定义中可以看出，社交焦虑、社交焦虑障碍这两个概念在定义上有重合的部分。美国心理学会于 2000 年将社交焦虑定义为个体对可能造成尴尬的社交情境的害怕与回避，当对个体造成严重的损害或痛苦时可被诊断为社交焦虑障碍。可见，社交焦虑与社交焦虑障碍是同质的，只是程度的不同。劳佩（Rapee）等人也认为，不同程度的社交焦虑是一个连续统一体，包括程度最低的完全没有社交焦虑，到正常程度的社交焦虑，即对他人评价的期待不会抑制行为或导致过度的焦虑，再到不同程度的社交恐惧与回避，而程度最高的社交焦虑可被诊断为社交焦虑障碍。所以，社交焦虑的程度较轻，植物性神经症状不很明显，焦虑尚未达到病态程度，对个体的负面影响也没有社交焦虑障碍和社交恐怖严重，通过单纯心理治疗即可缓解或降低。

国内也有学者对社交焦虑下了定义。例如，郭晓薇认为，社交焦虑是指对某一种或多种人际处境有强烈的忧虑、紧张、不安或恐惧的情绪反应和回避行为。其基本表现是：害怕与别人对视，害怕被人注视，害怕在人前有丢面子的言谈举止，害怕当着人面吃饭、书写等。彭纯子认为，当个体面对（或可能面对）一种或多种社交情境时，担心自己被审视或评估，并自行假设他人的评估是消极的，从而产生过度焦虑情绪，常伴有回避等行为。李波等人认为，社交焦虑是指对人际处境的紧张与害怕。当社交焦虑的个体被暴露在陌生人面前或者可能受到他人的仔细观察时，会表现出显著地对社交情境或活动的焦虑，并且担心言行会使自己丢脸。[①]

青少年社交焦虑与心理健康

社交焦虑的具体症状及表现有以下几方面。（1）对思维的影响：担忧别人

---

① 谢焜:《中学生社交焦虑保护性与危险性因素分析及其团体干预的研究》，上海师范大学硕士论文，2017 年。

对自己的评价；难以集中精力，记不住别人说什么；过于以自我为中心，过于担心自己的言行；事前总是会考虑自己会做错什么，事后总是念念不忘自认为做错的事情；脑子中一片空白，不知该怎么说。（2）对行为的影响：说话过于急促或缓慢，喃喃自语，语词混杂不清；不敢正视别人的眼睛；做一些事情，使自己不引人注意；待在"安全"的地方，与可靠的人交谈，讨论"安全"的话题；逃避困难的社交情境。（3）对生理的影响：出现焦虑的特征，如脸红、出汗或发抖，感到紧张、身体僵硬、伴随疼痛，有恐慌体验、心跳加速、头昏眼花、恶心、呼吸困难。（4）对情感的影响：紧张、焦虑、恐惧、不安、过分警觉；对自己和他人感到沮丧、愤怒；妄自菲薄；悲伤、压抑、无望、情绪低落并无法改变。[1]

社交焦虑是仅次于抑郁和酗酒第三大影响人类心理健康的问题。大量研究表明，青春期是社交焦虑发生和发展的关键时期，大多数的社交焦虑起病于13~17岁，且一旦发生，自发缓解的可能性很小。然而，社交焦虑往往被认为是害羞或性格问题而容易被忽视。在国内，家庭、学校，乃至学生自身都更多地关注学业情况，甚少会关注心理上的异常，而一旦社交焦虑不能得到及时干预，很有可能会发展成为严重的社交焦虑障碍，进而对工作、学习、健康造成更大的伤害。科云库（Koyuncu）等人的研究表明，社交焦虑严重影响青少年的心智健康发展，如社交焦虑者大多伴有抑郁情绪，甚至可能导致自杀行为。[2]

┃ 社交焦虑成因分析 ┃

家庭教养方式[3]

过度保护和过度干涉容易使孩子产生社交焦虑。对高中生的研究发现，过

---

[1] 谢焜：《中学生社交焦虑保护性与危险性因素分析及其团体干预的研究》，上海师范大学硕士论文，2017年。

[2] 姚立起、张慧杰：《青少年社交焦虑现状及应对策略》，载《中小学心理健康教育》，2022年第10期，第10页。

[3] 喻冠娟、姜金伟：《国内青少年社交焦虑研究进展》，载《信阳师范学院学报（哲学社会科学版）》，2015年第5期，第24-25页。

度干涉对社交焦虑有显著预测作用。很多过分保护孩子的父母本身也具有焦虑倾向，研究发现，父母的焦虑情绪在日常生活中会潜移默化地影响孩子的气质和情绪。在过度保护孩子时，父母流露出来的过强的危险意识可能会导致儿童缺乏安全感，并且受到过度保护和干涉的孩子常常不能积极主动地与外界接触、掌握良好的社交技巧，因此易产生社交焦虑。

冷漠和拒绝也与孩子的社交焦虑关系密切。父母对孩子不闻不问、忽视和拒绝，会导致孩子体会不到亲情的温暖。调查发现，被父母冷漠对待的孩子有着较严重的心理问题，其中社交焦虑是典型的问题之一。父母的冷漠和拒绝与过度干涉一样都会引发社交焦虑。

对父母依恋水平

安全的依恋关系可以让儿童感知到父母是可信任和可沟通的，感知到自己是有能力的、值得被爱的，在高质量的依恋关系中逐步建立起自我价值感。不安全的依恋关系使得儿童探索环境不足，无法建立安全的情感联结，影响儿童积极的现实自我建构，在成长过程中产生更多的焦虑情绪。刘真等人研究发现，儿童社交焦虑水平与对父亲的依恋显著相关，而与母亲的依恋无显著相关，其中自尊起到中介作用。研究者认为，父母在与儿童的互动中承担不同的角色，母亲主要提供生活上的照料和情感上的交流，而父亲主要扮演玩伴的角色，通过游戏的方式与儿童互动，有较多的身体接触，鼓励儿童的自主探索和社会化发展，而不是社交退缩。因此，如果个体拥有良好的父子依恋关系，即使暴露在陌生的社交环境中，个体的自尊感也能够起到缓冲作用，从而降低社交焦虑水平。[①]

王文伶等人对留守儿童的调查表明，缺少父母养育的留守儿童，社交焦虑问题较为严重，主要表现在社交焦虑检出率上——留守儿童显著高于非留守儿童；在社交焦虑水平上，留守儿童的社交焦虑也显著高于非留守儿童。留守儿

---

① 刘真等：《自尊在父母依恋水平与儿童青少年社交焦虑之间的中介作用》，载《中国儿童保健杂志》，2019 年第 5 期，第 483–484 页。

童的社交焦虑可能与其养育者不固定、没有与养育者建立起安全依恋有关。可见，不安全依恋是导致儿童社交焦虑的危险因素。[1]

个体应对方式

有效的应对方式有助于降低社交焦虑。梁若枫和郑磊磊的研究发现，社交焦虑与问题解决、求助两种成熟型应对方式存在显著正相关，与自责、幻想、退避三种不成熟型应对方式存在显著负相关。当个体面临社交情境时，会采取一些应对方式以减少压力，平衡自身精神状态。积极应对以解决问题为核心，消极应对则通过自责、幻想、退避等方法回避问题。[2]

人格特征

个体的人格特征对社交焦虑有重要影响。人格中的神经质、精神质、内向等是社交焦虑的重要影响因素。对小学生的研究发现，个体神经质分数越高，社交焦虑水平越高；对大学生的调查也发现，个体神经质越明显，社交焦虑程度越高。这主要是由于神经质人格的人在生活中经常会感到不安、容易冲动，因此在特定的社交情境中会有更强的压力和焦虑，社交焦虑水平增高。[3]

自尊和自我效能感[4]

个体的自尊水平与社交焦虑水平关系密切。低自尊者由于受其人格特征、

---

① 王文伶等：《城镇留守儿童社交焦虑与孤独感现状调查》，载《中国热带医学》，2009 年第 9 期，第 1943–1944 页。
② 梁若枫、郑磊磊：《中学生社交焦虑与自我概念、应对方式的关系研究》，载《中华全科医学》，2015 年第 3 期，第 441 页。
③ 喻冠娟、姜金伟：《国内青少年社交焦虑研究进展》，载《信阳师范学院学报（哲学社会科学版）》，2015 年第 5 期，第 25 页。
④ 同③。

较差的社会支持等因素的影响，习惯以消极的眼光看待自己，他们认为自己的很多方面不如他人，因此在社交情境中会出现较高的焦虑。对中小学生的研究发现，自尊对社交焦虑有显著的预测作用；对大学生的调查也表明，低自尊个体往往有较高的社交焦虑。

自我效能感反映了个体对自己能力的评价知觉，对社交焦虑也有重要影响。研究发现，自我效能感低的人在与环境作用时，会过多想到自己的不足，将困难看得比实际情况严重，从而体验更多的紧张和担忧，因此社交焦虑与自我效能感成负相关。对青少年的研究表明，自我效能感较高的个体，社交焦虑水平较低，自我效能感会通过影响自尊进而影响到社交焦虑，这表明提高青少年的自我效能感有助于降低社交焦虑。

青春期体像烦恼

青少年时期，学生开始关注自己的身体形象，这源于自尊体验的需要。身体自尊是青少年自尊来源之一。当学生对自己的体像不满意时，就会产生体像烦恼，这种体像烦恼会增加学生的社交焦虑。陈霞和王江洋对中学生的身体意象和社交焦虑情况进行了调查研究，结果发现，随着年级的升高，中学生对自己的身体满意度逐渐降低，男生对自身外表和身体的满意度显著高于女生，而女生较男生更关注外表和体重。中学生身体意象对社交焦虑具有负向预测作用，即中学生身体意象发展越好，越不容易表现出社交焦虑；中学生身体意象发展越差，越容易表现出社交焦虑。当个体对外表评价低，或对身体某个部位不满意的时候，即存在负面身体意象认知评价时，就会觉得自己表现不佳，从而否定自己，产生社交焦虑，影响社会交往。[①]

---

① 陈霞、王江洋：《从体象教育入手改善中学生社交焦虑问题》，载《辽宁教育》，2018 年第 6 期，第 39 页。

┃ 社交焦虑辅导策略 ┃

目前对于青少年社交焦虑辅导运用得最多的是认知行为治疗技术，并且得到循证的支持。具体有以下辅导策略。

认知重建

社交焦虑的学生往往对人际交往情境存在不合理想法，运用认知重建技术，解开其心结是重要的一环。本节案例中的舒鑫老师是这样做的：

1. 识别焦虑的情绪和身体反应。

向来访者介绍情绪温度计，借此了解来访者体验到的社交焦虑的程度。来访者评估体验到的社交焦虑情绪有 90% 以上，记录社交焦虑的诱发情境、自动思维、由此产生的情绪和生理反应以及相关的行为后果，完成来访者的行为功能分析表（见下表）。和来访者讨论在焦虑情境中可能会出现的身体反应，如心跳加速、脸红、出汗、胃疼等，通过应对示范或角色扮演，引导来访者联系识别这些反应。讨论不同等级的焦虑诱发情境下的身体反应。来访者分享了他在学校的经验，当他得知需要到办公室去和班主任交流时，心跳开始加速；当他在课堂上不得不起来回答问题时，他的胃就开始疼。

来访者行为功能分析表

情境	原有自动想法	情绪反应	回避/冲动行为	回避后情绪反应
老师要求到办公室交流一个月的学习情况。	办公室里那么多老师，他们一定会笑话我的。	紧张（90） 自责（70） 焦虑（80）	想谎称生病。	紧张（80） 自责（90） 焦虑（70）
作为宿舍长要与其他同学沟通、协调值日安排。	我讲话声音小还有口音问题，如果表现得紧张的话，其他同学会觉得我能力不行。	担忧（80） 紧张（90） 自我怀疑（70）	避免抬头，避免与同学眼神接触，快速完成任务。	担忧（70） 紧张（80） 自我怀疑（90）

2. 觉察和评估自动思维。

引导来访者发现和觉察自动思维，帮助来访者在察觉到紧张和焦虑情绪出现的时候，有意识地发掘自己在想什么。帮助来访者学会区分事实和想象，依据有效性（个体的想法是否符合客观事实）和有用性（想法是否有助于预期目标的实现）对自动思维进行评价。引导来访者使用发散思维技术，尝试从多个角度分析可能的原因和解释，并且寻找证据支持这些解释，得到可能性高的解释并验证其猜想。

咨询师：刚刚你说到想要讨论一下担任宿舍长的问题。

来访者：是的，我可能不能胜任，我不知道。

咨询师：（注意到来访者看起来有些沮丧）你刚才在想什么？

来访者：（自动思维）我没有能力胜任这个职务，同学们也这么认为。

咨询师：你能说说是什么事情让你有这样的感受吗？

来访者：前天老师让宿舍长重新安排下周的值日表，我鼓起勇气和一位室友说了，但是我叫了他好几次，他都没有回应。

咨询师：他没有回应你，当时你在想什么？

来访者：我想，他肯定是因为不愿意听我讲话，嫌我这个宿舍长当得不好。

咨询师：除了"他不愿意听我讲话，嫌我这个宿舍长当得不好"，还有哪些可能的解释吗？

来访者：可能是他在忙所以没有听到，当时他在阳台上洗衣服。

咨询师：还有别的解释吗？

来访者：可能是我说话的声音太小了。嗯，老师也说过这个事。

3. 运用自我对话挑战负性自动想法。

帮助来访者了解引发不同感受的思维是怎样的，学习挑战焦虑的自我对话，如"我确定它会发生吗""除了我首先想到的结果，还有可能会发生什么""如果它真的发生了，会有多糟糕呢"，练习应对性的自我对话，如"去尝试是最重要的""它可能没有我想象中那么可怕""我可以做到""我会为我的努力感到骄傲"等。布置家庭作业：记录社交焦虑的具体情境、自动思维、情绪反应、运用自我对话进行替代性反应及之后的情绪，完成合理想法替代记录表（见下表）。

合理想法替代记录表

情　境	原有自动想法	情绪反应	替代想法	情绪反应
和老师交流学习和生活情况。	老师会发现我说话有口音，会笑话我。还没去办公室，我就紧张得心跳加速了，真去了我肯定连话都说不出来。	担心（80） 紧张（90） 焦虑（70）	说话带口音是正常的，如果我不总是消极看待自己，或许能够做得更好。	担心（50） 紧张（70） 焦虑（60）
和同学交流值日安排。	我真是个差劲的宿舍长，连一件小事都沟通不好，还怎么继续管理大家呢？	自责（90） 失望（80）	我并不差劲，我只是不太自信，我只是有点紧张，但和人沟通还是顺畅的。	自责（60） 失望（50）

逐级暴露

逐级暴露分为想象暴露和现场暴露，需要来访者和心理老师配合做一些放松练习。心理老师辅导的重点是陪同来访者适应和习惯暴露在逐步递增的焦虑环境中。分级暴露的具体操作可以分为以下几步。

（1）设计分级暴露计划。

心理老师需要根据来访者的客观情况为来访者设计一套完整的分级暴露计划。在设计计划中，心理老师需要把握三个要点：一是明确暴露的现实对象，对象必须单一、具体、真实；二是对暴露对象的焦虑等级进行打分，细分焦虑等级；三是策划分级暴露的具体过程。

（2）确认和指导分级暴露。

心理老师设计的分级暴露计划需要得到来访者的确认，也要向来访者作详细的解释和指导。

（3）实施分级暴露。

从最低等级开始暴露，心理老师可以通过鼓励、表扬对来访者的坚持状态进行肯定和强化，在低级情境得到充分暴露，并且争得来访者的同意后，再进行高一等级的暴露，每个级别的暴露时间不一定一样。当暴露时遇到困难，可以再将这一等级进行细分，帮助来访者慢慢适应，逐渐缓解焦虑。

本节案例中的舒老师是这样实施逐级暴露技术的：

我与来访者共同讨论诱发不同等级社交焦虑的情境并进行分类，为每一个特定情境写一个应对计划（如下表）。进行想象暴露练习，让来访者在具体的、无压力的想象情境中练习解决问题，然后慢慢地通过想象暴露来体验不同等级的焦虑情境和应对步骤，并使用道具或增加细节让想象的情境尽可能真实一些。每次想象暴露前让来访者在情绪温度计上打分，在想象暴露过程中每分钟都再打一次分。

不同社交焦虑等级应对计划表

情　境	焦虑等级	应对计划
上课时被老师点名起来回答问题。	低	运用自我暗示和自我对话，在感到紧张、焦虑时进行深呼吸。目标：站起来表达。
班主任要求到办公室去交流自己的生活和学习情况。	中	运用自我暗示和自我对话，在感到紧张、焦虑时进行放松训练。意识到班主任让自己担任宿舍长是在肯定自己。目标：交流顺畅即可，不纠结于口音问题。
和同学交流值日安排。	高	运用自我暗示和自我对话，在感到紧张、焦虑时进行放松训练，注意运用沟通技巧中的言语成分和非言语成分，尽量从积极方面看待自己的社交表现。目标：表达清楚自己的意思即可，也要询问同学的看法。

通过角色扮演，引导来访者在咨询室中进行逐级暴露练习，主要目的是协助来访者在低、中、高三个等级的焦虑诱发情境中不断接近，而不是回避，直到感到焦虑的程度是可以接受的。在进行角色扮演前，使用情绪温度计为来访者打分，之后在逐级暴露的过程中，每隔特定的时间（每一分钟或两分钟）都要进行评分。每一次咨询完成后，布置家庭作业，鼓励来访者在咨询室外进行现场暴露练习，并记录自己的情绪、应对方式和行为。

社交技能训练

　　社交焦虑的学生往往会回避人际交往，缺乏社交技能，因此，加强社交技能训练是一项有效措施。本节案例中，舒老师通过指导、示范、角色扮演、反馈等方式教授来访者掌握有效的社交技能和沟通技巧。其中，社交技能包括问候、积极倾听、保持眼神接触等，沟通技巧包括非言语成分（如面部表情、身体动作、情感表达等）和言语成分（如提出合理要求或拒绝他人的不合理要求等）。

　　舒老师对小李进行了 12 次辅导，小李的社交焦虑得到明显的改善。

　　咨询师发现来访者能够正常地与人进行交流，自我认知和社交技能有所提高。使用百分数标尺法评估来访者的认知和情绪，咨询结束后，来访者旧信念（我不能胜任、紧张和焦虑是不好的）下降到 30% 以下，新信念（我可以做到、紧张和焦虑是社交过程中的正常情绪）提高到 90% 以上，并在咨询后一个月维持在这一水平，消极情绪下降到 20% 以下，符合认知行为治疗对于认知和情绪改变最终目标的要求，因此评估此次心理咨询取得了良好的效果。

　　这个案例给我们的启示是：咨询师对来访者无条件的关注、理解和尊重，在安全、被接纳的人际氛围中，规范、合理地运用认知行为治疗技术，能够帮助来访者重建认知和改变行为，从而走出社交焦虑的困境。舒老师的辅导实践值得我们学习与借鉴。

抑郁情绪辅导

抑郁情绪是一种心境持续低迷的状态，是青少年常见的情绪问题。黄悦琴等人对国内样本进行流行病学调查，结果显示，18~24 岁的被试中情绪障碍的患病率为 4.1%，其中抑郁障碍的患病率为 3.6%。也有研究表明，10%~20% 的青少年在 18 岁以前有过至少一次抑郁发作，超过 9% 的青少年存在中度或重度的抑郁障碍。[①] 抑郁情绪对青少年心理健康、学业成就、人际关系和生活适应等都有消极影响，严重的抑郁情绪会引发青少年自杀、自伤等危机事件，应该引起教育者高度重视。下面是一位因抑郁症休学读了三年高一的女生的故事。

三年高一[②]

又是新学期，我再次回到高一带新生。为了提高上课效率，我在开学前就布置了作业。担心学生忘记，我还再三申明作业的重要性。但正式上课时，我还是发现有一位学生没有交作业。课后我询问了班长，当他告诉我是木木时，我的眼前立刻跳出一张极具代表性的脸，如同她的名字，她的脸上永远没有表情，像个木头人，和人说话的时候几乎不望向你，目光呆滞朝向远方。军训时她就引起了我的关注。我翻阅过她的档案，她在我们学校已经待了三年。第一年，她以优异的成绩进入了最好的班级，但是在高一即将结

---

① 黄传浩等：《青少年的抑郁情绪、抑郁障碍因果信念和自我污名感》，载《中国健康心理学杂志》，2021 年第 4 期，第 481 页。
② 本案例由吴俊琳老师撰写，略有删改。选自吴增强：《怎样做好个别心理辅导》，上海科技教育出版社，2016 年，第 78–81 页。

束的时候她以身体原因休学。第二年，她只来一天就以相同原因又休学了。现在她再次回到学校。她的经历和个人状态引起了我极大的好奇心，我决定借这个机会好好和她谈谈。

经过首次面谈，我了解到：木木初中就读我区最好的学校，又以优异的成绩考入我校最好的班级。或许是班级的竞争太激烈，木木每天学习到晚上 12 点。功夫不负有心人，她的成绩始终保持在年级前 30 名。但就在高一即将结束的时候，木木突然性情大变：总是抱怨，说自己无法集中注意力，不想再读书了，不想活了。一开始家人以为她是对学习绷得太紧的一种反抗情绪，直到她开始天昏地暗地睡在床上，不吃饭，不喝水，不说话，怎么叫也叫不醒的时候，他们才意识到问题的严重性。爸爸、妈妈、爷爷和奶奶一起用力，想把她拽下床，可是她就像一块老红木，重重地瘫在床上，愣是抱不起来。万般无奈之下，父母打了 120，送到了精神病院，她被诊断为患有重度抑郁症。住院治疗一段时间后，木木情况好转，改为回家休养。新学期开学了，木木提出要回学校上课，可是才上一天就放弃了，说是读书无用，不想上课了。家长觉得有问题，但又不知道问题出在哪里。直到有一天，木木因为一件很小的事情又和家人发生了激烈的冲突，一怒之下，她径直冲向窗口，准备跳下去。惊恐万分的家人只得死死地抱住她。看来木木并没有康复，只得重回医院。再次出院以后，医生认为木木康复情况不佳，可能需要终身服药，并建议她放弃高中学习，改读职业学校，学一门生存技能。

木木一直以来都是优等生，要她接受这样的安排很难。她的家人也不愿接受这样的建议。所以商量之后，他们还是选择重新回到我们学校，再努力一把。木木的情况对我来说就像一个重磅炸弹。在医生都判了"死刑"的情况下，我们能做什么？万一她再发病怎么办？无数个问号在我心中，但是看着她愁眉苦脸的父母和年迈的爷爷奶奶，我还是答应了他们尽我所能帮助木木。

｜ 青少年抑郁解读 ｜

青少年的抑郁与成人相比，出现时比较隐蔽，通常有一个缓慢的、长期的过程，比成人患抑郁症的风险增加2~4倍，而且青少年的抑郁症状有复发的风险。抑郁可影响到青少年正常的生长和发育、学校的表现、与同龄人及家人的关系，甚至导致自杀。它通常有多种不同的表现形式，如学习成绩突然下降、过敏性体验增加、朋友关系恶化、社会交往或娱乐活动减少、饮食改变、睡眠障碍、经常疲劳、感到没有价值、无望感等。青少年的抑郁也增加了自伤和自杀的风险。

李金文等人对青少年抑郁与自伤的发展轨迹及其关系进行了为期两年的追踪研究，结果发现：（1）青少年抑郁能够显著预测其后续的自伤行为，但自伤行为对后续抑郁的预测作用不显著；（2）抑郁和自伤行为在青少年早期并非稳定不变，而是呈线性增长趋势；（3）抑郁的初始水平和增长均能正向预测青少年自伤行为的增长；（4）社会支持能够显著调节抑郁增长对青少年自伤行为增长的影响，具体而言，抑郁增长对青少年自伤行为增长的影响在低社会支持水平下更强，而在高社会支持水平下有所减弱，说明高社会支持在其中发挥了保护作用。[1]

有学者认为，青春期抑郁的发生发展与青少年这一时期的心理生理变化分不开。一方面，随着年龄的增长，青少年身体结构发生明显变化，但心理发展还不够成熟，于是产生对自身变化的恐惧与自我的难以接受；另一方面，青春期的叛逆心理在一定程度上加重了青少年的心理负担。由于自我为中心和叛逆情绪的影响，青春期的孩子难以接受老师和家长的意见，一旦生活中发生重大的应激事件，难以自我解决。生理的快速增长与心理发展的相对滞后、青春期特有的极端情绪、自我为中心和自我封闭、学习压力和家庭压力增大，导致青春期学生容易产生心理压力，如果不能及时合理地开导，极易使青少年抑郁。因此，青少年抑郁是随着不同年龄变化而变化的。有些个体由于本身容易产生负面情绪，在青春期这个危险的时期，就极易走向抑郁。由于情感表达、社会期望、生理结构不同，这一时期的男生与女生在对待问题和压力时的表现也不一样。女性相比男性情感体验更丰富，情感表达却相对深沉。社会上对待女孩和男孩的态度，以及父母的教养方式也不一样，因此，男生与女生的抑郁状况不同，女孩在某种程度上更易患抑郁。[2]

王金睿等人对近 30 年 129 篇采用"流调中心抑郁量表"测量青少年抑郁的研究报告（共包括 203160 名中学生）进行横断历史的元分析，结果发现：

---

[1] 李金文等：《青少年抑郁与自伤行为的发展轨迹及其关系：基于两年的追踪研究》，载《心理发展与教育》，2023 年第 3 期，第 429 页。

[2] 苏朝霞等：《青少年抑郁及其相关影响因素研究》，载《中国健康心理学杂志》，2011 年第 5 期，第 629-630 页。

1991—2018 年间，我国青少年的抑郁水平整体呈逐年上升趋势。来自经济条件（居民消费水平、基尼系数）、社会联结（离婚率、家庭规模数、城镇化水平）和总体威胁（犯罪率、初中升学率、高中升学率）的八项社会指标能显著预测中学生的抑郁水平。[①]可见青少年抑郁水平上升还与社会大环境的变化密切有关。

┃ 青少年抑郁成因分析 ┃

青少年抑郁的影响因素是多重的、复杂的，有个体生理、心理因素，也有环境因素，是多种因素的交互作用。这种交互作用对于个体来说，也是各不相同。下面主要讨论与辅导干预密切相关的重要因素。

个体因素

认知易感性

认知易感性是影响抑郁的主要因素，包括消极归因方式、功能失调态度和冗思等。相对稳定的负性认知特征容易使个体发生抑郁，被称为抑郁认知易感性。汉金（Hankin）和艾布拉姆森（Abramson）的认知易感–应激交互作用模型认为，抑郁认知易感性（如消极归因方式）可以与初始负性情绪或负性事件相互作用，形成一个抑郁发生的因果链。如果个体倾向于把坏事件归结为自身的、持久的和不可变的原因，则有较大可能表现出抑郁。有研究还发现，功能失调态度可以单独或者与应激事件相互作用预测抑郁的发生。功能失调态度指个体自我评价时的认知歪曲，这种认知歪曲会导致个体对自我、世界和未来产生过分消极的评价。抑郁青少年可能产生一种功能失调态度，认为自己的价值有赖于同伴的接纳程度。例如，没有人和他一起参加游戏，他就会认为这是别人讨厌他。[②]

① 王金睿等：《近 30 年我国青少年抑郁水平的变迁及其影响因素》，载《中国校外教育》，2022 年第 5 期，第 28 页。
② 张萍等：《青少年抑郁的心理影响因素及其神经机制》，载《心理研究》，2017 年第 1 期，第 78–79 页。

依恋关系

婴儿与母亲依恋关系的性质受到他（她）所感受到的来自照顾者提供的安全性的影响。严重生活事件可能会影响个体依恋方式的形成，如早期丧失父母会导致依恋关系的全面破坏，对将来产生抑郁是一个危险因素。依恋理论对理解儿童发展的危险与保护因子非常重要。安全型依恋对青少年心理发展有良好的作用，有助于青少年发展自主能力，对青少年期与父母良好关系的建立也有一定影响。当青少年遇到应激时，与父母良好的依恋关系可以帮助其自主地应对。较差的依恋关系会影响青少年发展内在与人际应对技能，易感抑郁。鲍尔贝（Bowlby）提出，不安全型方式与抑郁和焦虑有关。后来不断有研究证实了这一点。与安全型依恋青少年相比，不安全型依恋青少年普遍自信水平低，回避解决问题，有更多功能失调性行为与表达愤怒，其中矛盾型依恋的青少年更容易出现内化症状与自杀行为。[①]

人格特征与气质

有研究发现，低自尊和人际关系敏感是青少年抑郁的重要危险因素。神经质人格倾向是患抑郁症的强危险因子，而外向与人格障碍呈负相关。临床研究还发现，婴儿期为难养气质类型的青少年更易发展为重度抑郁症。[②]

家庭环境因素

家庭经济压力

研究表明，家庭经济压力与青少年抑郁存在密切关系。李董平等人发现，家庭经济压力对青少年抑郁具有显著的正向预测作用。歧视知觉起中介作用。歧视知觉是指个体知觉到由于自己所属团体成员身份（如种族、贫困等）而受

---

① 苏朝霞等：《青少年抑郁及其相关影响因素研究》，载《中国健康心理学杂志》，2011年第5期，第630页。
② 徐伏莲、黄亦祥：《青少年抑郁症状研究进展》，载《中国学校卫生》，2013年第2期，第255页。

到有区别或不公正的对待。与儿童相比，青少年由于认知容量和社会意识的迅速发展，对贫富差距越来越敏感。同时，青少年的主要生活扩展至家庭以外的环境，他们有更多的时间与同伴交往，这也增加了个体之间比较的机会，经济压力较大的青少年所感知到的歧视较为明显且危害尤为严重。[①]

家庭教育环境

家庭教育环境包括父母教养方式、父母心理状态和亲子关系。研究表明，上行比较（拿孩子的短处与别人的长处比）的频率与青少年抑郁成正比，与青少年心理健康呈负相关。父母的心理状况，尤其是父亲的抑郁状况会显著影响青少年抑郁的发展。虽然同伴关系对青少年心理健康的作用极为重要，但是良好的同伴关系并不能补偿缺少父母支持带来的消极影响，因为父母支持比同伴支持更稳固，所以，青少年面临压力时仍希望父母能提供成熟的、切实的帮助。

家庭应激事件

在影响青少年抑郁的诸多因素中，在家庭中受到的应激事件打击也应该引起重视，如父母离异、父母一方去世、家庭暴力、被抛弃或早期创伤等。有研究表明，生活中的早期负性事件会对人的一生产生深远的影响，有的甚至会改变个体的性格与对生活的态度。在对患有抑郁障碍的青少年与随机抽取的中学生对照组的研究中发现，抑郁青少年从小经历的创伤（如丧失、分离、受虐或忽略）明显多于正常同龄人，有早期创伤史者发生抑郁的概率是无创伤史者的 3.79 倍，而且有这些童年创伤体验的患者抑郁严重程度高于无此经历的患者。[②]

学校环境

许有云等人的研究发现，学校氛围（包括教师支持、同学支持和自主机会）对青少年抑郁有显著影响。积极的学校氛围是青少年抑郁的保护性因素，而消极

---

① 张萍等：《青少年抑郁的心理影响因素及其神经机制》，载《心理研究》，2017 年第 1 期，第 79 页。
② 苏朝霞等：《青少年抑郁及其相关影响因素研究》，载《中国健康心理学杂志》，2011 年第 5 期，第 630 页。

　　　　第三章　情绪辅导

的学校氛围是抑郁的危险性因素。学校氛围对青少年抑郁的保护性作用有两条途径：通过直接作用或者自我控制的部分中介作用来实现。社会联结理论认为，在校园文化背景中，最重要的他人无非教师和同学，如果感受到较多的人际支持，青少年的学业成就获得提高，其抑郁的风险就会降低。学校氛围的直接作用也符合依恋理论的观点，即所持有的与重要他人的良性互动会促进青少年的社会适应。①

联系本节案例中木木发生抑郁的原因，学业压力是诱发因素——她是在重点中学重点班，学业竞争压力大，高一刚进来，成绩名列前茅，后来成绩下降，排名下滑，加之性格过于敏感，认知易感性高，自己缺少心理调节的方法，抑郁情绪积累，终于发作。

| 青少年抑郁辅导策略 |

如上所说，认知功能失调是青少年抑郁的主要因素，因此，认知行为治疗技术是青少年抑郁情绪辅导常用的方法，也便于心理老师和班主任培训与实操。具体策略如下。

心理教育

心理老师要对来访学生和家长进行抑郁、焦虑等有关知识的科学普及。例如，介绍识别青少年抑郁的基本症状表现：（1）注意力不集中，记忆下降；（2）学习成绩显著下降；（3）自我评价低；（4）持续情绪低落；（5）人际关系紧张；（6）对喜欢的活动丧失兴趣；（7）生活、饮食、睡眠习惯改变；（8）躯体症状；（9）反复出现轻生念头。

如果日常观察到有学生满足上述指标中的 5 条以上，并且持续时间比较长（2 周以上），老师应该建议学生去医院就诊。

---

① 许有云等：《学校氛围对青少年抑郁的影响：自我控制的中介作用》，载《中国临床心理学杂志》，2014 年第 5 期，第 862 页。

向来访学生和家长简单介绍认知行为治疗的基本原理，解释想法、情绪、行为与生活应激事件及其相互关系，认知行为治疗的基本目标，包括将适应不良的行为和想法作为治疗对象，达到减轻与抑郁相关的负性情绪目标。

心境监测

心境监测是认知行为治疗的一个重要成分，它能够帮助青少年提高对情绪的觉察。使用情绪温度计，让来访者对自己的情绪进行评分（0~10分），其中"0"代表感觉"特别好"，"10"代表感觉"特别糟糕"。作为家庭作业，要求来访者每天记录自己的情绪，以及与特定情绪相关的事件。帮助来访者认识到他并不是对所有的事件都感觉很糟糕，找到使自己感觉不错的活动。[①]

认知重建

认知行为治疗的一个关键方面是识别并重新调整自动思维和信念。心理老师要让来访学生了解抑郁患者常见的认知歪曲，如思维绝对化（非此即彼、非黑即白）、思维片面化（过度引申、以偏概全）、灾难化（悲观主义、糟糕心态）、完美主义（对人、对己、对事过于苛求）等，并运用认知挑战技术、合理想法替代等，帮助来访者建立积极的、合理的想法，进而改善自己的负性情绪。本节案例中，吴俊琳老师针对木木的负性想法做了如下工作：

> 我辅导的重点是对木木的非理性认知进行调整。
> 我以作息时间安排作为辅导的切入点。可能是休学时间太长了，一下子要跟上紧张的学习进度，对于木木的身体条件来说，确实有难度。第一天就遇到体育课耐力跑，回到家木木就说很累，第二天睡到中午才醒。类似的情况每周都会发生一两次，木木每次

---

① Eva Szigethy 等：《儿童与青少年认知行为疗法》，王建平等译，中国轻工业出版社，2014年，第168页。

晚起之后就不愿意来学校，害怕同学问她原因。她的家长就这个问题联系了我。于是，我和木木进行了讨论。

师：为什么害怕同学问原因呢？

木木：担心他们觉得我这个病没有好，把我当病人看待。

师：不解释的话，同学就不这么想了吗？

木木：这倒也不是。

师：中午醒了，怕下午回学校被同学问，所以下午就不去了。那第二天到学校，同学就不问你昨天为什么不来了吗？

木木：也问的。所以有时我想同学再问的话我可能连去学校的勇气也没有了。我确实在担心这件事情早晚会发生。

师：看来这个问题对你的困扰很大。

木木：是的，的确如此。

师：通常同学会问你吗？

木木：一般同学不会问，好像不知道的样子。只有临近的同学会问我："怎么了，是身体又不舒服了吗？"

师：那说明大多数同学并不关注你的缺席，或许他们对于你缺席的情况已经习以为常了，不觉得有什么特别的。

木木：应该是这样，他们确实没有特别的反应。

师：那被问到了，你又会怎么回答？

木木：我通常就支吾过去。他们看我不回答也就不再追问。

师：那你觉得有什么不妥当的吗？

木木：我觉得我越心虚，他们可能就越觉得我有问题。

师：你是想给他们一个正面的回应，而且这个回应又要让人觉得这是正常情况？

木木：是的，但是我找不到好的理由。连我自己也不能解释为什么我就会突然睡那么长时间。

师：睡眠是人类的本能。我们中有些人每天只睡5~6个小时就够了，而有些人则必须睡 9 个小时才行。对于尚在康复期的你来说，药物的作用以及大脑实际需要休整的需求都使你要睡得更多一些，有时甚至睡上 12 个小时或者更长的时间。所以你这样的情况可以解释为——因为许久没有上学，体力有限，所以常常要休息一下，充一下电。你觉得这个解释合理吗？

木木：我觉得蛮有道理的，可以接受，下次我就这么解释了。

师：我还有一个要求。大脑有自己的调整能力。当你沉睡的时候，父母叫不醒你，说明你的大脑还在休息。但是，如果你确实听到了父母的声音，而且意识清醒了，那就说明你的大脑已经休息好了。这时你应该靠自己的意志克服惰性，起床，然后去上学，让自己的生物钟渐渐适应学习的要求，千万别让它一直懒惰下去。

（木木很用力地点了点头。）

谈话之后，木木每次晚起，都能坚持醒过来就回学校上课，这让大家都很欣慰。

在实施辅导的过程中，我每周都找木木谈心。我总觉得木木倾向于用一种消极的方式看待自己和周围的世界。例如，她对自己的负面认识"我一无是处"、对周围世界的负面认识"事事不顺心"和对未来的负面认识"我永远也不会好起来了"等负性思维成为她内心持续不断的自我批判的动力。一个相关特征便是主观推断，即立刻跳到一个负性的结论。例如，木木与同学约好放学后在校门口碰头，告诉她今天的作业。但是 10 分钟过去了，那位同学还没有来。木木马上想到的是同学嫌她烦，故意不来了，而不会认为是同学有事赶不过来。木木的父母也反映，木木在家里经常抱怨，很少能从积极的一面分析、看待事情。所以每次找木木谈心，我都会有意识地与她交流对事物的看法。例如，同学迟到的事情，事后同学解释了，是因为老师拖堂，所以她出来晚了。而且因为老师在上课，她不能使用手机，才没有办法通知到木木。通过对实际事例的分析，木木渐渐意识到她的一些消极想法仅仅是想法，而不是事实。

行为激活

有抑郁情绪的学生往往能量很低，有不想动、赖床不起等行为，所以让抑

第三章　情绪辅导

郁的学生动起来很重要，如可以鼓励他们积极参与自己喜欢的、令人愉快的体育、文娱活动等。本节案例中，吴老师让木木寻找身边开心的事来实现行为激活。

我也请家长配合，每天晚上陪木木聊天，主要说说当天在单位里发生的开心的事情，以此激发木木把注意力更多地集中在寻找自己身边有什么开心的事情上。这样的思维方式更有助于她增强满足感和成就感。

青少年抑郁的辅导策略除了运用认知行为治疗技术外，还有其他治疗方法，如焦点解决短期治疗、叙事治疗等。特别值得注意的是，对于像木木这样被医院诊断为抑郁症的，需要医教结合的心理服务模式，既需要遵照医嘱按时服药，学校也要有辅导跟进的计划。木木重回学校，学校领导非常重视，由学校行政主持，德育主任、班主任、心理老师等共同商讨制订了辅导跟进计划，心理老师和班主任是主要执行人。

抑郁的学生需要老师和同学的关心，需要亲人的陪伴支持。亲子关系、同伴关系和师生关系是青少年最为重要的社会支持，强有力的社会支持可以在青少年面临压力事件时，为其提供支持、安慰，有效地减轻其抑郁情绪。本节案例中的木木始终有父母的关爱和陪伴，班主任老师、同学的关心，为她抑郁的康复和情绪的稳定提供了温暖的社会支持。

木木在班级学习已经两个月了，参加了月考和期中考试，语、数、英三门排名年级200名左右，学习状态比较稳定。更为显著的变化是，木木在说话的时候能够和人有目光接触了，笑容也更多地出现在她的脸上。或许在将来的学习道路上，木木还会遇到其他的困难，她的情绪还会波动，但相信在大家的努力下，木木会以更健康、适应性更强的方式去应对情绪旋涡。

吴俊琳老师是笔者工作室的成员，与笔者相识20多年，她也是一位优秀的心理老师。笔者后来向吴老师询问木木的情况，吴老师说，木木顺利地在学校读完高二、高三直至毕业，其间虽有反复，但总体稳定，并且考进自己心仪的大学。

逆反心理辅导

对抗叛逆常常是青少年的代名称，除了青春期情绪容易起伏外，还和他们独立意识、自主性日益增强有关。弗洛伊德的自我防御机制里有一种反向作用，在青少年时期，学生面对试图控制、管束他的成年人表现得特别明显，这就是青春期的逆反心理。请看以下案例。

政治课上的对抗 ①

小 Z 是某重点高中高一女生，学习成绩较好。高一下半学期，我接任他们班的政治课。上课时我发现，小 Z 喜欢做小动作及讲话，于是在课堂上批评了她，不料她并没有意识到自己行为的不对，反而满脸写着不服气，赌气不听课。之后每次上政治课，她都故意捣乱，鼓动周围同学讲话、传纸条，扰乱课堂秩序。每当我在课堂上试图教育她时，其敌对情绪和言辞对抗都表现得很强烈（如自言自语、向别处看、站立不端正等），甚至在一次复习考试时，公然表示这种考试毫无意义，拒绝答题。这时我意识到了问题的严重性。

| 青少年逆反心理解读 |

逆反心理一词最早由布雷姆（Brehm）提出，他认为逆反心理是一种具有反

---

① 本案例由吴俊琳老师撰写，略有删改。选自吴增强：《班主任心理辅导实务（中学版）》，华东师范大学出版社，2009 年，第 147—150 页。

应性的心理动机状态。之后辛西娅（Cynthia）等人认为逆反心理是一种个体人格特质。心理学家朱智贤认为逆反心理是一种强烈的抵触情绪。金盛华认为逆反心理是个体的非常规反应，这种反应包括内隐和外显两个方面。赵恒春认为，逆反心理是个体的一种特殊心态，是个体的思维观念、主观需求与客观环境相悖时产生的对立情绪或失常心理。[①] 简言之，逆反心理是人们对待事物的一种特殊态度，是指受教育者在接受教育的过程中，因自身固有的思维模式和传统的观念定式与特定的教育情境下产生的认知信息相对立，与一般常态教育要求相背离的对立情绪和行为意向。

青少年逆反心理表现

青少年逆反心理可以表现为以下几类[②]:

（1）禁果逆反。人们往往有这么一种倾向，越是禁止的东西，如果没有说明可以为人们接受的充足的禁止原因，那么，禁止本身就会引起假设、推测，反而常常诱使人们产生好奇并引起探究反射，形成与禁止相悖的意向，这就是"禁果逆反"。心理学上移用潘多拉打开魔盒的神话，称之为"潘多拉效应"。

（2）超限逆反。所谓超限逆反，是指同样的刺激物，由于刺激强度过大、过强，刺激时间过长，或者机械、无间隔地重复作用于个体，从而引起个体产生生的一种逆向态度。

（3）信度逆反。这是一种常见的逆反心理。其产生原因之一，是消极经验的积累，造成对信息源的怀疑、不信任，因而采取消极抵制态度。与《狼来了》的故事以及《烽火戏诸侯》一样，人们接收信号后本该采取积极态度，但由于以往消极经验的积累，转而持否定态度。

（4）情境逆反。所谓情境逆反，是指在特定的时间、场合，个体有不同的"心理热点"，处于不同的情感和情绪状态。如果引导者不顾个体当时所处的情

---

① 赵恒春:《从分离—个体化理论看青少年逆反现象》，载《河北经贸大学学报（综合版）》，2015 年第 1 期，第 41 页。
② 刘野:《中学生逆反心理的表现及疏导》，载《辽宁教育行政学院学报》，2005 年第 9 期，第 51 页。

境，就会诱发情感障碍，使个体紧闭心扉，对引导者持逆向、排斥的态度。

（5）自主逆反。处在独立自主意识迅速发展期的中小学生，强烈地要求成年人予以尊重，给予他们独立、自由支配自己的权利。如果教师在教育学生时过分地运用控制手段，使之感到自己的行动自由受到威胁，这时他们就有可能拒绝本来愿意去办的事，甚至故意去做与要求相反的事，这种现象就是"自主逆反"。

（6）评定逆反。这是一种因教师与学生之间评定差距过大而导致的逆向反应。例如，教师对学生过度的批评，不仅会使学生不愿接受批评、承认错误，而且也会使他人同情被批评者，甚至为其错误辩解。

（7）归因逆反。在社会生活中，人们总是倾向于相互了解，对他人的行为进行分析，并且不单纯满足于了解行为的性质，还需要了解其产生行为的动机。学生一旦了解教师行为的动机不是利他而是别有所图时，就会产生心理对抗，这就是"归因逆反"。

逆反心理的积极意义

一般在论及青少年逆反心理时，往往从消极意义上讨论得多，从辩证的角度看，逆反心理还是有其积极的一面。王希永认为："中学生之所以产生逆反心理有其必然性，包含许多积极因素，对于个人和社会都具有积极作用。中学生表现出来的逆反心理，是一种力量、一种信号、一种警示。教育工作者应当善于从积极层面理解、认识、对待中学生的逆反心理。"[1]

笔者比较认同这个观点。从积极意义上看：第一，基于学生对现实生活和世俗权威的质疑精神、批判精神的逆反心理，恰恰是创新意识的体现。他们不满足于课堂上、书本里的知识，视野拓展到大千世界的角角落落。这时，教条、训诫往往会引起其逆反心理。因为他们不愿意接受现成的教诲，而希望自己去探究。第二，基于学生独立自主、表现自我的逆反心理，折射了他们对自我认

---

① 王希永：《中学生逆反心理的积极因素与积极作用》，载《中小学心理健康教育》，2007年第17期，第16页。

同、个性完善的追求。压抑学生个性的教育，会引起他们的反抗。第三，引发教育的反思。学生的逆反心理表现是教育的一面镜子，可以使教育工作者看到自己工作的误区和盲区。

| 青少年逆反心理成因分析 |

青少年逆反心理的成因有主观因素与客观因素。

主观因素

青少年心理发展与生理发展的不平衡

青少年在许多生理指标方面已接近成人，但他们的社会意识却相对淡薄，对其理解不足，遇到事情比较急躁，考虑不周到，这样就会引发心理上的不适与矛盾。青少年在成长的过程中，情绪变化比较大，自控力比较差。一旦受到外界刺激，如学业压力较大、人际交往受挫等，就会产生客观环境与主体需求不相符的问题，从而导致内心烦躁、不满，甚至厌恶，产生逆反心理。

认知水平上的偏差

青少年的思维已具有一定的独立性，但不成熟，看问题偏差太大，从而出现认知上的片面性。他们常常把老师、家长的教育看成对他们的管制、压制和不尊重，与老师、家长对立。同时，许多青少年由于学习目的、需要和动机不同，造成在知向行的转化过程中，不能正确地转化到社会所要求的行为上来，因而极易产生逆反心理。

好奇心的驱使

青少年具有强烈的好奇心，他们喜欢新事物和新知识。心理学研究表明，好奇心过强能形成一种特殊的心理需要，这种心理上的认知需要可以转化为学习活动的动机，诱发学习动机，促使和推动学习者去探索有关的事物和认知信息。一般来说，人们对越得不到的东西越想得到，越不能接触的东西越想接触。这就使青少年对老师和家长的禁令产生了反抗情绪，出现逆反，从而去接触那些老师、家长禁止涉足的事物。[①]

独立性与自主性增强

青少年逆反心理还与其分离—个体化密切有关。分离—个体化是儿童精神分析师玛格丽·玛勒（Margaret Mahler）提出的概念。布洛斯（Blos）延伸了玛勒的观点，认为到了青少年阶段，个体必须经历第二次的心理分离—个体化。此时，青少年重新审查其内化的父母形象，不再被僵化的价值观控制，脱离对父母情感的依赖，从家中独立出来，重新构建独立的自我。在与父母分离的过程中，亲子关系将会经历重大的转变，青少年将不再事事以父母的意见为原则。[②]

客观因素[③]

家庭因素的影响

青少年逆反心理的形成与父母的教养方式有密切的关系。专制型、放任型的父母以及残缺家庭，由于教育手段、方法及自身素质等方面存在的问题，往往导致青少年逆反心理的形成。当父母的教育方式不当甚至给孩子造成心理压力，并且他们找不到排解的适当方式时，便会在感情上产生抵触，进而产生逆反心理。而且在现代社会里，父母对孩子已不再是权威，"反向社会化"和"反哺"现象越来越普遍，使得代际之间出现价值观念的差异和冲突，自我意识的增强使得青少年产生逆反心理。

① 朱瑞、杨静：《对青少年逆反心理的再认识》，载《江西教育学院学报》，2011 年第 2 期，第 44 页。
② 赵恒春：《从分离—个体化理论看青少年逆反现象》，载《河北经贸大学学报（综合版）》，2015 年第 1 期，第 41 页。
③ 魏爽：《青少年逆反心理的表现、成因及对策》，载《和田师范专科学校学报（汉文综合版）》，2010 年第 3 期，第 62 页。

学校因素的影响

学校是青少年成长和社会化的主要环境，学校教育的不良因素是促成青少年逆反心理形成的主要原因之一。比如教师的教育指导思想偏离，教学内容陈旧，教学方法落后，使学生对教育产生反感，加之应试教育片面追求升学率，学生和老师的压力都很大，无形中产生了对立情绪；部分教师对学生的体罚和变相惩罚，使学生在情感上与教师对立、背离，甚至反其道而行之。

同辈群体因素的影响

同辈群体是指同龄或相近年龄组成的群体。在众多同辈群体中，青少年受同辈群体的影响最突出，对同辈群体的依赖最明显。这是因为，在青少年同辈中，他们不仅有共同的心理感受和需求，而且有相近的爱好、兴趣和行为倾向，相互容易认同，最能达到或造成相互转化与感染。同辈群体中不良的价值观和行为倾向会对置身其中的一些青少年的心理产生不良影响，如青少年中存在的不良英雄观、出风头、唱反调等会使一些本来正常的青少年的心理被潜移默化，再加上青少年自身心理的不稳定和模仿性，容易促使其逆反心理的形成。

大众传播及社会文化的影响

随着信息技术的日新月异和大众传播事业的发展，大众传媒对青少年的影响日益扩大，这不仅为青少年提供了学习、求知和受教育的新途径，也相应地带来一定的负面影响。比如，一些文化中不良的、世俗的因素被青少年错误地接受，使他们形成对外界不全面或错误的看法。这对他们的心理健康有百害而无一利。

本节案例中小 Z 的逆反心理是如何形成的呢？

由于小 Z 写得一手好字，而且学习成绩较好，在学校总是掌声多过批评；在家里，只要学习不出问题，其他方面家长对她很宠爱，甚至是放任。因此造成她往往以自我为中心，听不得批评，虚荣心极强。

但另一方面，父母在学习上对小Z的苛刻要求和用体罚的方式，不仅使她对父母产生了不满情绪，更使她处处都争强好胜的个性受到严重打击，那强烈的自尊需要得不到满足。

在这种矛盾中生活，小Z的人格发展不健全，产生了情绪障碍：有强烈的自我中心倾向，自尊心受到伤害时，挫折忍受能力低，且往往抗拒权威，把它当作英雄主义的表现，并以之作为肯定自我的方式。

此外，小Z对待学习也存在着不正确的认知和评价。政治课在她眼中是可有可无的课，其父母也不会关注这门课的成绩，所以上课没压力，这是一个难得的好机会，正好可以与同学联络感情——聊天。而她没想到老师会在全班同学的面前对她严厉批评，这使她感到没面子，无形中触痛了她的自尊，于是她把所有的不满转化成对老师的不满，对政治课产生了逆反心理，继而以公然与老师作对作为肯定自己的方式，以此挽回在同学中的尊严。

可见，小Z的逆反心理源于自我为中心，听不得批评，争胜好强，加之父母粗暴的教养方式，以及对政治课不正确的认知，引发对老师的公然对抗。

| 逆反心理辅导策略 |

慎用禁令

越是禁止的内容，越容易引起青少年强烈的好奇心和探究行为。在许多情况下，不禁止某种事物时，学生并不一定知道这种事物，一旦宣布禁止，反而会引起学生的好奇心，使学生的注意力转向和固着在这种事物上，非要关注、弄清楚这种事物不可。因此，如果能用其他的方法消除某种有害的事物和现象，就不要用禁止的方法。

耐心说服和讨论优于硬性禁止。当教师和父母认为应当使青少年避免某些有害的事物和现象时，如果耐心地说服他们，与他们进行平等的讨论，使之明白这些事物和现象的有害性，就有可能使青少年自觉地加以避免。相反，如果武断地硬性禁止学生做某件事情，反而会激起他们的逆反行为。

禁止要说明理由。在万不得已一定要使用禁止的方法时，一定要说明禁止的理由。如果没有说明禁止的原因和理由，那么，禁止本身就会引起青少年的各种假设、推测，引发他们的好奇心和探究行为。父母、教师如果只是禁止而不向学生说明禁止的原因和理由，会使学生觉得禁止没有充分的理由和根据，就会对禁止的正确性产生怀疑，出现犯禁的意向和行为。

批评要维护学生自尊

许多学生逆反行为产生的主要原因是教育情境的不适当。因此，教育工作者应当注意教育情境的利用，尤其要限制惩罚性情境的范围。一般而言，由于教育活动性质的差别，情境对教育活动的效果有重要的、直接的影响。对于奖励性质的教育活动，如果在公开的情境中进行，奖励的效果将会大大增强，受到奖励的个人会感到更大的自豪和兴奋；对于惩罚性质的教育活动，如果在公开的情境中进行，惩罚的效果也会大大增强，受到惩罚的个人会感到更大的羞愧和耻辱，对个人自尊心的打击也就更大。考虑到情境性逆反行为主要是个人的自尊心在他人面前受到损害而引起的，因此，为了减轻这种负面效应，如果学生的问题不是极其严重，批评性的教育活动最好在比较封闭的情境中进行，对这种教育活动知道的范围越小越好。深入的批评教育如果在两个人之间进行，产生情境性逆反行为的可能性最小，效果也可能最好。

平等地与学生沟通

教师要平等、谦虚地对待学生。教师过分自负、骄傲自满，只会引起学生的鄙视和反感。此外，要理解学生的需要。青少年的思维方式、生活方式、思想观念等，与成年人有较大的差异，因此，教师、父母应当站在青少年的角度，设身处地地为他们着想，考虑和尊重他们的意愿。

缓解对抗情绪，降低学生心理防御

师生之间、亲子之间交往，情绪越冲动，越容易激化青少年的逆反对抗。这时可以采用消退技术，即暂对学生采用不关注、不正面接触的"冷处理"，缓解青少年的逆反心理。本节案例中，吴俊琳老师是这样处理的：

我开始注意对小 Z 近期上课违纪现象的处理方式，避免与其正面"冲突"。在最初阶段，我采取冷处理的方式（告诫周围同学上课时不要搭理她，同时我也减少对她的特别关注），这样可以使她觉得老师并非故意在找她的茬，与她过不去，从而使她的敌对情绪不再加剧，并随着时间的推移，对老师的防御性、抵触性减少。

角色互换，增进青少年对成年人的理解

青少年逆反对抗往往出于对父母、老师的不满和误解，我们可以运用角色互换方式，以此增加他们对父母和老师的理解。本节案例中，吴老师是这样做的：

三周后，我觉得时机成熟了，便在课后主动找到小 Z。此时，她的态度不再像以前那样具有攻击性。于是我运用"角色互换法"，让小 Z 体验一下做老师的辛苦。我问小 Z："有一个机会，让你按照自己的意愿来教政治课，你愿意接受这次挑战吗？"好强的小 Z 一口允诺下来。于是我选择了一堂理论联系实际的内容，让小 Z 自己寻找实际素材备课。在整个准备和授课过程中，小 Z 表现得很积极，非常认真地做着每个环节。上完课后，我当堂表扬了她的表现，指出她的板书非常工整，条理清晰，事例运用得当。当我看到她欣喜的目光，便知道我这么做没错。课后我又单独找她聊天，让她谈谈这次上课的感受。小 Z 表示通过这次实践，她体会到为了上好一堂课，必须在课前做许多工作，同时，一堂课，40 分钟的讲课，对体力的消耗也很大，所以上课是脑力与体力劳动相结合，这使她体会到做老师的辛苦。在她能正确认识到老师辛勤耕耘的基础上，我进一步启发她：

第三章 情绪辅导

"这次你为上课花了那么多精力，如果得不到同学们的回应、配合，你的感受是什么？"听到这个问题，她把头低了下去，沉默了好一会儿，终于抬起了头，郑重地对我说："老师，对不起！以后我知道该怎么做了。"可以说这次的谈话很成功。之后上政治课，她都不再开小差做其他事了。

良好的开始是成功的一半，之后的辅导工作进行得比较顺利。我有意识地每堂课都请她回答问题，让她发表自己的观点，并且适时地给予表扬。通过一定时间的强化作用，她渐渐发现了政治课的乐趣所在，由原先强迫自己听课转变为自己喜欢上课了。

宽容对待学生

对待学生的逆反行为，教师要持宽容的态度，了解学生行为背后的动机，在此基础上进行引导，往往可以取得事半功倍的效果。有这样一个例子：一学生被举报在课堂上屡次违纪，班主任起初并没有在意，然而，几次教育都没有作用。于是班主任与学生进行了谈心。班主任一开始就说，很高兴发现他已经敢于表达自己的感情了，学生起初感到意外。然后，班主任简单地说了自己上学的时候也跟老师"较劲"的两件事情，学生慢慢敞开了心扉，跟班主任谈他在课堂上违纪的原因。原来该生因为成绩连连下降，对老师变得敏感起来。而偏偏他发现别人抄他的作业都得到了老师的夸奖，他却什么都没有，于是认为老师没有认真看他的作业、偏心……学生原来并不清楚自己为什么会有那些违纪行为，但是当学生和班主任都发现"作业、夸奖、偏心、违纪"这个奇怪的链条后，原因就清楚了，原来该生急于把成绩提高上去，却作出完全相反的行为。学生立即表现出愧疚的表情，表示要用积极的行动提高成绩。[①]

帮助家长改进教育方式

专制、简单粗暴的家庭教养方式，更容易激起青少年的逆反对抗。我们可

---

① 李红菊：《调整中学生逆反心理的手段》，载《班主任之友》，2006年第8期，第38页。

以运用家庭心理辅导技术帮助家长改进教育方式，建立融洽的亲子关系。本节案例中，吴老师是这样做的：

外因对于一个人的健康成长也起到很大的作用，所以接下来的工作就是：引导小 Z 正确对待父母的教育；同时取得家长的积极配合，指导家长改变教育方法。小 Z 常会因学习成绩下降而挨打，这使得父女关系较为紧张。对此，我一方面用同感技术对她的不满心情表示理解，另一方面引导她站在父亲的角度来认识父母对她的关心，理解父母的期望，从而消除父女的情绪对立。

另外也向家长分析小 Z 的个性缺陷与家庭教育方法不科学的关系。家长不能因望女成凤心切而给孩子太重的心理压力，应对她有恰当的期望值；要多关心孩子，不纵容、不打骂，在学习及生活上都应采取既严格又协商的方法。

经过一学期的辅导，小 Z 已经完全改变了原先上课爱说话的坏习惯，消除了对老师的逆反心理，能认真地听课，积极思考老师提出的问题，并主动回答。同时在课堂上，对其他同学的不好表现，也能及时指出并劝阻。另外，她也开始尝试接受别人中肯的批评、建议。

这是一个典型的青少年逆反心理辅导案例。吴老师没有急于正面应对，而是采用冷处理，缓和小 Z 的敌对情绪，然后运用"角色互换法"，让学生穿着老师的"鞋"来走路，让他们体验做老师的辛苦，从而使他们设身处地地为老师着想，珍惜、尊重老师的工作成果。角色互换的时机选择得很好。

对家长进行有针对性的指导，目的是减少小 Z 逆反心理的诱发因素。学生的逆反心理是其内心一种冲动的力量，可以通过辅导把这股力量转化成积极的力量。小 Z 从抗拒政治课老师到逐渐喜欢上政治课、喜欢政治老师，这种变化正体现了转化的力量。实践证明，教师与学生多亲近，用平等、真诚和鼓励的心态交流，是行之有效的。吴老师的成功辅导为我们提供了有益的经验。

· 本章结语 ·

情绪健康对于青少年身心健康的重要性是不言而喻的。青少年的情绪与行为一样，是外显的、可见的，容易被人察觉，是青少年心理健康的第一道防线。青少年时期是儿童向成人过渡的重要时期，他们面临身心发展和应对学业、交往与社会适应等方面的双重挑战，随之而来的情绪困扰增加，是可以理解的。这是青少年逐渐走向成熟的正常现象。但是负面情绪不能持续地停留在心里，否则会影响青少年的学习、生活和交往等社会功能。教师和家长切不可对这些情绪问题视而不见、掉以轻心。从焦虑、抑郁情绪的成因分析可见，固然有个体心理易感性的因素，但是环境因素也起着非常重要的作用。因此，从辅导策略来说，一方面，要帮助学生调整认知、改变行为，增加内在积极的资源，提高心理自助能力；另一方面，也要优化学校教育和家庭教育环境，给学生心理发展以积极的支持。

同时，我们要做到对学生情绪问题早发现、早预防、早干预。对于一般的焦虑情绪、抑郁情绪，可以通过心理老师、班主任的心理辅导加以解决，而对于符合诊断症状的情绪障碍，则需要转介给心理医生来处理，也需要医教结合。特别是这些学生经过治疗，状态稳定回到学校以后，需要学校调动心理老师、班主任对其辅导跟进，帮助他们回归正常学习活动。本章提及的对木木的辅导个案，就是一个医教结合、辅导跟进的典型案例。

第四章

青春期心理辅导

青春期少男少女的性意识、性心理发展是青少年成长的一个重要议题。它不仅是父母和老师关心的问题，也是青少年人生发展的大课题。随着青少年生理上的性成熟，他们在心理上也产生了微妙的变化，开始对异性和性产生好奇心。青春期异性交往来自他们内心的需求，成年人对这个问题常常是消极看法多于积极看法，防范多于引导。我们看到男孩女孩早恋，总担心会影响他们学习，却很少思考如何引导他们学会爱。爱是一种情感，也是一种能力。健康的爱的能力是青少年今后婚恋、家庭生活幸福的心理基础，是青少年成长的重要任务。

　　此外，大多数青少年也会开始关注自己的身体形象，这是因为他们内心希望获得同伴的接纳与好评，并由此产生自尊的体验。对自己身体形象不满意的学生，就会产生青春期的体像烦恼。另外，性别角色认同是青少年自我认同的重要部分，性别角色模糊的学生往往会产生焦虑、抑郁等情绪问题。因此，了解青春期心理发展，是走进青少年内心世界的一个重要路径，是青少年心理辅导的重要内容。

本章讨论以下问题：
·青春期体像烦恼辅导
·青春期异性交往辅导
·青春期性别角色辅导

青春期体像烦恼辅导

比起童年期，青春期的学生更加关注自己的形象。罗马尼亚有首民歌叫《照镜子》，歌曲描述的是一位花季少女在无人的房间，对着镜子"孤芳自赏"。有不少学生常常因为对自己的形象不满意而产生烦恼，例如，脸上长了"青春痘"、身材胖了点、身高矮了点等。这就是青春期的"体像烦恼"。下面请看一位高中女生的烦恼。

"梅超风"的苦恼 [①]

吴娜是个高中女生，皮肤白皙、五官端正，长得很清秀，就是右前额处有个硬币大小、深红色的胎记，这使她心里很烦。小时候胎记小一点，随着年龄的增长，胎记逐渐变大，于是到中学，她便梳起长长的刘海，这样可以遮盖胎记。班上男生看她天天把右脸遮得严严实实，并且经常低着头走路，便给她取了个绰号——"梅超风"。

她第一次走进我的心理辅导室时情绪忧郁，讲道：有一次她在寝室里洗头时，被同学发现了脸上的胎记，同学说，"原来你这里有块胎记啊，难怪都把右脸遮上"。自那以后，她几乎天天晚上做噩梦，梦里有个异常丑陋的老太婆指着她的胎记说："你比我还丑，你比我还丑……"讲到这里，吴娜潸然泪下。我对她进行了一番安慰，待她情绪平静下来，给她布置了回家作业：让她把对自己长相不满意的地方写在纸上，用"虽

---

① 本案例由刘鹏志老师撰写，略有删改。选自钟志农等：《高中生心理辅导案例解析》，华东师范大学出版社，2007年，第87—92页。

然……但是……"造句。我示例：虽然我长得比较胖，但是我很健康。

| 青春期体像烦恼解读 |

什么叫体像烦恼

体像（body image）或称身体意象（现在也叫"容貌焦虑"），是指个体对身体的主观感受，它包括我们对自己身体的知觉、想象、情感与物理特征的感知等。青少年的自我体像是其对自我身体的认知评价，是个体的自我系统中最早发展起来的部分，是整个自我意识的基础。

个体的体像心理状态一般分为三种类型：第一，正常的体像心理；第二，体像烦恼（body-image troubles），这是一种个体自我审美能力偏差致使自我体像失望而引起的烦恼；第三，体像障碍（body-image disturbance），这是个体想象客观上不存在的体貌缺陷并因而痛苦的一种心理症状。可见，体像烦恼是一种介于正常体像和体像障碍之间的心理困惑，比体像障碍更具有普遍性。[①]

有研究对 3121 名大、中学生进行抽样调查，结果表明：有 22.3% 的青少年学生存在体像烦恼，如有的学生存在形体烦恼，有的存在性别烦恼，有的存在性器官烦恼，有的存在容貌烦恼等。体像烦恼的发生年龄与体像障碍一样主要集中在青少年时期，但体像烦恼的发生率却要远远高于体像障碍，这种现象在青少年学生身上发生更为普遍。体像障碍的流行病学调查发现：体像障碍主要集中在 18~25 岁，大学生发生率最高（5.62%），中学生次之（2.63%），成人最低（2.36%）。[②]

---

① 赵晶:《青少年体像烦恼述评》，载《社会心理科学》，2006 年第 6 期，第 91 页。
② 高亚兵、骆伯巍:《论青少年学生的体像烦恼》，载《浙江教育学院学报》，2007 年第 6 期，第 28-29 页。

体像烦恼对青少年心理发展的影响

青少年体像烦恼对其自尊、社会交往、情绪以及学习积极性等均有消极的影响。

体像烦恼对自尊的消极影响 ①

按照美国心理学家詹姆斯（James）的观点，整体自我概念包括身体自我、社会自我、心理自我和纯自我概念四个方面。对自我总体价值情感上的评价就形成了个体的自尊，即自尊是个体的整体自我价值感。高自尊的个体对现实的自我持肯定的正面评价、自信，对自己较满意，对自我的情感体验是积极的，而低自尊的个体则相反，对自己持负面的消极评价，对自我的接纳程度低，对自我的情感体验是负面的。国外有研究认为体像与个体的心理因素有关，特别是与个体的自信等相关。

高亚兵和骆伯巍的研究表明，青少年体像烦恼与自尊呈显著负相关。这说明青少年身体自我概念是整体自我概念中的一个重要组成部分，如果青少年对自己的身体不满意，对整体的自我概念会有消极影响。但他们的研究也发现，随着年龄的增长，青少年学生体像中与整体自我价值感相关的内容呈现减少的趋势，如初中生形体烦恼、性别烦恼、性器官烦恼、容貌烦恼四个方面与自尊均呈显著负相关，高中生在形体烦恼、性别烦恼、容貌烦恼三个方面与自尊呈显著负相关，而大学生只在性别烦恼、容貌烦恼两个方面与自尊呈显著负相关。这说明身体自我虽然在整体自我概念中是一个重要的基础部分，但从初中、高中到大学，随着青少年年级的升高，身体自我所起的作用在减小。分析原因，可能是初中阶段是大部分学生进入青春期的时候，身体的变化是最为明显的特征，因此，对初中生来说，对自身体像的满意程度对其整体自我价值感的影响较大，而随着学生年龄的增大，身体越来越趋于成熟，尤其到大学，几乎所有

---

① 高亚兵、骆伯巍：《论青少年学生的体像烦恼》，载《浙江教育学院学报》，2007年第6期，第30页。

学生身体已定型，对身体自我的关注度在下降，而对自己在群体中的地位、角色、与他人的关系的社会自我，以及自己的智力、情绪、性格、气质、兴趣爱好、价值观、人生观等的心理自我的关注度在上升，因而，青少年体像烦恼对其自尊的影响会随着年级的升高而减小。

体像烦恼对社会交往的消极影响

有体像烦恼的学生会因为对自己体像的自卑而不能与别人尤其是异性从容、自信地交往，他们常常表现为不主动与他人交往，甚至处处回避与他人交往，有时在不得不与人交往时内心会产生苦恼和焦虑。由于不能适应与他人共处的环境，他们容易出现社会适应不良。高亚兵和骆伯巍对青少年学生进行了体像烦恼和社交回避及苦恼的研究，结果发现，有体像烦恼的青少年回避社会交往的倾向与人际交往时产生的苦恼感受都要超过无体像烦恼的学生，在形体、容貌、性别、性器官等体像中，青少年对性器官不满意而产生的烦恼最容易导致社交回避和人际交往苦恼、焦虑的产生。[1]

体像烦恼对情绪的消极影响[2]

张戴林等人对 1231 名青少年的调查结果显示：个体对自己外貌和身体越满意，自尊水平越高，焦虑、抑郁水平越低；对体重越关心、对自己越不满意的被试者则相反，并且体像可通过自尊的中介作用影响焦虑和抑郁。

该研究还发现，体像得分存在性别差异，男性比女性更满意自己的外貌和身体各个部位，女性则更关注自己的外貌和身材，她们认为自己的体重比实际的更重。社会对她们外貌和身体的评判标准较男性更严格。

从相关分析结果来看，相貌倾向与焦虑有显著的正相关，理想外貌和现实外貌之间的差异可使被试者产生焦虑，被试者焦虑水平越高，越倾向于采取一些行动去改善外貌。对自己外貌和身体越满意，自尊水平更高，抑郁、焦虑等

---

① 高亚兵、骆伯巍：《论青少年学生的体像烦恼》，载《浙江教育学院学报》，2007 年第 6 期，第 31 页。
② 张戴林等：《青少年体像与焦虑、抑郁的关系：自尊的中介作用》，载《中国临床心理学杂志》，2017 年第 5 期，第 911–913 页。

负性情绪更低；认为自己偏胖或者对体重过度关注和敏感的个体，自尊水平较低，易产生一些负面情绪。

青少年对自己的外貌和身体所持的积极或者消极的态度会影响到他们的自尊水平。对自己外貌和身体评价高的个体更自信，负性情绪更少；对自己外貌和身体评价低的个体，会因此感到自卑，产生更高水平的抑郁和焦虑。超重表得分高的个体，会因为对体重敏感，害怕变胖而感到抑郁和焦虑，但是自尊可以部分消解这两种负性情绪，降低焦虑和抑郁水平。因此，为改善青少年心理健康水平，应使他们正确认识并评价自己，提高自尊水平，减少由体像带来的负性情绪。

体像烦恼对学习积极性的消极影响

有体像烦恼的学生，由于平时将时间和精力过多地花在刻意追求模特般的身材和影星般的容貌上，不仅会占据许多本来可以学习的时间，而且会导致学习兴趣和学习成绩下降。高亚兵和骆伯巍研究发现，有体像烦恼的学生的学习积极性得分极显著地低于无烦恼者。具体而言，容貌烦恼者的学习积极性得分值最低，与无烦恼者学习积极性的差异也最显著；其次为性器官烦恼和形体烦恼。因此，容貌烦恼、性器官烦恼、形体烦恼是对青少年学习积极性产生消极影响的主要体像来源。[1]

| 青春期体像烦恼辅导策略 |

帮助学生悦纳自我、提高自尊

有关研究表明，青少年对自身形体、性器官、容貌等都存在一定比例的关注度，且有体像烦恼者对体像的关注度要显著高于无体像烦恼者。对自身体像适度关注是必要的，但是青少年如果对自身体像过度关注，且即将或已经对自

---

[1] 高亚兵、骆伯巍：《论青少年学生的体像烦恼》，载《浙江教育学院学报》，2007 年第 6 期，第 31 页。

身的社会交往、情绪情感、学习积极性和自尊等产生消极影响，就不得不引起教育工作者的高度重视。因此，教师要引导青少年树立正确的审美观，正确认识青春期的自我体像，悦纳自我体像，提高自尊水平，以消除体像烦恼。

根据学生的性别特点开展体像辅导

高亚兵和骆伯巍发现，有体像烦恼的女性比例极其显著地高于男性，青少年的各类体像烦恼对心理的影响存在着性别特点。从形体烦恼、性别烦恼角度讲，女性的形体烦恼比男性明显、普遍。具体表现为：无论是采用过减肥措施的人数比例，还是实际的形体烦恼，均是女性的发生率高于男性。另外，在性别烦恼方面，也是女性较男性明显。这提醒教育工作者在开展体像教育时，针对女性，主要内容应该突出对她们进行形体及性别正确认识、接纳方面的教育。从性器官烦恼这一角度讲，男性烦恼的发生率高于女性，且随着年级的增高，男性对自身性器官的不满意率在增加。尽管导致这一现象的原因目前尚不清楚，但有一点可以肯定，教育男性正确认识并接纳自己的性器官是体像教育的一项重要内容。该研究还发现，有体像烦恼的男性青少年自尊的得分显著低于女性，说明体像烦恼对男性自尊的影响也比女性大。因此，体像教育中对男性青少年体像烦恼对其整体自我价值感的负面影响应作重点的、有针对性的辅导。①

对有体像烦恼的学生进行个别辅导

教师对于有体像烦恼的学生进行个别辅导，应该要了解引起学生体像烦恼的心理原因（或者动机）是什么。不同的学生会有不同的解释，但其深层的人格因素是自我认同的问题。解决体像烦恼问题，最终是提高自我认同感。当然，

---

① 高亚兵、骆伯巍：《论青少年学生的体像烦恼》，载《浙江教育学院学报》，2007 年第 6 期，第 31-32 页。

具体操作时，所使用的策略可以因人而异。

本节案例中，刘鹏志老师是这样做的：

第二次辅导时，我直接从上次留的作业开始。吴娜对自己长相不满意的地方很多，写了很多条，比如"虽然我的眼睛不大，但是却很有神""虽然我的鼻子不够高，但是和其他部分比较协调，显得挺可爱""虽然我的脸形不是我梦想的鹅蛋脸，但是皮肤还不错"……其他的造句都完成了，但还有一句只完成了一半，这句位于所有句子的最上方，那就是"虽然我脸上有块胎记，但是……"，看来她还是对脸上的胎记耿耿于怀。

我一方面跟她解释这是一种青春期的体像烦恼，让她认识自己的问题；另一方面，给她讲了著名主持人李霞的故事：李霞是圈内外公认的美人，然而小时候却很为自己的长相苦恼。她曾经这样描述自己：

上初中的时候，每次拿到电影演员龚雪的画报，我就幻想着如果有了钱，要整容成龚雪的样子；后来又迷上了别人。慢慢地，发现很多人认为我这种类型的长相也很漂亮、很可爱的，才逐渐接受了自己。……世界上没有两片相同的叶子，当你发现自己与众不同的地方，你就会觉得自己真的很美丽。

"是啊！'世界上没有两片相同的树叶，当你发现自己与众不同的地方，你就会觉得自己真的很美丽。'"她重复着这句话，颇有感触。这时，我顺势启发她换个角度看问题：当我们无法改变现实的时候，就需要通过改变想法来改变情绪，并且要求她继续做没有完成的造句。

第三次来到心理辅导室时，吴娜的情绪明显好多了。她高兴地说："老师，我不但完成了作业，而且是超额完成的。"说着便将一张纸递了过来。我接过来一看，是上次的有关造句的作业，上面共有五句话，都是有关胎记的。

虽然我脸上有块胎记，但是很幸运，因为它长在了发际处，而不是脸中央。
虽然我脸上有块胎记，但是很幸运，因为它只有硬币大小，而不像碗口一样。
虽然我脸上有块胎记，但是很幸运，因为它只有一块，而不是像雀斑一样长满了脸。

虽然我脸上有块胎记，但是很幸运，因为它并不像病痛一样会给我带来痛苦和不便。

虽然我脸上有块胎记，但是很幸运，因为它并不影响我的美丽。

看了她写在纸上的五句话，我真的为她感到骄傲。于是，我又向她提了一个建议："其实你完全没有必要遮遮掩掩，剪掉刘海可能会更好。"

过了几天，她非常骄傲地告诉我，同学们都说那个胎记长得真好，像插在发际的一朵淡雅的小花。也许自信的女孩才是最美丽的！

刘老师对这个案例的处理，体现了辅导人员的专业水平。除了引导吴娜进行情绪宣泄和启发式谈话外，运用造句来帮助她换个角度看问题，是颇有创造性的辅导方法。在吴娜造句做到一大半，离关键问题解决仅半步之遥的时候，刘老师讲述了主持人李霞的故事。李霞的话触动了她的心灵，让她接纳了自己体像的不完美。这个故事起到了催化当事人感悟的作用，刘老师的机智表现得非常自然，最后建议的提出也就水到渠成。

青春期异性交往辅导

进入青春期的中学生，随着性生理发育、性心理发展、性意识萌动，对异性充满好奇心。他（她）们对异性产生爱慕之情，愿意互相接近。少男少女之间会产生"一见钟情"的爱，这种两性间以自然吸引为基础而产生的情感，是性爱心理发展的原始阶段，是一种朦胧的对异性的眷恋和向往。教师和家长要了解青春期学生的这一特点，帮助和引导学生学会正确的异性交往。在健康的群体交往中，要满足少男少女的心理需求，释放青春的能量，平稳躁动的心灵，获得与异性相处的积极经验。

笔者曾为一本高中生阅读杂志写了一年多的心理专栏，其间收到一位高中男生的来信，在信里，他诉说了自己的烦恼。

吴老师：

你好！

有个问题困扰我好久了，请求您的帮助。我喜欢上了我们班的一个女孩子，虽然我很清楚高中阶段的主要任务是学习，但是，我无法克制自己的想法，我希望看到她。走廊上，操场上，当我一个人凭栏默默发呆的时候，满脑子都是她的影子。我曾经尝试克制自己不去想她，但是发现根本不可能，也许是自己根本就不愿意放弃思念她。更可怕的是，我的这种想法让我的老师知道了。班主任找我谈话，甚至还告诉我的家人，面对老师的"谆谆教诲"，面对家人的"耳提面命"，我不知道该怎么办。我不愿放弃这样的思想活动，但是，一想到周围人的态度，我退缩了，我不知道该怎么办。

从信中可以看出，这个男孩的确陷入青春期情感的烦恼之中，他非常迫切地希望得到笔者的帮助。

｜ 青春期异性交往解读 ｜

青春期异性交往的意义

青春期学生对异性的关注、吸引和交往是与生俱来的心理需求。青春期的异性交往是他们人生道路上建立亲密关系（除了亲子关系）的第一步，是青少年的人生大课题，要引起老师和家长的重视。

莫晓宇认为，青春期异性交往对青少年成长有四点意义：第一，异性交往是释放性心理能量、缓解性心理紧张的重要途径。亲近情结所蕴含的性心理需求会在人体内部转化为性心理能量。这种内在的心理能量要求得到释放，释放之后才能缓解心理上的紧张，达到身心健康。若得不到释放，人就会在心理乃至身体上产生不适、烦恼、焦虑、紧张和不安，甚至会生病。异性交往是释放性心理能量的重要手段和途径。第二，异性交往能够丰富人的个性。异性之间的个性差异远比同性的大。人们若能在同性和异性中广泛地发展交往，就会对社会关系有更全面和更深切的体验，精神世界就会更丰富，个性发展也会更全面。反之，如果人的交往局限于同性圈子，心理发展就可能会有某种单向性和狭隘性的缺陷。第三，异性交往有利于促进学习和工作。经验表明，在有男女共同参加的活动中，人的异性接近需要得到满足，就会激发起一定的热情和内在积极性、创造性。比起只有同性参加的活动，人们参与有异性参加的活动会感到更加愉快，也干得更加起劲，更加出色。第四，异性交往有利于积累处理亲密关系的经验。总是局限在同性范围内活动的青少年，往往会对异性接触产生某种神秘感和羞怯感。当需要进行这种接触时，难免会有一定的困难。发展异性交往是消除这种神秘感和羞怯感的有效方法和途径。[①]

---

① 莫晓宇:《发展友情，暂缓爱情——从性心理角度看青少年的异性交往》，载《中国性科学》，2007 年第 5 期，第 38–39 页。

青春期异性交往的特点

青春期异性交往的一个重要意义是探索亲密关系的建立。特点有两个：一是恋爱低龄化。笔者调查发现，24.4% 的高中生"曾经恋爱"或"正在恋爱"，11.2% 表示有想法，没有恋爱经历的为 64.4%。在有恋爱经历的学生中，初恋的年龄分布峰值在初中，但小学阶段也有相当比例，恋爱呈低龄化趋势。[①]青少年恋爱的低龄化提醒我们，对小学高年级学生进行健康的异性同学交往教育，应该作为学校心理辅导的一项内容。二是恋爱行为基本呈"青梅竹马"式。黄润龙等人对南京市三区一县的初高中和三所高校 1197 名青少年的性心理健康调查发现，当问及"接受知己异性同学的哪些行为（可多选）"时，结果显示，"握手"为78.1%，"拥抱"为54.0%，而"有性关系"的仅为3.6%。[②]这也提示我们，应该关注极少数学生恋爱有性行为（实际数量可能不止调查中的数据），这种偷食禁果的行为会严重伤害双方的身心与成长。

青少年眼中的爱情观

近年来，随着互联网的迅速发展，青少年的视野大大拓宽，他们对于爱情的看法也趋于多元化。有位心理老师在高中情感学堂的心理课上，请同学们对什么是爱情发表自己的观点，学生的观点如下：

- 爱情是把双刃剑。
- 爱情是让友情变质的东西。
- 7 岁的爱情是无知，14 岁的爱情是幻想，20 岁的爱情是时尚，30 岁的爱情没商量。

---

① 吴增强：《青少年心理辅导：助人成长的艺术》，华东师范大学出版社，2013 年，第 53 页。
② 黄润龙等：《南京市青少年性心理健康分析》，载《山东女子学院学报》，2013 年第 2 期，第 21 页。

- 爱情是两块拼图，最稳固的结合才能创造最完美的形状。
- 爱情是杯酒，一个人喝是苦的，两个人喝是甜的，三个人喝是酸的，三个以上人喝是要中毒的。
- 天时＋地利＋人和＝爱情。
- 不在乎天长地久，只因为曾经拥有。

可见青少年眼中的爱情观是多元的，与每个同学的个人生活经验和认知有关。

青春期异性交往需要理解

真正意义上的两性吸引，是从青少年时期开始的。经历和探讨两性的感情与交往，是他们生活的一部分，也是他们人生经验的一部分，然而在这方面，青少年缺少经历，不够成熟，常常处于迷茫与痛苦之中。他们需要关心和指导，得到的却常常是父母的指责和禁锢。这时候成年人很少能够站在孩子的立场上来了解他们，尽管成年人也有少年初恋的经历。因此，父母与子女的冲突往往由孩子的异性交往而起。我们也许可以从下面这位女生的倾诉中，更深刻地体会到少男少女的心思。

进入高中时，我还处于所谓"少男少女"的青春发育期。生理上的成熟，使我的心理也发生了微妙的变化，一个情感丰富的内心世界开始形成。我失去了孩童时期那种单纯的内心平衡，经过了一番内在的混乱，发现了自己内在的世界。然而，这个内在世界，是一个充满了谜而又无法解答的世界。这里无法解答的谜之一就是：性意识的明确和对异性兴趣的增长。我开始对情节小说中坚贞的爱情故事着迷，如《神雕侠侣》中的杨过与小龙女，《简·爱》中的男女主人公。但对于这一切变化，我都小心隐藏，因为我有一对传统、敏感和因爱我而时刻为我担心的父母。

我的父母都是大学老师。父亲教材料工程，他是一位很慈爱、严格，但又有些固执的好爸爸。平时和气时，我可以骑在他腿上随意拍他的脸，而他也配合我，故作痛苦万分之状。父亲还严格督促我学习了七年的小提琴，风雨无阻地用自行车载我去音乐学院学习，路途就要用去一个多小时。父亲强烈地希望我优秀、出人头地、鹤立鸡群。他对我，很大程度是一种感性的爱。但也许是从"传统"时代走过青春的人，父亲在性方面特别保守，视早恋为一种耻辱。

母亲是教心理学的，比较开放明智。她注重对我人格的培养，不断锻炼我的意志力，树立我的人生价值观，塑造我的性格。其实，有这样好的一对父母是我的幸福。从小到大，他们都为我的世界营造了一种宽松、自在的气氛，直到……

随着我与同桌男孩交往的加深，我们开始相互倾慕，产生了真挚的恋情。他是一个思想早熟、深刻，热爱音乐与哲学，擅长计算机且逻辑思维强的人。很多矛盾，如理智与敏感、冷静与热情、沉默与善辩，在他身上奇异地结合在一起。这是在高一的下学期，那一年我 16 岁，他 17 岁，花季与雨季的年龄。

不错，我们的爱是符合那本 1988 年出版的《青年伦理学》上所描写的少男少女爱恋的某些特征：更多的是情感的依托，很少有情欲的成分；时而心神荡漾，时而又伤心沮丧。对于这份感觉，我们彼此的态度都是严肃的，绝没有现在流行的那种"不在乎天长地久，只在乎一时拥有"的"自由派"思想。

从那时起，我内心的安宁开始被打破了，尤其是在父母面前。我开始撒谎，开始小心地毁灭一些"证据"，藏一些信件，或者偷偷溜出门。我心里很烦躁，很不明朗，不能在每个人面前光明正大地做人是最大的痛苦。我在早恋期间内心常常是矛盾的，有时欢悦，有时难忍。我开始笑自己胆怯，自我反问：我做错事了吗？害了人吗？犯了法吗？都没有啊！那我为什么不能理直气壮地对父母说"我喜欢上了一个人，他很优秀"呢？

后来我明白了，我害怕父母的爱和期待落空。这份沉重的爱和期待压迫着我，让我不敢对不起它。我隐约感到，我的男友不会符合父母的要求——他学习成绩平平。我虽然成绩优秀，却对一些制度深恶痛绝。于是，我将叛逆的"火力"从家这个出口发泄出来。家变成了一个笼子，到处是"危机"，到处是"眼线"在监视我，我感到非常压抑和不自由。我恨父母为什么这么在乎我，为什么硬要堆给我这么多期望。如果那是他们未完成的梦，就让他们自己去完成好了。用母亲的话来说，那时的我像一只浑身带刺的刺猬，说话刺人，对他们的一切都要反驳，常令他们伤心不已。其实，那时的所谓"眼线""危机"，都是当时神经过敏的我假想出来的。

高一末，我的理科成绩猛垮，原因是多方面的，主要是我长久抑制的对理科的厌恶。班主任为了制止我成绩下滑的趋势，决定把我早恋的情况告知我父母。我不知道老师说了些什么，只记得自己一边哭一边闭着眼睛，懒懒地骑着自行车回家，心想路上被车撞死就好了。父亲火冒三丈，对于一个优秀教师来说，女儿的行为一定让他蒙羞了。当时，我跪在地上，以沉默对抗着，忍受着一句句难听的话："算了，你还读什么书哦，去工作算了！""看你写的东西，简直肉麻！"记得那时的我，发誓这辈子再也不与父亲说一句话。后来，母亲赶回来，缓和了一下气氛。在下保证、写检讨之后，这场风波总算过去了。但它给我带来的后遗症，使我直至今日，都不愿意就这个问题与父母沟通。

母亲几次想与我交流，而我极力回避。我常暗自奇怪，为什么我可以把我的故事告诉自己的女性朋友，甚至不熟识的人，并诚心地听取她们的意见，却唯独不肯对最亲近、最关心我的父母诉说呢？

考上了大学，我毫不留恋、义无反顾地离开了家，仍然与在另一所大学念书的男友书信交往，感情依然如初。此时已18岁的我，似乎度过了"心理反抗期"，对家恢复了很久以前就失去的温情和眷恋，但与父母之间的心理距离依然存在。每对父母都为了儿女的幸福，对他们今后的人生伴侣作了设想。殊不知最能让儿女幸福的伴侣，应该是他们自己选择的、相适的人，而不是一个光辉四射的模型。而青春期的少男少女如果能在春心第一次萌发时，就与父母交流或向父母透露，给父母一些心理准备的时间，而不是等到事情不可收拾的地步才相告，那么许多冲突和伤害也许就能避免。[1]

青少年需要异性之间的感情与友谊，这是非常合乎情理的。人本身就是充满感情的生命体，从小到大，我们就不断地渴望被爱和爱人。这就是为什么我们在听到委婉动人的爱情故事、缠绵悱恻的情歌时，会有美的感觉。两性之爱原本就应该是美丽、纯洁和高尚的。作为成年人，我们应该理解和承认青少年的情感需求。况且，现代社会中男女生同校已经为他们的交往提供了舞台，我们无法禁止，而要善于面对。笔者认为，在上例中，如果父母能给孩子一份理解，父女之间的鸿沟就不会变得如此深。

---

[1] 吴增强：《青少年心理辅导：助人成长的艺术》，华东师范大学出版社，2013年，第54-56页。

| 青春期异性交往辅导策略 |

青春期异性交往辅导的最终目的是让青少年能够自己处理心理困惑，这可以从破除偏见、道德规范、情感升华、行为自制、共情陪伴等方面加以引导。

破除偏见

为了更好地理解青少年的亲密关系，人们必须破除以下几种偏见[①]：

其一，中学生的主要任务是读书，与异性交往是长大以后的事。这种说法听起来颇有道理，事实上并非如此。青少年的主要任务是成长，而不仅仅是读书。成长包括很多方面，如身体的发育、个性的形成、智慧的增长、人际交往和道德品质的培养等。学习知识只是成长的一个方面，学会交往也是一项重要内容，学会与异性交往更是青少年发展的一个不可缺少的任务。如果真的等到成年以后再开始与异性交往，很可能就会因为缺乏经历，而成为这方面的"困难户"。

其二，中学生还不成熟、不懂事，不具备与异性交往的条件。这种说法的潜台词是：与异性交往是一种很特别的任务，需要准备好特别的能力，而这种能力又不能通过与异性交往本身的锻炼来形成。这实际上是将异性交往神秘化，把异性交往划为禁区。这种说法可能成功阻止了一些青少年的尝试行为，但是，它同时也为青少年在异性交往方面设置了不必要的障碍。一个人不是突然成熟的，只有亲身经历、积累经验才会逐步成熟。

其三，与异性交往会分散精力，影响学习。这种说法是不少家长和教师反对青少年异性交往的主要理由之一。他们往往可以举出不少事例加以证明，如某某因为早恋而没有考上大学等。其实，有些学生的考试成绩不理想，真正的

---

① 彭泗清：《对"青春期"异性交往的八种误解》，载《中国青年研究》，2000 年第 1 期，第 5—7 页。

原因并不是精力不济，而是精神压力过重，这种压力又往往来自教师或家长对于异性交往的过敏反应。精力与情绪状态密切有关：人在心情不好时，往往无精打采；心情愉快时，精神百倍。有关资料表明，一个与异性交往很成功的人，往往情绪饱满、精力充沛，学习和工作效率都能得到提高。当然，也不否认，若在异性交往中遇到挫折，的确会影响学生的情绪和学习。但不能因此而反对少男少女进行交往。这正如，我们不能因为路上出了车祸而不准开汽车一样。

其四，与异性交往很容易发展为早恋，使中学生犯错误。早恋可能是最容易让家长和老师神经过敏的字眼。有些家长和老师一看到两个男女同学单独在一起，就怀疑他们早恋了。一旦怀疑他们早恋，就如临大敌：一方面，把他们打入"另册"，当作"问题学生"；另一方面，千方百计地控制其负面影响，害怕他们起了坏的带头作用，使早恋流行蔓延。在这种心态的影响下，不知制造了多少"冤假错案"，妨碍了多少青少年的身心发展。有关研究表明，异性交往的动机多种多样，在很多时候并不是为了谈恋爱。即使是一对一的男女约会，也不能与恋爱画等号。两个男女学生单独在一起，可能是在讨论学习问题，可能是在交流对一些事情的看法，也可能是在讨论怎样才能避免早恋。虽然青少年还不成熟，容易冲动，但是，他们都有自我保护的意识和自制能力，在恋爱问题上一般会相当慎重。早恋是成人世界制造的一个标签，一些人拿着这个标签到处乱贴。例如，如果两个男女学生关系很密切，经常在一起，那么我们本来应该给他们一个"异性友谊"的标签。然而，不少教师和家长不相信有"异性友谊"，于是他们就会不由分说地给学生贴上"早恋"的标签。一旦被贴了这个标签，这两个学生就有口难辩，外界的压力可能迫使他们真的恋爱。即使有青少年早恋，我们也大可不必惊慌，既要予以理解，又要给予引导。

其五，如何处理异性关系不需要别人指导，到时自然就会。对涉世不深的青少年来说，与异性交往是一个全新的领域，有很多的疑问和困惑。一些心理咨询专家反映，我国青少年来电来信所寻求帮助的问题中，与异性交往有关的占了相当大的比例。

正是由于上述种种误解，很多家长和教师不能正视青少年的异性交往，往往采取压抑、堵塞的办法来被动应付，而不是积极引导。一些在异性交往上遇到问题的青少年，不仅得不到及时的正面指导，反而会遭受来自各个方面的误解和责备，在巨大的精神压力下，可能作出不计后果的行为。青少年的异性交往也因此成为一个危险问题。要化解危险，解决问题，改变家长和教师的偏见至关重要。

道德规范

道德规范对于任何一个社会中的人都是必不可少的。我们不能一讲到个人自由、独立，就把它同社会规范相对立，这就如同我们不能一讲到学生自我教育，就摒弃教师的教导。在现代社会里，这种非此即彼的思维方式对我们认识事物的本质非常不利。社会规范与个人自由、需求是统一的。社会规范规定了人类社会中人与人交往活动的准则，维护了绝大多数人的自由和需求。

青少年首先要有社会认同的性伦理观念。性伦理就是两性关系的行为规范与准则，是对人的性行为的一种无形的社会控制力量。也就是说，两性关系需要由社会道德规范、伦理观念加以控制，将其控制在社会、文化和法律允许的范围之内。现代的性伦理观强调两性关系的平等、尊重和独立，传统的文明要求两性保持婚前的童贞。在这方面，传统与现代是相容的，因此，不论在学校还是家庭，我们都要把这些道德伦理观念教给孩子。另外，面对形形色色的"性解放""性回归自然"的错误思潮，我们要让青少年懂得如何正确判断和选择。

情感升华

升华是弗洛伊德精神分析理论中有关心理防御机制的一个概念，它是指把社会所不能接受的性欲或攻击性冲动，转向更高级的、社会所接受的目标和渠道，进行各种创造性的活动。青少年的情感升华，就是要把两性的感情引向纯洁的友谊和崇高的爱情。

让青少年真正理解什么叫"爱"，这对于他们的情感升华是十分重要的。爱和友谊是什么关系？爱和性是什么关系？这是一些成年人也很难搞清楚的问题，何况是没有多少人生经历的青少年。

美国心理学家罗伯特·斯滕伯格（Robert Sternberg）认为，爱是由激情、亲密和承诺组成的。激情是指男女之间本能的性吸引，它是与生俱来的，基本不需要后天的培养。亲密则是指两人通过相互沟通，能够经常分享彼此的内心世界，并得到对方的接纳。正是因为不断深入地相互了解，两个人变得越来越亲密。终于有一天，双方愿意为对方承担责任，愿意与对方保持恒久的关系，这就是承诺。只有激情而没有亲密和承诺的爱是短暂的，像燃烧的稻草，烧得旺，灭得快，当激情消退的时候，可能会留下持久的伤害。亲密和承诺都是一种后天培养的能力，它是衡量一个人心理成熟的重要标志。

笔者在给开头那位求助的高中男孩的回信里这样写道：

亲爱的同学：

你好！

你来信谈及自己的烦恼，我想处于青春期的学生可能或多或少都会遇到这样的问题。德国大文学家歌德曾说："哪个少年不多情，哪个少女不怀春。"从人的心理发展历程看，你们这个年龄阶段正处于一个剧变时期，其中有两个特点：一个是自我的觉醒，另一个是性意识的觉醒。这时喜欢一个异性同学是一件很自然的事，这是青少年对异性的朦胧情感，常常是与生俱来的，是爱情的前奏。问题是我们应该如何处理这样的情感。倘若你一味地陷入苦思冥想之中，不思学习、不思进取，的确会影响你的成长。

我的建议是，首先，你与其闷在心里苦苦思恋，不如把它表达出来。但你能否用她接受的方式表达你的喜欢，表达自己的情感，是需要学习的。喜欢人，特别是喜欢异性同学，第一，要尊重别人的情感。爱和喜欢应该是相互的，即她对你的喜欢是否有积极的回应，不要搞成一厢情愿；第二，用什么方式表达你的喜欢。要落落大方、真诚相待，可以去关心她、帮助她，参加共同感兴趣的学习或者社会实践活动，也可以在她生日和节日时送上祝福，等等。形式是多种多样的，关键是别人是否能够接受，是否有益于双方健康成长。

其次，少男少女的情感是纯洁的、美好的、充满生气的，同时也是相互吸引的、相互欣赏的。喜欢不是占有，喜欢是共同分享。占有式的喜欢和爱，常常是自私的，这种爱的方式是不健康的，往往埋藏着很多隐患。

喜欢和爱是一门学问，是每个人的人生大课题，我们可以从中得到精神养料，并因此而成长。希望你早日摆脱烦恼。

吴老师

少男少女之间的情感是一颗爱情的种子，需要双方精心培育，任何本能的冲动，都有可能酿成苦果。情感升华可以使他们有爱情收获的季节，让他们的人生旅途走向光明。

下面再看一位班主任是如何让学生的青春萌动得以情感升华的。

我班有个女孩告诉我她很喜欢一个男孩。我和她一起看了两部电影、一本小说。

第一部电影是《罗马假日》。我问她："你看了电影印象最深的是什么？"她说是安妮公主在忍痛放弃爱情回到王室时说的一句话。安妮公主说，"若我不清楚自己对国和家的责任，今晚我就不会回来。"从这句话她悟到了情感与责任。

第二部电影是《魂断蓝桥》。女孩问我："玛拉为什么要死呢？她可以不死的。"我当时没有回答她，只是让她先思考一下。第二天，她告诉我她明白了：当一个人失去做人最起码的尊严，就没有权利选择爱了。她体会到了爱情与尊严。

看的小说是《简·爱》。女孩说书里她最喜欢的一句话是："如果上帝赐予我财富和美貌，我会让你难于离开我，就像现在我难以离开你。上帝没有这么做，而我们的灵魂是平等的，就仿佛两人穿过坟墓，站在上帝脚下，彼此平等——本来就如此！"她认识到了爱情与平等。[①]

这个案例给我们的启示是：（1）平等的探讨体现了真诚的师生关系；

---

① 本案例由李梦莉老师撰写。略有删改。选自吴增强：《班主任心理辅导实务（中学版）》，华东师范大学出版社，2009年，第128—129页。

（2）要理解学生的内心需求；（3）是帮助而不是替代，要让学生自己体验到如何处理青春期的朦胧情感；（4）要相信学生内在的积极力量，学生有解决自己成长困惑的心理自助能力。

行为自制

行为自制要求青少年在感情与欲望冲动的时候，用理智和意志掌控自己。自制力是人调节个体需求与社会规范的重要意志品质，缺乏自制的人是无法适应社会的。自制力是青少年在平时的生活和学习中逐渐养成的，并成为其行为方式的一部分。一个在生活中善于自制的青少年，同样能够在两性交往中驾驭自己的感情和冲动；而在生活中不善于自制的青少年，同样会成为个人私欲的奴隶。所以，青少年自制力的培养不是一时一事，而是长期的、日积月累的。

行为自制的第二个方面是帮助青少年学习如何直面五光十色的性信息。青少年性信息的第一来源是大众传媒。我们不可能让青少年隔绝所有的性信息，就如同我们无法把病菌与人隔离一样。当然，黄色淫秽的性信息应该要从社会上消失。但除此之外，还有大量的性信息，要怎么办？例如裸体画、文学作品中的性描写等。油画《泉》是一幅逼真的少女彩色裸体画，对于有艺术素养的人来说，它是一件很美的艺术品，而对于没有艺术素养的人，或许会想入非非。这就要求我们提高青少年的审美情趣与文化修养，从积极的意义上去认识这些性信息。有了对性信息的适应力，青少年就不会对生活中的性信息过于敏感和关注。

共情陪伴

共情是心理咨询中建立良好咨访关系的技术。共情，又称移情性理解，它要求教师能够设身处地理解学生。青少年在异性交往过程中常常会遇到困惑，如何理解他们的心理烦恼，需要我们用心聆听他们的诉说，用情陪伴和引导。

他喜欢上邻班的女孩 [1]

男孩小琪（化名）跟班主任说，他喜欢上邻班的一个女孩，因苦于不知道如何去向女孩表达而闷闷不乐。小琪的父母离异，尽管他和妈妈、外婆生活在一起，但是因妈妈、外婆是麻将迷，除了一日三餐和催促他快做功课，几乎与他没有别的交流。这样一个生活在畸形家庭里的孩子，特别渴望关爱和感情的交流。我在充分理解小琪的烦恼后，写下这样一段话：

异性的友情，对于花季少年来说充满着吸引力，对于小琪这样的孩子来说更是弥足珍贵，只是他们有时无法分清感情的不同层次和含义，但我们无法扼杀，更不应该扼杀。与此同时，我也很清楚，花季年龄对异性友情的渴望也不是一两次的聊天谈心便能够导向正确方向的，少年对感情的认识是模糊朦胧的。我决定经常与小琪聊聊，陪他走过这一段感情的经历。

相同的经历，相同的心情，使两个孩子真的成了好朋友。他们互相借笔记、讨论题目、聊聊苦恼与快乐，相处得非常融洽。小琪仍然非常喜欢该女孩。我经常找机会与小琪聊聊，问问两人之间相处得如何，学习计划执行的情况，学习上有没有碰到什么困难，表示我可以帮一些忙，以此不断提醒他们想要达到的目标。在聊天的过程中，我告诉小琪，异性之间的交往一定要把握好度，过于亲密的接触、单独的约会都是不太合适的。因为这个年龄自我控制的能力有限，过度的亲密会让友情变味，这么一来会加入很多复杂的情感，也许可以得到很多快乐，但会失去很多原本可以投入学习的时间和精力，也就谈不上什么目标的达成了，是得不偿失的。

通过不断提醒和学习计划的有效施行，小琪与女孩始终没有跨越那条感情的"界限"。小琪曾将自己的感情告诉了女孩，但他们约定，等到两个人都考上大学再谈感情。我很高兴两个孩子能够理智地对待这份真挚可贵的感情。小琪的学习也有了明显的起色。

---

[1]　本案例由张继英老师撰写，略有删改。选自吴增强：《学生心声细聆听——班主任与每一个学生》，教育科学出版社，2009年，第69—74页。

转眼，高考终于尘埃落定。女孩如愿考上了理想的大学，小琪也拿到了本科院校的录取通知书，但没达到预想的分数。所有人都为小琪高兴，因为他超出大家的预料。可我知道，小琪心里一定有个角落在叹息。

8月底，小琪来找我了，只见他神情黯然。我泡了杯茶给他，轻轻地问："怎么了？出什么事了？"过了好长一会，小琪告诉我，拿到录取通知书那天，他知道自己没能达到约好的目标，但他还是忍不住问了女孩一个问题："如果我考上更好的大学，我们会在一起吗？"女孩说："其实我一直把你当成最好的朋友。"听到这个回答，小琪一下子愣住了，很长时间里，他将两人的约定当成自己努力学习的动力，他以为两个人不能发展感情是因为没有完成约定，没想到女孩从来没有喜欢过自己。他觉得自己的感情被欺骗了。说着说着，小琪伤心地哭了。

我默默地将纸巾递给他，轻轻拍了拍他的肩膀。这个时候，小琪需要的是发泄心中的难受与伤心。等他逐渐平静下来，我说："你的心情我很能理解。如果换作我，我也会感到难过的。俗话说，旁观者清。听听我这个旁观者的想法好吗？"小琪点点头。我告诉他："首先，平心静气地想想，你应该感谢女孩。其实，身边的人都很为你能不能考上大学而担心，拿到这张通知书，有多少人为你又诧异又高兴，大家都没想到这一年你会那么努力，并会有这样惊人的成绩。你想一想，如果没有女孩的鼓励，你能坚持下来吗？如果没有这个动力，你能最终成功吗？别忘了，你一直都想努力考上本科，来改变自己的生活状态啊，现在你做到了第一步，是她帮助你做到的。其次，女孩是善良真诚的，她一定很看重你们之间的友情，她不想伤害你，又不想失去你这个朋友，所以会与你作出这样的约定。这一年你们相处得不愉快吗？你没能拥有一份恋情，但你得到了珍贵的友情。其实你们现在这个年龄，正是处在多变的时期，人生观念并没有成熟，更没有定型。我身边曾经有过多少对同学，都是高中或大学就开始恋爱的，但却没有一对是成功的。因为每个人都会随着年龄的增长、接触事物的增多，而改变了想法。不成熟的感情不开始就不会有更深的伤害，反倒是件好事。以后你会碰到更多的人，你的想法也会发生变化。就让这一段真诚的感情成为自己美好的回忆，这也是自己的一笔青春财富。另外，我认为，真正喜欢一个人是要让她快乐，是希望对方过得越来越好，而不是索取。"

小琪认真思考着我的一番话，我微笑着对他说："感情的事也不是一时半会就能想明白的。没关系，自己好好想一想，想想我说的是不是有道理。但有一点，不要让怨恨破坏了美好的生活。"

"我知道该怎么做了，我会调整好自己的。"小琪说。

新学期开学一个月后，小琪和同学们一起回学校来看望我，一群热情洋溢的新大学生围在我的身边，兴奋地讲述着大学里林林总总的见闻：老师、同学、宿舍、课堂……小琪的脸上已丝毫不见阴霾，充满了阳光般的笑容，向我诉说着大学生活的美好。我相信，他已经走出了曾经的感情波折。不远的将来，那朵真正属于他的玫瑰必将为他而盛开。

处理成长中学生的困惑时，有一个原则很重要，那就是老师要无条件地接纳对方，不管学生怎么样，都是可以理解的，都是成长中的"一种情况"。老师只要怀有这样的态度，就比较容易"同感"学生，达到上述案例中张老师所描绘的那种相当美的境界，去触动孩子心中那根独特的、隐秘的"琴弦"，与学生的心灵产生共鸣，更有效地引导、帮助学生。

这个案例讨论的是学生青春恋情问题。面对此类问题，张老师把握得非常出色。老师清楚地知道，青春期的孩子发生或不发生爱慕异性的事情都属于正常的现象，没有什么早不早的问题。中学时代，男女生之间朦胧的情感等长大后想起来可能是最真纯、最美好的回忆。只不过中学生处于一个尴尬的时期——生理已经成熟，心理还很幼稚。中学生的"恋情"，毕竟是心理不成熟的情感表现，这种"恋情"总是处于连自己都难以把握的变化之中，他们只是对异性感兴趣。如果情感问题处理不好，对情绪、行为冲击过大，势必影响未来的幸福，也可能会成为记忆中的创伤。面对孩子敏感而稚嫩的心理，老师需要用一颗敏感的心去聆听和调试，与孩子的那根独特的"琴弦"对准音调。当老师与学生的心灵产生了共鸣，爱情教育的目的就会在这个过程中得以实现。

上述案例中张老师引导的精彩之处在于：不是教学生回避恋爱，也不是教学生怎样谈情说爱，而是平静地引导学生正面面对这份人生很自然的感情。另外，在陪伴学生一起思考面前的困扰时，张老师用的不是媒体或"学习资料"里常常喜欢用的大字眼，而是很具体地引导学生去试着思考一下他们不得不思考、不得不去作选择的其他人生内容，如学业压力、高考等。通过思考，学生懂得如何在异性交往的过程中去拥有人世间这份美好的感情，去获得幸福的人生，从而更好地思考爱情这个严肃的情感课题，区分感情的层次。在整个过程中，张老师试着把解决问题的权利还给小琪自己，但又让他能够时刻感受到老师的关注和爱护。张老师的辅导方式值得我们学习借鉴。

青春期性别角色辅导

性别角色是后天形成的社会角色，对于青少年个体的社会化和自我同一性建立有着重要影响。传统社会对于男性和女性有一定的行为规范要求，如要求男性更有责任担当，性格坚强、果断，要求女性更加细致地照料家庭生活，性格温柔、体贴等。因此，青少年性别角色形成的过程是一个社会化过程。同时，性别角色认同是青少年自我认同的一个重要部分。一般来说，绝大多数的青少年是比较认同自己的性别角色的，但是也有少数学生可能会出现性别角色错位的现象。请看以下案例。

她"爱"上了女教师 [①]

班上一位女生告诉我，她非常"爱"她的一位女老师，深陷其中，难以自拔。若一天不见，她就无精打采；若几天未见，她就觉得非常失落。她很苦恼，也很自卑，甚至想过自杀，但又觉得对不住养育自己的父母，更舍弃不了对那位女老师的牵挂和依恋。

我曾怀疑她是不是生理方面有问题，但她父母告诉我，他们听从我的劝告后带她去做了检查，结果显示她的女性生理特征一切正常。进入中学，步入青春期后，她的身体慢慢地发生了变化，但她总是极力掩饰，甚至达到厌恶的程度。她总认为自己是男孩子。也就在这个时候，她对那位女老师产生了一种朦胧的爱慕之情。她没有什么知心朋友，

---

① 周飞虹：《如何对待性别角色错位的学生》，载《湖南教育（综合）》，2007年第2期，第37页。略有删改。

只有这位女老师时时刻刻关心她、爱护她、帮助她、体贴她、鼓励她。开始她只是喜欢，后来她发现自己一刻也离不开这位女老师，老师的一颦一笑始终在她的脑海里挥之不去。

通过进一步了解，我才知道她的问题所在。原来，她父母希望她今后能够像男孩一样有出息，就把她当男孩来看待和教育，尤其是她爸爸，动不动就对她说："来，儿子！"有时，父母在争吵时，她也会拍着爸爸的肩膀说："爸，我们别跟女人一般见识！"在这种环境的影响下，她讨厌自己是女孩子，也不喜欢穿漂亮的衣服，尤其不喜欢穿裙子。她不喜欢和女孩子一起玩，认为她们太娇气、太懦弱，是被欺负的对象。她宁愿每天和男生摸爬滚打在一起踢足球，即使弄得蓬头垢面也满心喜欢。她还喜欢和男生较量高低。她的力气大，有些大个子男生都被她打哭过。简言之，她讨厌自己是女孩子。

❘ 青春期性别角色解读 ❘

性别角色的含义

性别角色（sex role；gender role）是指属于一定性别的个体在一定的社会和群体中占有的适当位置，以及被该社会和群体规定了的行为模式。这个概念有以下几层含义[①]：

（1）性别角色是一种社会角色。人类因基因的不同被分为男性和女性，随着年龄的增长，社会对不同性别的孩子予以不同的角色期望，形成了男性角色和女性角色。

（2）性别角色决定了个体的社会化定向。在传统观念中，男子的社会化定向是在社会上谋取成功和地位，女子的社会化定向则是在家庭中充当贤妻良母。不同的社会化定向必然导致男女有选择地接受不同的社会影响，形成与其特定的性别角色相适应的社会影响和人格倾向。

（3）社会群体为男女制定了一套行为规范。性别角色使得我们对个体的行为进行性别的标定，如"假女子"或"假小子"就是按照公认的性别角色对人

---

① 时蓉华：《社会心理学》，浙江教育出版社，1998年，第177-178页。

的行为进行标定的。个体在社会化过程中，一旦将性别角色规范内化，就会自动地按照适合自己性别的行为方式来认识、思考、行动，形成性别角色的心理差异。

性别角色类型分析

目前，一般将性别角色分为一致性（男性化、女性化）、双性化和未分化三种类型。

理想的性别角色类型

哪种性别角色适合人的发展？为此，学术界提出了三种类型模型[①]：

（1）一致性模型（congruency model）。

该模型是早期提出的，认为理想的性别类型是和生理性别相一致的类型，即具有男性特质的男性（男性化）或具有女性特质的女性（女性化）心理最为健康，适应性最好。

（2）双性化模型（androgyny model）。

这种模型认为理想的性别角色是同时具有高的男性特质和高的女性特质。男性化特质具有工具性特征，多指传统上用来描述男性在能动性方面好的品质，比如独立、果断、有抱负等。男性化特质通常有利于个人成就的实现。女性化特质具有表达性特征，多指传统上用来描述女性在交际性方面好的品质，比如善解人意、同情心、助人等。女性化特质通常有利于和谐关系的构建。

贝姆（Bem）的研究认为，双性化特征的人具有较好的适应能力和心理健康水平；双性化比其他人有更显著的独立性、更强烈的自尊感。斯彭斯（Spence）的调查也表明，两性中有接近三分之一是双性化，并表明双性化个体既能胜任男性的工作，也能胜任女性的工作，有更好的可塑性和适应力，是一

---

① 刘电芝：《转型期我国青少年性别角色取向的偏移与引领研究》，载《西南大学学报（社会科学版）》，2009 年第 6 期，第 2 页。

种健康的心理模式。有众多研究表明，双性化的人比其他两种类型的人更受欢迎，是更典型、有吸引力的理想女性和男性模式。此外，有研究发现，人们更喜欢与双性化的异性发展友谊与爱情。未分化的个体，无论在友谊还是爱情方面，都最不受欢迎。

（3）男性化模型（masculine model）。

在双性化模型提出的基础上，西方大量的实证研究和以这些研究为基础的系列元分析却表明男性化模型才是最理想的模型。该模型认为双性化模型中起主导作用的是男性化特质。不管生理性别如何，男性化特质才是决定社会适应和心理健康的主要因素。由于西方的人际关系淡漠，社会越来越强调个体独立性，个体越来越关注自我、个人价值的实现。而自我价值的实现在西方很大程度上取决于工具性特质的男性特征。因此，男性化模型已成为当代西方追求的理想模型，并逐渐取代双性化模型。

未分化类型

未分化类型是指个体对性别角色的定位模糊，对自己的生理性别及相应的社会行为规范和社会责任尚不明确，在不同社会情景下的性别角色表现出了不一致或不连贯，容易产生一系列心理冲突，造成人际关系、亲密关系和社会适应等方面的困难。闻明晶等人的研究表明，未分化类型的个体在所有性别角色类型中因与自然、社会、自身和信仰关系的和谐程度最低导致心理健康总分最低。徐振华等人的研究表明，未分化个体的自我调节具有消极特点，表现为不假思索地改变自己或断然拒绝改变，具有较强的盲目性与较差的持续性。未分化个体在学校中会表现出适应不良的特点。[①]

青少年性别角色类型发展

刘电芝对 1998—2007 年以来青少年的性别角色调查进行梳理发现，我国青

---

① 周圆：《从青少年性别角色现状反思中小学性健康教育问题》，载《思想理论教育》，2011 年第 22 期，第 28 页。

少年性别角色类型的发展越来越背离传统的角色模式。男性的男性化和女性的女性化大量减少，向未分化类型偏移，而不是向理想的双性化模式发展。周圆将上述调查与自己的调查数据进行比较，发现典型男性角色与典型女性角色比例下降，男性和女性的双性化角色比例明显上升。性别角色异性化现象中的女性男性化有上升趋势，而男性女性化的变化趋势不明显。未分化类型中，男性下降不明显，女性显著下降。①

　　双性化角色比例上升是青少年性别角色发展的一种进步，而对性格角色异性化和未分化的青少年应该予以关注。

性别角色与青少年心理健康

性别角色冲突的影响

　　性别角色冲突是指个体社会化的性别角色行为模式对自己或他人有消极影响的心理状况。当刻板的或限制性的性别角色行为模式使个人受到约束、价值贬低、影响到自己和他人时，性别角色冲突就会产生。性别角色冲突包括四个因素：成功、权力与竞争（对失败的担忧以及它如何影响其表现），限制性情感（对温情表达有困难），同性间限制性亲密行为（与其他同性的情感令我感到紧张），以及工作与家庭间的冲突（工作或学业经常扰乱生活的其他方面，如家庭、健康和休闲等）。现有研究发现，性别角色冲突与个体的心理健康、人际关系、幸福感、家庭功能等方面息息相关，并直接影响着人们的生活质量。

　　徐凯对620名高中生调查发现，高中生性别角色冲突对心理压力具有显著的预测作用，社会支持对高中生性别角色冲突与心理压力关系起部分调节作用。在性别角色冲突中，工作与家庭冲突因素对青少年心理压力影响显著，可能与高中生面临高考的升学压力密切相关。该研究还表明，家庭支持对限制性情感与心理压力关系有正向的调节作用，同时家庭支持又对工作—家庭冲突与心理

---

① 周圆：《从青少年性别角色现状反思中小学性健康教育问题》，载《思想理论教育》，2011年第22期，第27页。

压力关系有负向的调节作用。这意味着来自家庭的社会支持越多,限制性情感引发心理压力的关系变得越强,而工作—家庭冲突引发心理压力的关系则变得越弱。对高中生而言,他们多仍处于父母的密切保护下,故家庭内部的支持越多,其与外界的情感限制也就越强。同时,家庭支持在一定程度上可以弥补学业对高中生其他方面的不良影响,有效缓解由学业带来的心理压力。[1]

谢晴等人对 485 名青少年调查发现,青少年的性别角色冲突可以直接影响攻击行为,也可以通过自尊间接影响攻击行为,即性别角色冲突水平越高,青少年的攻击性越强。一方面,性别角色冲突会对青少年的心理健康造成影响,导致抑郁、焦虑等负面情绪,进而更容易引发攻击行为;另一方面,青少年如果存在性别角色冲突,尤其是限制性情感表达水平较高,会更容易出现负面的行为反应选择。有研究发现,高水平的性别角色冲突导致青少年更不愿意向他人寻求帮助,使用逃避的行动策略;还有研究指出,性别角色冲突导致个体更容易采取暴力、自伤等过激行为。此外,性别角色冲突可能会使青少年更为强烈地体验压力、抑郁、焦虑等负性情绪,这也在某种程度上增加了个体的攻击性。[2]

性别角色态度的影响

性别角色态度(gender role attitudes,GRA)是指人们对于男性和女性在行为、活动及任务等方面平等程度的知觉及所持的态度倾向。尽管随着社会发展和家庭结构的改变,女性的社会地位和男女角色分工都发生了巨大变化,但传统(不平等)性别观念在社会中仍然广泛存在。既往研究表明,传统性别角色态度不仅会显著增加青少年恋爱暴力、性暴力、危险性行为、物质使用等健康危险行为的风险,而且与抑郁、低自尊等心理健康问题密切相关。

---

① 徐凯:《性别角色冲突对高中生心理压力的影响:社会支持的调节作用》,载《中国健康心理学杂志》,2015 年第 4 期,第 556—558 页。
② 谢晴等:《青少年性别角色冲突与攻击行为的关系及自尊的中介作用》,载《校园心理》,2023 年第 2 期,第 131 页。

张家帅等人对1549名初中生的调查发现[①]：传统性别角色态度可能会增加青少年抑郁风险，培养积极、平等的性别角色态度有助于预防抑郁的发生。

对于男生而言，虽然中国传统文化中的男权思想赋予了男性在社会中的优势地位，但传统文化同时也对男性提出了更高的期待和要求，如强调男性是家庭经济的主要承担者。因此，性别角色态度较为传统的男生可能面临着更高的家庭和社会期望，其感知到的未来生活压力也更大，导致其发生抑郁等心理健康问题的风险较高。也有学者从男性气质的角度对性别角色态度与抑郁的关联作出了解释，他们认为性别角色态度较为传统的男生某些刻板男性气质（如强调坚强、压制情感表达等）比较明显，当其未能达到男性气质规范要求或者在努力维持自身男性气质的过程中感受到较大的压力时，就会对个体的心理健康产生不良影响。刻板男性气质也会降低男生遇到心理问题时主动寻求心理咨询和帮助的可能性，使得其发生抑郁的风险增高。

对于女生而言，尽管随着社会发展和女性平权运动的兴起，男女平等的观念逐渐深入人心，但"男主外，女主内"的传统性别观念在社会中仍广泛存在。相关研究表明，当代中国家长对女生和男生在学业与事业成就上有着相似的期望，即女生也应取得较高的学历并在事业上获得较高的成就，但同时也希望女生在未来承担较多的家庭事务责任。因此，对于性别角色态度较为传统的女生来说，这种双向化的家庭和社会期望可能会使她们面临更多的性别观念冲突和压力。此外，传统性别角色往往会限制女生的自主性，压抑女生的个性发展，导致女孩外出接触新事物、发展自身兴趣爱好的机会减少，从而增加了发生抑郁的可能性。

性别角色错位

性别角色错位主要是由于家庭的长者（如父母或祖父母等）对子女错误的异性期望和装扮。即有的家长把儿子或女儿从小就错扮成性别反向装束，并在

---

① 张家帅等：《性别角色态度与青少年抑郁的关联》，载《中国学校卫生》，2022年第2期，第181、183—184页。

心理和行为上按照自己的期望给予异向诱导，慢慢地导致他或她的心理、行为模式往自己性别相反的方向上发展，并随着当事人年龄的增长不断强化。当他或她步入青春期和进入社会时，逐渐感到自己的心理、性格和行为与周围的人群，尤其是与同性别人群格格不入。比如，有一对夫妻生了三个男孩，于是把小儿子从小打扮成女儿装，两个哥哥也把他当小妹妹来看待，从不让他干重活，不让他单独外出办事，处处照顾他，使他的心理、行为沿着女性角色的心理、行为模式去发展。结果长大后，他无法适应社会生活，考上大学时，只因不敢单独离家外出，只好放弃；参加工作后，又因为不能胜任工作连调几个单位都被辞退，最后只好去做心理咨询。在心理医生的指导下，他才慢慢地纠正过来。这种作为女孩抚养的男孩，往往情感脆弱，胆小无为，严重地影响其未来的发展。与此相反，还有一对夫妇把独生女儿从小当男孩抚养，穿着打扮一副男孩模样，连玩具也是男孩玩的刀、枪、棍等，常和男孩一起玩耍，慢慢地其心理、性格、言行就沿着男性角色的模式去发展。长大后虽然改穿女儿装，但在她的身上仍然处处显示出男性角色的特征，而少了女性角色的特征。[①] 其实，本节案例中的女孩就是这样的类型。

｜ 性别角色辅导策略 ｜

由于学生性别角色与其生活的家庭环境密切相关，因此，家长、学校和社会有关部门必须联手合作，重视对学生性别角色的辅导。

预防学生性别角色错位的辅导建议

第一，家长要给予子女正确的性别角色期望和性别角色装扮，使子女能根据自己的服饰、颜色等装扮来正确认识自己的性别角色。

---

① 吴用纲、陆代凤：《论性别角色健康教育必要性及其对策》，载《中国健康教育》，1998 年第 12 期，第 17-18 页。

第二，要给予正确的性别角色行为引导。在日常生活中，要根据儿童的性别特点进行相应的行为引导，多做些有益于性别形成的游戏活动和事情。对应该避忌的事情要坚决避忌，千万不要叫他或她去做该性别角色不应做的事，使其从小逐渐形成与性别角色相适应的男子汉行为或女孩行为。

第三，要给予相应性别角色的知识教育。学校老师和家长应根据儿童不同的年龄阶段给以相应的性知识、性道德教育和性别角色心理诱导，使其能正确认识"我是小男子汉"或"我是小姑娘"，并在言谈举止方面给予相应的知识教育，建立正常、健康的性别角色。

第四，家长要以身作则。儿童的第一任老师是父母，因此，父母要认真扮演好自身的性别角色，注意言行，给子女做个好榜样。

加强青少年双性化性别角色培养

加强双性化性别角色培养是从更为积极的意义上，帮助学生性别互补，完善各自的性别角色。当今，随着社会的进步与发展，在要求青少年对自己性别角色认同的同时，性别角色互补和优化的呼声日趋高涨。传统的性别刻板印象把男性人格特征与女性人格特征对立起来。例如，男性刚强，女性柔弱；男性的气质更易于在社会上拼搏，女性的气质更适合营造温馨的家庭和被男性保护。这种性别刻板印象正在受到挑战。从现实生活中，女性已经从家庭走入社会，她们要在社会上立足并发展，必须具备传统意义上属于男性的品质，如坚强、果断和具有领导气质等。可见，双性化性别角色实质上是人格特质，而不是外表打扮。相当一部分社会学家认为，传统的两性对立的性别角色，正在朝着两性人格特征更加接近的方向发展，即双性化人格特征。我国有地区对中学生明确要求"学习双性化刚柔并济的性别角色，并应用于家庭、学校和职场"。这些做法值得我们借鉴。[1]

---

[1] 周圆：《从青少年性别角色现状反思中小学性健康教育问题》，载《思想理论教育》，2011年第22期，第31页。

那么，如何认识校园里出现的"假小子"和"娘娘腔男生"呢？笔者认为，"假小子"和"娘娘腔男生"不等于双性化性别角色类型。如前所说，双性化性别角色是指男性和女性性格的优化重组，应该兼备男性和女性各自的优点。"假小子"往往是指直爽、果断的女孩，她们具备男性的优点，但未必具备女孩的优点。"娘娘腔男生"则往往是指腼腆、羞怯、迟疑不决、有些脂粉气的男孩，他们既不具备男性的优点，也不具备女性的优点。这两种情况恰恰是性别角色异性化，即男孩女性化、女孩男性化，不值得效仿和提倡，而且容易演变为性别角色困扰。因此，处于人格形成中的青少年，首先是要对自己性别形成认同，培养各自的性别优势，然后再学习异性所长，从单一性别角色、未分化性别角色向双性化性别角色发展。

对青少年性别角色错位的心理辅导

对有性别角色错位的青少年进行心理辅导，《精神障碍诊断与统计手册（第五版）》中用性别烦躁来界定严重的性别角色错位，这需要心理医生的介入。而对于轻度的性别角色错位，可以通过心理辅导加以解决。对本节案例里的女孩，班主任周飞虹老师采取了以下辅导措施：

1. 理解与尊重。

我经常在课间或放学后与她进行心与心的交流，从而进一步了解她近期的思想状况。我主动和她谈心，感谢她信任我，打消她的顾虑，同时鼓励她正视自己错位的心理，有意识、有目的地帮助她把注意力集中到学习上来。譬如，她爱好语文，我就给她布置额外的文学作品阅读和写作任务，促使她转移兴趣。我借了许多心理学方面的图书给她看，帮助她认识到自己这种心理的危害。

2. 磨炼意志，强化女孩性别身份。

我对这位女生说："要你不想那位女老师，这是一件很痛苦的事，你开始时会感到伤心、难受甚至发狂，这会有一个过程，但这是一个很好地锻炼自己意志力、摆脱病变困境的机会，可别轻易放弃了，老师相信你是一个坚强的女孩，你会挺过这个难关的！"我刻意让她经受痛苦的煎熬和磨炼，提高经受挫折考验的心理素质和能力。同时，我时刻提醒她，她是一个真正、正常的女孩，应该拥有女孩所拥有的一切，教她做事不要冲动、鲁莽，遇事多冷静想想，多动笔书写自己的感受，正确评价自我，接受自我。

经过一两年的指导，这个女生终于显露出女孩子特有的娇羞而快乐的笑容。尽管这个"治疗"过程很艰辛，时间也比较长，但我觉得值得。

这是一个非常困难的案例。周老师经过长期的辅导，帮助女孩解除了性别认同危机，其中的付出是可想而知的。从心理辅导专业的角度反思这个案例工作的得与失，对于更多的班主任老师处理类似的个案，可能会有帮助。

这个案例值得肯定的做法有两点：一是周老师对女孩的理解与尊重，有利于双方建立信任的关系；二是强调其女孩性别身份，在女孩对自己的性别角色处于困惑的时候，周老师的正向引导往往会起到重要作用。

需要改进之处：从案例叙述的情况看，案例中的女孩有两个问题要解决，一是从小家庭性别教育的错位，要解决其性别角色的接纳；二是满足其正常的情感需求（同学、老师等重要他人）。在解决第一个问题上，还缺少辅导方法。案例中写道："我借了许多心理学方面的图书给她看，帮助她认识到自己这种心理的危害。"借了哪些书，读者不知道。泛泛而读有点无的放矢，能够帮助女孩认识到性格角色错位吗？这里有意义的辅导策略是：如何引导她对女孩性格、品质的欣赏，平静地对待青春期的女性特征。在解决第二个问题上，让女孩割断对女教师的依恋，办法有点生硬。这里的关键是要把这种依恋的情感转化为正常的、健康的师生关系。

· 本章结语 ·

青春期的学生面临的诸多困惑和烦恼，一方面来自内心成长的需求。伴随性生理发育而来的性心理变化，青少年正是经历了这样的变化和内心冲突体验而走向成熟的。青春期的体像烦恼恰恰反映了青少年内心希望得到别人的肯定和接纳。在青春期异性交往中学会处理亲密关系是青少年的人生大课题，少男少女的亲密情感常常是与生俱来的、清纯美好的，异性同学之间的喜欢和被喜欢、欣赏和被欣赏，是青少年积极自我体验的重要部分。当他们遇到烦恼和困惑时，是非常需要得到别人的帮助，即如何学会爱。爱需要能力，这种爱的能力正是在青少年的情感经历中培养获得的。另一方面，社会文化多元化使青少年性观念、性意识也日趋开放与多元，他们从网络世界获取的信息远远超出了课堂，常常为分不清虚拟与现实生活之间的界限而迷茫。因此，帮助青少年学会理性判断和选择，对于他们顺利度过青春期至关重要。

科学认识性别角色对于青少年心理健康、人格发展同样具有重要价值和意义。从青少年性别角色发展现状看，性别角色未分化的还占有相当的比例，性别角色异性化的也有一小部分，这会影响这些学生的心理健康与人格发展。因此，教师和家长要重视对学生性别角色辅导，让更多的青少年在单一性别角色基础上向双性化性别角色发展。

第五章

学习心理辅导

21世纪是一个人文关怀、学习型社会。在这个社会里，学习横贯人的一生，它既是手段，也是目的；既是为青少年未来的生活作准备，又是为了不断丰富人生的经验，提升人的境界，从而使人日臻完善。然而，当下的现实使得激发青少年学习的热情变得极具挑战性。

获得学业成功是每个学生和家长的愿望。学业成功意味着可以进入重点高中、名牌大学，名牌大学毕业意味着可以找到理想的职业。在这种合乎逻辑的推论下，学生、教师和家长都备受升学压力的折磨：学生课业负担越来越重，升学竞争越演越烈，身心健康水平每况愈下，以至于教育部提出"每天锻炼一小时"的口号。当然，单靠心理学是无力改变这种社会现状的，但心理学可以优化学生的学习方法，激发学习动机与潜能，减轻学习焦虑；心理学可以指导教师改进教学方法，指导家长为孩子营造一个良好的学习环境。

当前基础教育改革聚焦学生发展核心素养，其中积极的学习心理品质是核心素养的重要组成部分，包括求知欲、好奇性、高层次思维能力、批判性思维和创造性问题解决等。同时，由于学生的不少心理问题是在学习活动中产生的，诸如学习焦虑、厌学心理、学业拖延等，因此，帮助青少年解决学习活动中的心理问题，是青少年心理辅导的重要内容。

本章讨论以下问题：
· **学习倦怠辅导**
· **拒学行为辅导**
· **学业拖延辅导**

第一节

学习倦怠辅导

青少年由于学习任务重、升学压力大，往往会产生学习倦怠。学习倦怠是一种厌学情绪与行为，具体表现为对学业和学校生活丧失兴趣和热情、身心疲惫、学习无动力、学习效率低下、旷课逃学等。一位心理老师这样描述学生的学习倦怠：

徐同学，就是不学习，教科书怎么也看不进去，觉得没意思。课堂上听不进去，即使当时听进去了，一眨眼也就忘了，久而久之，听老师讲课如听天书。作业不想做，看见作业就想睡觉，说自己不是好学生。

马同学，班主任眼中的"困难学生"：不学习、上课睡觉、不交作业。周末找各种理由出去玩以逃避作业与学习，不听父母的管教，与父母对抗。

李同学，学习努力了，可是没有收到效果，比如默写老不好，就重复去默、去练习，结果重默也错误连篇，记不住。一想到学习就心情不好、沉闷低落，理科每次考完后，都是绝望的感觉。总说"我真的学不好""我厌倦了""我累了""我放弃了"。

张同学，小学、初中、高中学习成绩一直很好，是家人的骄傲，家人也一直拿她来炫耀，说她学习多好多好，进了重点高中，成绩还是很好。可她觉得自己没那么好，承受不了家庭的压力。上课不能专注，脑中空白，周围轻微细小的变化都会引起她的注意和担忧，听课与学习效率很低。现在她不想学习，害怕学习，厌倦学习。周一早晨起来

头晕，胃不舒服，不想去上课，觉得学习越来越没有意义……①

就像青少年的抑郁和焦虑情绪，不同学习水平的学生都有可能产生学习倦怠，而学习落后的学生更容易产生学习倦怠。请看以下案例。

努力没有用 ②

14 岁的阿海高大帅气，还有一个绰号——"忧郁王子"。篮球场上，他是充满活力的阳光男孩；班级里面，他是随和可亲的"人气王"。就是这样一个家境优越、父母疼爱、同学喜欢的男生，却总沉浸在自己的世界里发呆。阿海对死党说了句谁也想不到的话："我很自卑。"

在同学眼里，阿海所谓的"自卑"，不过是为了让自己更具有"忧郁王子"的气质罢了，大家其实都很羡慕他。然而事实却证明，阿海的确有可能为自己的学习状况大感烦闷。班主任米老师曾经说过，从六年级到八年级，阿海的成绩越来越差，上课一点也不专心，考不好还找理由，埋怨老师出的卷子难、怪、偏，超出考纲，才会导致他考试失利。阿海的母亲十分着急，眼看着儿子在学校没人治得了了，打算干脆转学换个环境试试。

自卑感，常常来自多次失败的经历。阿海记住了太多的失败。他分析自己成绩下降的过程，认为初中不同于小学，知识不努力就学不到，但同时有很多环境刺激引诱他分心。而阿海有一套"努力无用论"：

努力再多还是会考超纲题，努力无用；
物理再努力老师还是按数学成绩评价我，努力无用；
攒下来买音乐播放器的钱，因为临时的同学聚会支出了一部分，索性花光；

① 沈俊佳：《学习倦怠辅导》，略有删改。选自吴增强：《怎样做好个别辅导》，上海科技教育出版社，2016 年，第 89 页。
② 本案例由向翔老师撰写，略有删改。选自吴增强：《野百合也有春天——学生心理辅导案例精选（第二集）》，上海教育出版社，2011 年，第 40—45 页。

如果和好朋友继续待在一起的代价是努力取得进步，那就放弃朋友好了。

在咨询室里见到的阿海，乍一看，的确是人们所说的"阳光男孩"。而不可否认的是，阿海彬彬有礼的言行举止，并没有掩盖住他眼神中流露出的对学习生活的厌倦。阿海不是那种特别调皮捣蛋的学生，对自己的看法也比较客观。我隐隐感到，阿海对"学习"二字误会已久，要消除这种误会，需要找到根源所在。

阿海在小学还能保持班级中上等的水平，很有优越感，没想到中学里的第一个期中考试，阿海在英语上栽了大跟头。分数的不理想已经让他很失落，而在试卷讲评时，阿海发现了许多超纲词汇，这让他愤愤不平。自此之后，阿海对学习似乎失去了兴趣，他更愿意跟同学聊天，到操场上打篮球。

刚上八年级时，阿海遇到了自己的重要转机：物理课。阿海认为自己数学基础还行，学物理大家在同一起跑线上，自己要争取从一开始就不掉队。日子一天天过去，阿海的物理成绩保持得不错，他又有了学习的动力。然而，好景不长，他很快对物理也失去了兴趣。某天早晨，物理老师叫了几个学生去办公室订正作业，其中就有阿海。阿海很快发现，其他几个同学是考试没有及格的人，而物理老师在无意中谈到阿海数学底子薄，需要加强补差。这无心的话让阿海心如刀割：原来老师一直把他当学困生！从此，阿海也放弃了学物理。

就这样，他对学习更加没有信心了。上课不是睡觉发呆，就是和同学讲话，扰乱课堂纪律，或是在与老师沟通时顶撞老师，发生冲突。每天放学前，其他同学在认真地确认回家作业，阿海头也不回地拿起书包走出教室，他不记回家作业，因为记了也不会做。学习上的失落令他倍感苦闷，常常把"没劲儿""没意思"挂在嘴边，怎么也高兴不起来。

第一次咨询下来，我通过建立良好的咨访关系，帮助阿海找到了学习开始下降的起始点（英语考试）和他曾经试图努力改善状况的途径与结果（学习物理）。表面上看，这两个结果将两个"不幸"很偶然地带给阿海；但是在问题背后的归因中，我们可以看到他的消极心理和认知不良，这些是导致他一直走下坡路的重要原因。

从上面实例可见，篮球场上的高手，学习上的落后分子，努力没有用的认知是阿海学习怠惰的理由。其实他曾经努力过，但是一遇到困难就泄气。可见他的学习倦怠与其习得性无助、自我控制力低密切相关。

| 学习倦怠解读 |

学习倦怠概念界定

学习倦怠的概念缘于职业倦怠。20 世纪 80 年代，派因斯（Pines）和卡夫瑞（Kafry）在以大学生和助人专业工作者为对象的比较研究中发现，大学生群体在学校期间的学习倦怠程度高于助人专业工作者工作倦怠的程度。派因斯和迈耶（Meier）提出了学习倦怠的概念，并作出如下定义：学习倦怠是学生因为长期的课业压力和负担而产生精力耗竭，对课业及活动的热情逐渐消失、与同学态度冷漠疏远，以及对学业持负面态度的一种现象。我国学者杨惠贞认为：学习焦崩（学习倦怠）是指学生在学习过程中因为课业压力、课业负荷或其他个人心理层次上的因素，以至于有情绪耗竭、缺乏人性化及个人成就感低落的现象。另一名学者张治遥把学习倦怠界定为：学生在学习过程中因为课业压力、课业负荷，或其他个人心理层次上的因素，以致产生情绪耗竭、去人性化及个人成就感低落的现象。杨丽娴在研究大学生的学习倦怠时，在综合参考国内外前人研究的基础上，同时着重从我国大学生的具体情况出发，并结合开放式问卷中大学生的描述，进而把学习倦怠定义为：学生对学习没有兴趣或缺乏学习动力却又不得不为之时，就会感到厌倦、疲乏、沮丧和挫折，从而产生一系列不适当的逃避学习的行为。[1]

青少年学习倦怠结构分析

青少年学习倦怠主要体现在以下四个方面[2]：

---

[1] 蒋锋：《研究生学习倦怠、专业承诺和心理健康的相关研究》，上海师范大学硕士论文，2012 年。
[2] 胡俏、戴春林：《中学生学习倦怠结构研究》，载《心理科学》，2007 年第 1 期，第 164 页。

（1）情绪耗竭。其在学生学习倦怠过程中往往表现为缺乏活力，有一种情绪资源耗尽的感觉。学生在学习时感到紧张、挫折，在心理层面自认为无法专心学习时，就会对学习有消极情感体验。因此，情绪耗竭反映在长期的学习过程中，学生的情绪情感处于极度的疲劳状态，情感资源枯竭，学习热情低落。

（2）师生疏离。当学生在学习上处于消极状态时，往往会受到教师的批评、惩罚，由此引发学生对教师的消极体验并在情感上产生疏离教师的倾向。学习倦怠的学生可能不会对同学和朋友产生疏离感，但是会对教师和学校产生疏离感。师生疏离反映的是由于学业的原因，学生以一种消极、疏远、否定的态度对待教师。

（3）低自我效能感。很多研究表明，当个体认为无法控制或适应环境（低自我效能）时，容易出现倦怠现象。当学生对自我的学习行为产生疑虑时，负面的思维方式会影响动机调整、情绪调整和对环境的选择，个体就会感到无法控制学习。低自我效能感的学生认为学业的难度远大于其可接受程度，伴随着这种认知，会产生精神上的紧张、消沉感以及对学习消极的自我体验和评价。比如，学生感觉自己无法获得进步，自己付出的努力没有得到回报，就会抱怨学校的课程内容无趣，感觉读书无用。因此，学生的低自我效能感是学习倦怠结构中的一个重要因素。

（4）生理耗竭。由于学生在校课业负担重，体育锻炼、艺术等活动时空有限，往往导致体质下降、近视率升高等。再加上严格的课堂纪律、高负荷的学习压力、激烈的升学压力和家长的高期望，很多学生时刻处于应激状态，身体方面承受着严重的负荷。因此，生理耗竭反映的是在长期紧张的学习过程，学生生理能量和物质供应无法维持学习所需的能量和物质的消耗，导致生理疲劳现象，是学习负荷对学生生理特征的影响。

｜ 学习倦怠成因分析 ｜

青少年学习倦怠的形成有外部因素，也有内部因素，是个体内部因素和外部因素的交互作用，具体分析如下。

学业压力

随着社会的不断发展，中学生的学业压力越来越大，繁重的学业压力使部分学生产生了学习倦怠。但学习压力并不一定都会导致学习倦怠，只有长期处于高负荷的学习压力之下且得不到缓解，才会产生学习倦怠。吴艳等人探索了学校气氛对初中生学习倦怠的影响，发现学校气氛中让学生觉得身心耗竭的主要因素是学业压力，学业压力越大，越容易身心耗竭。[1]

社会支持

陈红香等人对 550 名高中生调查发现，社会支持通过应对方式对学习倦怠起间接影响。应对方式为社会支持和学习倦怠之间的中介变量。个体得到的社会支持越多，越有可能采用有效的问题应对策略，从而降低身心耗竭和对学习的疏离感，并且增加个体的学习效能感。[2]

师生疏离是学习倦怠的主要指标之一，师生关系是学生社会支持因素之一。李晓玉等人对 1200 名中学生的调查发现，首先，中学生领悟教师情感支持负向影响学习倦怠，即教师情感支持越大，学生学习倦怠越小。因为教师情感支持属于社会支持的一种，对于学习倦怠等消极行为具有消减或缓冲的作用。其次，学习动机在领悟教师情感支持与学习倦怠之间起调节作用。这表明学习倦怠是个体因素和环境因素共同作用的结果，学习倦怠是作为环境因素的教师情感支持在学生主体认知和情感层面的体现，必然会受到学习动机这种个体主观因素的调节。最后，学业自我效能感在领悟教师情感支持与学习倦怠之间起中介作

① 吴艳等：《学校气氛对初中生学习倦怠的影响》，载《中国临床心理学杂志》，2012 年第 3 期，第 405 页。
② 陈红香等：《高中生学习倦怠与应对方式、社会支持的关系分析》，载《山西师大学报（社会科学版）》，2009 年第 2 期，第 128 页。

用。即领悟教师情感支持一方面直接影响学习倦怠，另一方面通过学业自我效能感间接影响学习倦怠。[1]

除了师生关系外，父母的情感支持也很重要。如果父母一味地对子女学业高期待、高要求，超出孩子的能力所及，也会使孩子产生学习倦怠。

自我效能感

陈颖对380名高中生的调查发现，自我效能感与学习倦怠密切相关。低自我效能的学生容易产生学习倦怠，他们在困难的学习任务中表现出焦虑和退避行为；而高自我效能的学生不容易产生学习倦怠，他们在学习任务面前有更好的心态和表现。[2]

人格特征与自尊

研究表明，人格特征是学习倦怠的有效预测因素。杨丽娴等人对1136名高中生的学习倦怠情况进行调查，发现具有神经质和精神质人格的学生，在学习过程中表现出明显的学习倦怠倾向。具体来说，一是神经质程度越高，情绪越不稳定的学生，其学习倦怠也越高；二是精神质程度越高，学生学习倦怠也越高。由于情绪不稳定的学生常表现出冲动、难以自制、焦虑、紧张、抑郁、多疑、好幻想的特点，而强精神质型学生往往表现出性情孤僻、对他人冷漠的个性，这些不良的人格特征很容易导致学生对学习、学校、教师及同伴产生消极逃避心理，从而出现学习倦怠。[3]

时金献和谭亚梅对大学生学习倦怠与自尊关系的研究表明，学习倦怠的各

---

[1] 李晓玉等：《中学生领悟教师情感支持对学习倦怠的影响：有中介的调节效应》，载《中国临床心理学杂志》，2019年第2期，第416—417页。

[2] 陈颖：《青少年自我效能感、学业归因与学习倦怠的关系研究》，载《心理月刊》，2020年第1期，第14页。

[3] 杨丽娴等：《中学生学习倦怠与人格关系》，载《心理科学》，2007年第6期，第1412页。

维度与外显自尊的得分呈负相关，说明大学生个体的学习倦怠程度越高，其外显自尊水平就越低；反之，学习倦怠程度越低，其外显自尊水平越高。这可能是因为，学习倦怠程度较低的学生更善于合理计划安排自己的学习，积极有效地解决学习中遇到的困难，并取得好的成绩。所以在整个学习过程中，这类学生能够体验到一种积极的情绪，对学习持一种乐观态度，并能驾驭自己的学习，在学习中找到成就感和信心，从而体现出自身较高的外显自尊水平。[1]

归因偏差

青少年在校学习要面临无数次的测验、考试，不论成绩如何，都会进行归因分析。顾倩等人对 405 名高中生的调查发现，归因方式与学习倦怠存在显著正相关。归因理论代表人物韦纳（Weiner）指出，不良的归因方式与学生的考试焦虑和失望情绪正相关，这可能是归因方式不科学导致学生出现学习倦怠。韦纳将归因分为能力、运气、努力和任务难度，学生将学业水平归因于内部的可控因素（努力）时，学习倦怠的程度低；若把原因归于内部不可控、外部可控、外部不可控因素（如运气、任务难度）时，学习倦怠的得分就高。由此可以说明，倦怠感的产生源于对学业的无助感和不可控或者不确定性。在自我效能感与归因方式的相关研究中发现，内部可控归因与低自我效能感显著负相关，内部不可控、外部可控和外部不可控三种归因方式均与低自我效能感显著正相关。内部可控的归因方式可以显著预测自我效能感的增加，进而降低学习倦怠水平。这说明低自我效能感既能直接作用于学习倦怠，也能通过归因方式间接作用于学习倦怠。归因方式既可直接影响学习倦怠，也可以通过改变其他因素来影响学习倦怠。[2]

---

① 时金献、谭亚梅：《大学生学习倦怠与外显自尊、内隐自尊的相关性研究》，载《心理科学》，2008 年第 3 期，第 737 页。
② 顾倩等：《高中生社会支持、归因方式与学习倦怠的相关性》，载《中国健康心理学杂志》，2017 年第 1 期，第 96 页。

｜ 学习倦怠辅导策略 ｜

增强青少年心理资本

心理资本是由自我效能感、希望、乐观和坚韧性组成的积极心理力量，它与学习倦怠密切相关。黄丹丹发现，高中生的心理资本与学习倦怠呈负相关：心理资本水平越高的学生，学习倦怠越低。心理资本中的乐观、自我效能、希望和坚韧性，都是对人积极、有益的正能量，是促进个人成长的心理资源。增加学生的正能量，能够有效地冲淡因学习带来的负面情绪，从而让学生更好地投入学习生活中，降低学习倦怠引起的生理、心理方面的不利影响。上述调查还发现，高中生自我控制能力和学习倦怠有很明显的负相关性，即自我控制能力越高，学习倦怠水平越低。良好的情绪控制力能够让学生控制自己的情绪，提高学习效率。自我控制能力在心理资本与学习倦怠之间起完全中介作用，我们可以通过增强学生的心理资本水平来提高学生自我控制力。自我控制能力的提高，也能让学生更好地控制自己，从而减少学生的学习倦怠现象。[①]

自我效能是重要的心理资本，低自我效能也是学习倦怠的重要指标。我们可以通过让学生在学习活动中获得成功经验、榜样激励、积极鼓励等方法提高自我效能感。

优化社会支持

良好的师生关系是学生重要的社会支持，是学生学习的不竭动力，也是减少师生疏离、减轻学生学习倦怠的有效策略。对于中学生而言，教师不光是导师，而应成为合作者、促进者。建立良好师生关系的关键在教师，因而教师要

---

① 黄丹丹：《高中生心理资本自我控制能力与学习倦怠的关系》，载《校园心理》，2018 年第 2 期，第 98 页。

从平等的基本观念出发，尊重学生个性，尊重学生思想和情感，倾听学生的心声，激发学生的信任与爱戴。同样，家庭亲子关系也是孩子的重要社会支持。家长要多与孩子沟通，理解孩子，尊重孩子，理性地评价孩子，给孩子适度的教育期望，让孩子体验到家庭的尊重与关爱，激发他们的学习动机。

认知重建，合理归因

青少年学习倦怠往往来自对学业成败的归因偏差，不同的归因方式会产生不同的心理体验，进而影响学习动机。如果将考试成功归因于内部因素，如自己的能力和努力，就会产生自豪感；如果归因于外部因素，则会产生侥幸心理。如果将失败归因于自己的能力，则会产生习得性无助感；如果归因于外部因素，如题目难或者自己的运气不好，可能会生气。因此，引导学生对学习成绩进行合理的归因，并进行相应的归因训练，有利于建立自信心和激发学习动机。本节案例中，让阿海克服学习倦怠，关键在于将其"努力无用"转化为"成功需要努力"。这就需要心理老师帮助他运用认知重建技术合理归因。向翔老师是这样做的：

为了帮助阿海形成"成功需要努力，努力有用"的认知，培养成就动机，我提供了针对自我意识的辅导策略：针对"不付出就能成功""努力无用论"等不良认知进行调适；针对动力障碍，帮助阿海回忆过去的成功事件、当时的情绪体验，激发他的成就动机。

阿海有过一些"努力无用"的经历。比如，努力再多还是会考超纲题、物理再努力老师还是拿他当学困生等。但是，他也回忆了一些努力后成功的事件，比如，多次练习后投球命中率提高，五年级时攒了一个月的钱买了一辆赛车等。在回忆中，阿海明确了努力是有用的，而且努力得来的收获比不努力就拥有的事物更能带来欣喜与满足。

为了获得更多的成就动机，阿海努力回忆自己在学习上获得成功的事。

我问："从六年级到现在，你有没有哪怕一次考得出乎意料地好的时候？"

"有的。"他稍微想了想便肯定地回答道。

在七年级上学期的一次数学小考中，他的感觉像平常一样，也不觉得多顺，但考试的结果是班级十几名。他非常开心，想把卷子拿回家给妈妈看，让她高兴高兴。

回忆起那场颇有成就感的考试，阿海有一些兴奋。在随后的探讨中，与同学讨论，向老师讨教，向父母求助，描述心中不安，都成为促使他积极行动的力量。

会谈的结果，我们商定从取得最小的进步开始——梳理过去的试卷中因为马虎而出错的题目，尽可能"收复失地"。

"反正不会比现在更糟了，不如尝试改变一下生活，说不定能够成功呢。""如果我真的尽心尽力了，就算考砸了也没人会怪我的。我的压力也会小得多。"阿海真诚地说。

亲子沟通的指导也得到了一个好的结果，那就是阿海从母亲那里得到了极大的支持。阿海不再认为母亲对自己失望，母亲也知道阿海在学校朋友多，不再要求他转学。对于曾经存在的一些不良认知，阿海形成了新的观点，成绩的提高诚然不是一蹴而就的过程，但他学会了面对现实，并作出决定：继续留在初二读一年，基础巩固扎实了，再去面对中考。一年之后，接触过他的老师都欣慰地发现了他的变化：打招呼时，一样地彬彬有礼，不一样的是眼里含着自信的笑意。

可见，在向老师耐心细致地倾听、和风细雨地引导，帮助阿海合理归因后，阿海克服了努力无用的认知偏差，领悟到成功需要努力，从而走出学习倦怠的困境。向老师的辅导经验值得我们借鉴。

持续的自我激励

学习倦怠对学习者来说，是对其意志力的考验，时时需要当事人激励自己坚持，为自己充电加油。积极的自我暗示是自我激励的一种好方法，能够给自己以力量和信心。多用积极的言语自我激励，如"振作起来，就有希望""有付出，才会有成长""尽全力，不留遗憾""要从失败中挖掘进步的养分"等，舒缓压力，调节心情，振奋精神。其实，一个人的自信心也源于积极的自我暗示。每天都用积极的暗示激励自己，如"我微笑、乐观""我轻松、积极""我健康、豁达"，能让自己对实现目标充满希望和信心。

注意劳逸结合

对于中高考的学生而言，还有一种原因会导致他们学习倦怠，即长期的身心疲劳和力不从心，会使大脑不自觉地产生一种保护性抑制，从而降低大脑活动的机能。吃饭、复习、睡觉成为初三、高三学生每天生活的"三部曲"，一些学生在课余时间不参加任何体育运动，课间也不休息，中午吃饭只是"凑合"，恨不得"将每一分时间和每一点精力都留给复习"。其实，这样的做法并不科学，不利于压力的及时释放，非但难以促进学习，反而可能因成绩没有进步或下降对学习产生厌烦和倦怠。

这种情况下，教师和家长需要提醒学生注意劳逸结合，充分利用课间十分钟、傍晚放学时间、饭后时间给大脑适当休息。在学习中的间隙可伸伸腰、踢踢腿、做深呼吸等小活动，或进行适度运动，减轻紧张度，提高大脑的工作效率。必要时，可指导学生进行一些放松训练，如深呼吸放松训练、肌肉放松训练、想象放松训练、音乐放松训练，让学生学会一些放松方法，学会自我放松。

拒学行为辅导

近年来，青少年拒学现象逐渐增加，不仅学习落后的学生会拒学，学习成绩优秀的学生也会拒学。其实，拒学现象是教育中的老问题。早在1932年美国的布罗德温（Broadwin）就提出，不上学的儿童主要由逃学（也称怠学）行为引发，并将这类问题归于神经症的一种类型。1941年约翰逊（Johnson）提出，由儿童分离焦虑引发的拒绝上学实际上是恐惧心理在起作用，并首先提出学校恐惧症，特指那些对学校特定环境产生异常恐惧并强烈拒绝上学的儿童，认为其属于儿童情绪障碍的一种类型。20世纪50年代，有一些教育界学者提出"拒绝上学"的概念，特指那些因心理因素造成的不上学行为，其基本背景仍是儿童与母亲的分离焦虑和对学校的恐惧。因此，这类拒绝上学与逃学有了本质的区别，后者指伴有品性问题和反社会特征的不上学行为，而拒绝上学并无明显反社会行为。20世纪80年代以来，拒绝上学的称谓在日本应用得尤为广泛，以致日本学者称"拒绝上学症"（又称"不登校"）是日本本土文化的独特现象。在日本文部科学省每年出版的青少年白皮书中，"不登校"被视作最严重和最受关注的青少年行为问题之一。[①]

学生拒学现象，在心理老师接受的辅导案例中也经常会出现。请看以下案例。

---

① 静进：《儿童青少年厌学和拒绝上学现状分析》，载《中国学校卫生》，2007年第10期，第865页。

重返上学之路 [①]

来访者花花（化名），女，19 岁，高三学生。2021 年，由于模考失利，花花出现了较为严重的抑郁、焦虑、失眠等症状，后被医生诊断为中度抑郁。花花与学校沟通后决定休学进行治疗。经过半年的药物治疗和休养，花花于 2022 年 2 月开始返校上课。但返校后花花仍不能适应学校生活，表现为到校后会紧张焦虑，测验考试时会腹痛、腹泻、头晕等。家长将花花接回后，她的症状有所缓解，可一旦返校又会出现类似的症状。家人带花花再次到医院寻求帮助。医生诊断后排除了器质性因素，认为是心理问题，建议她进行心理咨询。于是，花花来到了心理咨询室。

询问得知，花花主要由母亲和姥姥抚养长大，有一个弟弟，父亲常年在外打工。她性格内向，不善言谈，有完美主义倾向，一直想像她的表姐一样优秀。她的表姐学习成绩优异，考上了国内一所名牌大学。表姐平时和她交流较多，鼓励她努力学习，希望她考一所好大学去见识外面更广阔的世界。花花对去年因心理问题而没能参加高考的事耿耿于怀，希望今年努力取得好成绩，但现在的状态让她非常沮丧，甚至绝望，不知道如何面对这些问题……

┃ 拒学行为解读 ┃

拒学行为的概念界定

拒学行为在不同时期、不同学者那里有不同的定义。金（King）等人将拒学行为定义为：由于情绪，特别是焦虑和抑郁情况下，儿童上学发生困难而回避上学的一种行为。[②] 卡尼（Kearney）等人认为，拒学行为是指儿童青少年出

[①] 鲁泉：《打破"看不见的屏障"——对一例高三拒学学生的心理辅导》，载《河南教育（基教版）》，2022 年第 10 期，第 49—51 页。略有删改。

[②] 汪玲华等：《拒绝上学儿童青少年心理健康状况分析》，载《中国儿童保健杂志》，2012 年第 1 期，第 30 页。

于自身意愿拒绝去上学和（或）难以整天坚持待在学校上课的行为表现。[1] 上述定义都强调，拒学行为不是因为个体身体或家庭困难无法上学，而是心理、社会原因造成的。

拒学行为的现状

当前拒学现象已经成为全球性教育难题，全球大约有 17.8% 的儿童青少年存在拒学及其相关问题。据美国政府统计，2015—2016 年美国中小学生长期缺勤率（一学年缺课超过 15 天）为 16%；美国流行病学调查数据显示，拒学行为的发生率在 5%~28% 之间。日本文部科学省对 2021 年日本青少年不上学人数调查显示，排除生病等原因外，不上学超过 30 天的中小学生为 24 万多人。[2]

陈玉霞等人对广州市 6369 名中小学生的拒学行为进行调查，结果发现拒学的检出率为 22.5%，与美国学生 28% 的拒学行为检出率较为接近。拒学行为检出率随年龄的增加呈上升趋势，小学阶段（8~12 岁）处于较低水平，在 13 岁时（进入中学阶段）陡增，之后呈上升趋势，整个中学阶段约三分之一的学生有不同程度的拒学行为。[3]

拒学行为的表现特点

拒学行为按其程度等级可分为：（1）威胁或哀求父母不上学；（2）早上反复出现回避上学的行为；（3）早上反复耍赖，要求父母陪同上学；（4）偶尔不上学或缺课；（5）反复交替出现不上学、缺课；（6）在某一学期某一阶段完全

① 孙婷婷、杨娟：《儿童青少年拒绝上学现象的认识、预防与应对策略》，载《中国实用儿科杂志》，2022 年第 11 期，第 823 页。
② 阮琳燕等：《青少年拒学研究的历史沿革与我国解决学校出勤问题的干预模型建构》，载《北京教育学院学报》，2023 年第 4 期，第 61 页。
③ 陈玉霞等：《广州市中小学生拒绝上学行为调查》，载《中国心理卫生杂志》，2016 年第 2 期，第 141 页。

不上学；（7）完全长期休学在家。[①]

刘丽秋通过心理课教学、个案咨询和家长工作坊调研发现，初中生拒学有如下特点[②]：

（1）学生拒学程度加深。

刘丽秋对所在学校学生的拒学情况进行了统计，结果发现，新冠疫情之前，拒学的学生中"三天打鱼两天晒网"者居多，很少有学生会长期不来学校。但是在疫情期间，学生经历了近一个学期的居家学习，复课复学后，有一部分学生还难以适应校园生活，有的学生已几个月、半年，甚至更长时间未能来校上学而只能办理休学手续。

（2）学生拒学诱因更加复杂。

分析拒学的原因是寻找解决对策的"钥匙"。导致学生拒学的原因错综复杂。比如，一些学生在居家学习期间，自我管理能力欠佳，沉迷电子产品，花费大量时间玩网络游戏、聊天等，未能有效完成各项学习任务。复课复学后，他们无法跟上正常的学习节奏，学业成绩退步明显，学习的积极性与主动性较差，继而出现拒学行为。还有一些学生居家学习期间与父母之间出现矛盾与冲突，亲子关系较为紧张，会采取拒学行为来表达自己的情绪。

（3）学生拒学行为趋向对抗。

刘丽秋在学校心理咨询工作中发现，以往出现拒学行为的大部分学生在家人面前会表现出无助、被动，躯体症状明显。而与之形成鲜明对比的是，近年来有一种现象日益凸显：一些出现拒学行为的学生在父母要求其到学校读书时，会出现非常激烈的对抗行为，明确表达自己不愿意上学的想法，并未有明显的躯体症状。

---

① 陈群、汪玲华：《儿童、青少年拒绝上学行为的相关影响因素研究进展》，载《中国儿童保健杂志》，2013 年第 1 期，第 57 页。
② 刘丽秋：《当前初中生拒学行为的特点与对策建议》，载《现代教学》，2021 年第 z4 期，第 110 页。

拒学对青少年发展的影响 [①]

拒学对青少年的教育发展、社会适应及情感成长等方面都会造成不良影响，其不仅对学生当下有短期负面影响，还会影响青少年今后的人生道路。拒绝上学的短期影响主要为个人学习成绩落后、无法完成学业，因为常常不在学校，使得与同伴群体疏离，容易产生孤独、焦虑和抑郁情绪，损害心理健康。此外也会造成家庭困难和学校管理压力等，如扰乱家庭及亲子关系，造成家长心理压力、经济压力与家庭生活质量降低。学生因为情绪不稳定会与老师或者同学发生较多的冲突，增加教师的工作量和学校整体管理的压力等。

拒绝上学的长远影响将导致青少年和成年时期的教育与就业问题，这样不只对个人有影响，对家庭和社会也会产生影响。对个人来说，拒绝上学行为会耽误学业，将导致就业困难以及心理疾病，给生活等带来不良影响。对家庭来说，因心理因素拒绝上学的学生，个人长期依赖家庭，继而导致家庭在心理、经济和生活方面有巨大的压力。对社会来说，因为情绪困扰拒绝上学，一方面会导致学生的行为不良、犯罪倾向与行为等；另一方面，由于失业，会给社会造成更大的压力。

| 拒学行为成因分析 |

很多因素共同影响儿童青少年拒绝上学行为，包括生理心理特征、气质性格等内部因素及家庭学校、社会环境等外部因素。儿童青少年拒绝上学现象的发生是社会因素（学校、家庭）与自身因素相互作用的结果。

---

① 高柏慧等：《儿童青少年拒绝上学行为原因的研究进展》，载《国际精神病学杂志》，2015 年第 2 期，第 136 页。

个体人格特征

拒学行为多见于性格胆小、易敏感、行为退缩的儿童，常表现为过分拘谨、喜好他人表扬、任性、不善交友、固执等。国内相关研究显示，与正常青少年相比，拒绝上学的青少年在人格特质上具有显著差异。这类青少年的人格特征有胆小、紧张焦虑、敏感多疑、行为退缩、固执任性、好攻击、缺乏同情心、与别人不友好、人际交往和社会适应能力不足、不能很好地适应学校环境等表现。他们往往自我评价低，或是过分要求完美，当遇到挫折时容易引发强烈的焦虑与恐惧，又不懂得怎样和人好好相处，继而出现人际关系紧张，容易诱发情绪和行为障碍，从而更加易于出现拒绝上学行为。[①]

家庭因素

家庭是青少年社会化重要的场所，是影响青少年行为的一个至关重要的因素。父母的性格特点、家庭教养方式和家庭功能类型都会影响孩子上学的意愿。在家庭方面，家长过分的严格要求或者是对其他家庭成员的过分依赖、分离焦虑、对家庭以外的环境隔离、较强的家庭冲突、家庭沟通问题等，都可能使青少年产生拒绝上学行为。

家庭功能 [②]

家庭功能是衡量家庭系统运行状况的重要标志，也是影响家庭成员心理发展的深层变量之一。家长是家庭活动的组织者和指挥者，是家庭功能的主要承担者。家长所尽职责的水平，直接影响着家庭各功能的发挥。有研究发现，有问题的家庭功能是导致儿童青少年拒绝上学行为产生的原因之一。伯恩斯坦

---

① 高柏慧等：《儿童青少年拒绝上学行为原因的研究进展》，载《国际精神病学杂志》，2015 年第 2 期，第 136–137 页。
② 同①，第 137–138 页。

（Bernstein）采用家庭功能评定量表对134个拒绝上学儿童的家庭功能进行测量，结论认为，单亲家庭相比完整家庭表现出更多的问题。单亲家庭的主要问题表现在家庭功能维度中的沟通和角色作用上，其信息传达与交流比一般家庭要来得模糊，家庭成员之间角色运作能力不足。

家庭成员表达及交流有限，缺乏有效的沟通，不能准确、及时地了解对方的想法，遇到事情时容易误解其他人的需要；家庭角色分工不合理，不能适当发挥各自的角色作用、承担相应的责任，容易出现角色冲突……这些都容易使家庭成员之间愈加疏离，亲子关系不健康，增加儿童青少年拒绝上学行为产生的可能性。

父母教养方式

父母的教养方式与子女的成长、学习、身心发展等关系密切。胡静敏和李小白对60例来医院就诊儿童的调查表明，相比正常学生家庭，拒绝上学学生父母教养方式中父亲惩罚严厉、父亲拒绝否认、母亲过分干涉或过分保护、母亲拒绝否认、母亲惩罚严厉五个因素差异显著，同时这五个因素是拒绝上学问题的危险因素。此类儿童和青少年的父母倾向于表现出过于严厉，并且经常拒绝子女的要求，缺乏对子女的肯定态度。[①]

家庭教育方式对儿童和青少年的心理及行为产生极大影响，家长过分严厉或过分溺爱，都容易导致学生痛苦失望，压力沉重，产生不良情绪和行为。父母的过度保护行为也会减少子女适应社会的机会，无形中越发依恋父母和增加对陌生环境的恐惧，导致独立自主能力下降，面对挫折和压力时，表现出退缩、回避。这无疑会促使孩子产生拒绝上学行为。

---

① 胡静敏、李小白：《儿童及青少年拒绝上学问题与家庭教养方式关系的研究》，载《中国健康心理学杂志》，2012年第11期，第1710-1711页。

社会因素[①]

学校环境因素

学校环境是诱发儿童出现拒绝上学行为的主要场所。学习和考试的压力、与老师和同学关系的恶化等，都对学生拒绝上学行为有非常重要的影响。例如，转学（班级）后，学习环境改变，难以适应新的环境，因为难交到朋友感到孤独；学习困难、考试不及格、教师期望过高、自我要求高、竞争激烈、压力大；被老师批评、与教师发生冲突、受同学欺负、嘲笑、校园暴力、同学关系不睦；校规严厉、管教严厉等。

社会支持

社会支持是来自他人的一般性或特定的支持性行为，这种行为可以提高个体的社会适应性，使个体免受不利环境的伤害。有研究发现，社会支持可以缓冲一些应激事件对青少年的影响。陈玉霞等人研究拒绝上学行为影响因素时发现，拒绝上学学生的负性生活事件明显多于对照组，社会支持显著少于对照组。由此可见，社会支持的缺乏无法保护人们免受压力事件的不良影响，无法更好地应对各种环境挑战，促使学生在遇见负性生活事件时无法正确反应，以至于产生不良后果。

｜ 拒学行为辅导策略 ｜

由于青少年拒学行为是社会因素和个体因素交互作用形成的，因此，拒学行为辅导策略可以从宏观和微观层面来思考。

[①] 高柏慧等：《儿童青少年拒绝上学行为原因的研究进展》，载《国际精神病学杂志》，2015 年第 2 期，第 138 页。

构建学校、家庭、社会和医疗部门协同预防系统 [①]

欧美国家和日本在解决青少年拒学问题时最后落地在跨学科干预和预防上。欧美国家是学术干预的思路，其非常重视影响青少年拒学问题的各个因素，认识到不同学科在研究青少年拒学问题识别、干预和预防等方面有很大的差异性。例如，在青少年拒学问题识别方面，临床医生主要帮助排查青少年是否存在身体疾病和精神疾病；政府部门通过制定出勤政策和法规来明确青少年每学期最大缺勤天数；心理学研究人员研发了一系列相关的问卷（或量表），用来评估青少年拒学问题的类型、功能和严重程度等。在青少年拒学问题干预方面，心理学从业者主要聚焦在提供心理治疗上，精神医生则着重在提供药物治疗上。在青少年拒学问题预防方面，教育系统重点在关注校园欺凌、课程设置以及教师行为（批评与职责）等方面，心理学从业者可以在青少年拒学相关信息的科普宣传上发挥作用。不同学科逐渐意识到彼此之间的互补性，开始寻求跨学科的合作，比如组建跨学科干预团队，制定出不同学科间可以共享研究经验、研究成果的拒学识别、干预和预防标准等。

日本是从国家层面建立一套自上而下的支援体系，主要有：（1）对青少年拒学问题的早期预防，包括要求学校关注迟到早退的学生、记录缺勤天数达到30天的学生，以及处理好学生延迟返校、校外就学问题，上报相关信息，并接受市教育委员会的指导等；（2）相关部门发挥统筹作用，包括对拒学青少年人数进行调查、促进校外机构（如民间机构）发展、鼓励部分学校开展特色教育课程等；（3）对拒学青少年进行全面且灵活的评估，包括审查青少年校外学习的教育价值以及出勤天数等。尽管日本也强调从跨学科视角解决青少年拒学问题，但日本的跨学科视角更多的是源自政府部门的规定和协调，且与民间自发的社会运动相呼应。

[①]　阮琳燕等：《青少年拒学研究的历史沿革与我国解决学校出勤问题的干预模型建构》，载《北京教育学院学报》，2023年第4期，第67-69页。

借鉴国外的经验，阮琳燕等人提出应建构青少年拒学行为家校社医联合识别和预防体系。对学校而言，识别和预防工作主要集中在以下三个方面：首先，针对学校自身的措施，包括但不限于：（1）成立考勤小组，每日记录迟到早退、不参加集体活动以及经常请假的学生名单，学校心理老师要重点关注这些有拒学风险的学生；（2）重点关注并解决校园欺凌、不良师生关系以及不合理课程设置方面的问题。其次，学校要跟家长保持定期的联系，及时了解青少年的情况。最后，学校可以通过家长会（讲座）的方式，指导家长识别青少年拒学早期迹象。

在家庭方面，家长要留意青少年是否经常有以下表现：（1）行为方面，起床困难、上学困难；（2）情绪方面，有明显的焦虑（抑郁）症状，包括社交焦虑、分离焦虑、入睡困难等；（3）认知方面的负性自我评价；（4）身体方面的主诉，包括头痛、胃痛、身体不适等。家长要将青少年的情况及时向学校反馈，以得到学校的重视和指导。此外，家长也可以通过向社会求助，得到专业性的支持。

在社会层面，要积极响应教育部等 17 部门联合印发的《全面加强和改进新时代学生心理健康工作专项行动计划（2023—2025 年）》，具体可以通过公益性的心理热线、心理咨询服务等来为青少年、家长提供专业性的支持，同时也起到学校心理健康教育补充的作用。在医院层面，可以诊断青少年是否存在身体（精神）方面的疾病，必要时予以及时的治疗。通过家校社医联合建构的识别和预防模型，人们可以将大部分青少年的潜在拒学风险降到最低。

开展有针对性的个别心理辅导

青少年拒学行为除了共性特点，还表现为个别差异性，需要运用一些心理辅导技术。

认知行为治疗技术

对于拒学的认知行为治疗可以从逐级暴露、行为训练与认知重建三方面进行。逐级暴露是指将孩子暴露于其所恐惧的学校环境中，通过持续性的暴露来降低孩子的恐惧，并观察其在环境中的行为表现与缺陷。行为训练包括心理放松训练、社会技能训练等。认知重建是纠正孩子不合理的想法，恢复上学的信心。请看以下案例。

初一女孩小鱼是班长，组织能力强，班级工作积极主动。虽然学习成绩不是特别突出，但仍然是老师眼里的好学生。可是到了初一下学期，她学习成绩明显下滑，觉得自己是个不称职的班长，加之父母对她要求严格，她告诉心理老师，父亲说她成绩那么差，根本不配做班长。这更加重了她的自卑心理。马上要期中考试了，小鱼担心这次考试不理想，达不到自己的目标，心理压力更大了。在这种情况下，小鱼出现躯体化症状。于是她借口感到身体不舒服，不去学校上学。针对小鱼的拒学行为，我采取了以下辅导措施：

1. 建立良好的支持系统。请家长不要再强迫小鱼进课堂上课，也避免用"成绩不好不配当班长"之类的语言刺激小鱼。在家庭教育中，尽可能多地鼓励小鱼发现自己的优势，不要将学习成绩好坏作为评价孩子是否优秀的唯一标准。同时请小鱼的老师对小鱼不上课的行为予以理解，并给予尽量多的帮助。

2. 改变不合理认知。在辅导过程中我发现，小鱼有这样的不合理想法："成绩好的学生才是优秀的学生，因为我成绩不好，所以我不优秀，不配做班长。"我运用认知挑战技术和合理想法替代，帮助小鱼走出了自己认知上的"盲区"。

3. 行为治疗。让小鱼产生焦虑的，归根结底还是学习成绩不够理想，达不到自己的目标。因此，帮助小鱼提高学习成绩是非常必要的。跟小鱼的任课老师联系以后得知，小鱼学习很努力，智力也是可以的，成绩不理想可能跟她自身的焦虑情绪以及学习方法有关。因为小鱼不用进教室学习，目前也不参加考试，小鱼的焦虑情绪有所好转。在老师的指导下，小鱼也改进了自己的学习方法。小鱼在自习的这段时间内，经常主动去请教老师，认真完成老师的作业，老师们也在课余时间帮助小鱼补习。

经过一段时间的辅导，小鱼终于重新走进了教室，和同学们一起正常上课。她还是那个工作积极主动的班长，但是面部表情不再那么严肃，和同学之间的交流也多了，感觉整个人轻松了很多。她就像一条重新获得活力的小鱼，在水里自由自在地遨游……①

———————————

① 本案例由沈俊佳老师撰写，略有删改。选自吴增强：《怎样做好个别心理辅导》，上海科技教育出版社，2016年，第99–101页。

支持性辅导

支持性辅导就是通过调整家庭教育方法与学校教育方法，给拒学的学生创设良好的教育生态环境，促使他们早日返校上学。

家庭教育方法调整，建议：（1）建立家庭中有效的奖惩规则，约束孩子的行为（如不能让孩子待在家里想干什么就干什么，建立合理的作息制度）。（2）改善教育方式，根据孩子的实际情况制定合理的目标和期望；多和孩子交流，鼓励孩子表达并倾听孩子的心声。（3）不要一直强调自己（家长）的焦虑，这样会加重孩子的焦虑情绪，使孩子更容易回避，不愿意交谈。要告诉孩子现在大家正在帮助他（她）改善目前的状态。

学校教育方法调整，主要是指为学生的返校提供积极措施，进行学习、情感、生活方面的适当调整。比如根据学生的情况，降低课业要求，在班级中建立良好的人际交往氛围，改善师生关系等；为他们复学建立一个过渡的平台，且承认他们的出勤及学业状况；若康复后就慢慢恢复到拒学前的状态，完成自己的学业。[①]

家庭治疗技术

朱丽等人将拒学行为门诊的 100 名儿童分为干预组和对照组，两组儿童均给予认知治疗和药物治疗。干预组在认知治疗的基础上对整个家庭系统进行治疗，干预技术着力于影响家庭成员之间的交流行为及相应的认知和情感模式，以此缓解和消除症状性问题：（1）治疗会谈开始，运用家庭评估四步模式评估患者的家庭系统，为后面的治疗指明方向；（2）治疗中依情境、话题的需要运用循环提问、假设提问、差异性提问、阳性赋义、布置家庭作业等技术干预，其中家庭治疗以系统论为观点，不直接追求认知上的领悟，而是用间接的方式（提问过程启发思考）引发互动模式的变化；（3）会谈结束前精心布置家庭作业，让家庭成员共同完成。干预结果发现，干预组返校率达到92%，对照组返

---

① 吴增强：《怎样做好个别心理辅导》，上海科技教育出版社，2016年，第102页。

校率为 70%，干预组显著高于对照组。这表明家庭治疗可有效降低拒学行为学生焦虑等负面情绪，改善学生行为问题，促进返校。[1]

接纳承诺治疗技术

本节案例中，鲁泉老师运用接纳承诺治疗技术对花花进行辅导。接纳承诺疗法（Acceptance and Commitment Therapy，ACT）是由美国内华达大学临床心理学教授斯蒂芬·海斯（Steven Hayes）及其同事创立的，是心理治疗与咨询的常用疗法之一。它强调接纳、解离、正念、价值、承诺在咨询过程中的作用。接纳承诺疗法认为，我们生活中很大一部分的痛苦源于我们和自己的思维融合得太深，以至于无法把有限的注意力或精力集中到正念的、有价值的生活中。

咨询师鲁老师尝试通过正念和解离等方法，让花花改变其与症状间的关系，理解自己的情绪和真实想法，在价值的引导下增强应对能力，并积极采取行动适应生活。具体步骤如下：

一、案例评估

因来访者花花出现了较为严重的躯体反应，根据相关专业伦理要求和工作程序，我们首先请专业的精神科医生对来访者进行了系统评估，排除了神经症的可能，且来访者在家时情绪稳定、状态良好，咨询师因此评估来访者属于较为严重的情绪问题。

由于来访者年龄已超过 18 岁，其自我认识和自我觉察能力都比较完备，通过与来访者协商，我们决定采取接纳承诺疗法进行心理辅导。

二、辅导过程

第一次咨询：稳定情绪

母亲陪同花花参加了第一次咨询。咨询师询问了花花的现状及成长史，对花花现有的感受进行了共情，同时对花花进行了心理知识的普及。咨询师告诉花花：焦虑、紧张

---

[1] 朱丽等：《家庭治疗改善青少年拒学行为效果分析》，载《中国学校卫生》，2019 年第 3 期，第 396–398 页。

是任何人在面临压力时都会出现的，只是程度有所不同，高考带来的压力不言而喻，出现焦虑情绪非常正常。焦虑情绪并不可怕，重点在于我们采取何种方式应对压力。逃避只能解决一时的问题，不是长久之计。咨询师建议花花回家后，不妨问问表姐在高考时是否也出现过焦虑不安，以及如何面对的。

通过共情式的情感支持和心理指导，花花的焦虑程度有所下降，也认同咨询师的观点，愿意积极配合咨询师去作一些尝试。最后，咨询师和花花约定了咨询目标，共同努力去探索应对焦虑的方法，减少焦虑对学习和日常生活的影响。

第二次咨询：认知解离

第一次咨询后，花花主动和表姐联系，询问了表姐高考时的状态，得到的回答印证了咨询师的观点。花花的表姐在考试前也有很大的压力，也出现了烦躁、没胃口及失眠等现象，通过倾诉、跑步等多种方式，基本克服了。表姐的经历在很大程度上缓解了花花的焦虑情绪。

花花说自己去学校时会出现腹痛、紧张、头晕等症状，这种无法进入学习状态的情况，让她认为自己肯定跟不上大家的进度，高考一定会落榜。这样的想法让她更焦虑，形成了一种恶性循环。

接纳承诺疗法认为，生活中妨碍我们按价值原则行事，并让人饱受折磨的两个核心心理过程分别是"认知融合"和"经验性回避"。"认知融合"，简单来说，就是我们和自己的想法混融在一起，使我们沉溺其中，导致行为被自己的想法支配，完全失去了自主性。接纳承诺疗法的一个主要技术就是"认知解离"，即与自己的念头、想法、记忆保持一段距离，不被它们牵着鼻子走。

咨询师运用隐喻的技术启发花花理解：

咨询师：你刚刚谈到你想到学习就会觉得自己一定学不好，学不好就一定考不好，今年再考不好的话就完了。想到这儿你就特别焦虑，是吗？

花花：是的，但我确实是学不进去，学不进去就肯定考不好，这是一定的啊。

咨询师：先不管这个想法是对还是错，值得关注的是这个想法现在对你的影响是什么。咱们来做个游戏，可以吗？

花花：可以。

咨询师：非常好，（拿起一个文件夹）我希望你能把这个文件夹当成你现在的这个想法。接下来，请紧紧地抓住它。现在你举着这个文件夹遮住脸，尽可能地贴近脸，不要碰到鼻子，越近越好。

（花花直接将文件夹贴近自己的鼻子，遮挡了自己的视线，直到看不见咨询师和房间四周。）

咨询师：好的，试想一下，当你陷入文件夹（这个想法）的时候，你觉得咱们还能正常谈话吗？

花花：非常困难，基本上我们是无法谈话的。

咨询师：你还能看见房间周围的样子吗？假如我现在在屋子里面跳个舞，你觉得你能看到吗？

花花：不能（微笑）。

咨询师：当你完全陷入这种痛苦里的时候，你认为这个房间是什么样子的？

花花：除了文件夹，我什么也看不到。

咨询师：所以，当你完全沉浸在这些东西里面，你就失去了与整个世界的联系。当你一直紧紧抓着这个东西的时候，你就没有办法做生活中本该做的事情。我现在让你去学习、去骑个自行车，甚至去和朋友聊个天，你能做到吗？

花花：做不到。

咨询师：那么现在，你慢慢地把这个文件夹拿得离自己远一点，保持在10厘米左右，现在感觉怎么样？

花花：感觉舒服多了，也自由多了。

咨询师：现在你把文件夹交给我，（咨询师拿过文件夹，慢慢地把文件夹拿到距离花花1米的位置）现在感觉怎么样，对你还有什么影响吗？

花花：基本没什么影响了，不注意就不会感觉到它的存在。

咨询师：假如这个文件夹放到距离你10米的地方，你觉得你还会注意到它吗？

花花：肯定不会了（微笑）。

咨询师：那你觉得你和你的想法之间的关系该如何处理？

花花：或许我应该离它远一点。

第三、第四次咨询：正念练习

为了帮助花花和自己的想法、感觉保持距离，不受困于此，我们运用了接受承诺疗法中的一个核心技术——正念练习。从某种程度上来说，我们运用的接受承诺疗法就是建立在正念基础上的疗法，因而对来访者进行有效的正念教导和训练，是我们运用接受承诺疗法能够起效的关键步骤。正念归结为一点就是：以灵活、开放、好奇的心态去关注当下。正念是一个觉察的过程，而不是思考的过程。正念在操作层面上，就是对自我不带评判的觉察，我们一般称为"全然觉察"，而在我们运用的接受承诺疗法领域中，它被称为"以己为景"。在第三和第四次咨询中，我们进行了正念呼吸练习。

咨询师：请你把脚在地面上放平，背挺直，闭上双眼，注意空气通过你的鼻孔，到达你的肺部，然后再从肺部流出。把注意力集中在呼吸的过程中，保持在这个地方，无论出现什么样的情感、冲动、感觉，不管是愉快的还是不愉快的，都平静地承认它的存在，允许它来来去去。（5分钟后）请睁开眼睛。

在指导花花进行正念呼吸练习后，我们要求她每天临睡前进行10分钟的正念呼吸练习，并按照要求做好记录。

第五次咨询：价值导引

经过前四次的指导和半个月的正念呼吸练习，花花的焦虑情绪得到了很大的缓解，基本上很少再被自己的想法和情绪纠缠，已经能够正常返回学校上课。

在第五次咨询中，咨询师认真地和花花讨论了什么对自己才是最重要的，明确了什么能够给自己的生活带来意义感和目标感，以及如何将其作为自己行为的持续向导。在咨询师的启发引导下，花花找到了自己的人生愿景，就是成为一个海洋生物学家，并且愿意为之努力奋斗。

咨询师积极支持了花花的这个想法，并和花花一起讨论在现实中能够寻找到的、可支持的资源，以及可以马上进行的现实行动，并讨论了在以后的生活中如果出现类似的情况该如何去面对和处理。

五次咨询过后，花花感觉已经能够完全适应现在的学习生活。和咨询师沟通以后，决定结束咨访。咨询师建议花花每天仍坚持正念呼吸练习 10 分钟，持续地为自己的目标奋斗，花花同意并对咨询师表示感谢。

三、咨询小结

8 月份，花花母亲发来信息，说花花考入了某海洋大学，比家长和孩子预想的结果要好得多，并向咨询师表示感谢。

花花的拒学源于考试失利产生的焦虑、抑郁障碍，虽然经过心理医生药物治疗、在家休养，由于不适应学校生活节奏，返校仍然出现躯体症状。对有中度抑郁的来访者，药物治疗可以减轻症状，但是难以帮助患者恢复社会功能。这就需要通过心理辅导提高患者内心的能量。鲁老师运用接纳承诺治疗技术，关键在于帮助花花走出消极思维的陷阱，让她看到自己的人生价值所在，燃起了内心的希望和愿景——希望自己成为一个海洋生物学家，从而走出拒学阴影。鲁老师的辅导经验值得大家学习。

学业拖延辅导

学业拖延在青少年学习过程中是经常会发生的事，这是一种不良的学习习惯。学业拖延也会使人生活拖拉。不良的学习习惯会形成不良的生活习惯。教育家陈鹤琴先生说："习惯养得好，终生受其益；习惯养不好，终生受其累。"这句话极有道理。它富有哲理性地警示了青少年具有良好习惯的重要性。

以下小杰的学业拖延行为可能很多老师和家长会遇到。

> 读初一的小杰总是以龟速做作业。他每天要花比其他同学多出几倍的时间来做作业，不管当天作业堆积如山还是寥若晨星，他都要拖到很晚，甚至会拖到第二天早上才能完成。他做其他事也是如此，能拖则拖。做事拖拉已成为小杰的一大特点，他也因此被周围人戏称为"小拖拖"。①

近年来对学生学业拖延行为和干预的研究和实践，成为青少年心理辅导的热点，也取得不少成果。本节将结合案例作比较深入的讨论。

---

① 卢家楣等：《青少年心理十万个为什么》，科学出版社，2018年，第159页。

学业拖延的含义

学业拖延（academic procrastination，AP）是一种包含认知、情感和行为成分的复杂心理现象，不同研究者往往从不同理论视角对它加以界定。拖延的概念最早是由所罗门（Solomon）与罗思布卢姆（Rothblum）提出的，他们认为拖延是指个体不必要的延缓学习任务以致产生主观心理不适感的行为。米尔格拉姆（Milgraum）等人不同意这个界定，他们认为行为拖延与心理不适之间相关很低，有行为拖延的不一定有心理不适。塞尼卡尔（Senecal）等人把学业拖延界定为"非理性地延迟开始或推迟完成学习任务的倾向"。大多数研究者强调学业拖延应满足三条标准：拖延、不必要和产生不良后果。因此，倾向于把学业拖延简单地定义为"有目的地推迟必须完成的学习任务的行为"[1]。

学业拖延的类型

学业拖延由于起因、成分的不同，可以分为不同类型[2]：

（1）状态拖延和特质拖延。

从拖延性质的角度来分类，可分为状态拖延和特质拖延。状态拖延认为拖延是具体情境中的一种特定行为，强调了情境对个体的影响。学业拖延就是一种较为典型的状态拖延。学业拖延可分为主动拖延和被动拖延。主动拖延者喜欢在压力下工作，其延迟行动是经过深思熟虑的，他们把注意力投向更为重要的事情，但是能够及时执行他们事先作好的决定。此种拖延是他们选择的适应性学习方式。被动拖延者则是传统意义上的拖延者。从认知角度而言，他们并

---

① 庞维国：《大学生学习拖延研究综述》，载《心理科学》，2010 年第 1 期，第 147 页。
② 赵佳鑫：《中学生学业拖延综述》，载《中小学心理健康教育》，2012 年第 9 期，第 7—8 页。

不想拖延，但却经常以延迟任务完成时间而告终，因为他们无法迅速作出决定，优柔寡断，因而不能快速行动。

特质拖延是一种稳定的人格特质。埃利奥特（Elliot）的研究指出，他在10年的时间里调查了181名被试者的拖延行为状况，结果表明，他们每年拖延行为的相关高达0.77，这一结论充分说明了特质拖延行为跨时间和情境的稳定性。特质拖延者又被分为三类：①等到最后一刻才进行冲刺的唤醒型；②害怕失败，甚至害怕成功的回避者，他们宁愿被人看作缺乏努力而不是缺乏能力的人；③无法作出决定的拖延者，在面临选择与冲突时，他们常常给自己制造大量的备选信息，且悲观地认为自己不能作出令人满意的决定，并认为只要不作决定，就能减轻对决定结果背负的责任。

（2）计划失败型拖延和实施失败型拖延。

从行为实施的角度来分类，可分为计划失败型拖延和实施失败型拖延。计划失败型拖延是一种决策拖延，它包括认知失败（如遗忘）、任务加工速度慢、对任务失去耐心和低能力等因素。而实施失败型拖延是计划很完整、很符合要求，但实施过程中由于各种原因而没能按时完成计划的行为。

（3）高渴望思维拖延和低渴望思维拖延。

从思维的角度来分类，可分为高渴望思维拖延和低渴望思维拖延。高渴望思维拖延者相信任务是吸引人的且比较会异想天开。低渴望思维拖延者相信任务是不吸引人的。当任务不令人愉快时，高渴望思维拖延者比低渴望思维拖延者会更拖延，因为拖延这个想法会让高渴望思维者维持快活的期望。

（4）焦虑型拖延和放松型拖延。

从应对方式的角度来分类，可分为焦虑型拖延和放松型拖延。焦虑型拖延也称紧张恐惧型拖延，这类拖延者害怕失败，也无法承受成功带来的压力，因此通过放松来暂时逃避压力，但享乐的同时伴随着内疚和忧虑。放松型拖延也叫快乐寻求型拖延，在中学生中较为普遍，其特征是追求感官享乐、自我放纵，具有非理性思维，认为努力工作所得的回报小于付出，并擅长为自己的拖延行为找借口。

青少年学业拖延现状分析 [①]

从有关文献看，青少年学业拖延的现象比较普遍。王幼萍对 200 名初中生的调查发现，有高达 33.6% 的初中生存在明显的拖延现象，主要表现为学习拖延，初中生在复习备考方面的拖延最为严重，达到了 48.3%；在自主学习方面的拖延其次，为 42.7%；在完成作业任务上的拖延最轻，为 25.2%；生活方面的拖延最低，为 21.7%。

上述结果意味着，与他律任务相比，初中生在自律学习任务上的拖延程度更高。这说明，初中生的自主能力还相对比较薄弱，需要进一步加强自我调控能力。同时也说明，为了更好地促进学生的学习，教师适当地对他们强化学习要求、加强学习督促是很有必要的。

学业拖延对青少年发展的影响

长期的拖延行为会给学生的学习与生活带来许多负面影响。一方面，由于学习中经常拖延，学生的时间管理混乱，学习计划不能按时完成，最后造成学习效率下降，学习成绩不佳，学习压力增大；另一方面，学业拖延是一种非理性的行为，是对学习任务的不必要延迟。长期的习惯性拖延最后会导致学生产生内疚、自责、焦虑、自尊心受挫等不愉快的情绪，对学生的身心健康产生负面影响，严重时还不利于学生健康人格的形成。[②]

例如，学业拖延会对青少年社会适应产生负面影响。许艳凤和黄鹤影对 190 名初中生的调查发现[③]：被调查的初中生总体的拖延程度处于中等偏下水平，社

---

① 王幼萍：《中学生拖延现状调查及其与挫折承受力相关研究》，载《中小学校长》，2010 年第 1 期，第 70 页。

② 张雲芳、王红亚：《初中生学业拖延研究进展及其教育干预》，载《中小学心理健康教育》，2014 年第 16 期，第 11 页。

③ 许艳凤、黄鹤影：《初中生拖延行为与社会适应能力的相关研究》，载《集美大学学报》，2014 年第 4 期，第 35—37 页。

会适应能力总体较差，拖延程度与社会适应能力呈显著负相关，高拖延组的社会适应能力显著低于低拖延组，低社会适应能力组的学生拖延程度高。研究认为，初中生的拖延行为与社会适应能力存在显著的负相关，拖延行为对社会适应能力有显著的负面影响。也就是说，社会适应能力低的学生，学业拖延程度高。

究其原因，研究者认为：（1）一部分拖延程度高的人由于对失败所带来的挫折感心生恐惧，不愿意尝试没有把握的事，因此选择通过拖延来回避失败的风险。而在充满竞争的现实生活中，害怕失败的人往往感到力不从心，无处可逃，因此社会适应能力较差。（2）一部分拖延程度高的人出于获取掌控感，往往通过拖延来维护个人的独立性，证明没有人可以主宰他们的意志。而社会生活中充满着各式各样的规则，这些对控制比较敏感的拖延者便容易在社会生活中四处碰壁，难以适应社会生活。（3）一部分拖延程度高的人恐惧疏远，在需要自己独立完成的事情上常常表现出犹豫退缩，他们相信并且希望自己的拖延能博取他人的同情与帮助，从而缓和自己的孤独感。相反，有的拖延程度高的人则恐惧亲近，担心自己的成果会被他人窃取，因而选择拖延来保护自己的利益。而任何人际关系都涉及疏远与亲密，虽然拖延能在一定程度上维护他们的心理舒适区，但并不能从根本上解决他们在人际关系中遇到的问题，反而会因为自身的拖延给周围人带来困扰，让他人讨厌自己，不利于人际关系的发展，因而社会适应能力较差。

┃ 学业拖延成因分析 ┃

由于学业拖延是个体学习过程中涉及知情意行的复杂心理现象，因此学业拖延的形成原因也是个体因素与环境因素的交互作用。从现有的文献资料看，可能个体因素的影响要大于环境因素。

时间管理

学业拖延是一种消极学习行为和习惯，与个体时间管理行为密不可分。时间管理是指个体所表现出来的时间运用方式上的心理及行为特点，其能集中反映人们看待时间的态度和价值观念，推动个体向一定的目标前行。时间管理倾向由时间价值感、时间监控感、时间效能感三方面构成。有研究指出，个体的时间观念是反映拖延的主要因素，有拖延习惯的学生会将时间的焦点集中在当前，利用不正确的时间观念来逃避任务；无拖延习惯的学生会把时间的焦点延伸到未来，正确地管理时间，以减少拖延行为，从而提高效率。这些都说明了学业拖延与时间管理显著负相关。[1]

雷家萍等人对737名中学生的调查发现，学生学业拖延与时间管理倾向呈负相关，时间管理倾向各维度对学业拖延具有负向预测作用。时间效能感（行为效能与管理效能）、时间监控感（监控分配、监控计划及监控反馈）以及时间价值感（个人价值）等变量与学业拖延呈负相关，说明意识到时间重要性的个体，自我监控方面更严格，对时间管理的把控也更强，从而在学业态度上更加认真负责，即积极的时间观念能更好地指导自己的行为，学习拖延更少。时间价值感弱、缺乏时间管理观念的个体，在执行任务时往往高估任务执行中所拥有的时间，或低估任务需要的时间及高估未来的自我监控等，最终导致学习拖延行为增多。[2]

成就动机[3]

学业拖延不仅是时间管理问题，还与个体成就动机有关。成就动机（achievement motivation，AM）是个体具有的取得成就或实现一个渴望的目标的倾向性和内部动力。阿特金森（Atkinson）认为，成就动机在形成的过程中，在意识上存在两种方向相对的心理作用：一是希望成功的倾向，即追求成功和由

---

① 韩晓红等：《高中生学习拖延与时间管理倾向的关系研究》，载《贵州师范大学学报（自然科学版）》，2015年第3期，第29页。

② 雷家萍等：《青少年学业拖延与时间管理倾向相关分析》，载《中国学校卫生》，2014年第1期，第66页。

③ 张铭峰、孙丹妹：《高中生学业拖延与成就动机的关系研究》，载《赤峰学院学报（自然科学版）》，2014年第8期，第264-265页。

成功带来的积极情感；二是害怕失败或避免失败的倾向，即回避失败和由失败带来的消极情感。

张铭峰和孙丹姝在对 256 名高中生成就动机与学业拖延的相关研究中发现，追求成功动机与学业拖延各维度呈显著负相关，避免失败动机与学业拖延呈显著正相关；成就动机对高中生学业拖延水平具有显著预测力。

追求成功动机对高中生的计划缺乏程度、状态不佳程度、行为迟滞程度和执行不足程度具有明显的负向预测作用，说明个体追求成功动机越高，学习的计划性及执行力就越强，其学业拖延程度也就越低。在学习过程中，渴望成功者更能坚持完成任务，不会轻易放弃。分析原因，一方面，可能是由于追求成功动机高的学生有明确目标作为前进的方向和动力，更懂得时间对于成功的意义，因而在学习过程中更善于合理分配时间、制订计划并贯彻执行；另一方面，高追求成功动机者给自己定下的目标和要求较高，必须通过不懈努力才能完成，因此他们在学习上必须坚持良好的学习习惯，当天的任务必须当天完成。由此可知，减少拖延是高追求成功动机者的内在需求。

而避免失败动机对高中生状态不佳有显著的正向预测作用，说明个体避免失败的倾向越强，学习态度越消极，在学习过程中推迟完成任务的现象就越多。分析原因，一方面，害怕失败作为一种不合理信念往往与一些消极后果相联系，容易引起个体的焦虑反应，而拖延可以缓解这种情绪；另一方面，个体避免失败动机越高，越有可能将注意力集中于可能的失败和不利的后果上，认知资源的过多消耗导致其无法关注并完成眼前的学习任务，不可避免地导致拖延。

自我控制能力 [①]

陈贵等人对中学生学业拖延相关因素的研究表明，拖延与自我效能感、自

---

① 陈贵等：《中学生的拖延状况及相关因素研究》，载《中国临床心理学杂志》，2012 年第 4 期，第 571–573 页。

我控制呈显著负相关，与 90 项症状清单（SCL-90）中的焦虑、抑郁两个因子呈显著正相关。自我控制和自我效能对中学生拖延行为具有显著反向预测作用，但是自我控制能力是影响中学生拖延的最重要因素。

研究者表示，就个别变量对一般拖延的解释量来看，以自我控制的预测力最佳，其解释量为 40.5%，一般自我效能的解释量为 0.9%。自我控制的失败可能是个体冲动性的特征所造成，冲动性特质容易被外界刺激所吸引，如短期娱乐活动，从而表现出更多的拖延行为。德威特（Dewitte）等人关于拖延与动机的研究结果表明，拖延者并非缺少行动动机或明确的个人目标，与之相反，为了补偿自己行动失败的弱点，他们往往设置更多的计划和目标。他们拖延行为产生的主要原因是选择了更为有趣的活动。外界诱惑与分心刺激，使他们游离于个人既定目标，低估甚至放弃长远而有价值的目标意向，行动迟滞推后。可见，拖延者之所以不能完成预期的个人目标和任务，与冲动控制缺乏、注意力分散和不能抵制各种诱惑紧密相关。

心理韧性[①]

刘燕等人对 735 名初中生的调查发现，拖延行为和心理韧性之间存在显著负相关，心理韧性的目标专注、情绪控制和人际协助三个维度对初中生的拖延行为有着更为重要的影响。

高心理韧性者比低心理韧性者具有更多的坚韧、乐观和自强的品质，以及更高的幸福感。这些良好特质的结合足以使初中生满怀自信地去完成自己应当完成的任务，以维护较强的自尊心。相反，对于心理韧性较低的人，拖延行为则是他们保护自尊的一种方式，更是一种自我妨碍策略。心理韧性较低的初中生往往对自己有不正确的价值认识，对"自我价值完全由自己的行为表现决定"这一观点深信不疑，完美的表现或获得较好的成绩则说明自我价值高，表现不

---

① 刘燕等：《初中生拖延行为与心理韧性的调查研究》，载《贵州师范大学学报（自然科学版）》，2013 年第 1 期，第 32—35 页。

佳或考试失利就是自我价值较低。这种既具有完美主义倾向又恐惧失败的心理使得初中生为了维护自尊，为了证明未来的失败不是因为自己能力不足造成的，他们就给自己制定了苛求完美的过高目标，在完全没有把握成功地完成某项任务之前，不愿轻易尝试，结果就以拖延而不是没有努力为借口进行掩饰。所以在对初中生拖延行为进行教育时，要从改变他们的认知入手，减少完美主义倾向和错误的自我价值观念。

家庭教养方式[1]

杨青松等人对 370 名初中生的调查表明，家庭教养方式、成就动机与学业拖延关系密切，父亲拒绝、母亲拒绝、父亲情感温暖、母亲情感温暖通过成就动机影响初中生学业拖延。

父母情感温暖的教养方式有助于促进孩子形成积极自我体验，变得更加自信，会主动承担并按期完成学业任务。父母拒绝则容易打击他们的自信心，诱发无助感和挫败感；而父母过度保护容易诱发孩子形成过度依赖行为，从而出现独立完成学习信心不足的现象，这些都容易导致学业拖延。家庭教养方式作为个体在心理和人格成长过程中的基础条件，父母对待孩子的态度和行为势必会影响他们对自我的认识以及对学习目标的追求倾向，从而影响他们的成就动机水平，进而影响学业拖延程度。

｜ 学业拖延辅导策略 ｜

帮助学生学会时间管理

改善学业拖延策略之一，就是让学生学会管理自己的时间，养成不拖延的

---

[1] 杨青松等：《初中生学业拖延与家庭教养方式、成就动机的关系》，载《中国临床心理学杂志》，2017年第 3 期，第 558–560 页。

好习惯。青少年在学习的过程中，由于学习的科目比小学时期增多，学习任务也有增加，因此，管理好自己的时间，合理安排各个学科的学习时间，并按时完成任务，有目的、有意识地杜绝拖延，对于提高学习成绩、养成良好学习习惯及以后的工作都很重要。

提高学生自我效能，激发学习动机

陈秋珠对 459 名初中生的调查发现，学业拖延与学业自我效能感之间存在显著的负相关：学业拖延越高，学业自我效能感越低。低学业自我效能感的学生，对完成学习任务自信心不足，致使学业拖延经常发生。在进行学业成绩归因时，低学业自我效能感的初中生，学业的自信心较低，学习之前，早已预知了自身在学业中会遇到困难，难以获得良好的学业成绩。为了减轻内心的焦虑和痛苦，其自我效能感降低，更容易拖延和回避学习。他们在学习没把握的课程时，学业拖延行为更甚。因此，教师和家长要帮助低学业自我效能感的学生制定并落实短期能够实现的学习目标，重拾他们学习的信心，提升他们的学业自我效能感，达到消除学业拖延的目的。[①]

提高学生自我控制能力

自我控制能力是影响学生学业拖延的重要因素之一，学业拖延与冲动控制缺乏、注意力分散和不能抵制各种诱惑紧密相关。青少年与成人相比，比较容易冲动、缺乏自制。我们可以通过价值内化和技能获得来提高青少年自我控制能力。所谓价值内化，落实到学业拖延辅导上，就是让学生认识到学科知识学习的价值与意义，并将其转化为自己的认知内驱力。所谓技能获得，就是要提高自我控制的技能，具体建议：（1）可以帮助学生制订学习目标与计划，按

---

① 陈秋珠：《初中生学业拖延与学业自我效能感关系研究》，载《华东师范大学学报（教育科学版）》，2016 年第 3 期，第 100—105 页。

照计划实施。老师和家长平时注意鼓励和监督，让学生养成良好的学习习惯。（2）帮助学生学会情绪调节，可以运用正念冥想等技术，减少冲动情绪，保持良好的情绪状态。

父母的支持和帮助

许多研究显示，父母的教养方式与孩子的拖延行为具有很大的相关性。因此，在生活中，父母应该多给予孩子温暖、支持和帮助，而不是拒绝和否认，引导孩子管理好自己的时间，并注意劳逸结合等。在学习上，父母应当督促孩子完成学习计划。当孩子没有达成学习目标时，多给孩子一些鼓励和支持，让其在父母的温暖支持下继续努力；当孩子顺利完成了计划，给孩子适当的奖励以鼓励其进一步提高。①

有些学生的学业拖延与家长不当的教育方式有关，心理老师和班主任可以对家长进行家庭教育辅导。以下是针对一位初中男孩学业拖延行为的辅导案例。

1. 寻找孩子拖拉行为的定义。

对拖拉的标签有待商榷，有的行为只是"觉得拖拉"，是家长对孩子行为产生认知偏差。

家长：老师，我的孩子做事情很拖拉，无论我们怎么提醒，他做事都是慢吞吞的。

老师：拖拉具体表现在哪里？

家长：比如做作业，经常抓耳挠腮，做得慢，做到晚上11点多，影响睡眠。还有起床要叫十几次才愿意起来。吃饭也是这样，15分钟还没吃完，最后外婆很生气地说"不要吃了"，直接拉他去上学。

---

① 张雲芳、王红亚：《初中生学业拖延研究进展及其教育干预》，载《中小学心理健康教育》，2014年第16期，第13页。

教师：孩子的行为超出了你的标准，你很着急。这也是很多家长的苦恼。

家长：是的，你看他做事慢、晚睡，白天上课哪有精神，书怎么读得好呢，所以考试就考不好，太差了！

……

2. 寻找问题行为的强化因素。

家长总是盯着孩子的不足看，强化了孩子的拖拉行为。

老师：孩子拖拉的时候，你有什么反应呢？

家长：通常就是催。我也知道打孩子不好，但是有时候忍无可忍就揍他。有时候我会跟他讲道理，但是他不听。

老师：看来这些方法目前都不太奏效。

……

3. 寻找问题行为的诱因。

孩子转学存在适应过程，家长可能只顾成绩，忽视了孩子的心理需求。在沙龙活动中，我们通过示范模拟，指导家长和孩子进行沟通。

师：你觉得妈妈在气什么？

生：妈妈经常说我很拖拉，做事情很慢。

师：那你确实是像妈妈说的那样吗？

生：我也不知道，有时候我觉得还可以。但是我有时候觉得妈妈很烦，所以会故意不想起床。

师：烦？

生：比如我起床，闹钟响了一遍，她要叫我十几遍，起来还要被说，我就不想起来了。

师：那如果妈妈不叫你的话，你能起得来吗？

生：不一定。有的时候周末她去上班，我自己定的闹钟起来的。虽然也拖了一会儿，但还是起来了。

师：做得很好呀！从闹钟响到你起来用了多长时间呢？

生：很快，我就拖了一两分钟，怕自己再睡过去，就下床了。

师：那很好呀。那下次妈妈不催你起床，就叫一次，你觉着怎么样？①

个别心理辅导

学生的学业拖延行为表现常常各不相同，就需要采用个别心理辅导方法。以下是一则小学生学业拖延的辅导案例。

和拖延说"不"②

一、个案简况

盈盈（化名），女，10岁，小学三年级，独生女。偏瘦，小个子，坐在班级第一排。白白的皮肤，大大的眼睛，脸上总是挂着单纯、稚气的笑容。

从二年级下半学期起，盈盈的小动作明显变多，出现拖延情况并渐渐频繁。一开始在新来的年轻老师课上无视老师的指令，自己做自己的事，一节课课本上就写几个字。到最后，她在所有老师的课上都是慢慢悠悠，玩笔、玩草稿纸，就是不肯写字。

自从盈盈被老师多次批评之后，部分同学开始嘲笑她，给她取了"老太太""慢慢""懒懒"等绰号。盈盈也有过几次和同学吵架的行为。在盈盈的拖延情况越来越严重时，老师找其谈话，想关心一下她最近怎么了。她总是沉默不语，并对老师的教育表现出愤怒的样子：双手握拳，对老师翻白眼，然后沉默应对。

---

① 谢梅莲、杨雨婷：《家校社网协同育人在拖延厌学心理辅导中的实践与探索——以拖延厌学初中生的教育指导个案为例》，载《福建基础教育研究》，2022年第1期，第143-144页。略有删改。
② 蔡申珺：《小学生拖延行为的个案辅导》，载《中小学心理健康教育》，2023年第31期，第53-56页。略有删改。

二、个案分析

通过盈盈的自我陈述和与我的交谈，以及我和她的家长、班主任的沟通，我发现盈盈原本是个各方面表现都比较优异的孩子。但随着学业难度的增加，她不能达到父母对自己的预期，且家庭中没有人能很好地引导她，她渐渐丧失了学习的兴趣，形成了拖延的习惯。

但盈盈在美术课和其他自己感兴趣的课上能静坐在座位上，非常专注于课程内容，注意力保持也相对稳定。

三、辅导措施

通过家校联手、认知行为疗法，强化盈盈的时间管理能力。

措施一：家校联手，建立行为契约

我从盈盈妈妈的诉说中更进一步了解了盈盈拖拉的根本原因，并且决定给家长一些可行性建议，以改变她们相处的现状，从而减少盈盈的拖拉行为。

我建议家长让盈盈自己的事情学着自己做，不仅在学业上，在生活上也是如此，例如整理书包、整理房间等。如果盈盈能够做到或者在行为上有所进步，希望家长能够多表扬、少抱怨。

让我欣喜的是，盈盈妈妈主动表示非常愿意配合。在此基础上，我介绍了"代币法"。如果盈盈能自己独立主动完成事项，家长可以给予"小红花"当作表扬，一周内集齐 10 个后，答应盈盈外出游玩一次。

措施二：认知干预技术运用

辅导目标是改变盈盈不合理的观念。在长期负面情绪的影响下，盈盈固执地认为自己很笨，什么事情都做不好，再怎么努力都无济于事。改变就从观念入手，我引导她树立正确的观念。

- 我做不完作业是因为我上课的时候在玩笔、玩其他的东西，如果能够改掉这个坏习惯，我的完成情况能够好一些。

- 在美术课上完成美术作业，我能得心应手，说明我对喜欢的、感兴趣的东西，能够完成得很好，也很快。
- 我在美术课上一直得到老师的表扬，这说明我一点都不笨，而且是个有艺术细胞的好学生。

沟通、鼓励、支持，一段时间下来，盈盈变得自信很多，课上偶尔也能够举起手来回答问题，这样就更有自信了，尤其是在美术课上。

措施三：时间管理训练

强化盈盈的时间管理能力，制订一系列计划。之后我经常利用中午休息的零碎时间对盈盈进行专项训练，内容是计时口算题。每当她完成之后，我都会鼓励她："太棒了""你越来越厉害了""你真的蛮聪明的"。在一次次的鼓励下，她体会到了成功的喜悦，自信心也有了提升。当然，时间久了，她会觉得有点无聊，丧失了一些兴趣，但是我一直坚持。

除此之外，我还根据她学业和日常行为上的起点，从她自述和其他老师那里获得她每天进步的点滴，记录下来，一周进行一次阶段性小结。就这样，她渐渐看到了自己的进步。

经过一段时期的辅导，盈盈情绪平和，也没有再与老师和同学发生冲突，逐渐开始愿意做作业，拖拉现象有所好转，并且在课堂上专心听讲的时间更久了。有的时候，甚至会超前完成作业。

案例中的蔡老师成功地帮助盈盈克服学业拖延行为，有两点值得我们借鉴：一是找到了盈盈学业拖延的原因，如家庭教育不当、家长一味包办代替，以及孩子自身因学业拖延得不到老师的表扬等，而产生自卑的心理。其实，儿童希望得到表扬而努力学习是一种附属内驱力，虽然它是一种外部动机，处理得好就能够转化为儿童的内部动机。蔡老师巧妙地利用了盈盈在美术课上得到的表扬，恰恰可以增强孩子对其他课程的学习动力。二是辅导技术的运用有针对性，如家校联动、认知行为干预和时间管理训练。

· 本章结语 ·

学会学习是青少年生命历程中的一项主要任务，学习的目的不光是升学，更为重要的是培养他们对知识的好奇心、探究欲和创造力，这是青少年获得终身学习能力的基础。然而，功利主义使得青少年学习的真正意义和价值发生了偏离。在"孩子不能输在起跑线"的意识下，学生的课业负担日趋加重，学业压力日趋加重，乃至青少年学习焦虑、学习倦怠、拒学以及学业拖延等心理困惑和行为越来越多，青少年的学习热情与潜能受到压抑。

学习倦怠、学业拖延和拒学行为的共同点是缺乏学习动力，对学习缺乏热情和信心，学习行为怠情，但是这三类问题的表现特点、形成原因不尽相同，因此，辅导策略各有侧重。学习倦怠的辅导策略可以从提高学生心理资本、认知重建、持续激励和劳逸结合等方面进行；拒学行为的辅导策略既要学校教育、家庭教育和医学专业力量的协同预防与干预，又要开展有针对性的个别心理辅导，"不让一个孩子掉队"；学业拖延的辅导策略则可以从时间管理、提高自我控制能力，以及父母的帮助与支持等方面进行，帮助学生养成良好的学习习惯。

第六章

生命教育

面对变化纷繁的社会环境、自媒体时代的多元化信息，有的学生开始变得迷茫，认识不到自己存在的意义，甚至轻待生命。近年来青少年危机事件逐渐上升，生命教育日益受到人们的关注。生命教育的宗旨就是帮助青少年思考人为什么活着，人存在的价值和意义是什么，帮助青少年认识生命、珍惜生命、敬畏生命、热爱生命。生命教育是从生理、心理和伦理三个层面关怀学生的生命历程，帮助他们走好人生的每一步，促进他们健康成长、和谐发展。

本章讨论以下问题：
· **生命教育简述**
· **丧失与哀伤辅导**
· **青少年自我伤害辅导**
· **青少年自杀预防和干预**

生命教育简述 ^①

　　每当看到中小学生危机事件的报道，笔者的心情都很沉重。人们常常会问，为什么这些孩子会轻待生命？为什么这些孩子在风华正茂的少年时代会舍弃生命？因此，如何进行青少年生命教育，是每一个教育工作者必须关注的时代命题。2005 年 5 月，上海市科教党委、上海市教委颁布了全国首部与生命教育有关的文件——《上海市中小学生生命教育指导纲要（试行）》，笔者全程参与了该纲要的起草和实施推进工作。本节笔者将结合自己的研究与实践，谈谈对青少年生命教育的感悟。

┃ 生命教育的价值与意义 ┃

生命教育唤起对人的存在价值的人文思考

　　当代社会功利主义、享乐主义、物质化倾向弱化了人对自身存在价值与意义的思考，弱化了人对有意义生活的向往，弱化了人对精神世界的追求。19 世纪以来，科学理性主义迅速发展，遮蔽了人的精神价值和生存意义，人的完整性和主体性丧失，人成为"单向度的存在物"，人的精神世界被疏离了。如何

---

① 本节内容引自吴增强：《敬畏生命：生命教育实践的再思考》，载《中小学心理健康教育》，2020 年第 31 期，第 4-6 页。略有删改。

摆脱这种困境，走出人自身生命的异化？ 19世纪末20世纪初的哲学家们提出了种种哲学主张，其中根本的精神就是"找回失落的精神世界"，归还生命的完整性。德国哲学家狄尔泰（Dilthey）就是其中的一位代表人物。他认为，人文世界不同于自然世界。自然世界的一切都是机械运作，服从于特定不变的秩序。而人文世界不是僵死的、机械的世界，是一个自由的和创造的世界，是一个意义世界，人文世界是由一种内在的力量——有意识的生命所驱动。功利主义的教育无视孩子的天性，无视孩子的需求，在"分数第一""一切都是为了孩子好"的成人意志下，孩子生活的世界被挤压，孩子的自主性、独立性和创造性在日益丧失。与此同时，成人与孩子的和谐关系受到了损害。孩子也是有主体人格的大写的"人"，不要把孩子当成考试的机器，不要把孩子当成功利主义教育的工具。

生命教育启迪对人的全面发展的教育宗旨的理性思考

促进人的全面发展是现代教育的基本宗旨。联合国教科文组织国际21世纪教育委员会指出："教育应当促进每个人的全面发展，即身心、智力、敏感性、审美意识、个人责任感、精神价值等方面的发展。应该使每个人尤其借助于青年时代所受的教育，能够形成一种独立自主的、富有批判精神的思想意识，以及培养自己的判断能力，以便由他自己确定在人生的各种不同的情况下他认为应该做的事情。"可见，人的全面发展是身体、心智、精神的和谐发展。生命教育的目的，是引导学生正确认识生命，培养学生珍惜生命、敬畏生命、热爱生命的态度，增强生活的信心和社会责任感，树立积极的生命观，善待生命、完善人格，实现生命的意义和价值。可以说，生命教育既是人的全面发展的内在要求，也是促进人的全面发展的重要手段。

生命教育是青少年心理辅导的重要内容

生命教育和心理健康教育在学理上有不同的范畴。而从学生健康发展的视角来看，二者之间是密切联系、相互交融的。因为人是一个完整的生命体。如前所说，人的全面发展是身体、心智、精神的和谐发展，它也是学生健康心理的发展目标。在学生心理与精神层面的融合之处，有更多生命教育的议题。比如，青少年自我同一性，在探索"我是谁"，实质上也是对自己生命意义与人生价值的探讨；再如，面临生命的丧失而对学生开展的哀伤辅导，其意义在于引导学生从对人的死亡的讨论中感悟生命的可贵；又如，在对抑郁有自杀行为的学生的辅导中，如何让其从自我贬低、生命无意义感中走出来，等等。因此，在心理健康教育内容框架里，生命教育是一个重要议题。可以说，生命教育是心理健康教育的一个重要组成部分。

｜ 生命教育实践的基本路径 ｜

从上述理性分析和近年来国内中小学生命教育推进的实践来看，将生命教育融入心理健康教育是一条切实可行的路径。对此，笔者有如下思考。

建立科学的生命认知

应该让每个学生认识到生命的唯一性。人的生命只有一次，生命有时是很脆弱的，要珍惜生命。事实上，现在不少学生的生命意识模糊。2005年，笔者曾经对中小学生的生命意识和生命观作过调查，发现有半数以上的中学生认为人能够"死而复生"，实在应该引起教育者的深思。

究其原因，网络的虚拟世界中对生命的展现，往往脱离了现实世界。在有的网络游戏里，人有多条命，可以死而复生。而有些青少年往往分不清虚拟和现实之间的界限，这就颠覆了青少年对生命唯一性的科学认知。正如有的学者所说，"在游戏中，角色动作的模仿、击杀对手的感觉也会在一定程度上使青少年对于生命产生麻木或其他感受；在动画片上，不死的主角身体也会对青少年的生命认知产生错误的引导"[1]。尤为严重的是，网上还有一些游戏，会诱导极少

---

① 朱李文：《网络环境中青少年生命价值观的分析与建议》，载《南方论刊》，2017年第7期，第50页。

数学习、生活遇到挫折的孩子深陷其中不能自拔，最后导致悲剧的发生。因此，只有帮助青少年建立积极向上的生命意义感，拒绝生命的虚无，才能让他们远离虚拟世界。

生命意义感（meaning in life）是指个体领会、理解或看到他们生活意义的程度，并伴随他们觉察到自己生命或人生目的、使命、首要目标的程度。已有研究发现，生命意义感对个体幸福和健康具有重要预测作用，对生活满意度、积极情感和身体健康的预测作用显著，缺乏生命意义感则是焦虑、抑郁、空虚、无聊等心理问题产生及自杀意念（或行为）出现的重要原因。孟四清和刘金明对全国 5246 名中学生进行调查，结果表明，31.7% 的中学生生命意义感缺失。[①]可见，积极的生命意义感的培养是青少年生命教育的重要内容。同时，帮助学生健康上网，培养学生网络安全和网络道德意识是更为积极的教育策略。

直面死亡教育

帮助青少年建立科学的生命认知的一项重要内容是生死教育。科学的生死观教育就是让青少年正确认识生命本质、历程、老化及循环过程的科学知识，避免对于死亡的无知。死亡是有机体生命活动和新陈代谢的终止。青少年对死亡的认识，如果得不到父母、老师的科学教导，就容易被笼罩在死亡的神秘面纱之下，只有透过电视、电影、童话故事等略窥死亡面貌。由于无法获知真相，容易受到夸大、不实、扭曲等信息的影响，当青少年产生错误或片面的死亡认知时，其对于死亡的态度往往是恐惧、害怕、神秘的，容易产生负面且复杂的心理体验，不利于心理健康。

死亡教育形式是多种多样的，其中绘本故事是深受孩子喜爱的一种形式。如《獾的礼物》，大致内容是：獾是一个让人信赖的朋友，他总是乐于助人。但因为他已经很老了，后来他去世了。即使他去世了，大家还都记得他活着的时

---

① 孟四清、刘金明：《中学生生命意义感及相关问题的调查》，载《天津教科院学报》，2020 年第 4 期，第 45 页。

候给予的帮助。他教鼹鼠剪纸，教青蛙溜冰，教狐狸系领带……这些都是獾留给他们的"礼物"，这些"礼物"让他们互相帮助。绘本中这样写道：

> 他已经很老很老了，老到几乎无所不知，老到知道自己快要死了。
>
> 獾并不怕死。死，仅仅意味着他离开了他的身体……
>
> 獾告诉过他们，不久的某一天，他会去下面的长隧道，当这一天到来时，希望他们不要太悲伤……
>
> 他在火炉边的摇椅上坐了下来。他轻轻地来回摇晃着，很快就睡熟过去了，他做了一个奇怪却很美的梦，一点儿都不像他从前做过的梦。
>
> 让獾吃惊的是，他正在奔跑。他的前头是一条好长好长的隧道。他觉得双腿非常强壮，稳稳地朝隧道跑去。他不再需要拐杖了，他把它扔到了隧道的地上。
>
> 獾飞快地跑着，在长长的隧道里越跑越快，最后，他的脚爪离开了地面。他觉得自己在翻腾、旋转，起起落落，跌跌撞撞，却没有受伤。他觉得自由了，好像已经脱离了他的身体。

这个故事虽然是写獾的离世，但没有对死亡的恐惧和悲哀，充满了獾生前给大家带来的欢乐。这使笔者联想到印度诗人泰戈尔的诗句："生如夏花之绚烂，死如秋叶之静美。"

在生活实践中体悟生命的可贵

生命与生活密不可分。生活是人的一种生存状态，是生命存在状态的体验。陶行知说："什么叫生活？一个有生命的东西在一个环境里生生不已的就叫生活。人生就是要'活'——要'生活'。"生活的根本内涵是生生不息的生命，生命是生活的体现。

要让青少年敬畏生命，不仅要进行认知学习，还要能学会体验学习。体验是对亲身经历的反思，是全身心融入对象后对意义的揭示，是对生命意义的感悟。通过体验，人们能丰富自身的情感，提升人生境界。生命不仅需要学生去认识，更需要学生在生活实践中去体验，体验生命的过程是对生命意义逐步把握的过程。在青少年的世界里，生命体验的方式是多种多样的。比如，在丧失与哀伤辅导中唤醒对生命的珍爱。面对亲人、同学的生命丧失，会有悲伤，在悲伤之中我们常常怀念与逝者生前一起相处的难忘时光，从而更加珍爱生命。又如，在人类重大灾难事件之中对生命的感悟。2020年初暴发的疫情就是一次很好的生命教育的机会。它可以让青少年感受到在大灾大难面前的人间真情，体会到对他人生命的关怀是一种敬畏生命、尊重生命的大爱情怀。

此外，在课堂教学和课外活动（包括班团队活动、节日纪念日教育、仪式教育、学生社团活动、社会实践活动）中也有丰富的生命教育议题，可以让学生参与、体验和感悟到生命的意义。

走进幸福心理学让生命充盈蓬勃

积极心理学倡导者塞利格曼（Seligman）说："我以前一直认为积极心理学的主题就是幸福，它的测量标准就是生活满意度，而今幸福的含义变得更加丰富，它的目标是增进生命的充盈与蓬勃。"他提出幸福心理学的若干要素，对生命教育富有启示。其中乐观、心理韧性和积极关系等对青少年生命成长更为重要。

乐观不仅是一种人生态度，也是一种积极心理品质。塞利格曼说："乐观在你的某些生命领域中占有很重要的地位，它虽不是万灵药，但它可以保护你不受抑郁的侵害，它可以提升你的成就水平，它可以使你的身体更强健，它是一个令人愉悦的精神状态。"[1] 乐观者与悲观者对于世界的解释风格是不同的。同样面对困境，乐观的人会认为现在的失败是暂时性的，每次失败都有它的原因，不是自己的错，乐观的人不会被失败击倒。面对困境时，他们会把它看成一种挑战，更努力去克服它。悲观的人相信坏事都是因为自己的错，会持续很久，而自己无能为力，就此一蹶不振。因此，教师要培养学生乐观的解释风格，克服悲观的解释风格，这是让学生一生受用的幸福经典。

在生命成长中，也要提高心理韧性。人生的道路很少有一帆风顺的，往往

---

① 马丁·塞利格曼：《活出最乐观的自己》，洪兰译，万卷出版公司，2010年，第17页。

充满了各种各样的坎坷与风浪，一个成熟的人就是在困难与挫折环境的磨炼中，锤炼心理韧性和生命意志。同样，青少年在生命成长中，在日常学习、生活、交往和社会适应中，也会遇到各种挑战。教师要帮助学生积极地面对困难和挫折，提高学生的心理韧性。

积极和谐的亲子关系、师生关系和同伴关系是学生强大的社会支持系统和成长环境。青少年的人格发展正在走向成熟，尚未定型，具有很强的可塑性。父母和教师对孩子成长的重要性不言而喻。教师和家长只有走进学生的内心世界，倾听学生的心声，才能与学生建立温暖、和谐的关系，真正成为学生的人生导师，为促进学生健康成长与发展营造良好的教育生态环境。

重视高危学生的预防性辅导

生命教育既有关注每一个学生健康成长的发展性目标，也有禁止毒品、防止性传播疾病、防止自杀和各类事故等的预防性目标，同时，对已经发生的青少年学生危机问题进行专业转介和干预。这三者是紧密相连的，疏忽任何一项，都会影响学生的健康成长。预防是为了发展，发展是最好的预防，而干预的最终目标也是为了发展。

预防性目标应该着重对可能发生成长问题的高危学生群体予以关心，如家庭处境不利的学生、学习困难的学生、有行为问题的学生、人际关系不良的学生、青春期困扰的学生、情绪抑郁的学生、体弱多病的学生、伤残学生等。做好高危学生预防性辅导，关键在于学校危机预防和干预系统的建设，不是等到出了问题去"亡羊补牢"，而是要切实做好预防和预警工作。毕竟每一个生命都是独一无二的，每一个生命都是需要关怀和呵护的。

简言之，生命教育就是帮助青少年思考人为什么活着，人存在的价值和意义是什么。作为未成年人，青少年的生命教育应该以科学的生命认知为基础，以情感为纽带，以积极的生命意义与价值为导向，将生命教育融入学生日常学习、交往和生活之中，潜移默化、水滴石穿，让学生认识到生命的意义，感悟到生命的可贵，走好人生的每一步，使生命充盈而蓬勃。

丧失与哀伤辅导

天有不测风云，人有旦夕祸福。生活中充满了各种丧失，如失去亲近的人、丧失未来的各种可能性，以及身体的损害等，可以说，丧失与成长共存，它们会带来生活的改变。青少年遇到的创伤性事件主要是亲人、同学和同伴的亡故，这些丧失与悲伤事件会引起孩子巨大的心理悲痛和创伤，不仅影响他们当下的生活与学习，甚至会留下终身的阴影。在过去，老师一般不会去关注这些问题，老师既缺乏处理青少年丧失与悲伤的意识，也没有适当的方法和技能。而自汶川地震以后，无数青少年丧失亲人和同伴，人们对丧失与哀伤辅导、灾后心理干预有了前所未有的重视，把它作为青少年心理辅导的重要主题之一。

以下是一位高一学生丧失父亲的辅导案例。

我总是想起他 ①

小卢，女，17 岁，高二学生，体态正常，独生子女，现跟随母亲生活。性格文静、温和，成绩在年级排名靠前。家庭条件一般，亲子关系融洽，父亲较为宠爱她，母亲性格柔弱。小卢在校期间，人际关系和谐，有固定好友。在辅导过程中，该生精神状态正常，意识清楚，表现出情绪低落、悲伤，谈话过程中泪流不止。

来访者（小卢）主诉：

---

① 陈焱：《我总是想起他——一例丧亲高中生心理辅导案例报告》，载《中小学心理健康教育》，2020 年第 19 期，第 41—45 页。略有删改。

今年 8 月份，爸爸在离家走路不到 5 分钟的地方遭遇车祸去世了。他是我爸爸，对我很好，本来家里的生活已经开始越来越好，可爸爸却……爸爸走的时候，样子很惨。有时候我脑海里总是忍不住会出现爸爸走的时候的样子。我告诉自己要坚强，要努力调整，但每次回家，看到妈妈掉眼泪，我也会跟着难受，有点不太想回家。妈妈不是那种很坚强的人，以前家里有点什么事，都是爸爸做主，爸爸走后，她要处理很多事，我们都很难过。我觉得很对不起我爸爸，好后悔他还在的时候我没有多陪陪他，总是任性、欺负他。他希望我好好学习，以后考上好大学。我不想辜负爸爸的期望，但是最近上课的时候会不自觉地走神，脑子恍恍惚惚的，总是忽然想起以前他和我的一些片段，什么也不想做，只想停下来想他。我好难受，想爸爸的时候，我一点儿也看不进去书，晚上躺在床上也睡不着，一闭眼，爸爸就在我的眼前，我会忍不住流泪。我真的很难过，老师，我该怎么办？

可见，父亲的突然去世对小卢的心理打击之大是可想而知的。

丧亲与哀伤心理解读

丧失与丧亲

丧失一般分为三类：（1）成长性丧失，源于生命规律和人在生活中作出的选择取舍，如搬迁、转学、离婚等；（2）创伤性丧失，源于生命中一些不可预测性和突发性的事件，如亲人去世、失恋、身体伤残、社会联结破坏、财产损失等；（3）预期性丧失，源于人的预期并没有真正发生，也不一定真正出现，如失去未来各种可能——升学、恋爱、生育、信任、安全、控制、稳定和支持的丧失等。[1]

丧失亲人是青少年最大的创伤性丧失。与自己朝夕相处的亲人突然离开了

---

① 刘洋、李册：《浅析丧失与哀伤辅导》，载《社会心理科学》，2009 年第 6 期，第 115 页。

人世，是对青少年最具潜在伤害的重大生活应激事件。

哀伤的含义

哀伤（grief）是指一个人在面对丧失事件时出现的内在生理反应和包括情感、认知等方面的心理反应。它分为简单哀伤和延长哀伤障碍（prolong grief disorder，PGD）两类。简单哀伤又称正常哀伤，是亲近的人或朋友逝世后的正常情感反应，包括急性哀伤和持久性哀伤。急性哀伤出现在逝者逝世早期，丧亲者表现出极度难过及与日常生活不同的行为和情绪的特征。延长哀伤障碍，目前命名尚未统一，也被称为复杂性哀伤（complicated grief）、创伤性哀伤（traumatic grief）或病理性哀伤（pathological grief），《精神障碍诊断与统计手册（第五版）》中则采用"持续性复杂哀伤障碍"（persistent complex bereavement disorder，PCBD）。世界卫生组织在《国际疾病分类　第十一次修订本》中将延长哀伤障碍描述为在配偶、父母、孩子或其他亲近的人去世后，个体对死者的想念持续弥漫到生活各个方面，并伴随着强烈的情感痛苦，表现为难以接受死亡、愤怒、内疚、情感麻木的特点，这些反应将持续很长一段时间——至少6个月，且这些反应对个体、家庭、社会等多个领域造成了损害。[①]

由上可知，哀伤不仅仅是一种悲伤情绪，而是涉及思想、情绪、行为和躯体感觉的整体过程。哀伤辅导对于重建心理平衡、恢复自我功能是非常重要的。一般来说，哀伤是对丧失的正常的、自然的反应，而不是心理疾病，认识到这一点十分必要。因为大多数人会将哀伤视作不好的反应，对儿童不利，所以出于善意，竭力劝阻。比如，当儿童哀伤时，经常会听到这样的劝慰："别哭了""别难过了"。这些都反映了对哀伤功能的忽视，不利于儿童的心理健康。成年人总认为儿童什么也不懂，或者担心儿童太小，承受不了丧失带来的痛苦，所以常常回避儿童的哀伤反应，无意中剥夺或阻断了儿童的哀伤过程。这种善

---

① 徐克珮、刘华平：《丧亲儿童和青少年哀伤研究现状》，载《医学与哲学》，2020年第22期，第41—42页。

意的但又是想当然的干涉恰恰不利于儿童的健康成长。当然，如果儿童的情绪或行为反应过度，持续 6 个月以上，严重影响了儿童的生活与学习，就可能是延长哀伤障碍，就需要转介到心理医疗机构。[1]

丧亲青少年的哀伤特点

丧亲是人生中最痛苦的经验。丧亲后，个体会通过哀伤过程获得内在心理的重组与平衡，如能在此过程完成哀伤任务，个体就能从哀伤走向复原，反之可发展为延长哀伤障碍，同时并发严重的生理、心理问题。从心理发展阶段看，青少年已具备哀伤的能力，但青少年的哀伤过程与成人不同。

徐洁等人在对 18 名丧亲青少年的深度访谈调查中发现，丧亲青少年哀伤过程存在四个阶段，即面对生活的巨变、体验丧亲的痛苦与失落、在哀伤中继续生活、重新诠释死亡。这四个阶段的哀伤特点如下[2]：

（1）面对生活的巨变阶段。在此阶段，丧亲青少年普遍出现情绪、感觉、生理、行为、认知上的强烈反应。如有学生提到："母亲去世后的前几天，我没怎么说话。"大部分被访者为避免痛苦而否认死亡发生的事实并逃避与死亡相关的人和事，如一位学生谈及父亲因车祸去世的反应是"我不相信，根本不相信"。父母去世后，青少年面临生活秩序的骤变，个体会经历外在生活与内心世界的混乱。父母一方去世，改变了原有的家庭结构，青少年不得不卷入家庭系统的重组，如有一位学生提到"好像个小大人一样的，得去处理很多事情"。

（2）体验丧亲的痛苦与失落阶段。强烈反应过去后，青少年逐渐意识到死亡发生的现实。如一位学生说："突然觉得世界上只剩下自己一个人了，那种很巨大的空虚、寂寞包围自己。"同时，丧亲会给个体带来一系列的未完成事件，如"还没有尽到孝道""没有见到最后一面"等遗憾。有人会通过不断回忆、看

---

[1] 林涛：《如何帮助儿童面对丧失》，载《心理与健康》，2007 年第 11 期，第 4—5 页。
[2] 徐洁等：《丧亲青少年哀伤过程的定性研究》，载《中国心理卫生杂志》，2011 年第 9 期，第 652—653 页。

照片、做梦等方式来思念逝去的父母。

（3）在哀伤中继续生活阶段。青少年有独自哀伤的需要，如一位同学说："我不愿让同学和老师知道我家里发生的事。我一个人的时候，想我爸了，哭一下。"同时，青少年会对其哀伤情绪和表达方式进行反思，如一位学生说："我想让别人看出我对我爸的悲伤，大声哭其实是哭给别人看。"青少年也会主动寻找应对哀伤的方式，包括认知调节、发展替代性方式、寻求支持等。徐洁等人的研究还发现青少年的哀伤常被反复体验，特别是在一些关键点（如清明节、新年、祭日）上，他们会再次哀伤。

（4）重新诠释死亡阶段。丧亲青少年会采用合理化防御机制解释父母死亡，如一位学生提到："我觉得她就像天使一样，她过得很幸福。"青少年普遍会与逝去的父或母建立联结，将其安放在一个位置，如"心里""另一个世界""天堂"。还有人认为父母能跨越时空与其联结，如有学生说："我觉得我妈妈在另一个世界保佑我。"在这一阶段，青少年开始思考死亡、生命、意义等哲学问题，如有一位学生说："人死很正常的，把握好生命，在活着的时候把自己的事都负到责任，这一辈子就值。"青少年还会从父母死亡的生活经历中寻找到意义，如有学生说："父亲去世可以说给了我一个机会去寻找自我，重新塑造自己。"

丧亲与哀伤对青少年心理健康的影响

徐洁和张日昇在上述深度访谈调查中还发现，丧亲对青少年的心理影响有如下特点[①]：

（1）丧亲对青少年的心理影响涉及面广，涵盖学校适应、生活方式、情绪、人格、人际关系、价值观方面的个体功能。比如，有受访的学生提到，"影响是肯定很大的，好像是无处不在的影响"；另一位受访学生提到，"这个事情（母

---

① 徐洁、张日昇：《丧亲对青少年心理影响的质性研究》，载《教育学术月刊》，2011 年第 10 期，第20—21 页。

亲去世）发生后，我的个人成长轨迹改变了"。因此，当丧亲事件发生在青少年身上时，学校的教育者和家长以及社会各界需要对其关注并进行相关的危机预防干预，将丧亲对青少年可能产生的影响降到最低，避免其发展为复杂哀伤的可能性。目前，国内这方面的工作还不够，有待加强。

（2）丧亲不仅直接影响青少年的个体功能，还通过家庭功能间接影响其个体功能。比如，一位受访学生讲述了丧父后其个体功能和家庭功能的变化及家庭对个体功能的间接影响过程："以前不用想那么多东西，我爸爸一个人就全部都能够做得很好。爸爸去世之后，家里面发生很多变故。以前很有安全感，爸爸去世之后，特别是我妈妈和爷爷奶奶发生矛盾之后，总觉得就是一种安全感的丧失。"家庭系统论以一个整体功能单位来看待家庭成员的死亡对整个家庭的冲击和影响，丧亲对每位成员和所有的关系都会产生即时与长期的影响。因此，家庭作为一个系统应对丧亲压力的效果，还会再次间接影响到个体哀伤复原的能力。这一结果提示临床工作者，青少年经历丧亲事件后前来寻求心理帮助时，除了对青少年个体进行心理帮助，还必须同时考虑其家庭结构、家庭环境和家庭沟通方面的影响，以及家庭系统功能的改变对青少年可能产生的影响。向青少年提供哀伤心理咨询时，可采用家庭治疗的方式，通过改变家庭系统的动力，提升整个家庭应对丧亲事件的能力，帮助他们利用更多的资源。

（3）丧亲对青少年心理既有负面影响，又为其带来成长动力。一位受访学生提到："如果没有这件事情，可能也没有今天的我。（这个事件）给了我一个寻找自我、重新塑造自己的机会。"以往的研究和理论更强调丧亲的负面影响。该研究认为我们应从积极的角度来看待丧亲在个体生命中的意义。认知加工理论认为个体需通过寻求意义完成哀伤任务。因此在哀伤咨询时，需要引导青少年理解和思考丧亲为其带来的正向意义。当丧亲事件获得主体的意义之后，哀伤就可能转变为成长的动力，为其顺利完成哀伤任务提供支持。

（4）丧亲对青少年心理影响的长期性。该研究中丧亲时间超过10年的被访者有4名，丧亲在他们心中似乎是一种永远的丧失。其中一位学生提到："我的家庭是这样（母亲去世11年），我对婚姻不太信任，我对亲密很排斥。"另一位学生在接受访谈时，谈到母亲（去世 8 年），曾一度情绪无法控制而暂停访谈。因此，考虑到丧亲对青少年心理影响的长期性，如果了解到来访者在青少年时期曾遭遇丧亲事件，需评估青少年哀伤的状态、是否完成了哀伤任务、现在的问题是否和哀伤有关等。在临床实践中，咨询师常会忽略这一背景。

（5）丧亲对青少年的心理影响存在个体差异性。丧亲对青少年的影响，共性体现在丧亲对青少年某一维度的个体功能的影响方面，但在影响程度、影响过程和影响因素上具有个体差异性。个体差异性还体现在不同个体对丧亲对自己影响的诠释的不同。以丧亲对青少年学校适应的影响为例，有一半以上的被访青少年提到丧亲后他们的学习成绩、学习动机、学校行为表现都发生了明显的变化，但在影响过程方面，是分不同阶段的。如一位受访学生提到："我爸刚去世的时候，我就想我一定要好好学习，争口气，那时候还能学进去。我爸走了一年，感觉好像又失去了动力（学习动机）。"而另一位学生却说："我妈去世后，我的学习成绩立马就不行了，感觉没有力气和精神，后来慢慢好起来，大致有一年的时间吧。"分析发现，丧亲对青少年学校适应的影响受去世父母生前遗愿、文化价值观、继存父母的功能等个人背景因素的影响。后现代的学者与咨询者认为哀伤过程是复杂的，他们强调哀伤经验的独特性，每个丧亲者的哀伤体验是唯一的。这提示哀伤心理咨询可依据共性视角理解丧亲青少年，但一定要牢记个体的独特性，这是对来访者生命体验的最大尊重，也是心理咨询效果产生的最重要的元素之一。

｜ 丧亲青少年哀伤的影响因素分析 ｜

影响丧亲青少年哀伤的因素是多方面的、复杂的，主要包括个体因素、家庭因素和社会因素等方面。[①]

---

① 易永红等：《丧亲儿童哀伤的研究进展》，载《中国学校卫生》，2021 年第 11 期，第 1758 页。

个体因素

个体因素包括年龄、性别、个性特征、健康状况、认知发展水平等，会对其哀伤反应产生影响。

年龄是影响儿童青少年哀伤反应的基本因素。5 岁以下儿童对父母的依赖程度较高，哀伤反应较为明显。青春期时开始尝试迈向独立，自我概念和自我意识逐步增强，经常会处于一种矛盾状态中。丧亲事件作为一种不以自我主观意识为转移而发生的事件，让正处于此期的儿童极易陷入情绪的困扰当中，其中女生对丧亲有更强烈的情绪反应，因此会面临更多的困难和挑战。

个性特质也会影响儿童青少年的哀伤反应。具有较高水平死亡焦虑的儿童，在面对丧亲时感受到的压力大于死亡焦虑低的儿童，其哀伤反应更为复杂；高焦虑依恋的儿童会产生更高水平的孤独感；体质较差的儿童哀伤的持续时间较长。丧亲儿童对死亡的不合理认知与适应性不良的情绪和行为是紧密联系的。年龄小的儿童还不能完全理解死亡的概念，无法适度处理哀伤；青少年常以回避亲人死亡事实、隐藏哀伤的现象、拒绝他人支持证明自己的能力，这些都不利于丧亲儿童青少年完成哀伤任务。

家庭因素

健在抚养者因素

儿童青少年对于丧亲后的哀伤适应很大程度上取决于健在抚养者的丧亲态度、哀伤反应、应对方式、亲子关系等因素。健在抚养者对丧亲的开放态度和适当的哀伤反应为丧亲儿童青少年提供了情感表达的模板，可以促进儿童青少年哀伤的表达。朱莉（Julie）等人的研究显示，健在抚养者表现出过分暴露或者压抑哀伤等不适应的哀伤反应，与儿童青少年的焦虑、抑郁和回避行为密切相关。丧亲使原来的依恋关系解体，导致丧亲儿童青少年缺乏安全感，容易产生恐惧、焦虑情绪，同时也会阻碍丧亲儿童与健在抚养者之间安全型依恋的形成，影响儿童的内外行为问题和悲伤症状。丧亲造成家庭结构和功能改变，增加健在抚养者的经济压力、家庭责任和心理痛苦，导致健在抚养者的照顾水平和能力下降，减少了对儿童青少年的支持，影响了儿童青少年的哀伤适应。健在抚养者是丧亲儿童青少年进行哀伤适应的主要资源。

丧亲相关因素

丧亲儿童青少年与丧亲对象的亲密关系和亲属级数也是影响其哀伤反应的一个重要因素。与丧亲对象的关系越亲密，哀伤反应越强。丧亲对象是一级亲属，其哀伤反应更强烈和持久，也是延长哀伤障碍的高危因素。克丽丝（Chris）等人的研究显示，与丧亲对象关系亲密的儿童青少年，无论是过去还是现在，其哀伤的平均分都明显高于与丧亲对象关系不太密切的儿童青少年。另一项研究也发现，与失去祖父母的儿童青少年相比，失去父母的儿童青少年有更强烈的哀伤反应。丧亲类型也是影响儿童青少年哀伤反应的因素之一。丧亲对象非预知性死亡，如自杀、事故、暴力等原因致死，比自然死亡对儿童青少年创伤更大，会出现全面的延长哀伤障碍。安德里斯（Andriessen）等人发现，自杀丧亲后的哀伤过程和时间与其他类型的丧亲类似，但其承受的内疚感和耻辱感更强烈，这种哀伤反应导致自杀丧亲儿童青少年需要获得更多的支持。

社会因素

在我国传统的社会文化影响下，部分成年人出于保护心态，拒绝让儿童青少年正视丧亲事件，导致儿童青少年的悲伤无法表达。另外，少部分无法参与丧葬仪式的儿童青少年会对哀伤情绪产生被剥夺感，出现强烈的愤懑与失落，其哀伤反应也尤为复杂和持久。有研究发现，社会支持是预防或减轻丧亲者哀伤的重要保护因素。而家庭、学校、同伴是丧亲儿童主要的社会支持系统，面对丧亲，家人也身处哀伤中，常无力提供情感支持。由于学校哀伤辅导的缺失，丧亲儿童比成年人更缺乏有效的社会支持系统，陷于无助之中，会出现更大的心理痛苦、强烈的悲伤、恐惧及学业问题。

| 丧亲青少年哀伤辅导策略 |

丧亲青少年哀伤辅导基本要点

徐洁等人通过对丧亲青少年哀伤过程的研究，提出了哀伤辅导的基本要点：（1）咨询者须帮助丧亲青少年接受自己有表达伤痛的需要，帮助他们经历哀伤过程四阶段。（2）咨询者须聆听和陪伴丧亲青少年，为其创造一个安全的空间，促进其哀伤的表达。（3）丧亲青少年长期使用否认和逃避的方式，需评估是否发展为复杂哀伤。（4）在哀伤咨询时，帮助青少年了解其哀伤的过程，复原的力量才能自内心被引导出来。（5）咨询者须对可能引发哀伤的时间、情境保持敏感性，并在特殊时期给予关怀。（6）通过促进家庭哀伤任务的完成帮助青少年完成哀伤任务。[①] 这些要点具有一定的参考意义。

家庭哀伤辅导策略

家庭成员是丧亲儿童青少年重要的支持网络。儿童青少年哀伤工作的完成不仅是解决个人哀伤的问题，还需要通过处理家庭的哀伤来完成。以家庭为中心的干预是以儿童为中心，把健在抚养者也纳入干预的范畴。通过干预健在抚养者，降低丧亲儿童青少年的哀伤反应。应用的主要方法有丧亲家庭计划干预、认知行为疗法、哀伤支持服务等。它通过掌握亲子沟通技巧、制定家庭规划、开展家庭活动等建立良性的家庭互动模式，帮助健在抚养者解决哀伤问题，从而促进儿童青少年哀伤任务的完成。桑德勒（Sandler）等人对 244 名丧亲儿童和青少年进行以积极养育、教授应对技能、丧亲家庭成员联合互动为主要内容的丧亲家庭计划干预，共进行 12 次集体干预和 2 次个人干预，干预后经过 6 年和 15 年，通过随访进行测量评估，发现丧亲家庭计划干预项目可以减轻儿童或

---

① 徐洁等：《丧亲青少年哀伤过程的定性研究》，载《中国心理卫生杂志》，2011 年第 9 期，第 654 页。

　　　　　　　　　　　第六章　生命教育

青少年的自杀意向，降低自杀行为的可能性，促进健在抚养者对儿童情感的理解、亲子关系建立、塑造积极教养方式和提升儿童应对消极生活事件的能力，使丧亲儿童和青少年更好地表达哀伤情绪，减少不适应行为。[①]

个别哀伤辅导策略

根据哀伤辅导环节，咨询者应结合相关心理辅导技术开展个别辅导。多项研究表明，表达性疗法、游戏疗法、艺术疗法是缓解哀伤的有效干预手段。表达性疗法能触及儿童潜在的创伤经历和哀伤感受，供给儿童安全环境，搭建平台以使儿童自主表达悲伤。游戏不仅能辅助儿童宣泄和疏导消极情绪，还可通过游戏获取对丧亲事件的理解，进一步探究深层哀伤与外界现实之间的矛盾，进而最大化自我掌控感。艺术疗法借助艺术媒介，如音乐、舞蹈、诗歌、运动等各种形式，展现儿童难以或抗拒探寻的内在情绪，以此帮助儿童表达哀伤。[②]此外，认知行为治疗、家庭治疗、沙盘治疗、叙事治疗等都可以用于丧亲青少年哀伤辅导。本节案例中，心理老师（咨询师）就运用了认知行为疗法，帮助来访者走出哀伤。具体的评估分析与辅导过程如下：

一、评估分析

依据来访者的自述，事件发生一个多月后，她刚度过了否认、不接受亲人离开的"面对生活的巨变"阶段，正转向"体验丧亲的痛苦与失落"阶段，即退缩以及对逝者无限的忧伤与思念。因此脑海中经常会闪现逝者生前有关的记忆，重复悲伤、丧失的体验；同时也将逝者理想化，夸大逝者的优点，开始反复自责曾经对逝者不够好，产生内疚感。

根据个体差异，来访者也可能在三个阶段中倒退和反复，因此，针对丧亲类型的辅导，我们需要协助其学会在恰当的时间内以恰当的方式引发正常的哀伤，正确处理已表达或潜在的情绪情感，面对失落后在环境再适应过程中的障碍，用积极的心态关注当下

---

① 易永红等：《丧亲儿童哀伤的研究进展》，载《中国学校卫生》，2021 年第 11 期，第 1759 页。
② 同①。

生活，逐渐修复内部和社会环境中的自我。

二、辅导过程

针对该个案的情况，我们将整个咨询过程分为四个阶段。

第一阶段：提供心理支持与帮助，鼓励表达与释放

本阶段的主要任务是建立咨访关系，排除危机情况，缓解来访者的情绪。来访者刚开始诉说时便哭了起来："我忍不住想我爸爸，各种点点滴滴的片段。吃饭、上课、做作业时都忍不住想，躺在床上也会想，梦里他也在……我控制不住……"

来访者表现出强烈的哀伤和自责情绪，宣泄的过程中，出现了反复的哭泣、诉说与回忆。咨询师在来访者表述过程中，保持持续的目光注视，及时给来访者递纸巾、倒水、拍拍手背或肩膀，让来访者充分感受到自己的情绪被无条件地积极关注与接纳，营造和谐、安全的咨询氛围。

待来访者情绪渐渐平息下来后，咨询师引导来访者回忆自己与爸爸生活的点滴。在咨询中了解到，爸爸与来访者的感情十分好，在家中是重要的精神支柱；其父的离去对家庭来说是巨大的打击，家中由于妈妈做事没有主见，看到妈妈难过的时候，来访者感到十分无力，有时对于爸爸的离去感到愤怒。咨询师表达了对来访者爸爸逝世事件的同情和理解，让来访者的情绪得到宣泄。

第二阶段：协助面对哀伤过程，表达对逝者的感情

本阶段将帮助来访者度过哀伤反应过程，让来访者认识、面对和接受丧失的事实，协助和鼓励来访者宣泄和抒发自己对遇难者事件的内心感受，正视自己内心的痛苦。

由于来访者在内心深处还是难以接受爸爸离开的事实，心理老师在关心和询问了小卢近期状况后，在恰当的时机自我暴露了自己在经历亲人离世后的心理感受及自我成长历程，表达了对来访者的理解，让来访者明白，生老病死是大自然的规律，当离别不可避免地发生后，生者要更加能够明白活着的意义。分享结束后，咨询师试图使用空椅子和仪式技术帮助来访者与逝者正式告别。

咨询师：现在，请你想象，你面前的凳子上坐着的是你爸爸，他从另一个

世界回来了，坐在了你的面前。他安静地坐在椅子上，带着你最熟悉的笑容看着你……此刻你想对爸爸说点什么吗？

来访者：爸爸，我还是会想你，总是感觉你还在我身边。你不是说……你可不可以……（在帮助来访者宣泄了事件发生后对爸爸的思念与哀伤后，咨询师开始引导来访者完成与爸爸的告别。）

咨询师：小卢，你跟着老师一起念：爸爸，你的离开让我很难过。

来访者：爸爸，你的离开让我很难过。

咨询师：可是，我必须接受你已经离开的事实，因为你真的已经走了。

来访者：可是，我必须接受你已经离开的事实，因为你真的已经走了。

咨询师：现在，我要认真地和你告别，愿你在天堂好好地，我会好好照顾自己、照顾妈妈。

来访者：现在，我要认真地和你告别，愿你在天堂好好地，我会好好照顾自己、照顾妈妈。

咨询师：请你在远方祝福我。

来访者：请你在远方祝福我。

（咨询师让来访者给爸爸写一封信，把想说的话都写在纸上。）

咨询师：现在，当纸烧完的时候，说明爸爸已经收到了你的来信，你要彻底与爸爸道别了。

来访者：（抱着信哭泣了一会儿）爸爸，我知道你再也回不来了，我在心里永远会给你留一块位置，你在天上一定要好好地。

第三阶段：修正不合理信念，增加度过哀伤的勇气

受前一段时间总是在课堂上走神、回忆不断闪现的影响，来访者的学习成绩下滑较多，出现了焦虑、自责情绪。咨询中发现，来访者存在绝对化要求、糟糕至极等不合理信念，如"就算经历过丧亲事件，我的成绩也一定不能下滑""失去了爸爸，我的努力也没有了意义""考得不好很对不起爸爸"等。咨询师帮助来访者分析和解决问题，通过对话，协助来访者觉察不合理信念，并与之辩驳。如将"我在很多事情上都做不好了"，变成"我正在慢慢调整，我会恢复状态的"；"爸爸走了，天塌下来了"，变成"我是一个小大人，我会代替爸爸照顾好自己和妈妈"等。鼓励来访者转换不合理认知，相信自己有能力、有勇气克服眼前学习上的困难。

第四阶段：挖掘事件意义，建立新的生活目标

本阶段将帮助来访者调整生活状态，重新投入新的生活。谈话中发现，来访者的哀伤情绪已有所减轻，问题更多地聚集在学习成绩的起伏上，咨询师需要对来访者近期一系列积极的改变进行肯定和认可，帮助其挖掘事件带来的成长意义。每件事情的发生都有其意义，咨询师鼓励来访者发现在爸爸离开后自身的改变，探讨人只有懂得自己要守护的事物是什么后才能真的坚强。来访者意识到，自己也在慢慢成长，能够开始有意识地去控制自己的情绪，不会随意对家人发脾气，并将注意力回到还在关心自己的人身上，愿意主动想办法面对学习成绩下滑的困难。在讨论到具体问题的时候，咨询师也鼓励来访者自己解决问题，独立思考接下来可能遇到的困境，随时播撒希望的种子：痛苦终将逝去，生活将富有新的意义。

经过一段时间的辅导，来访者的哀伤情绪明显好转，自我反馈睡眠情况、精神状态有所好转，在平时学校生活的注意力开始逐渐从事件转向学校里的人和事；能有意识地把注意力和精力转移回学习上，学习效率有所提高，并建立了新的学习目标和生活目标，已达到预期咨询目标。

咨询师能够明显感到来访者的情绪逐渐趋于平和，在面对学习困境时已经能够自己分析问题，自我调解。通过回访和班主任反馈，咨询师了解到来访者已减少了原来上课走神、莫名流泪的症状，哀伤情绪得到改善，咨询基本达到预期目的。

这个哀伤辅导案例的成功给我们的启示是，咨询师遵循了青少年哀伤过程的特点进行有针对性的辅导：一是鼓励来访者充分表达哀伤情绪，让来访者内心的负面能量得到宣泄和释放；二是协助来访者表达对父亲的哀思，运用空椅子等技术与父亲告别；三是帮助来访者建立积极的信念和勇气，应对当前的挑战；四是从丧亲事件上寻找对自己成长的积极意义，肯定来访者的积极改变，鼓励来访者更好地面向新生活。青少年生活经历中难免会遇到丧失的哀伤，亲人、同学、朋友的亡故使之哀伤，把哀伤化为一种积极的力量，那就是珍爱生命，让自己的生命更加精彩。

青少年自我伤害辅导

近年来青少年自我伤害事件频发，并有逐年上升的趋势。虽然大多数青少年自我伤害无自杀意图，但仍然是心理健康高风险人群，也是心理危机高风险人群，应该引起教育工作者和家长的足够关注。青少年面临学业问题、同伴交往问题、社会适应问题，加之青春期心理困惑等，这重重压力，若无法应对，往往容易产生自我伤害行为。在学校，心理老师常常要对有自我伤害行为的学生进行辅导。以下是一位心理老师遇到的两个案例。

【案例一】丹丹，一个性格内向的女孩，课堂上不爱发言，但是听课很认真。初一下学期的一天，在上课时，同班另一个同学向我报告说，丹丹用小刀划伤了自己的手腕。课后，我将丹丹带到心理咨询室，向她了解情况，问她这么做的原因。丹丹说，因为心情不好，用小刀划自己觉得特别爽。她还解释说，小刀很钝，划得一点儿都不疼。

【案例二】小漫，一个长相比较俊俏的男生，身材偏瘦，酷爱漫画。这学期刚开学时，班主任老师反映，小漫划伤了自己的胳膊，而且最近情绪比较低落。在咨询中，小漫能非常清楚地表达出自己的行为过程、情绪反应，以及此刻对自己行为的评价。自述自己特别喜欢一个女孩，但最近几天女孩疏远了他，他感到惊慌，便学着电视上的一些情节，于两周前在胳膊上刻了女孩的名字。①

---

① 王丽英：《关爱生命，悦纳自我——中学生自残行为案例分析》，载《中小学心理健康教育》，2017 年第 18 期，第 48 页。略有删改。

可见，青少年自我伤害行为的动机是多样的，丹丹是为了情绪宣泄，小漫则是刻意模仿。而下面案例中小天自我伤害的情况就比较复杂。

难以承受的青春之"伤"①

小天（化名），男，13岁，七年级学生，有两个弟弟，他和二弟是一对双胞胎。二弟在七年级另外一个班，三弟在读小学。父亲在深圳北站附近上班，母亲在南澳上班，经营一家包子铺，起早贪黑。父母关系不太和睦，虽然在孩子们面前表现得和谐，但是经常在微信上吵架。

小天自述六年级时，不小心用刀片划伤了自己，感觉有点疼，但能够接受。后来，每当有学习压力时，就尝试用小刀割手臂，感觉不到疼，反而觉得心里会舒服些。慢慢地，当负性情绪或压力袭来，小天就用刀片割伤自己。这些负性情绪或压力情境如下：（1）考试成绩太差；（2）父母吵架；（3）每个月花费2600元补课，但成绩依然止步不前，父母为此吵架；（4）父母总是拿自己和别的孩子比，现在又拿自己和当了班长的双胞胎弟弟比。

班主任反映：小天总是躲避班主任的眼神；既想别人关注他，但又封闭自己；性格内向，成绩很差，朋友很少，上课或班级活动的表现也不积极，很容易被人忽略。

┃ 青少年自我伤害解读 ┃

自我伤害的概念界定

自我伤害行为（self-harm behavior，SB）是一个宽泛的概念，其核心内涵指个体故意伤害自己的身体组织。近年来，国内外学者常用非自杀性自我伤害行为指代自我伤害行为，以与自杀行为进行区分。自我伤害较为统一的定义是"直接地、反复地、不被社会文化所接受地伤害自身组织，但不以自杀死亡为目

---

① 严凤平、刘艳春：《难以承受的青春之"伤"——应用接纳承诺疗法干预初中生自残的个案研究》，载《中小学心理健康教育》，2020年第3期，第51—53页。略有删改。

的的一种行为"，其常见的表现形式有切割伤、抓伤、烫伤、撞击物体等，一般造成低致命性损伤。在美国《精神障碍诊断与统计手册（第五版）》中，首次提出以症状发生的频率标准来界定自我伤害（过去12个月内至少发生过5次自我伤害），并提出"非自杀性自伤行为障碍"一词。[①]

国内外青少年自我伤害状况分析

斯旺内尔（Swannell）等人发现，全球17.2%的在校青少年至少经历过一次自我伤害；新西兰一项对在校学生的监测研究显示，2007—2012年中学生自我伤害的发生率为20.3%~24.0%；美国青少年危险行为监测系统2015年数据表明，男性青少年过去一年内自我伤害的发生率为6.4%~14.8%，女性为17.7%~30.8%。我国大部分流行病学调查报道的自我伤害发生率高于西方国家。陶芳标等人对我国八省市17622名大中学生进行调查，发现17%的青少年在过去一年发生过自我伤害，其中发生两次及以上的占12.8%；唐杰等人于2015年对我国黑龙江、安徽、湖北、广东、云南五省15632名青少年开展调查，发现青少年自我伤害的发生率为12.2%。[②]李卓和林丹华对370名中学生进行了自我伤害行为调查，研究结果表明，50.5%的青少年曾经有过一次或者一次以上的自我伤害行为，但大多数青少年的自我伤害行为比较轻微；青少年第一次自我伤害行为多发生于13~15岁。[③]

青少年是自我伤害的高发人群。首次发生自我伤害的年龄一般在13~14岁，但也有学者认为实际年龄与自我伤害的关联有限，个体青春期的发动阶段与自我伤害的首发年龄关联更密切。自我伤害的高发年龄一般在15~16岁，17岁后开始下降。有研究表明，虽然在青春后期自我伤害发生减少，但物质滥用行为

---

① 唐杰：《培养青少年情绪管理能力 预防自我伤害行为》，载《中国学校卫生》，2019年第7期，第964页。

② 同①。

③ 李卓、林丹华：《对青少年自我伤害行为分析——以山西太原的调查为例》，载《青年研究》，2008年第7期，第8页。

增加，说明在青春期后期其他功能失调的行为可能接替了自我伤害。[①]

也有调查显示，青少年自我伤害行为在逐年减少。沈艳辉等人对北京海淀区 22604 名中学生自我伤害行为调查发现：海淀区中学生自我伤害率呈下降趋势，初中生、高中生自我伤害率均呈下降趋势，其中高中生下降最快。[②]

| 青少年自我伤害行为原因分析 |

青少年出现自我伤害行为的原因是多重的，有个体因素，也有环境因素。

个体因素

情绪管理

来自循证医学和循证心理治疗的证据表明，虽然自我伤害的影响因素十分复杂，但作为一种适应不良的应对机制，情绪问题是青少年自我伤害高发的关键因素。青少年面对学业、生活和人际交往中的困难与压力，往往情绪波动大。研究表明，自我伤害尤其多发在情绪管理困难的青少年中；自我伤害行为在发生时都伴随高唤醒程度的消极情绪，包括紧张、焦虑、愤怒、受挫、压力感等，但在实施自我伤害后，这类高唤醒的消极情绪得到缓解。当青少年陷入强烈的负性体验时，自我伤害便成为他们摆脱消极情绪的首选手段。因此，预防青少年自我伤害，应着重提高青少年的情绪管理能力。[③]

应对方式

负性应对方式也与自我伤害密切相关。格雷罗（Guerreiro）等人综述了

---

① 唐杰：《培养青少年情绪管理能力 预防自我伤害行为》，载《中国学校卫生》，2019 年第 7 期，第 965 页。
② 沈艳辉等：《北京海淀区中学生自我伤害和自杀相关行为现状及影响因素分析》，载《中国公共卫生》，2020 年第 6 期，第 953 页。
③ 同①，第 966 页。

2001—2010 年文献发现，自我伤害与情绪指向型应对方法（如回避、疏离他人等）呈正相关，与问题指向型应对方式（如问题解决、寻求帮助等）呈负相关。卡斯特罗（Castro）等人研究发现，自我伤害与非自我伤害青少年表现出不同的应对策略，自我伤害青少年常采用逃避、寻求友谊、发泄情感的应对策略，非自我伤害青少年则更多向家庭寻求持；采用逃避应对策略的青少年发生自我伤害的风险是采用积极应对策略者的 3 倍。[①]

具体表现在以下几方面：

（1）引起他人注意。青少年在学习、生活中面临许多压力，自我伤害行为是个体对挫折和压力的一种无力应对。虽然自我伤害无助于问题的直接解决，但它却向他人传达了一个信号，让别人知道自己需要帮助，强迫他人正视自己的需求。自伤者倾向于认为自己不受欢迎，是被忽视的群体，在他们看来，采取极端的方式就可以引起足够的关注。本节前面提到的小天就具有这样的典型动机。有调查报告反映，有的被访学生表示："我觉得她划那个（指拿刀片划自己的手臂）是想让我们多问问她最近的生活。"

（2）情绪宣泄。自我伤害是青少年不良情绪和攻击欲望的宣泄。格雷罗近年来对青少年的调查表明，自伤个体大多伴有攻击行为、严重沮丧和恶劣心情，以及孤独、绝望、愤怒等不良情绪。青少年自残前通常感觉非常糟糕，对家人或其他重要他人怀着不满和敌对，通过对自己的伤害来表达这些情绪，从而利于自己从无法忍受的不好情绪中获得一种解脱。有的被访学生认为自伤是为了"转移压力"；另有一位被访学生说："划完（指拿刀片划自己的手臂）心里会好受一些""只是发泄一下"；还有的被访学生表示"打完了（指打墙）舒服了点"。

（3）控制攻击性。在青少年没有其他可利用的交流方式来表达攻击性，并且缺乏延迟满足和延缓敌对欲望的能力时，自我伤害行为最后一种手段可以避免攻击他人的行为出现。因为攻击他人的行为可能会带来整个社会的排斥，自残者就将自己的身体作为攻击目标的替代品，来宣泄攻击的冲动。

[①] 唐杰：《培养青少年情绪管理能力 预防自我伤害行为》，载《中国学校卫生》，2019 年第 7 期，第 965 页。

寻求感觉刺激

有些学生进行自我伤害是为了"刺激""个性""好玩"。国外学者的研究表明，青少年自我伤害行为的想法部分源于社会上的各种媒体。李卓和林丹华的调查指出，21.9%的自我伤害青少年的想法来源为报刊、电视、电影及网络。这些媒体传播的不良信息很可能会影响青少年，使其产生对自我伤害行为的好奇心，误认为这是好玩、前卫的行为，从而去模仿这种行为，追求很"酷"、很"勇敢"的感觉。[1]

环境因素

家庭环境和童年创伤

作为青少年成长的重要环境，家庭对自我伤害行为也有很大影响。有研究表明，在12~18岁的自我伤害者中，家庭内存在困难的占有很大比例，由于离婚、分离或死亡等造成家庭破裂的青少年，其自我伤害机会是被更好地照顾的青少年的20倍。另外，早期创伤性经验对青少年自我伤害有着重要的影响，如早期的虐待等经历会直接影响儿童积极自我概念的形成，并使儿童出现人格解离、人格异常，产生大量不良情绪，从而成为自我伤害的导火线。[2]

学校适应和同伴关系

进入青春期后，青少年在校时间增加，学业成绩、师生关系和同伴关系对其身心健康的影响逐渐增加。教师对学生基本心理需求的支持是学生适应学校环境和生活的关键因素，这些基本心理需求包括肯定、鼓励和支持，主观感知来自老师和同伴的支持能降低自我伤害的发生。亲密伙伴个数越少者，自我伤

---

① 李卓、林丹华：《对青少年自我伤害行为分析——以山西太原的调查为例》，载《青年研究》，2008年第7期，第14页。
② 李涛、郑晓边：《青少年自残行为及其干预》，载《中国心理卫生杂志》，2004年第10期，第732页。

害发生的风险增加，但亲密伙伴数增加并不一定能降低自我伤害发生的风险。特别是亲密伙伴中有自我伤害发生者，这会使青少年自我伤害发生的风险增加 3 倍。在学校受欺凌者也是发生自我伤害的高危人群。①

| 青少年自我伤害辅导策略 |

提高青少年积极应对能力、情绪调节能力和心理韧性等健康心理品质是预防青少年自我伤害的有效策略。而对有自我伤害行为的学生，学校和家长要予以高度重视，由心理老师或者专业训练工作者对其开展心理辅导，班主任和家长要积极配合，增强其社会支持。

青少年自我伤害一般辅导程序

对有自我伤害行为的学生，可以由学校心理老师进行干预，班主任协助。干预的目的是给自我伤害的学生创造一个安全的环境，帮助他们承担起自己行为的责任。干预包括情绪调节、唤起状态的中断、签订契约、伤后照料和环境管理等。②

情绪调节：重在帮助自我伤害学生对情绪的控制和管理，教给他们一些自我抚慰的技术，如体育锻炼、听放松的录音、热水浴等。

唤起状态的中断：要求为自我伤害学生制订特定的辅导计划，来中断自我伤害前的唤起状态，重在帮助患者学会识别具有高风险性的时段和引发事件，让他们学会注意在哪些事件中可以有高水平的情绪表达和体验，以及什么时候自己有更多的孤立感。在此基础上制订特定的计划和采取有效的方法来中断这些唤起状态。

---

① 唐杰：《培养青少年情绪管理能力　预防自我伤害行为》，载《中国学校卫生》，2019 年第 7 期，第 966 页。
② 李涛、郑晓边：《青少年自残行为及其干预》，载《中国心理卫生杂志》，2004 年第 10 期，第 733–734 页。

签订契约：如"在洗澡时保证安全"，有利于自我伤害的学生在控制冲动时获得成功的感觉，并且帮助他们提高对冲动的控制能力。

伤后照料：教导自我伤害者如何照料伤口，包括适当地清洗伤口、了解伤口感染的症状和伤口痊愈的营养学知识。这可以帮助自我伤害学生用自我康复行为代替自我伤害行为。

环境管理：这是指对自我伤害影响的控制。自我伤害对环境有强烈的影响，如导致自我伤害行为在青少年群体中散播等。对环境的管理包括理解和适当地控制辅导者的反移情、对辅导者的抚慰、防止被自我伤害者的需求所控制等方面，从而将发生的自我伤害行为对环境的影响控制到最低限度。

青少年自我伤害个别辅导策略

心理老师可以运用认知行为治疗、叙事治疗、接纳承诺治疗、沙盘治疗和家庭治疗等技术，对来访者进行辅导。

本节前面提到的小天的案例中，咨询师运用接纳承诺治疗技术对小天进行了精心辅导。具体过程如下：

一、原因分析

一般而言，自我伤害的学生通常不会主动求助于心理老师，他们在自我伤害的过程中体会不到疼痛感，那是因为心理上的痛盖过了身体的痛。这类学生在遇到重大生活事件时释放负性能量的方式就是攻击、伤害自己。小天也不例外。通过初步访谈，我了解到小天自我伤害的原因。

1. 自我价值感很低。小天的学习成绩很差，父母送他去补课，花了很多钱，但他成绩依然如故。父母也经常拿他和别的孩子比，甚至拿他和当班长的双胞胎弟弟比。比较的结果非但没有激发小天的学习动力，相反却让小天陷入深深的自卑。自我价值感极低的小天会把负性情绪或压力指向自己，继而攻击、伤害自己。

2. 缺乏安全感。小天知道父母经常在微信上吵架，虽然在他面前父母表现得和谐，但这只是假象。父母在暑假的一天曾用开玩笑的口吻试探性地询问小天：如果父母离婚了，他会选择跟哪一方？这些情境经常在小天的大脑里盘旋，让他极度缺乏安全感，加之父母有时候吵架是因为他的成绩，因此，小天遇到不开心的事情，就会攻击、伤害自己。

由此看出，小天的心理空间不够灵活，自残是心理僵化的表现，而接纳承诺疗法融合了东方哲学的内涵，创造性地借鉴辩证法、灵性、关系以及正念等观念，通过灵活多样的治疗技术，提高个体心理的灵活性。因此，咨询师主要采用接纳承诺疗法对小天展开心理咨询，前后共计五次。

二、辅导过程

（一）创造性无望技术的运用

创造性无望是接纳承诺治疗的一种技术，就是让来访者意识到从长远来分析自己采取的方法是否有用。在本案例中，小天面对负性情绪或压力情境时，用小刀割伤自己的手臂，虽然能暂时感到舒服一些，但这种极乐的感觉体验非常短暂，过不了多久，又会重复这种不良的行为模式。因此，小天其实是在逃避问题，所以需要用创造性无望技术让他正视自己的问题。部分对话如下：

咨询师：你现在用刀片割伤自己的手臂，这有什么好处吗？

小天：心里会舒服些。

咨询师：你可以一直用刀片割伤自己的手臂吗？

小天：（沉默，若有所思）应该不能。

咨询师：用刀片割伤自己，有不好的后果吗？

小天：会流血，也会留下一道道或深或浅的伤疤，很难看；如果割伤自己，处理不好伤口，还可能会感染。

咨询师：嗯。这是生理方面的伤害。除此之外，割伤自己能解决问题吗？

小天：（沉默良久）问题还在那里，并没有真正解决。

咨询师：换句话说，从长远来看，当遇到负性情绪或压力情境就去割手臂，能行得通吗？

小天：行不通。

通过创造性无望，小天意识到当负性情绪或压力来临时，用刀片割伤手臂，只是一种逃避行为，实质是麻醉自己，不利于自己的长远发展。

（二）接纳技术的运用

小天用刀片割伤自己，原因主要是自我价值感极低和缺乏安全感。接下来，咨询师尝试采用隐喻和自我开放技术让小天学会接纳自己。先用"小黑狗"的隐喻，让小天理解，自我价值感极低和缺乏安全感带来的负性情绪或压力，就像身边的小黑狗一样如影随形。要想让小黑狗不影响自己，最好的办法就是接纳它，与它和平共处，带着它一起学习。再用自我开放技术，告诉小天，他所遭遇的情形包括自我价值感极低、缺乏安全感等，咨询师也曾遭遇过。咨询师还告诉小天，大多数人的自我价值感和安全感并不是所谓的"非黑即白"，而是处于中间的灰色状态。换言之，大多数人的自我价值感和安全感并没有达到自我满意的状态。启发小天思考，与其割伤自己，拼命抵抗负性情绪或压力，不如与它们和平共处，带着它们去寻找解决问题的办法。

（三）正念呼吸训练

咨询师运用正念呼吸训练，帮助小天更好地关注当下和以己为景，达到"观察的自我"。

指导语：现在请你把身体坐直，背靠沙发，双肩自然下垂，以最舒服的姿势坐好，放松你的身体。闭上双眼，双手自然地放在腿上。此刻，什么都不想，把你的注意力集中在呼吸上。吸气，慢慢地感受空气进入鼻腔、吸入胸腔、进入腹部的感觉，感受腹部慢慢地隆起；慢慢地呼气，感受空气经由鼻子呼出去、腹部慢慢瘪下去的感觉……

当走神儿的时候，你可能会想到一些不愉快的经历，体验到一些负面的情绪或生活中的压力。这都没有关系，每个人都会这样。过去的已经过去了，未来还没到来。此刻，请你温柔地把注意力放回到呼吸上。请和呼吸保持连接，将觉察范围逐步扩展到你的整个身体。慢慢地把耳朵打开，倾听它们，感受它们。睁开眼睛，看看四周，带着这种觉察感受你所看、所说、所听、所思的事情。

经过几次训练之后，小天掌握了正念呼吸技巧。每当负性情绪或压力来临时，小天能够灵活运用，以实现"观察的自我"，提高心理的灵活性。

（四）价值澄清和承诺行动

价值澄清就是要激发来访者自身的动力系统，让来访者自己产生行动的动力。价值不仅仅是方向和目标，同时也是动力系统。承诺行动就是要为了自己的价值方向而进行实实在在的努力，碰到困难去想办法克服，遇到挫折去总结经验。

咨询师在平时上心理课期间，留意到小天喜欢看动画片《海贼王》。因此，咨询师利用他的这一爱好来激发他的价值取向，并鼓励他用实际行动维持这一价值取向。部分对话如下：

咨询师：小天，你喜欢看《海贼王》，那你能告诉我，你最喜欢里面的哪个人物吗？

小天：喜欢路飞。

咨询师：为什么喜欢路飞？

小天：因为路飞虽然误食了橡胶恶魔果实，变成了橡胶人，不能游泳，但是他并没有因此放弃，还是坚持航行寻找宝藏。

咨询师：看得出你很喜欢这部动画片。路飞在寻宝的过程中遇到了种种困难，是什么支撑着他没有放弃，继续坚持呢？

小天：是他的小伙伴，以及他的信念促使他不断进步，拥有动力。

咨询师：是的，他们拥有坚定的信念，才能够不畏惧困难，想办法克服这些困难，不断前行。小天，你有没有特别想要做的事情呢？你目前有什么理想？

小天：我想考一个好的高中，以后还要考大学，找一份好的工作。

咨询师：嗯。你的理想很实际，那你觉得需要具备哪些条件呢？

小天：需要有好的心态，不断努力，提高学习成绩。

咨询师：如果心情不好呢？还会用刀片割伤自己的手臂吗？

小天：（尴尬）不会，谁都会有心情不好的时候，我可以带着这种不好的心情努力将事情做好。

咨询师充分利用小天的爱好，引导小天带着负面情绪把事情做好，就算前路困难重重，也要想办法解决，而不是用刀片割伤自己、麻痹自己。除此之外，咨询师还和小天探讨了一些宣泄负性情绪的方法，例如倾诉、运动和写作。小天频频点头，还向咨询师请教了一些科目的学习方法，表示今后会努力学习，好好生活。

（五）家庭支持

在运用接纳承诺疗法干预小天的同时，咨询师也尝试"约谈"他的父母，并对他们进行干预，为小天营造一个有利的成长环境。小天自我价值感很低，非常自卑，和父母不当的教养方式有关。此外，小天缺乏安全感，有被抛弃感，与父母经常在微信上吵架、在他面前曾表露离婚的想法及让他在父母离婚后选择跟随哪一方有关。咨询师采用编排心理剧的方式对其父母进行干预，即让父母中的一方扮作小天，另一方和咨询师扮演小天的父母，完整地呈现日常生活中的亲子交流情景，启发他们去感受和换位思考。经过心理剧表演，父母意识到家庭教育方式的不当，表示以后不会再拿小天和周围的孩子比，也不会拿他和双胞胎弟弟比较。除此之外，父母表示以后不再在孩子面前吵架和表达离婚的想法。不管以后是否离婚，双方对孩子的爱不会因为离婚而有所减少，让孩子拥有完整的爱。

（六）班主任协助

咨询师找到小天的班主任，简要介绍了他的咨询情况。班主任曾接受过广东省心理健康教育 B 级资格证书的培训，承诺会以班主任的身份采取相应的措施，帮助小天成长。班主任自从发现小天用小刀割伤自己的手臂后，对他的关注明显增多，也让其他学生多关心他，还让他当班里的宣传委员。现在，小天能够体验到自我的价值，积极地参加班级活动，性格比之前开朗了很多。

三、效果评估

1. 来访者自评。感觉负面情绪减少了，整个人的精神状态比之前好很多。睡觉比较有规律，睡眠质量有所提高，食欲明显好转。现在偶尔也会有负面情绪，但是不会用小刀割伤自己的方式来逃避问题和麻醉自己，而是去想办法解决。

2. 他人评价。班主任反映，没有再发现小天用小刀割伤自己了，现在他参加班级活动比以前积极，和同学们相处得比之前好，总体而言算正常；同时，小天的学习成绩有一定提高，见到人能够主动打招呼，并且面带微笑。

3.咨询师的观察与评定。小天的气色比之前好，看起来阳光很多。和咨询师谈话时，轻松自然，也理性很多，心理灵活性较之前有所提高。

这是一例比较成功的学生自我伤害干预案例。笔者认为咨询师的辅导经验有以下几点值得大家学习：一是评估分析到位。咨询师细心倾听小天自我伤害的理由，从中分析到自我价值感低、缺乏安全感是小天自我伤害的内在因素，特别是父母老是拿他和当班长的双胞胎弟弟比较，加重了他的自卑感。二是辅导措施有针对性。咨询师运用创造性无望、接纳、正念、价值澄清与承诺行动等方法，引导小天用合理的行为来应对自己的困难与挫折，其中利用小天喜欢的动画片《海贼王》的隐喻恰到好处，鼓励小天学习情绪管理，用积极的行动追求自己的理想。创造性无望不是让来访者继续灰心失望，而是让来访者改变自己原有的消极行为，创造性地建立自我肯定的行动。[1] 三是给小天有力的社会支持。家庭工作和班主任协助都是在为小天的健康成长营造良好的教育生态。

---

[1] 斯蒂芬·海斯等：《接纳承诺疗法（ACT）——正念改变之道》，祝卓宏等译，知识产权出版社，2016年，第175—176页。

青少年自杀预防与干预

近年来青少年自杀事件逐渐增多，引起全社会的高度关注。青少年时期正是学生风华正茂、生机勃勃、走向成熟的大好时光。有学生却因生活、学习上遇到各种各样的困境而内心痛苦、挣扎，舍弃生命。每当看到与此相关的危机事件报道，我们的内心是沉重的。到底是什么原因让这些正值花季的孩子如此轻待自己生存的权利，终结自己的生命呢？这是我们每个教育工作者要严肃思考的问题。生命教育的目的，是让每个学生热爱生命、珍惜生命，让更多的青少年远离心理危机，活出生命的意义，活出人生的价值。因此，在学校心理健康教育工作中，学生心理危机预防和干预始终是一项不可或缺的重要任务。

｜ 青少年自杀现象解读 ｜

自杀（suicide）是一种非正常死亡，它不是肉体生命发展的自然结局，而是个体蓄意或自愿结束自己生命的行为。自杀行为包括自杀意念、自杀计划、自杀未遂和自杀死亡。

有关资料表明，青少年自杀行为正在逐年上升，是一种全球性公共卫生问题。据世界卫生组织2019年的报告，自杀是15~19岁青少年的主要死因之一。[①]

---

① 汪妍等：《中国5省在校中学生自杀行为流行状况及其与抑郁、焦虑关联》，载《中国公共卫生》，2023年第10期，第1226页。

根据美国疾控中心提供的数据，从 1991 年到 2006 年，10~24 岁男性的自杀率逐渐下降，但这一趋势在 2006 年左右出现大逆转，在 2014 年，不论年龄和性别，自杀率都高于 1999 年。[①]

由于对青少年自杀行为预防和干预的高度关注，国内近 20 年来有关青少年自杀行为状况的调查报告频频发表。汪妍等人对我国五省 20792 名在校中学生自杀行为的的调查报告显示：中学生中自杀意念者为 10.41%，自杀计划者为 8.03%，自杀未遂者为 5.10%。[②]张至贤等人对三城市 16853 名中学生的自杀行为与心理健康素养进行研究，结果发现，中学生自杀意念为 31.3%，自杀计划为 16.3%，自杀未遂为 7.5%，非自杀性自伤行为为 28.9%。[③]各研究报告的调查数据有差异，可能与调查对象、使用的测评工具不同等因素有关。但总体而言，这些数据表明，青少年危机与心理健康不容乐观，学校心理健康服务面临重大挑战。

｜ 青少年自杀原因分析 ｜

青少年自杀现象逐年上升现已成为全球青少年心理健康问题。这就需要我们重新审视青少年自杀原因的分析思路。美国社会学家米尔斯（Mills）曾在《社会学的想象力》一书中精辟地区分了"局部环境中的个人困扰"和"社会结构中的公众问题"。戴洁和李光燊认为，一个社会如果只有很少比例的青少年自杀，那可能是这些个体自身的原因，可能他们心理比较脆弱、童年时有过受伤害的经历，或在实际生活中遇到巨大困难难以克服等；然而，当一个社会青少年自杀比例超出一定范围时，就迫使人们思考，为何如此多性格迥异、家庭背

---

① 詹姆士·M. 考夫曼、蒂莫西·J. 兰德勒姆：《儿童和青少年情绪与行为障碍》，凌春秀译，人民邮电出版社，2021 年，第 260 页。

② 汪妍等：《中国 5 省在校中学生自杀行为流行状况及其与抑郁、焦虑关联》，载《中国公共卫生》，2023 年第 10 期，第 1225 页。

③ 张至贤等：《中学生心理健康素养和非自杀性自伤行为交互作用与自杀相关行为关联》，载《中国公共卫生》，2022 年第 12 期，第 1517 页。

景不同、教育水平各异、生活经历大相径庭的人都选择自杀呢？这就不是简单的个人原因所能解释的，需要从时代环境和社会结构中寻找答案。[①] 笔者也认同这个观点，认为青少年自杀现象是社会环境与个体因素交互作用的结果。

个体因素

从个体因素看，青少年自杀行为与其心理健康状况、心理品质、人生观和生命观密切相关。具体体现在以下几方面。

意志力薄弱

自杀一般是由主观或客观上无法克服的动机冲突或者挫折造成的。客观因素又称环境性挫折，是指外界事物或情境阻碍了人们达到目标或满足需要而产生的挫折，如人际关系紧张、竞争压力、亲子冲突、学业失败等。主观因素是指个人体力和智力条件的限制不能达到目标，或者个人健康情况不佳，或者生理缺陷不能胜任工作，进而导致学习、工作、生活上的失败。普通人在日常生活中遭遇动机冲突和挫折都是难以避免的，但由此产生自杀行为的人毕竟只是极个别的。这里显然就有一个对动机冲突和挫折的承受力问题。意志薄弱的人对压力的承受力较差，一个不大的刺激，在他们看来可能是一个无法忍受的打击。目前青少年意志品质薄弱、耐挫能力差是一个普遍的问题。笔者曾对上海地区的青少年自杀死亡情况作过调查，发现引起青少年自杀的事件并不是非常严重的危机情境或是重大生活事件打击，有的是同学纠纷，有的是因未完成作业而产生家庭矛盾，有的是考试不及格等。为什么这些问题足以剥夺这些年轻的生命？这表明这些学生的意志品质是很脆弱的。

抑郁情绪

在许多自杀危险性评估工具中，当事人情绪抑郁是一项重要的指标。自杀

---

① 戴洁、李华燊：《转型期青少年网络相约自杀现象探讨》，载《中国青年研究》，2011 年第 11 期，第 20 页。

者常见的心理疾病是抑郁症。有研究发现，50%以上的自杀死亡者为抑郁症患者，20%~48%的自杀企图者为抑郁症患者，而抑郁症患者死于自杀的比例为2.2%~6.2%。有分析表明，控制人口学特征后，抑郁症患者中死于自杀的风险是非抑郁症患者的20倍。[①]

汪妍等人的调查报告发现：抑郁、焦虑情绪均是我国在校中学生不同阶段自杀行为的危险因素。众多研究表明，抑郁显著正向预测自杀风险，抑郁个体往往陷入负性情绪中，社会功能受到损害，在人际交往中的归属感低、负担感高，因而会产生自杀意念。而且，抑郁个体有更多消极的认知，在处理压力事件时往往想不到其他积极应对方式，导致其自杀计划和自杀未遂行为的发生风险增加。[②]

因此，学校和家庭对于情绪易抑郁的学生应该予以更多的关心和帮助。特别是当他们遇到困难和问题时，应及时辅导和干预，将危机消灭于萌芽状态。

消极的自我意识

由于青少年自我意识的迅速增长，他们比以往任何时候都关心自己，包括自我形象、别人对自己的评价等。比如，有些学生因过分注重自己的形象而产生体像烦恼，即感到自己长得不够帅或漂亮。如果不能接纳自己、悦纳自己，就会为自己某些不理想的东西而产生焦虑和抑郁。有个高中男孩，家庭经济条件良好，本人在校学习、品行都不错，因过分注重自己的容貌去整容，不料整容手术失败。尽管得到了经济赔偿，但他的情绪更加低落、抑郁、自卑，结果酿成自杀身亡的悲剧。

肤浅的生命观

每个人对生与死、生命的价值和意义都有一定的看法，青少年也不例外。

---

① 杜睿、江光荣：《自杀行为：影响因素、理论模型及研究展望》，载《心理科学进展》，2015年第8期，第1438页。
② 汪妍等：《中国5省在校中学生自杀行为流行状况及其与抑郁、焦虑关联》，载《中国公共卫生》，2023年第10期，第1230页。

但他们的生命观与成人相比，是不成熟的、肤浅的。由于缺乏生活经验和知识，他们难以对生命有深刻的理解，同样对死亡也没有更深的体验，甚至对死亡会产生各种不切实际的幻想（如有认为人死了还能复生的等）。正因为如此，有自杀意念的青少年，不会像成人那样，经过深思熟虑后再采取行动。他们的自杀行为带有很大的冲动性，甚至是盲目性。而且，年龄越小，冲动性越强。比如，有位四年级学生因未完成作业，受到母亲的批评当即跳楼身亡。可见，从自杀意念形成到自杀行为发生，年龄愈小，间隔愈短。在今后儿童和青少年自杀预防工作中，这方面应该加以注意。

环境因素

从环境因素看，青少年自杀行为又与家长不恰当的高期望、家教方法不当、亲子沟通不良、缺少家庭温暖等有关。

过高的期望

负责任的父母应该对孩子提出一定的教育期望。适当的教育期望是促进子女学习的外部动力。但要注意期望不能过高，不能离学生实际学习水平太远。如果相距太远，反而给子女造成巨大的心理压力。比如，有位农村中学的初三男生，因哥哥已经考入师范学校，父母强烈地期望他也能靠"书包翻身"，一味地要求他取得好成绩，而对他的内心思想了解得很少，又缺乏帮助他提高学习成绩的措施，致使男孩长期心理抑郁，最后走上了绝路。

简单粗暴的家教方法

有些父母平时很少关心孩子，一旦孩子出现问题，如学习成绩不佳、与同学闹纠纷、违反校纪等，就对其打骂，造成子女与父母关系紧张，家庭矛盾激化。有些危机事件，起因完全是一些小事，由于家长对孩子态度粗暴，激化了亲子间的矛盾，最终酿成悲剧。

缺少家庭温暖

当一个人产生自杀意念时，往往对自己生活所处的一切都感到绝望，似乎觉得没有什么可以留恋的东西。对于青少年来说，没有什么比家庭、父母更使他们依恋，感到温暖和安全的了。而产生自杀意念的学生，大多对家庭已经没有多少依恋可言。这与父母和孩子的情感沟通不良有关。在笔者调查的案例中，大多数父母平时很少与孩子交流、沟通。即使谈话，除了问孩子学习成绩、功课，很少谈其他内容。因此，父母也很少了解子女内心的想法。有些孩子生前也流露过轻生的念头，但不是向父母，而是向爷爷奶奶或者邻居吐露内心的苦闷；有的即使向父母讲了，也未引起父母的重视。

社交网络的负面影响 [①]

网络普及在开阔青少年眼界和丰富他们生活的同时，亦是一把"双刃剑"，影响青少年身心健康发展，甚至引发自杀等越轨行为。网络相约自杀现象正是网络对青少年价值观误导的一个体现。

其一，在传统社会中，自杀被定义为懦弱、不负责任的行为，是为集体意识和公共价值所排斥和谴责的。然而，信息时代，网络的虚拟性和匿名性却为各种各样以前不被传统价值所容的观念传播提供了温床。有关自杀的种种信息通过网络迅速传播，有类似想法的人只要浏览网站就能发现同类者。在网络自杀圈中，自杀被赋予新的价值内涵，是一种"个性表达和自我选择"，是另一种类型的"自我实现"，甚至是为了"要去天堂做快乐的天使"。

其二，信息时代的媒体异常发达，具有十分巨大的能量。一些媒体在报道自杀事件时的失当做法，可能会对青少年自杀行为产生误导。例如，一些电影对自杀的场景呈现方式给了青少年不良的心理暗示。若一旦发生自杀事件——尤其是名人自杀，媒体往往大量转载，只报道事件本身，而很少对其后的深刻

[①] 戴洁、李华燊：《转型期青少年网络相约自杀现象探讨》，载《中国青年研究》，2011年第11期，第22页。

原因和背景进行反思。一般而言，名人自杀会对青少年产生很大的冲击和模仿效应，媒体应提醒青少年加强预防；媒体有时会很详细描述自杀者自杀的时间、地点、过程和方法等，甚至暗示"自杀是面对人生重大困惑时唯一的解脱方法"，从而给那些心理脆弱、有潜在自杀意识的青少年提供了行动的合法性、适当性和操作性，最后走上不归之路。

｜ 青少年自杀预防与干预策略 ｜

青少年自杀预防策略

青少年自杀固然有自身的因素，但是社会环境是更为深刻的时代影响因素。因此，青少年自杀预防，既要提高青少年自身心理健康水平与社会适应能力，更要重视其教育生态环境的改善和优化。笔者针对青少年自杀预防提出以下建议，供参考。

提高青少年的意志力和应对挫折能力

意志薄弱、应对挫折能力低是当前青少年成长中一个比较突出的问题，也是青少年自杀的主要内部因素。学校心理辅导应该将提高学生的意志力作为一项重要内容。意志力的锻炼不是空讲很多道理，而是让青少年联系自己的生活实际，通过解决问题、克服困难来提高意志力和应对能力。要教会学生如何应对压力，如让学生正确认识并理解应激事件，勇于面对压力和挑战；教给学生应对挫折的方法；训练学生控制和缓解应激反应，学会情绪调节；学会争取广泛、及时的社会支持，克服自我封闭倾向等。

加强青少年热爱生命的教育

青少年正处于人生观、价值观形成的关键时期。他们对人生的看法、对生命的看法，往往感性多于理性。不少学生对生命的意义、人生的价值理解肤浅，有的甚至不懂得珍惜生命，一遇到烦恼和挫折，就很轻易地产生结束自己生命的念头。我们可以通过对生与死的价值辨析活动，让学生对生命、对人生有更多理性的思考，通过学校各种教育活动（如社会实践活动），培养学生积极的生命观和人生观。

优化社会心理环境，减少社会应激事件

导致学生自杀的应激源往往来自学校生活和家庭生活。其中，教师和家长不恰当的教育方法往往是引起学生自杀的重要诱因。例如，某校一初二女生，因长得胖，学习成绩又不佳，常遭到班级里一些男同学的讥笑、挖苦。女孩怀恨在心，就把这几个男孩的自行车车胎的气放掉。这几个男孩到班主任处告状，班主任把女孩狠狠批评了一通，并叫她通知家长来校。女孩感到很委屈，下午的课也没有上，回家开煤气自杀，酿成悲剧。这个案例中，如果班主任把前前后后的情况都了解一下，女孩可能就不会出事。又如，有的家长对孩子学习成绩的要求很高，给孩子的压力很大，也会造成孩子过于紧张、恐惧。可见，从学校与家庭环境方面减少青少年心理紧张因素和压力是预防自杀的一项重要对策。

加强对青少年自杀的预警

预警就是要及时发现青少年自杀的征兆，以便将自杀危机消灭在萌芽状态。教师和家长要对青少年自杀的征兆保持警觉和敏感。预警包括对青少年自杀线索和呼救信号的识别。

（1）自杀线索识别。

大多数想自杀的青少年会提供一些自杀线索，而且也会以某种方式请求帮助。这些线索可能是语言的、行为的，处于某种状态或综合性线索。张美红和肖水源认为，在学生管理、心理咨询等工作中，如果发现学生有下列情况之一时，应考虑当事人在近期有自杀的可能[1]：

---

① 张美红、肖水源：《无法承载的生命之重——大学生自杀危险性评估研究》，载《教育发展研究》，2006 年第 12 期，第 61—62 页。

①近期有自我伤害或自杀未遂的行动。研究表明，有过自我伤害或自杀未遂史的人，其自杀死亡的可能性比没有类似历史者高几十倍甚至上百倍。

②近期遭受过重大打击。学生在家庭或者学校遇到重大生活应激事件，无力应对。

③罹患心理疾病。许多研究表明，抑郁障碍、焦虑障碍等心理疾病是青少年自杀的高风险因素。

④向亲属、老师、朋友、医务人员以及其他人或者在日记、作品中透露了对人生的悲观情绪，甚至表露过自杀的意愿。

⑤酝酿过自杀计划，收集有关自杀与死亡的资料，或者购买、储存有可能用于自杀的药物、有毒化学物质，或者准备可用于自杀的工具，或者在江河、大海、水库、池塘、高楼等处徘徊等。这些都是短期内可能出现自杀行为的重要线索。

另外，学生自杀意念增强时，常常会表现出反常行为，如原因不明的缺课、停止参加感兴趣的活动、返还所借物品等。

（2）呼救信号识别。

几乎所有想自杀的求助者都会提供线索和呼救信号。有的呼救信号易于识别，有些呼救信号却难以识别。施奈德曼（Shneidman）认为，没有任何人百分之百地想自杀。有强烈死亡愿望的人是非常矛盾的、茫然的，他们的情绪和想法是平行的。他们的思维模式是非逻辑性的，所作的选择只是停留在非此即彼的思维模式上。他们只看到两种可能的选择：痛苦和死亡。他们尤其不能想象自己会渡过危机，走向幸福和成功。有些青少年采取自杀行动前，会打危机热线电话，这是明确的呼救信号。[①]

所以，心理热线、各种心理服务机构、受当事人信赖的人是当事人最适合的求助对象。

---

① Burl E. Gilliland、Richard K. James：《危机干预策略》，肖水源等译，中国轻工业出版社，2000年，第248-250页。

对自杀高危群体进行预防性干预

建立筛查和排摸重点关注学生的机制，对于自杀高风险学生及时进行预防性干预。容易自杀的高危群体有：（1）性格高危群体，如偏执、过于内向、缺乏兴趣爱好、情绪不稳定、适应不良、有自我伤害行为的学生等。（2）家庭高危群体，如家庭破裂、生活环境恶劣、父母粗暴、经常打骂孩子的家庭中的学生。（3）应激高危群体，如遇到多种应激因素或陷入严重应激情境中的学生。[①]

2023年，教育部等17部门印发的《全面加强和改进新时代学生心理健康工作专项行动计划（2023—2025年）》文件中，提出"坚持预防为主、关口前移"，把加强心理健康监测作为主要任务之一，其目的是重点关注青少年的预防性辅导。这项工作落实到地区和学校时，要注意规范性和科学性。如需开展筛查工作，要注意运用权威、公认的心理量表，要遵循心理服务伦理原则，需要对家长开展心理健康普及宣传教育，必须征得家长知情同意；如需开展排摸工作，要加强对班主任心理辅导专业培训，强调一线预防在班级，班主任是学生心理健康一级预防员。

加强网络空间法规建设

欧美等发达国家不仅有全面规范网络行为的通信类立法，也有对具体网络行为进行规范的法律。我国香港也有法律规定：任何协助、教唆、怂恿或促使他人自杀，或进行自杀企图，就属于犯罪，一经定罪，最高可判监禁14年；内地目前只有《全国人民代表大会常务委员会关于维护互联网安全的决定》属于法律，其他网络立法都是法规和规章，立法主体多、层次低。有研究显示，每出现1例自杀，平均至少对6个人产生严重的不良影响，在心中留下伤痛。因此，我国应加快健全网络立法，对教唆、怂恿他人自杀的聊天群，公安机关应依法进行严厉打击。[②]

---

① 吴增强：《青少年自杀预防的若干对策》，载《思想理论教育》，2001年第6期，第40页。
② 戴洁、李华燊：《转型期青少年网络相约自杀现象探讨》，载《中国青年研究》，2011年第11期，第23页。

媒体低调报道

对自杀事件的低调报道也可以看作一种预防措施。有关资料显示，新闻媒体对自杀事件大肆渲染和报道后，相关地区自杀率会明显上升。这种现象正如前所述，自杀具有一定的传染性和暗示性，尤其对于模仿力较强的儿童和青少年。低调报道自杀事件，可以防止有些青少年对自杀行为的模仿。

青少年自杀干预策略

对于有自杀行为的学生的危机干预需要整合教育、心理、医学、社会多层面的力量，是一项系统工程。有学者提出下列建议[①]：

（1）干预性防治。即对已经形成自杀意念、处于自杀危机中的个体的防治。干预目标是帮助已经处于自杀边缘状态的学生消除自杀意念，解除心理痛苦，重新振作，采用积极的建设性的方法面对困境，同时尽量帮助当事人把危机转化为一次成长的体验，学会应付危机的技巧和提高解决问题的能力。防治的途径主要是采取危机干预的相关方法和各种心理治疗技术。干预性防治须充分实施社会心理支持，其中特别要注意发挥心理咨询机构、家庭心理支持网络的有效干预作用。

（2）及时后干预。主要针对两类群体：一是自杀未遂者，二是自杀者（尤其是自杀身亡者）的亲友、同学和相关的高危人群。这两类群体都具有较高的自杀危险性，但往往被忽视。对于自杀未遂者，后干预的主要目的是防止其再次出现自杀危机；对于自杀者的亲友、同学等，后干预主要是防止其产生模仿性的自杀行为，以及对可能产生的心理创伤进行修复。防治的途径主要是及时矫正或治疗、积极关注、长期巩固，因此也称为"巩固性防治"。

对于自杀未遂青少年的干预尤其需要心理医生和专业社工介入。下面是一例医务社工对服药自杀未遂女孩干预的案例。

---

① 姚月红：《构建青少年自杀危机干预体系》，载《中国教育学刊》，2005 年第 8 期，第 74–75 页。

唤醒内心对生命的珍爱 [①]

一、个案背景

案主小 A，女，13 岁，初中生。某晚吞服过量安眠药，被父母发现后送入医院抢救。儿童重症监护室的医护人员将该个案转介到社工部。

二、接案与需求评估

案主入院次日，医生表示她已脱离危险，但存在次生伤害风险。医务社工初步评估了案主的自杀动机和社会支持状况，确认其院内自杀、自伤风险较低。案主的父母同样处于应激状态，因此社工也对案主父母当下的情绪和认知进行了评估和疏导。

（一）案主的再自杀风险、自杀预警信息

案主在儿童重症监护室与医护人员及社工沟通时情绪稳定，依从性高。医生询问其吞安眠药的时间、剂量以及家庭基本情况等问题时，其回答较为配合。当社工问及"对于昨晚的行为你有什么想法"时，案主回答"感觉挺傻的，也很后悔"，并承诺不再做伤害自己的事。经了解，案主从 2021 年 6 月开始，每隔一段时间就从奶奶和父亲处偷取安眠药，共攒了 100 多片。她从自杀意念形成到出现自杀行为累计 1 年 2 个月，属于计划性自杀。

据案主父母回忆：案主近两周嗜睡；半个月前曾问母亲"吃多少安眠药会致死"；事发当晚，案主向母亲提出想去家附近的某条路再走走……以上情况表明，案主在吞安眠药之前曾多次发出自杀预警。

（二）案主父母的情绪、认知状态

由于疫情防控期间医院儿童重症监护室取消家属探视，父母无法见到案主，医务社工及时联系案主父母会面。初见面时，案主母亲情绪激动，泪流不止，担心女儿当下的病情；父亲也询问女儿在医院的状况。社工及时给予情感支持，告知他们案主当前情绪

---

① 殷维晨等：《以家庭为中心介入自杀未遂青少年的个案分析》，载《中国社会工作》，2022 第 27 期，第 41—44 页。略有删改，题目为编者所加。

稳定，治疗依从性高，有社工定期探访和医护人员 24 小时看护，并且经评估其再次自伤风险较低。案主母亲言语中流露出愧疚和自责，认为自己因忙于工作对女儿疏于关心。父亲认为女儿吞安眠药可能有两种原因：一是"失眠而偷吃安眠药，但剂量过大"，二是"受网络死亡小说的不良影响"。他否认家庭互动和沟通模式对女儿自杀行为有直接影响。

三、计划与干预

（一）服务目标

总目标：确保案主生命安全，优化案主的家庭互动方式，重建案主正向生存动力的精神家园。

分目标：协助案主发现自身优势，增强自我概念，注入生存动力，防止自杀、自伤事件再次发生；促进亲子沟通，让案主能够表达自己对于家庭、朋辈、人生规划、生活习惯的想法，帮助案主父亲正向倾听，优化家庭互动方式。

（二）服务策略与实施过程

1. 家庭互动模式评估。

社工接案后，第一时间与案主及其父母建立信任关系，给予心理支持。社工分别与案主及其父母会谈，综合多方信息评估其家庭互动模式。经评估，案主父亲的家庭互动模式是指责型和超理智型。他对案主的学习成绩和生活习惯要求严格，但对案主的努力和成绩不予以正向反馈。父女之间是纠缠型的亲子关系，案主在家中的自我决定机会和独立空间较少，如父亲曾撕掉案主喜欢的悬疑小说、没收其手机、监督其喝水、在其卧室装摄像头等。会谈中，父亲不断回避自身管教方式与女儿行为的关联性。

案主母亲的互动模式则是讨好型和打岔型，面对丈夫对女儿的严苛，会私下给女儿"自由空间"，从而得到女儿的信任，母女形成家庭次系统。会谈中，母亲表达了强烈的改变意愿。

会谈中，案主父母会互相打断对方讲话，父亲占主导地位，母亲为信息补充者。母亲认为父亲"智商高"，会讨好和顺从父亲，且在工作分析和决策上依赖父亲。父亲会否定母亲的职场能力。案主也表示父母常在饭桌上争论。

该阶段，经过会谈，案主父母达成共识，希望了解女儿内心的想法，愿意参与家庭治疗。

2. 生命教育，发掘优势。

对于自杀未遂青少年，医务社工要注重生命教育，引导青少年正确理解生命的价值，学习如何面对和迎接人生中的挫折和挑战，以实现有价值的人生。因此，在建立信任关系后，社工通过"甜"和"苦"的比喻引导案主叙事。

社工：我们每个人的生活都由酸甜苦辣构成，你认为你的生活中甜和苦的比例各占多少呢？

案主：各占一半吧。

案主认为生活中的"甜"有手工编织被老师夸赞、几何证明完美的过程、看推理小说等。社工基于优势视角，引导她进一步讲述生活中的"甜"，帮助她探索和发现自身优点，并不断给予鼓励和肯定。案主也讲述了生活中的"苦"："现在爸爸不让我出门，说要学习，有疫情出门也不安全……我也没什么朋友，而且同学会背着我说坏话。"社工同理其感受，并适当自我暴露，总结道："同学朋友之间的关系会变化，我们也不能强求。看得出你很善良、重情义。"

案主在"苦"的叙事中提及"爸爸"的频率很高，因此社工通过澄清技巧进一步评估了父女互动模式。

案主：我有很多事情快完成时被爸爸阻止。比如我写小说快写完时被删了……上学期期末考试我的数学成绩全班第二，希望爸妈允许我看小说，但爸爸说"看过千万本名著后，才知道什么是好的，你不具备辨别能力"……

社工：你说爸爸做这么多事情是恨你还是爱你？

案主：（迟疑片刻）是爱我吧？

社工：是不是看起来严苛的爸爸实际上非常爱你？他像捧着一块易碎的宝贝一样把你捧在手心里，把他认为特别好的精神和物质财富都给你，也生怕他自己或外界环境把这个宝贝给弄碎了。

在对案主进行充分心理支持的前提下，社工还引导她分享对生命和死亡的理解。

案主：死亡就是"没有了"，是一种解脱。

社工：生活就是由酸甜苦辣以及更多的平淡构成的。我们感到情绪低落，甚至想以死亡作为解脱，是因为我们对生活有期待而现实无法予以回应。

案主：（点头）是。

社工：你吃药前怕不怕？

案主：……也有过害怕和犹豫，听说服用过量安眠药会窒息而死，我也怕难受，但还是吃了……是"苦"压垮了我。

社工：是否可以理解为看小说、写小说是你逃避"苦"的方式，但是被父亲发现后，这个宣泄"苦"的通道被切断，你就更痛苦了？

（案主使劲点头。社工同理并澄清案主的感受，继而询问她对未来的希望。）

案主：我的梦想是做法医，但爸爸不同意……我认为这很酷，可以为死去的人讨回公道。

社工：很多人不敢做法医，你愿意为了社会的公平正义做这份职业，说明你很勇敢且有正义感。

在该阶段，社工从优势视角出发，通过引导案主讲述生命中的"甜"和"梦想"，帮助她找到生命的希望；通过倾听她的"苦"，给予心理支持，进一步明确其需求，评估其家庭互动模式。最后，社工确认案主愿意参与家庭治疗，与她约定在出院当天进行家庭会谈。

3.家庭关系重塑。

在家庭会谈前，社工分别与案主及其父母澄清了对彼此的期待。家庭会谈的重点环节如下：

（1）制定会谈契约。社工与案主及其父母约定，谈话中要保持耐心，不打断、不否定对方。会谈中，社工对案主父母表述不当的话语及时"翻译"，避免因父亲偏激的表达再次激化父女间的矛盾。

（2）相互倾听感受。社工一方面请案主父母表达对女儿行为的感受，另一方面请案主表达平时对父母言行的感受，让父母了解案主的真实想法和情绪，进一步理解其自杀动机。在社工的引导下，案主家庭约定了"举手权"，即日后当案主"举手"时，父母要安静下来认真听她说话。

（3）明确各自的期待。社工请案主表述对父母表现的期待，并请案主父母分别用三个词来概括对女儿的期待。案主父母表达期待的词包括健康、快乐、平安、诚实。社工通过引导案主父母表露对女儿的真情实感，让案主明白父母并非只在意她的学习成绩和生活习惯，而是出于对其美好的期待而为之，增强案主的家庭归属感和自我价值感。

（4）制定未来规划和进行总结。因案主对法医感兴趣，通过家庭讨论，父母决定为案主准备一本法医教科书，让她提前了解做法医需要学习的知识和真正的工作状态。社工建议案主中考后到医院做志愿者，为病房的孩子们讲化学知识、做编织手工等，案主对此非常期待。

最后社工总结，案主家庭成员之间是相互友爱的，并且都希望为了更好的未来而改变，让他们彼此更珍惜。

四、干预成效

医务社工运用观察法评估服务效果。案主对自我的认知从作出自杀行为转变为"我想做一名法医"，对未来生活和职业方向产生了希望。案主父亲的一部分非理性信念得到修正，不再认为优异的学习成绩和好的生活习惯是孩子的全部，认为需要给孩子更多的自由空间，与孩子之间要有边界。案主母亲认真记录了女儿的期待和社工的建议，并且时刻提醒自己要学会倾听和正向沟通。经评估，通过医务社工的干预，案主的家庭互动关系得到优化，家庭内部支持系统有所改善。

上述医务社工对自杀未遂女孩成功干预的案例，有几点值得学校心理工作者学习：一是从评估到干预，方法运用规范、专业，准确找到案主的自杀动机；二是从家庭生态系统观的视角分析案主的问题，聚焦家庭互动和家庭功能的改善，为案主提供了良好的心理支持环境；三是从优势视角，调动案主内在积极的力量，从原来舍弃生命的念头转变为"我想做一名法医"，点燃内心对未来的希望。

殷维晨等人梳理出医务社工对自杀未遂青少年干预的流程要点，颇有专业指导性[①]：

第一，与医护人员沟通。患儿入院后，医护人员会迅速进行生理检查和急救，医务社工接案后须提醒医护人员将患儿床位放在儿童重症监护室的醒目处，确保有经验的医护人员进行 24 小时监护，避免患儿再次出现自杀、自伤行为。此外，医务社工要请医护人员在患儿脱离生命危险且意识清醒后，立即通知社工来进行评估和干预。

第二，家属情绪疏导。家属担忧孩子的生命安全，且易陷入"管教不当"的自责中，急切地想知道孩子自杀行为的原因。在患儿抢救期间，医务社工要先与患儿家属建立信任关系，进行情绪疏导，待家属情绪缓和后再开展评估和干预。

第三，再自杀风险评估。当患儿脱离生命危险且神志清醒后，医务社工应与之建立信任关系，给予充分的心理支持。医务社工可通过观察其情绪、语言、行为来判断其再自杀风险，同时可选用合适的量表来评估其自杀意念。

第四，需求评估。一方面，医务社工可通过引导案主和家长叙述，多方评估案主的社会支持网络和自杀动机，并将对话中发现的案主自杀预警信息及时反馈给家长，提醒其采取防范策略；另一方面，医务社工要向案主家庭澄清社工介入的目标。

第五，建构精神家园。医务社工可通过优势视角和理性情绪疗法，挖掘案主的优良品质和生命中的美好，调整其非理性信念，增强其生活的信心和希望，帮助其建立精神家园。

第六，家庭治疗。医务社工可通过需求评估，察觉家庭互动模式对案主自杀行为的影响。继而，可采用结构式家庭治疗，帮助案主家庭意识到家庭固有的互动模式对案主造成的伤害，并引导父母和孩子澄清对彼此的期待，明确家庭边界，制定家庭契约。最后，医务社工应给予案主家庭情感支持，增强其改

---

① 殷维晨等：《以家庭为中心介入自杀未遂青少年的个案分析》，载《中国社会工作》，2022 第 27 期，第 44 页。

变的决心。

第七，结案与跟踪随访。案主出院后，医务社工可将案主家庭转介给相关机构进行跟踪服务，并在一周后和两个月后进行随访。定期随访需根据案主意愿进行。

·本章结语·

陶行知先生说："什么叫生活？一个有生命的东西在一个环境里生生不已的就叫生活。人生就是要'活'——要'生活'。"生活的根本内涵是生生不息的生命，生命是生活的体现。青少年在探索自我的心路历程中，常常会探寻"为什么活着""怎样活着"。然而，面对变化纷繁的社会环境，有的青少年会变得迷茫，认识不到自己存在的意义；有的甚至轻待生命。生命教育既要让学生敬畏生命，使他们认识到生命的神圣与可贵，生命需要我们倍加珍爱与呵护，又要让学生在自己的生命历程中，在解决自己成长的困惑与烦恼中，体验和感悟生命的精彩。

对丧亲青少年的心理辅导，是帮助他们处理好自身的哀伤情绪，让他们更加认识到生命的可贵、生活的美好。虽然大多数青少年自我伤害行为是非自杀性的，但不能低估对青少年心理健康的危害。青少年自我伤害辅导，就是帮助他们学会乐观的生活态度，以积极的应对方式去面对学习、生活和社会适应中的种种挑战。对青少自杀现象的心理危机预防和干预，需要学校、家庭、医学及社会专业力量的协同工作，其目的是让每个学生都能够敬畏生命、活得幸福。

第七章

和谐人际交往

学会与人和谐相处是一种生命智慧和伦理规范，良好的人际关系是一个人"安身立命之本"。在青少年社会化的过程中，学会与人相处是一个核心发展任务，青少年只有通过人际交往，才能体验到归属感、自尊感、自我效能感与存在感，学会爱、关心、宽容和理解。另外，从青少年心理健康的角度看，青少年的抑郁和焦虑有一部分源于人际关系紧张。人际关系压力是仅次于学习压力的第二大压力源。人生中，人际相处是不可或缺的重要部分。有人统计发现，人们用于与他人交流的时间平均占到清醒时间的四分之三。正因如此，良好的人际关系对于人的心理健康至关重要。

　　青少年成长离不开健康、和谐的人际环境。对他们而言，最重要的社会支持系统是亲子关系、同伴关系和师生关系。帮助青少年与同伴和谐相处，增强对学校和班级的归属感；与父母和睦相处，增强对家庭的归属感和依恋感……这些都是促进青少年健康成长的情感力量。

本章讨论以下问题：
· **同伴交往辅导**
· **攻击性行为辅导**
· **亲子关系辅导**

同伴交往辅导

和谐同伴关系对青少年成长的意义不言而喻。被同伴接纳的学生常常能够体验到自尊和归属感，更愿意合作和助人，更能够与同伴和谐相处；而被同伴拒绝的学生常常会感到失落、孤独，甚至会产生敌对情绪。

渴望得到同伴关注的男生 [①]

"老师，A 男生刚才又摸我屁股了，还故意走过来碰我的手臂，真是变态。"伴随着这位女生恐慌又不知所措的描述，我感觉到事情的严重性，于是我赶紧向这位女生了解事情经过。原来该女生说的 A 男生是班上的一位男生，经常故意对班上一些同学进行肢体接触，被触碰到的男生还没当回事，但是惹得一些女生非常烦恼，已经跟班主任反映过很多次，但是 A 男生经班主任教育之后会收敛几天，然后又继续此前的行为。这个事情已引起相关女生及其家长的关注，同时班上其他未被触碰过的女生也对此产生恐惧心理。从该生的班主任提供的信息可以得知，A 男生在课间的时候经常故意用身体靠近一些同学，主要是摸手、屁股、胸部等身体部位，偶尔还会有语言挑逗。经多次教育效果却不佳，班主任也感觉非常烦恼。目前班上其他女生都非常害怕自己会成为下一个受害者，被触碰过的女生及其家长强烈要求立即对此事此人进行干预，希望心理老师可以介入处理此事。为了能够尽快地解决师生、生生以及学生家长的烦恼，我决定深入了解 A

[①] 黄华炎：《案例二　渴望得到同伴关注的男生——一例初中生同伴关系的辅导案例》，载《课堂内外（高中版）》，2022 年第 36 期，第 30—32 页。略有删改。

男生行为背后潜藏的原因。

从上述案例描述中，A 男生与同学交往中的这些不良行为，的确会引起同学，特别是女同学的反感，需要对他进行心理辅导。

┃ 同伴交往解读 ┃

同伴关系与青少年心理健康

有研究发现，消极的同伴关系不仅与学校适应不良、高危行为及行为障碍有关，而且可能导致社会焦虑、社会抑郁和社会恐怖症状及孤独症等情绪问题。

同伴关系与学校适应

学校适应主要指学校情境下与学业成就相关的表现，如对学习和学校的态度、成就动机、自我规范技能以及学习声望等。不受同伴欢迎可预测学习困难、留级、较高的逃学率和辍学率，同伴关系的质量对青少年的幸福感和适应能力有重要影响。王振宏等人对 238 名初中生的调查发现，被同伴拒斥的学生，其数学学业自我概念、一般学校自我概念等方面均显著低于受同伴欢迎、被同伴忽视、与同伴有争议的学生，他们遇到挫折时的问题解决应对方式也显著低于上述类型的学生。[1]

同伴关系与问题行为

同伴关系对学生行为的影响涉及从一般问题行为到比较严重的行为障碍（如注意缺陷与多动障碍）。国外有调查显示，青少年群体中有 50% 以上曾经饮酒，20% 抽过烟，4% 有过不当性行为。在大量影响因素中，同伴关系与上述对

---

[1] 王振宏等：《不同同伴关系初中生的自我概念与应对方式》，载《心理科学》，2004 年第 3 期，第 602 页。

健康构成风险的行为密切相关。

同伴关系与情绪问题 [①]

社会焦虑和抑郁、孤独感、社交恐惧、幸福感等情绪体验常常伴随着同伴交往过程。遭同伴拒绝、被同伴孤立容易使青少年产生社会焦虑和孤独感，受同伴欢迎、被同伴接受则会使他们体验到自尊与幸福。友谊不仅使青少年有了群体归属感，而且也是社会支持的重要来源。左占伟等人对 548 名初中生的调查表明，同性朋友的肯定与支持对初中生正向情绪、负向情绪等心理健康状况的预测作用甚至超过了其父母的影响。

为了揭示同伴关系对社会焦虑和抑郁的影响，有研究从一般同伴关系（同伴归属和同伴欺侮）、朋友质量以及浪漫关系等多重水平考察了青少年人际功能对抑郁和社会焦虑症状的预测作用。正如研究者预期的那样，同伴归属、积极的朋友质量以及亲密关系可以减少青少年的社会焦虑体验，而关系性欺侮以及与朋友的不良交往可以预测高社会焦虑；高同伴归属感阻止了抑郁情绪的产生，关系性欺侮和消极的朋友质量以及浪漫关系则预测了抑郁症状。

青少年同伴交往状况分析 [②]

吴晓玮等人对 526 名初中生运用同伴提名法进行问卷调查，结果表明，同伴关系主要有 5 种类型，各个类型所占比例由高到低依次是普通型（37.8%）、欢迎型（22.2%）、忽视型（20.9%）、拒绝型（13.7%）和争议型（5.3%）。约 60% 学生的同伴关系能够健康发展，其中部分学生具有较高的同伴接纳水平，属于同伴关系发展最优的欢迎型学生，他们在同伴交往过程中会认真倾听、待人热情等。

---

① 陈少华、周宗奎：《同伴关系对青少年心理健康的影响》，载《湖南师范大学教育科学学报》，2007 年第 4 期，第 77 页。
② 吴晓玮等：《初中生同伴交往现状的调查研究》，载《内蒙古师范大学学报（教育科学版）》，2011 年第 10 期，第 49 页。

在被调查的初中生群体中仍存在相当比例的边缘型学生，他们约占总数的40%，其中忽视型学生很少被同伴当作好朋友，但也不被讨厌；拒绝型学生很少被认为是谁的好朋友，且都被大家讨厌；争议型学生既被当作某些人的好友，又被另外一些人讨厌。遭拒绝的青少年与被忽视的相比，往往在未来的生活中遇到更为严重的适应问题。忽视型学生往往在学校、社会生活适应上有特殊的困难。忽视型有两种：一种是虽然不被其他同学选择，但仍然主动选择别人，他们仍会保持着对班级的认同；另一种是既不被别人选择也不选择别人，他们的问题往往比第一种忽视型更加严重。如果长期得不到教师或其他人员的有效关怀，他们极有可能转向社会其他群体寻求承认和安慰，从而很可能被社会不良群体影响而走向歧途。

调查还发现，初中生同伴交往存在性别差异。一个人在积极标准上被同伴提名次数越多，其同伴接纳的程度越高；在消极标准上被同伴提名越多，说明被同伴排斥的程度越高。相对于女生而言，男生受到更多的同伴关注，但更多的关注并没有带来更多的同伴接纳，男生的同伴厌恶程度显著高于女生，同伴接纳程度和女生无异。

通过对不同同伴关系类型在不同性别群体中的分布进行统计检验，结果发现，女生中的欢迎组比例显著高于男生，而拒绝组比例显著低于男生。这表明，相对于男生而言，女生有较高的同伴接纳水平和较低的同伴拒绝水平。进入初中阶段，男女生由于生理和性别社会化过程中所形成的性别角色意识的不同，女生的同伴依恋比男生强，她们更善于帮助朋友，同时也更愿意接受同伴关怀，人际信任更高，男生则强调自主和理性。女生比男生对他人的悲伤及她们在同伴关系中的地位更敏感，而男生比女生更有可能在同伴面前表现身体或言语侵犯。男生往往表现出更多的问题行为，这些问题行为反映在自身的社交行为和策略上就很容易导致其较差的同伴关系，而女生往往表现得更为收敛，更愿意去建立亲密的同伴关系，因此，她们的同伴关系自然就比男生要好些。

｜青少年同伴交往行为分析 ｜

青少年同伴交往行为是多方面的，其中友谊、同伴接纳和同伴拒绝、同伴冲突是重要部分。

友 谊

友谊是一种特殊的同伴关系，是以个体为指向的一对一的亲密的情感联系，它具有不同于同伴接纳的作用。友谊具有如下特征：（1）友谊是个体之间相互作用的双向关系，而非简单的喜欢或依恋；（2）友谊是一种较为持久稳定的关系；（3）友谊是以信任为基础、以亲密性支持为情感特征的关系。

布科斯基（Bukowski）和霍扎（Hoza）提出了一个包括友谊三个不同方面或指标的模型：（1）友谊的有无，即个体之间是否存在双向选择的积极情感关系。（2）友谊的范围，即拥有相互认可的朋友的数量。（3）友谊的质量，如朋友之间提供的支持、陪伴或冲突水平。这一模型成为评价友谊的基本框架。此外，对青少年朋友的特征进行评估也非常重要，因为朋友间有着相似的行为和价值观。青少年的朋友是亲社会的还是反社会的，对青少年的总体适应起着不同的作用。

友谊为青少年提供了许多重要的发展功能，如友谊是学习社交技能的背景，是自我认知和自尊的信息来源，为发展以后的关系提供了情感和认知来源。相对儿童期，青少年与朋友有更多的亲密互动（如分享秘密等）。青少年更多地从朋友处寻求支持和陪伴，更多地依靠他们获得肯定价值和亲密感。[1]

李小青等人对 593 名中学生的同伴依恋特点与友谊关系的研究结果显示：中学生同伴依恋可分为安全型（34.5%）、专注型（23.8%）、回避型（22.1%）和

---

[1]　曾玉等：《青少年的同伴关系与心理社会适应》，载《佳木斯大学社会科学学报》，2010 年第 1 期，第 124 页。

恐惧型（19.6%）。其中，安全型，依恋焦虑和依恋回避水平均较低；专注型，依恋焦虑较高，依恋回避较低；回避型，依恋焦虑较低，依恋回避较高；恐惧型，依恋焦虑和依恋回避均较高。高依恋焦虑中学生的友谊关系，有更多亲密袒露与交流，但也存在更多冲突与背叛。这可能与个体内部的消极自我模式联系密切。高依恋焦虑个体自尊较低，常担心朋友不喜欢自己，期望通过更多表露引起关注。依恋回避负向预测友谊质量。高依恋回避中学生，在友谊关系中更少相互信任与支持，更少相互陪伴与娱乐，更少亲密袒露与交流。亲密是友谊的重要特征，高依恋回避中学生拒绝亲密、不信任朋友，导致其友谊质量多维度受损。此外，不同依恋类型中学生的友谊质量差异显著：安全型、专注型中学生积极友谊质量显著高于回避型、恐惧型，恐惧型冲突与背叛显著高于其他类型。[1]

同伴接纳与同伴拒绝

同伴接纳是一种群体指向的单向结构，反映的是群体对个体的态度：喜欢或不喜欢，接纳或排斥。它包括两个属性：一是学生受欢迎程度，二是其社会地位。学生被同伴接纳，就意味着他的个人声望已达到了受同伴欢迎的程度，其社会地位，如身份、社交能力和在同伴中的威信程度等都得到了同伴的认可。同伴关系的建立，主要受同伴接纳性的影响。在个体成长过程中，同伴接纳为儿童提供的是自身是否从属某个同伴群体的经验，个体可以从中获得归属感。多数研究一致认为：能够被同伴群体完全接纳的儿童会表现出友好的态度、谦虚的品质、较强的合作性以及良好的学业适应。[2]

有研究发现，同伴的接受程度低、拒绝程度高的学生，既缺乏令人喜欢的特征，又具备一些令人讨厌的特征，如不干净、无吸引力、不健谈等。在所有

---

[1] 李小青等：《中学生同伴依恋的特点及其与友谊质量的关系：社会交往目标的中介作用》，载《心理发展与教育》，2009 年第 3 期，第 32–36 页。
[2] 高旭、王元：《同伴关系：通向学校适应的关键路径》，载《东北师大学报（哲学社会科学版）》，2010 年第 2 期，第 161–162 页。

年龄阶段，低交际能力与低受欢迎程度有关，但与同伴拒绝没有高相关。也就是说，与被忽视学生不同，被拒绝学生在同辈群体中不受欢迎并不是因为其缺乏社交技能，很可能与他们的负性行为或在对人际关系的认知上存在某些偏差有关。此外，同伴接纳与拒绝还和青少年对人际关系的归因倾向密切相关。如潘佳雁发现，被拒绝学生对正性事件的归因与其他学生存在显著差异，对负性事件的归因不存在显著差异，即被拒绝学生存在着某些不适当的归因方式，这种方式将会影响他们的人际情感和行为。所以，可以基于这种不适当的人际归因方式对他们进行人际归因训练，提高他们在同辈群体中的社会接受性，改善其同伴关系。①

同伴冲突②

同伴冲突是青少年同伴交往表现的一种形式，是同龄个体之间在交往过程中出现矛盾或抵触，以致发生争斗或争执。当青少年有相互反对对方的行为、想法或言语时，冲突就会产生。冲突与攻击性是有区别的。攻击性是指有意伤害他人的言语、行为和意向。尽管攻击性行为和语言常常发生在有社会冲突的背景中，但是大多数冲突不包含攻击性。一般来说，青少年间的冲突应是双向的，是表示明显的反对性质的。

皮亚杰认为，同伴间相等权利的冲突，对儿童自我中心意识的消减是有利的。社会性冲突可以导致个体内部产生认知冲突，为儿童社会性发展提供富有挑战性的人际情境，对儿童协调与别人的合作、竞争关系以及提高认知能力都有重大作用。因此，冲突对于儿童心理发展具有两面性。青少年亦如此。冲突的积极意义在于：

（1）冲突可以促进青少年"去自我中心化"。由于家庭结构的改变，独生子女在家庭环境中很少有替别人考虑的机会，表现出的自我中心倾向越来越严重。

---

① 潘佳雁：《中学生同伴交往接受和拒绝的归因研究》，载《心理科学》，2002年第1期，第64—67页。
② 曹亚杰：《小学生同伴冲突与社会技能的培养》，载《成都大学学报（教育科学版）》，2008年第3期，第40页。

冲突的发生和解决可以使学生认识到自己与他人的区别，从自我中心的壳中解脱出来，积累必备的交往经验，逐步形成与人交往的更好策略，如合作、谦让、同情、分享等。

（2）冲突可以提高青少年的移情能力。移情是人们彼此间情感上的相通，即情感上的相互作用和相互影响。移情能力是建立良好人际关系的基础，也是儿童社会技能形成的一个重要组成部分。在面对冲突情境时，青少年必须考虑冲突双方的想法和感受，并且要求站在双方的角度重新思考问题，这样就有了站在他人位置上思考的机会和体验，进而调整策略，解决冲突。

（3）冲突可以促使青少年学习必要的人际交往策略。青少年冲突的产生很多源自社会交往技能的缺乏。在解决冲突的过程中，他们逐步学会按照社会规范协调彼此之间关系的技巧，努力说服别人。同时，冲突的解决还涉及冲突双方的相互妥协、让步及分享与合作等。这既加深了他们对社会规范的认识，又提高了他们解决社会问题、协调人际关系的能力。解决冲突时形成的经验能极大地促进学生社会交往技能的提高。比如，男生冲突多表现在肢体语言的对抗上，而解决冲突最有效的方式不是依靠强力的攻击行为，而是用言语协商。面临冲突情境时，他们如何能控制自己的情绪和行为，运用协商对话的方式尽可能说服对方，维护自己的合理要求，这对他们都是一个更高的要求。

因此，同伴冲突是青少年社会性发展过程中的正常现象。青少年在解决冲突时获得的经验对青少年社会性发展起着相当重要的作用。处理人际冲突的能力也是检测青少年社会化发展水平和适应能力的一个重要指标。从这个角度看，如果对青少年之间发生的冲突现象加以引导，合理解决，就有可能将其转化为促进青少年心理发展的推进器。

∣ 青少年同伴交往辅导策略 ∣

提高青少年亲社会行为

亲社会行为是和谐同伴交往的基础，被同伴接纳的学生往往具有较强的亲社会能力，被同伴拒绝的学生往往亲社会能力较弱，不愿与别人合作、分享等。因此，提高青少年亲社会行为，是同伴交往辅导的一个重要策略。

国内外大量研究表明，青少年亲社会能力与观点采择、移情、归因倾向、问题解决和家庭功能等因素密切相关。因此，我们可以从这些方面培养青少年的亲社会能力。

提高青少年观点采择能力

观点采择是指个体能够正确区分自我和他人，站在他人的角度考虑他人的观点，理解和体会他人情感的能力。合作行为要求交往的双方充分考虑彼此的利益，采择对方的观点。具有自我中心倾向的青少年不能采择他人的观点，在和他人交往的过程中不能很好地理解他人的信息，所以相互行为也会受到影响。因此，促进青少年观点采择能力的提高，使他们从自我中心状态中解脱出来，可以更好地促进合作行为的出现。[1]

增强青少年移情能力

移情是个体想象他人的情绪、情感，进而产生和他人相似的情绪、情感体验的能力。有研究发现，移情能力和青少年的亲社会行为存在高相关。如果青少年对他人产生移情，那在和他人合作时，就能体验与他人相似的情绪情感，从而根据他人立场调整自己的行为。另外，移情能力也是青少年脱离自我中心的表现。自我中心会妨碍个体探索世界的活动，也影响同伴间的交往和合作。有研究者认为，合作行为产生的条件首先是要对环境敏感，并对环境中的人产生移情。因此，移情对于提高青少年的合作行为有十分重要的影响。[2]

---

[1]　王磊等：《同伴冲突解决的干预训练对小学儿童合作的影响》，载《心理发展与教育》，2005年第4期，第83页。
[2]　同①。

帮助青少年合理归因

青少年的归因倾向也影响其亲社会行为。在一定情境下，青少年对环境线索进行不同归因，就会得出不同推论。所以在青少年决定行为时，帮助他们有效地认识自己和他人行为之间的关系及其相互利益，认识他人行为的原因及自己行为的后果，可有效促进他们的合作。①

提高青少年问题解决能力

在青少年考虑到自我利益与他人利益并作出正确推论后，青少年的问题解决能力就会影响他们的行为反应。研究发现，亲社会青少年最显著的特点就是有更多的问题解决策略。研究者证实，青少年解决人际问题策略的数量、质量与其合作行为高相关。因此，教会青少年更好地解决问题，提高解决人际冲突的能力，能促进其合作行为的形成。②

改进家庭功能

刘旭等人对 800 名高中生的调查发现，高中生家庭功能对其问题行为及同伴接纳性具有一定的预测效果，家庭功能与同伴接纳呈显著性正相关。对于高中生来说，家庭可以为其提供亲密感体验的机会、学习社会规范的范式和交流经验形成的网络，家庭功能的不良发挥、父母的疏远和不信任以及严格的父母控制对其在学校中的同伴关系会产生消极影响。③

---

① 王磊等：《同伴冲突解决的干预训练对小学儿童合作的影响》，载《心理发展与教育》，2005 年第 4 期，第 83 页。
② 同①。
③ 刘旭等：《高中生家庭功能与问题行为及同伴接纳性的关系》，载《中国健康心理学杂志》，2009 年第 9 期，第 1098–1099 页。

同伴冲突处理策略

积极开展冲突观教育

冲突观教育是冲突教育的第一步，主要是通过对冲突进行全面分析，帮助学生认识冲突及其影响，形成关于冲突的正确观念和看法；帮助学生辩证地看待冲突，认识到冲突可能会带来积极的影响，如可以带来思考问题的新视角，激发创造力，为人际关系注入新的活力；使他们认识到冲突结果有益还是有害，在很大程度上取决于冲突双方的态度和处理方式，从而帮助学生形成积极对待冲突的态度，为建设性地应对冲突奠定观念上的基础。[①]

积极开展应对策略教育

应对策略教育是冲突教育的核心内容。它是以提高个体对应激源的认知评价能力，包括对交往行为的理解、了解别人的情绪、理解别人的感受、觉察别人的真正需要、善解人意的能力等，从而形成积极的、主动的应对方式的教育活动。它应兼顾正面教育和治疗模式。其教育对象既包括有心理和行为问题的学生，更包括广大的正常学生。其基本任务是教育广大学生具备基本的应对知识，提高应对能力，养成在与同学冲突情境下研究应对方式及积极应对的良好习惯。[②]

教会学生有效地管理冲突

创设一定的应对情境，使学生有时间、有空间地应对实践，通过应对实践，把应对知识转化为应对能力。此外，通过规范、改善学生原有的不良的、非适应性的、消极被动的应对方式，形成良性的、适应性的、积极主动的应对方式。比如，教师通过观察班上带有普遍性意义的问题，确定讨论题目，如让学生自

---

① 孔冬梅：《正确对待同伴冲突，提高中学生应对能力》，载《基础教育研究》，2008 年第 9 期，第 43 页。
② 同①，第 44 页。

由组合。这样，通过一定的应对情境，学生积极地参与，其应对意识与能力就能在实践中逐步得到提高，其原有的应对形式就会得到规范、改善，从而形成良性的应对方式。[1]

同伴冲突解决六步法[2]

王磊等人设计了六个协商步骤（以下简称"六步法"），帮助儿童解决同伴冲突，来提高儿童的亲社会行为。"六步法"包含六个彼此相连的步骤：第一步，了解他人的想法；第二步，了解他人的感受；第三步，了解他人产生想法和感受的原因；第四步，从他人的角度出发重新考虑问题——换位思考；第五步，想出尽可能多的解决冲突的办法；第六步，选出大家认为最好、最有效的解决冲突的方法。

第一、第二、第四步旨在培养儿童的移情和观点采择能力，使他们学会站在他人的角度思考问题；第三步旨在帮助儿童进行合理归因，以便使交往双方在冲突解决目标上达成一致；第五、第六步旨在使儿童意识到解决问题的方法并不唯一，从而不局限在自己认可的或习惯的却不太恰当的方法上。"六步法"的独特之处在于：（1）它关注合作行为社交性的特点，"六步法"在班级同伴的社会交往活动中进行；（2）它特别强调从他人的角度出发重新考虑问题，而不仅仅关注自己，比如了解他人的想法、感受，了解他人为什么有这种想法和感受；（3）为了有效提高儿童解决冲突的技能，在提供多种解决方法的基础上，要求大家通过讨论、协商来找出他们认为最有效的解决方法。

此方法也可迁移到青少年。

开展团体心理辅导活动

学校团体辅导活动（如心理辅导活动课、小组辅导活动等）里有许多同伴

---

[1] 孔冬梅：《正确对待同伴冲突，提高中学生应对能力》，载《基础教育研究》，2008年第9期，第43页。
[2] 王磊等：《同伴冲突解决的干预训练对小学儿童合作的影响》，载《心理发展与教育》2005年第4期，第84页。

交往、团队合作的内容。下面介绍一个学校的实例：合作工作坊。[①]

工作坊，是一种体验式、参与式、互动式的学习模式，是团体心理辅导的一种形式。由于它主题鲜明、互动性强、形式灵活，参与者可以获得很多通过讲授式课程无法获得的成长体验。因此，工作坊逐渐成为一种提升自我的学习方式，存在于学校和社会性的各行业中。实践表明，合作工作坊在针对学生人际交往中的问题和心理困扰，以促进交往、学会合作为目标方面很有成效。

合作工作坊的设计可分为准备阶段、集中工作阶段和成果整理阶段。活动过程有以下几种操作形式：

1.主题任务式。围绕某一具体的任务，各成员发挥自己在团体中的作用，通过合作、交流，创造性地完成任务。有时还可进行小组间的竞赛，以促进组内的合作。如我们组织的"巧解人结"活动，将全班同学（50~60人）分成四个小组，要求学生以最快的速度"结人结"并"解人结"。学生在活动中感受到交流的快乐、合作的重要和自己在团体中的作用。

2.情境体验式。有时，在团体活动中，学生只是被动地参与教师预设的活动，活动效果不佳。教师可预设一个问题情境，让学生自导自演接下来的心理情景剧，这样的方式再现了学生真切的生活体验，让他们感觉亲切，心灵更易受到触动。如针对青春期男女生的交往，教师预设情境：一个男生喜欢上了一个女生，男生发短信给女生，希望可以与她约会，女生的反应会是怎样的呢？然后让工作坊的四个小组自导自演接下来的情景剧。他们表演的情节各不相同，但都来源于实际，入木三分。

3.问题分享式。在工作坊中，教师为了提高学生的认知水平，常常组织学生进行讨论。在选择问题时，话题最好来源于真实的生活实际，甚至有些讨论是需要基于现实资料的，这样会使学生的探讨更加热烈。如给出一个高一某生成绩下滑的具体案例，让学生分析其中的原因并提出具体的建议。各小组的发言极其热烈，从中能感受到学生对自卑、内向学生的关心。

---

① 陆震宇：《合作工作坊——促进高中生同伴交往的有效探索》，载《广西教育》，2012年第14期，第44、50页。略有删改。

4.模拟研习式。交往技能是需要不断运用并在实践中理解、内化、提高的。这一范式强调对具体交往技能的训练，对理论用于具体操作的体验。如在"职场招聘"活动中，通过让学生应聘相关职业，去体验人际交往的礼仪，感受合作与竞争的关系。

例如，在"高三，我们携手同行"活动中，合作工作坊共开展了三次活动，每次1课时，以班级为单位，目的是增进同学情谊，培养合作精神；学会在团体中集思广益，通过团体力量促进成长；在活动中体验交往的快乐，缓解紧张情绪。

第一次活动：以热身活动"一元五角"开始，然后分小组完成活动"同舟共济"和"坐地起身"，完成后分享活动感受。最后，以放松活动"兔子舞"结束活动。

第二次活动：以"花样握手"活动开始，然后分小组完成"巧解人结"和"翻叶子"，最后以"一句话小结"结束工作坊活动。

第三次活动：以热身活动"大风吹"开始，然后开展全班活动"星光大道"，再分小组开展活动"天生我材"，最后以"与你同行"结束活动。

这三次工作坊活动深受学生的喜爱，学生反响强烈。学生们在"一句话小结"中说："团结就是力量。""一起走更精彩。""在今后人生道路上，我们可能会遇到许许多多解得开或者解不开的结，但面对它们，我想最重要的是这种努力求解的态度和过程，以及团队中的配合、各司其职。"

可见，开展团体心理辅导活动，让学生在情境中学习交往也是提高其同伴交往能力的辅导策略。

个别心理辅导

对经常受到同伴拒绝、孤独离群的学生，可以由心理老师和班主任对其进行心理辅导。针对本节案例中A男生的不良交往行为，黄老师做了如下辅导工作：

一、案例分析

在与A男生的家长沟通之后，了解到A男生是家中独子，父亲是公职人员，母亲是家庭主妇，家中爷爷、奶奶、姑姑和姑丈都非常宠爱他。母亲在 A 男生很小的时候就与其一起洗澡，直到小学高年级 A 男生才开始单独洗澡。母亲在家里经常当着孩子的面不穿内衣，经常与孩子嘴对嘴接吻，出门都是与 A 男生十指紧扣，直到 A 男生读初中还同床睡觉。在了解了这些信息之后，我意识到 A 男生在学校发生的问题极大可能与其接受到的亲子相处方式有关联，因此改变其与母亲的相处方式很有必要。

除了不良家庭教育的影响外，初二的学生处于青春期，身体和心理都发生重大的变化，性意识有了觉醒，男女之间的界限感越趋明显。A 男生进入青春期之后，应当懂得男女有别，在与异性交往过程中应懂得分寸，然而 A 男生没有意识到自己的言行给这些女生带来困扰，不知道如何正确处理青春期与异性交往的关系。由此可见，A 男生缺乏科学的青春期性教育知识，没有建立明确的性别界限感，才让自己的不当言行给这些女生带来困扰。

此外，A 男生不知道如何与同学交流，经常想参与到同学们的话题中，却总是成为话题终结者，因此在班上没有形成良好的同伴关系，甚至还被一些同学排斥。由此可知，A 男生在与同伴交往中缺乏技巧，可能会采取一些不恰当的方式获取其他人的关注。

二、辅导措施

（一）改变相处方式，亲子共成长

在 A 男生班主任的协助下，我约谈了 A 男生的家长，向他们反馈了孩子目前这样的情况很大可能与母亲和孩子的相处方式有关。母亲和孩子习惯了这种亲密的相处方式，双方及其他家庭成员都觉得没有问题，但是这样的相处方式会给孩子产生一种错觉，即异性交往是没有界限的。因此，孩子到了学校之后，认为与男生和与女生的交往方式是一样的，殊不知这让有异性界限感的女生产生极大的反感，并且感觉被性骚扰。如果任由这样的不当言行发展下去，很有可能会产生更严重的后果。

A 男生的父母听了我的话后，才意识到自己在教育孩子的过程中确实疏忽了异性界限的问题，没有想到他们以为是正常的相处方式给孩子带来这么大的影响。因此，为了让 A 男生可以有所改变，我与其家长商议可能需要母亲逐渐与孩子建立异性界限感，让他知道男女有别。与此同时，父亲可以多与孩子沟通，如青春期男生可能会有哪些身体的变化，如何科学合理解决个人的性冲动等。

（二）了解性教育知识，把握异性交往分寸

初二学生正值青春期，身体和心理都越趋成熟，应该懂得男女之间是有区别的，在异性交往方面也应该把握好分寸。A 男生对一些女生的言行确实给她们带来了干扰，虽然这些不当的言行带有吸引他人关注的目的，但是从另一个侧面也可以得知，A 男生接受到的青春期性知识教育还是比较匮乏的，加上与母亲的相处模式没有设立性别界限，因此他会觉得这些言行对男生、女生而言都是正常的。

针对此种情况，我与 A 男生谈到进入青春期之后，男生与女生在生理和心理都发生显著的变化，从生理构造上来看，男生和女生就是不一样的，因此在与异性交往的过程中要注意把握分寸，也许同性之间有肢体的接触可能不会给对方带来很大的反感，但是对于青春期的异性而言，很有可能被对方认为是性骚扰。为此，了解青春期性教育的知识，把握异性交往的分寸是非常有必要的。谈及这个话题时，A 男生羞红了脸，他为自己的无知感到羞愧，并且表示以后再也不会这样做了。

（三）掌握人际交往技巧，共建良好同伴关系

在与 A 男生交流的过程中我了解到其自幼儿园以来就与班上同学相处得不怎么好，自我感觉是一个很善良的孩子，也很热心班上的公共事务，但是与班上同学不怎么合得来，他也经常尝试参与同学们的话题，但是同学们看到他出现就会结束话题，偶尔能插几句话但也成为话题终结者，因此班上同学都觉得 A 男生是一个比较奇怪的人，都不愿意与他交流。为此他经常感到非常失落，总是觉得自己在班上是多余的，希望老师和同学们可以关注他。

由上述可知，A 男生渴望拥有一段良好的同伴关系，但是由于缺乏人际交往技巧，无法与同学们建立良好的人际关系。针对这样的情况，我协助 A 男生分析了他与同伴交往过程中可能出现过的误区：（1）以自己认为好的方式对待他人，如未经他人同意就帮同学把饮水瓶装满热水；（2）发表言论时没有注意情境，如同学们聚在一起聊开心的话题，他就谈及一些让人扫兴的话题；（3）总认为自己是对的，别人是错的，如在与同学讨论某个学科问题时，总是想将自己的想法强加给对方，以证明自己是对的；（4）采取极端行为方式吸引关注，如通过身体触碰同学，希望引起同学和老师的关注。A 男生分析出自己在人际交往中的误区之后，恍然大悟，原来自己被人讨厌是有原因的，因此他

决定要逐渐改掉这些坏毛病：一是给予同学帮忙之前要征求对方同意，而不是擅作主张提供帮助；二是参与同学的话题时，尽量聊一些与话题相关的内容，如果自己不知道就旁听，切忌不顾及情境聊一些与原话题相悖的内容；三是虚心听取同学们的意见，不将自己的想法强加于他人；四是用合理的方式进行人际交往，不给自己和他人带来困扰。

在采取改变亲子相处方式、把握异性交往分寸以及掌握人际交往技巧的辅导措施之后，A 男生发生很大的转变，变得开朗自信，与同学相处轻松，班上的同学和老师也逐渐接纳了他。

三、教育反思

每个孩子的不当言行背后都有值得深挖的原因，教育者应在处理这样的事件时有足够的耐心，探寻不当言行背后的动机。案例中的 A 男生做出这样的言行是为了吸引同学们和老师们的关注，以弥补自己在班上不被关注、不被接纳的缺陷。如果我们只是看到他的不当言行，认为是对部分女生产生了性骚扰，甚至对其给予校级处分，那么 A 男生将一辈子背负着性骚扰的罪名。长期接受这些消极的心理暗示以及周边人异样的目光，那才是真正毁了这个男生的一辈子。

这个案例中，黄老师成功地改变了 A 男生的不良交往行为，让他学习到正确的同伴交往之道。黄老师的辅导经验值有几点得我们学习：一是没有武断地给案主贴上行为不良的标签，而是对其行为背后的原因作比较深入、细致的分析——A 男生对异性交往分寸的模糊源自母亲的教养问题，并且找到 A 男生不当交往行为的动机是为了引起老师和同学的关注。二是采取了有针对性的辅导措施，如对家长进行青春期性教育，改变亲子相处之道；帮助 A 男生把握异性交往分寸；更重要的是对其进行人际交往训练，帮助他建立良好的同伴关系。

攻击性行为辅导

攻击性行为是青少年人际交往中的一种不适应行为，它不仅影响青少年的身心健康，而且会影响学校教育教学工作的正常开展。近年来校园欺凌事件有所增加，情况令人担忧。有攻击性行为的学生不受同学欢迎，被攻击的学生身心受到伤害。因此，青少年攻击性行为辅导，是应对校园欺凌、帮助青少年进行良好同伴交往的重要环节，是学校心理辅导工作的一项重要任务。

优秀女生为何成为校园欺凌者 ①

"老师，我能和您聊一聊吗？"漂亮的八年级女孩佳意（化名）含着泪走进我的办公室。我对她印象深刻，因为七年级的时候，她是班长，聪明、能干，比别人成熟不少。她告诉我，她结交了一些比较容易闹事的朋友。他们形成了一个校园中的小群体，打架、斗殴、抽烟、喝酒、早恋、结交不良少年，而她也卷入其中，不知不觉中成了一名校园欺凌者。

一个班长、优秀生怎么会成为欺凌者？

1. 同学们的刻意疏远。

佳意与班上同学很少有共同感兴趣的东西和话题，交友不多。一次偶然的机会，她在朋友的怂恿下，通过对同学的欺凌获得了满足感，从此一发不可收拾。但是，这也

① 郑伟威：《优秀女孩为何成为校园欺凌者？——一位校园欺凌者的转化案例》，载《心理与健康》，2022 年第 6 期，第 58—59 页。略有删改。

造成班级同学的刻意疏远。有一次，我在她们班讲了关于"校园欺凌"的内容，分析了欺凌者容易被集体排挤的事实，让她产生了很大触动。她说："老师，你有没有发现，那次课上有很多同学都在偷偷看我。她们的眼神都是异样的。我在班上确实一个说话的人也没有。平时大家都离我远远的，我感到非常孤独，总觉得自己像在一座孤岛上一样。"

2. 极其缺乏归属感。

佳意说不想待在班级，周围的同学都躲着她，让她感到被孤立。她在班上根本没有朋友，心里很难受。她觉得班级外结交的朋友们很好，他们为她做了很多，让她感到归属感和安全感。"他们可以帮我出气，维护我的尊严，我觉得心里很温暖。"她找我做心理辅导，就是想让我帮她获得班级同学们的好感。她说："其实我最想要的是，拥有好成绩，也拥有好朋友。我最怕的就是孤独，我会在夜里哭。"

3. 把江湖义气当作友情。

佳意有一个不合理的认知：只要是义气之举，就是友情的最佳表现。她说："我最喜欢的就是帮助我的朋友。"但她对自我认知的帮助却不分辨对错，而是错误地觉得只要站在朋友这一边，就是友情。她说："我之所以扩大自己的交友圈，就是为了保护好自己和朋友，让自己强大起来，报复那些曾经对我们不善的人。"可以看出，她的校园欺凌行为主要也是为了义气。

4. 亲子关系僵化。

佳意与家人的关系是僵化而矛盾激烈的。她自认为可以摆脱父母，找这些所谓的朋友一起生活。她说："妈妈根本不考虑我的感受。我感觉她把我管得太严了，而且做出来的事情让我很没面子。"她甚至还通过离家出走反抗父母的约束，并且作出更加逆反的交友行为。

从案例中可见，佳意的攻击性行为源于结交了不良的朋友，把江湖义气当作友情，以及家庭亲子关系紧张，在朋友圈寻找归属感。

┃ 攻击性行为解读 ┃

攻击性行为界定

关于攻击性行为，学界有多种定义，目前研究者较为认可的是帕克（Parke）和斯拉比（Slaby）在 1983 年提出的。该定义认为，攻击性行为是指那些旨在伤害或损害他人（包括个体，也可是群体）的行为。纪林芹和张文新认为，攻击性行为指有意伤害他人（包括身体伤害或心理伤害）的行为或倾向，其核心特征为"有意伤害性"，攻击通常还会涉及愤恨或想要伤害他人的情绪或内部心理状态。[①]

攻击性行为主要有两种表现形式：外部攻击和关系攻击。外部攻击是指采用面对面的直接攻击形式，如挑剔、辱骂、打架及其他身体攻击和言语攻击等；关系攻击是指采用人际关系取向的攻击形式，如破坏他人的同伴关系、散布谣言、不让其加入自己的朋友圈、威胁与其终止同伴关系等。[②]

青少年攻击性行为状况分析

何一粟等人对 823 名中学生的调查发现：（1）在攻击性的各个维度上，攻击性水平均呈现出随年级升高而逐渐增强的发展趋势。（2）在违反制度、言语攻击、身体攻击、恶意和疑心等维度上，男生的攻击性水平显著高于女生。[③]

南晓薇等人对 16022 名中学生的攻击性行为与相关因素进行调查，有两个研究结果值得关注[④]：

① 纪林芹、张文新：《儿童攻击发展研究的新进展》，载《心理发展与教育》，2007 年第 2 期，第 122 页。
② 吕晓敏等：《对青少年攻击性行为的思考》，载《中小学心理健康教育》，2015 年第 8 期，第 28 页。
③ 何一粟等：《中学生攻击性发展特点的研究》，载《心理发展与教育》，2006 年第 2 期，第 57 页。
④ 南晓薇等：《中学生攻击性与移情情绪管理能力的关系》，载《中国学校卫生》，2014 年第 3 期，第 341—342 页。

（1）中学生攻击性行为呈现年龄差异与性别差异。

调查结果表明，男生的攻击性随年龄的升高逐渐增强，而女生的攻击性除间接攻击外，均表现出先上升后下降的趋势。同时，不同年龄段男生在身体攻击和言语攻击得分上均显著高于女生，而在间接攻击、愤怒和敌意维度上，女生在 13~15 岁均高于男生，随后有所下降，但仍略高于男生。研究者认为，造成这一差异的原因可能是受性别角色期待的影响，男性角色被允许表现出更多的攻击性特质，攻击性行为通常不会受到过多的舆论谴责，因而其攻击行为逐渐增多，并且趋向于采用身体、言语等直接攻击的形式；而女性角色更多地被赋予温婉、娴静的性格特质，其攻击性行为容易引起舆论非议，因而对其攻击性起到抑制作用，并趋向于采用孤立、敌对等间接攻击的形式。值得注意的是，除间接攻击外，13~15 岁组女生在攻击总分及各维度上的得分均达到最高，随后出现下降趋势。可能是因为这一阶段的女生心理和生理发展迅速，自我意识高涨，与周围环境的矛盾增多，攻击性增强；而随着年龄的增长和知识水平的提高，学生逐步认识到攻击性行为是不受社会规范认可的，冲动攻击会给自身和他人带来危害，因而减少了攻击性行为。

（2）中学生的移情能力和情绪管理能力对攻击性行为具有一定的影响。

从总体上看，移情与攻击性之间呈负相关。其中观点采择（认知移情）与攻击性的多数维度呈负相关，而情感移情与攻击性的多数维度呈正相关。观点采择强调个体判断他人动机和社会观点的能力，具有较高观点采择能力的中学生能较好地理解他人的观点，因而曲解他人行为的可能性小，进而表现出较少的攻击性行为。情感移情强调"以他人为导向的同情感和考虑他人不幸的能力"。该研究结果显示，情感移情与言语攻击、愤怒和敌意之间存在正相关，这可能是由于在某些攻击情境下，学生的攻击性行为不是情感反应的表现，而是达到特定目的的手段。攻击性与情绪管理能力的相关分析显示，具有较高情绪管理能力的个体攻击性水平较低，表明不良情绪是攻击性行为发生的重要原因之一，能够有效管理和控制自身情绪状态的中学生表现出较少的攻击性行为。情绪管理与移情呈正相关，表明情绪管理能力较高的学生，其移情能力也较高。

对情绪管理能力在移情与攻击性中作用机制的探讨，结果支持了情绪管理能力的中介作用，即移情通过影响个体的情绪管理能力来影响攻击性行为，具有较高移情能力的中学生，其情绪管理能力也较高，他们更能体会、理解他人的观点和情绪状态，懂得合理地控制和宣泄情绪，因而有效抑制了攻击性行为的发生。与此相反，低移情能力的中学生不能很好地领会他人的愤怒、悲伤等情绪体验，甚至容易曲解他人的真实意图，这使他们控制自身情绪的能力下降，无法有效抑制愤怒、愤恨等不良情绪的爆发，容易导致冲动性的攻击性行为。

｜ 青少年攻击性行为成因分析 ｜

个体内在因素 [①]

生物学因素

一是基因。在国外一项元分析研究中，迈尔斯（Miles）和凯里（Carey）分析了与攻击性行为、遗传和养育有关的 24 项研究所显示出的主要趋势，其结果表明了遗传的强大影响，这种基因重叠是在双胞胎之间或被收养的孩子和亲生父母之间的，例如，同卵双生子比异卵双生子在攻击性上表现出更高的关联度。

二是大脑功能。张倩等人为了解攻击性行为儿童大脑两半球的认知活动特点，采用侧视野速示呈现技术，对经同伴提名量表筛选的 17 名攻击性行为儿童和 16 名正常儿童进行了比较研究。结果表明，攻击性行为儿童与正常儿童相比，大脑两半球均衡性发展较低，显示左半球抗干扰能力差，右半球完形的认知能力较弱，这可能是儿童攻击性行为产生的某些神经心理学基础。

三是激素。麦克伯耐特（McBurnett）在有关 7~12 岁男孩的应激激素与攻击性行为关系的研究中发现，最富有攻击性的男孩具有最强的应激反应。这些结果表明：某些个体可能不会经历大多数人所表现出的极端性攻击行为的压力

---

① 王元:《青少年攻击性行为干预与矫正》，载《沈阳师范大学学报（社会科学版）》，2008 年第 4 期，第 191 页。

应激模式，他们的身体不会体验到消极的行为和情感。而男女之间攻击性行为的显著差异（男多于女）在很大程度上受性激素水平的影响。

认知因素

在攻击性行为的认知中介过程中，个体对他人的行为归因或伤害情境的归因是非常重要的一个认知加工环节。弗格森（Ferguson）和鲁莱（Rule）的研究表明，一个受伤害者在遭受挫折后的情绪唤醒状态和行为反应取决于他对伤害者的归因，如果他把自己受到的伤害归因于伤害者的人格因素，那么，他的愤怒程度和攻击性要比归因于情境因素强烈得多。道奇（Dodge）等发现，当儿童把自己所面临的消极后果判定为同伴有意造成的时候，他一般倾向于对同伴作出报复性攻击；反之，如果他认为同伴是意外或出于善意的动作而给他造成了消极后果时，他一般倾向于化解其报复动机。

外在因素

环境影响[①]

第一，社会环境。主要包括家庭、学校、同伴群体、媒体等的影响。迪希文（Dishion）等人的研究发现，家庭对儿童攻击性影响很大，尤其当处于家庭经济条件差、父母有暴力行为、文化水平低、儿童受忽视等不利环境时，儿童不易形成正确的行为标准和自我控制能力，导致儿童出现攻击性行为，且随着年龄的增长，这种行为并不容易改变。研究表明，在学校背景下，同伴欺负或攻击行为具有普遍性。在校园欺侮情境中，教师对欺侮的态度和行为，影响着欺侮行为的发生。在信息化社会的今天，大众媒体对个体攻击性行为有着越来越重要的影响。例如，莱福特霍维茨（Lefkowitz）对近900名研究对象作跟踪研究，结果发现，观看暴力电视片数量与儿童攻击性行为有显著相关。

---

① 王元：《青少年攻击性行为干预与矫正》，载《沈阳师范大学学报（社会科学版）》，2008年第4期，第191—192页。

第二，物理环境。安德森（Anderson）认为，较高的温度能增加攻击动机与攻击性行为，也就是所谓的"热假设"。此外，食糖过多、铅中毒等物理环境因素都有可能影响攻击性行为。

第三，挫折情境。多拉德（Dollard）提出挫折—攻击假设，认为挫折是攻击的先决条件，出现挫折后，人们比平时更有可能表现出攻击性行为。这一关联已得到实验支持。

文化因素

攻击性行为具有高度复杂性。布朗芬布伦纳（Bronfenbrenner）的生态系统理论认为，攻击行为受微观系统、中观系统、外观系统、宏观系统、时间系统的影响。个体所在学校、家庭与同伴群体构成攻击性行为发生的微观系统，中观系统由学校与家庭、学校与同伴群体、家庭与同伴群体间的关系构成，外观系统指当前背景下个人经验受到另一种社会环境中不占主导地位角色的经验的影响，宏观系统指攻击性行为发生的文化背景（行为模式、价值观、代际继承物），时间系统主要指发展过程中的社会历史条件发生转变。[1]

史俊霞和余毅震对武汉市 1051 名中学生进行调查，结果发现，有攻击性行为的青少年的家庭矛盾性得分明显高于无攻击性行为的青少年，而亲密度与知识性得分明显低于无攻击性行为的青少年。攻击性行为青少年的父母惩罚严厉、拒绝否认和父亲过分干涉因子得分较高，母亲情感温暖、理解因子得分较低；攻击性行为青少年的情绪稳定性、精神质因子得分较高，掩饰性和社会成熟水平因子得分较低。居住地社会风气不良、矛盾性、精神质、神经质是影响青少年攻击性行为的危险因素，知识性是青少年攻击性行为的保护性因素。[2]

---

① 王元:《青少年攻击性行为干预与矫正》, 载《沈阳师范大学学报（社会科学版）》, 2008 年第 4 期, 第 192 页。
② 史俊霞、余毅震:《青少年攻击行为社会心理影响因素研究》, 载《中国学校卫生》, 2007 年第 10 期, 第 893 页。

| 青少年攻击性行为辅导策略 |

青少年攻击性行为辅导可以从预防和干预两个方面进行。预防的目的是减少青少年攻击性行为的发生。而对青少年攻击性行为干预的目的，一是帮助攻击者从欺凌事件中吸取教训，纠正错误行为，友善同伴；二是帮助受攻击者走出心理阴影，回归正常学习生活。

预防青少年攻击性行为的策略

基于社会认知加工理论的预防策略[1]

根据社会认知加工理论，对社会情境的错误认知加工与攻击性行为密切相关。道奇认为，个体的行为是通过社会信息加工过程体现的。社会信息加工过程的步骤是：信息感知、归因、选择、评估、执行。在每一加工步骤上的偏向或失误则有可能导致包括攻击性行为在内的消极社会行为出现。因此，教师和家长可以针对青少年在社会情境认知加工的具体环节中可能出现的问题，进行预防性辅导。

（1）优化教育生态环境，控制敌意刺激源头。

青少年产生攻击性行为大多源于对周围环境线索的敌意偏向。从外部环境角度有效地减少刺激攻击性行为产生的源头，是有效预防青少年攻击性行为的外部保障。学校应该努力营造和谐的校园环境，建立平等、民主的校园人际关系，包括师生关系与同伴关系，以减少校园冲突带来的不良生活体验。家庭在控制不良刺激源头上扮演着重要的角色。良好的亲子关系、民主的决策氛围有利于减少敌意性线索。家长一方面应该主动倾听子女的心声，增强双方沟通的有效性，营造情感温暖与理解的家庭氛围，增加儿童亲密、幸福、满足的生活

---

① 刘佳：《基于社会信息加工模型的儿童攻击行为及其教育策略》，载《中小学心理健康教育》，2010 年第 1 期，第 11—13 页。

体验；另一方面，应尽量控制家庭其他成员冲突的发生，防止儿童接触此类不良行为示范，同时包括控制与不良影视传媒的接触。社会对于正向文化的宣传与鼓励亦是有效预防儿童攻击性行为出现的途径。工商、卫生等部门应加强容易发生暴力场所（如娱乐厅等）的监管力度。社会、学校、家庭共同努力，控制敌意刺激源头，减少青少年不良生活体验及与不良情境的接触，促进青少年对于正向刺激的感知，提高青少年对于善意刺激的注意偏向。

（2）调整认知，纠正敌意归因。

青少年对于他人行为解释的敌意归因以及对于攻击性行为后果的正向评价，是青少年产生攻击性行为的重要原因。因此，从内部认知角度引导青少年对他人行为的归因、自身攻击性行为的正确评价，是有效减少青少年攻击性行为的关键。其一，在青少年对社会性刺激作出判断时，更多地引导青少年与自己的良性经验进行对照与比较，鼓励儿童作出亲社会的推测而非敌意的归因。其二，教育者需要建立合理的奖惩制度，引导青少年对攻击性行为进行正确评价。一般来说，教育者对于采取非攻击性行为、与同伴友好相处、忽视同伴的敌意表现或者制止攻击性行为产生的青少年应予以奖励，将特别出色的青少年列为榜样，提高同伴对非攻击性行为的认可度。对于表现出敌意及攻击倾向的青少年则不予理睬，使攻击性行为不能得到强化。对社会环境中出现的其他攻击性行为给予批判，帮助青少年分析攻击性行为对社会和个人造成的负面影响及社会对此作出的负向评价。

（3）授予社会技巧，引导友善行为。

青少年的攻击性行为是经过多个加工环节才产生的，但在这几个加工环节中，又受个体本身社会经验和技能的影响，如人际沟通技巧、情绪管理能力、问题解决策略、行为反应方式等。因此，要预防青少年的攻击性行为，就必须通过多方面的努力，包括授予青少年各种社会技巧。例如人际沟通方面，强调悉心倾听、自我袒露，并教授有效倾听的技巧，分析倾听障碍，讲授各种语言表达方式、有效表达准则等，以避免问题情境中线索的中性及模糊性，主张对事不对人，避免恶言伤人。情绪管理方面，提醒青少年体察自己的情绪，即随时提醒自己注意情绪状态，在面对问题情境时，适当表达自己的情绪，更主张采取委婉的方式。同时，教会青少年以适宜的方式缓解情绪，如听音乐、散步、痛哭、诉说、体育锻炼等，鼓励青少年勇敢面对问题困境，厘清想法，控制情绪，给自己创造一个愉快的生活环境。问题解决策略方面，更强调言语沟通和解释，而不仅仅是打架、争吵等攻击的行为反应，可以采取如谈判协商、请求援助、撤退等其他非攻击性行为方式，并教授相应行为方式的具体操作。

正念训练

目前，有许多研究证明正念训练是有效减少学生校园欺凌的手段。鲍德斯（Borders）等人发现，学生的正念水平与欺凌形式中的言语攻击、身体攻击及欺凌者的仇视和愤怒呈负相关。亚布科（Yabko）基于正念设计了 NMT 计划，研究发现，干预后学生的被欺凌率明显下降。诺塞罗（Nocero）等人对美国一所中学的学生进行正念干预，发现干预后学生的规矩意识和自我行为意识都得到了提升，学生之间的欺凌行为和争执减少，学生的社会技能（如同情、耐性、宽容）得到了改善。除了对欺凌者的影响外，正念干预对被欺凌者和旁观者也有一定的作用，如被欺凌者和旁观者往往因为恐惧而选择向家长和老师隐瞒欺凌真相，经过正念干预后，被欺凌者和旁观者向老师报告存在欺凌现象的可能性有所增加。张倩和蒋曼玲选取重庆市某中学初二年级三个班级进行实证研究，结果发现，正念干预和非正念团体辅导训练均显著减少初中生欺凌者行为和被欺凌者行为，正念团体辅导训练持续效果优于非正念团体辅导训练。[①]

青少年攻击性行为干预策略

青少年欺凌者干预的一般策略

对攻击性强的学生，要进行个别辅导。运用认知行为改变技术强化他们非攻击性行为，以培养积极的行为，抵制非攻击性行为的发生，引导他们懂得爱

---

① 张倩、蒋曼玲：《正念与非正念取向团体辅导对初中生校园欺凌行为的干预比较》，载《信阳师范学院学报（哲学社会科学版）》，2022 年第 4 期，第 71—72 页。

与尊重，以爱的情感冲淡他们对同学紧张、敌对的情绪。

教师应该避免对攻击性强的学生采取强烈的惩罚，如罚站、关禁闭、当众辱骂等，这样会更加诱发他们的攻击性。可以让这些学生做一些需要体力的服务性活动，如发本子、打扫教室、拿教具等，以缓解其精力无处释放的紧张状态。

了解学生在哪一种情境中最可能表现出攻击性行为，应尽可能避免此种情境出现。对于打架的学生要作冷处理，让他们各自写下打架的起因、经过以及对自己的认识。把可能打架的学生相对隔离起来，彼此保持距离，以避免惹是生非。

青少年欺凌者的个别辅导

对于攻击性强的青少年，应该一人一案，进行个别心理辅导。针对本节案例中佳意的攻击性行为，郑老师采取了以下辅导措施：

1. 表示理解，建立信任。

听到是校园欺凌者，容易让人有一种心理预设："这是一个不乖的孩子。"为了避免先入为主的想法，我坚守心理辅导中的价值中立原则，耐心地听她诉说，让她感受到理解和尊重。我问她："看上去你好像非常委屈、非常难受，可以告诉我是什么原因吗？"佳意红着眼睛开始诉说最近因为交友和同学、妈妈产生的矛盾。为了能够更深层地交流，我也尝试抓住她寻求自我改变的契机，发掘她的心理资源，以增强我对她的了解。首先，我告诉她，我很感谢她能够信任我，把自己的烦恼和心事告诉我。其次，我指出，她能够来找我，说明还是想解决和同学、妈妈之间的矛盾，这是一个好的现象。最后，我也欢迎她有空了随时过来聊天。通过这次深入交流，我与她建立了良好的师生关系，她更信任我了。

2. 分析事实，认清本质。

与佳意建立信任关系后，我用心理咨询中的认知疗法，帮助佳意分析问题，调整她对于"独立"的认知。我与她开展了这样的对话：

师：你想独立，与这些人交友，不想受到妈妈阻挠。如果你是妈妈，你觉得她现在会是一种什么样的心情？

佳意：肯定很紧张。

师：还有呢？

佳意：生气、愤怒、失望。

师：还有呢？

佳意：应该会很担心我。

师：一个真正独立的孩子，会让妈妈产生这样的心情吗？

（佳意若有所思。）

　　我告诉她，真正的独立是需要让父母安心，不是肆意妄为、与家长唱反调，独立要和叛逆区分开来。佳意认同地点点头。佳意对"友情"也存在认知偏差。我也与她一起分析真正的友谊是什么样的，其他同学的真心朋友是什么样的。佳意意识到，除了帮助朋友解决问题，真正的友谊是需要让朋友有健康向上的进步。显然，与所谓的"朋友"一起打架斗殴并没有彼此促进，反而会造成不必要的损失，让自己陷入困境。

　　3. 寻找例外，帮助回归。

　　要让佳意回归班级，首先是让她找到归属感，因此，我尝试寻找一些例外情况。我问她："班级同学有没有关心你、不疏远你的情况？"佳意仔细想了想，提到了自己曾经比较亲密的几位朋友。这些朋友会在她心情不好的时候关心她，给她带一些好吃的东西。她还提到班主任和科任老师并没有因为她在校园里的欺凌行为而另眼相看，反而对她的学习更加关注。说到这里，佳意嘴角浮出一丝浅浅的微笑，"其实，我挺喜欢现在的班级的，我想我还是可以让自己的心回去的。"

　　4. 校园欺凌者的回归。

　　佳意离开心理辅导室前，郑重地说："老师，我想回到班级，重新调整状态，好好做自己。"慢慢地，佳意对班级重新产生了归属感，这是她内心发生的重大改变。她回到班级后，坚持没有与校外的朋友联系，认真学习了一个月。后来，由于父母坚决要求她换个环境，她不得不转去其他学校。她来心理辅导室向我告别时说："老师，我有信心，我还有机会改变。在学校里还有一个老师愿意倾听我的心声，这让我心里很是安慰。谢谢您。"我知道，佳意的认知已经产生了很大的改变。因为她知道，学校依然为她打开大门，她依然可以在班级中找到自己的归属，也依然可以获得真正的友谊，实现自己的人生价值。

案例中，让佳意对欺凌、攻击说"不"，回归班级与同学友好相处，归因于郑老师的细心辅导。这对我们的启示是：心理老师能够看到佳意攻击性行为的背后有一颗积极向上、寻求归属感和安全感的心。佳意的攻击性行为并非来自本意，而是交友不慎、讲江湖义气所致，同时在亲子关系中，对"独立"的错误认知。正如郑老师对佳意所说，"真正的独立是需要让父母安心，不是肆意妄为、与家长唱反调，独立要和叛逆区分开来。"心理辅导的力量就在于，不是用大段的说教，而是在温情对话的过程中，轻轻地点拨，让学生明白道理。

青少年受欺凌者的心理干预

校园欺凌发生以后，受欺凌者常常会表现出身体、心理和行为上的异常症状。比如，注意力涣散、思维阻滞、抑郁、惊慌、恐惧、紧张焦虑，甚至伴随头痛、胃痛等生理上的症状。在行为上，还可能表现出上课迟到、旷课、行为退缩等。长期遭受校园欺凌而没有得到帮助的学生，性格也可能发生很大的变化。因此，有必要对受欺凌者积极进行事后干预，通过心理辅导减轻其心理伤害，促进其健康成长。

一般心理干预策略 [①]

一是给予情感支持。学生在遭受欺凌后，往往选择默默承受，不告诉老师和家长。如果得不到及时的关注和帮助，他们就可能产生不同程度的心理问题。这时，无论是家长、老师，还是周围的同学，都应该给予其适当的关爱，提供情感上的支持，从而创设出一个温暖、理解的大环境，以帮助受欺凌者获得改变目前状态的信心和力量。

二是开设校园欺凌预防课程。在课程上可以设置一些自我保护、识别防范校园欺凌，以及应对校园欺凌的技巧、情绪识别和管理的方法等内容。开通校园心理热线和信箱，帮助学生在校园欺凌发生后，通过这些途径进行求助。

---

① 刘丹：《校园欺凌中受欺凌者的特征及心理干预策略》，载《科学咨询》，2018 年第 50 期，第 19–20 页。

三是个别心理辅导。对一些伤害比较严重的学生，则要进行个别心理咨询，帮助其从受欺凌的阴影中走出来，回归到正常的学习和生活状态。如果有创伤性应激障碍的，则需转介至医院，由心理医生来治疗。

社会情绪能力训练

社会情绪能力训练对消极应对方式与校园欺凌具有调节作用。社会情绪能力是情绪能力和社会能力的综合概念，它是指个体识别和管理情绪、理解和同情他人、通过换位思考建立和谐关系以及与他人合作有效解决问题，并作出负责任的决定的能力。大量研究表明，社会情绪能力高的个体，能够意识、管理与调节自己的情绪，并对他人的情绪作出准确识别。同时，他们善于去解决冲突，保持和谐、融洽的人际关系。社会情绪学习包括五项核心能力：自我意识、自我管理、社会意识、关系技能和负责任的决策。社会情绪学习项目侧重于个人责任、同理心、友谊技能、冲突解决技能和自我控制的教学结构与技能的培养，学习项目旨在通过提升个人的社会情绪能力，增强应对资源，以减少问题行为，促进积极行为的发展。

时堪等人对受欺凌学生进行基于社会情绪能力的团体辅导，经过团体辅导干预后，实验组社会情绪能力的后测得分显著高于前测得分，控制组后测得分显著低于前测得分；校园欺凌水平上，实验组后测得分显著低于前测得分，而控制组差异不显著。这说明，基于社会情绪能力的团体辅导干预对学生应对校园欺凌问题有显著效果，团体辅导干预通过社会情绪能力的中介作用对校园欺凌水平产生影响。[①]

事实上，社会情绪能力训练不仅是受欺凌者需要的，而且可以面向全体青少年。因此，它既可以起到干预作用，也可以起到预防作用。

---

① 时堪等：《应对校园欺凌：社会情绪能力的干预研究》，载《心理学探新》，2022 年第 5 期，第 444–448 页。

亲子关系辅导

家庭是每个人情感的港湾，尽管青少年的独立意识、自主性增长，对父母的依赖性减少，但是亲子关系依然不可分离。和谐的亲子关系是青少年心智健康成长的养料，亲子关系的紧张、冷淡常常会让孩子心灵受到伤害，引发行为和心理问题。

痛，需要被表达[①]

来访者小 A，女，13 岁，七年级学生。小 A 近半年来出现情绪低落、莫名哭泣、失眠、胃口差等情况，有时心慌、胸闷；自述学习效率降低，注意力不集中。来访者是家中独生女，父母均是公司职员。来访者无家族精神病史和自杀危机等。

经了解，来访者的困扰主要来源于三个方面：（1）妈妈负责照顾来访者学习生活。妈妈时刻关注其一举一动，习惯于否定和指责，会认为其"什么都做不好"，并且妈妈情绪非常不稳定，经常因为小事跟来访者发脾气。（2）爸爸习惯用讲道理的方式和来访者沟通，经常要求来访者"大度""不要想那么多"等。有时和妈妈发生冲突，爸爸会从中调和，调和方式就是让来访者去理解和包容妈妈。（3）来访者和其他人的沟通都比较顺畅，遇到对方有不合适的言行，会怼回去或表达出来。但面对父母的指责、否定和唠叨，来访者不愿表达，不知该如何表达。她认为跟父母争吵就是不孝，会让父

---

① 秦玲玲：《痛，需要被表达——初中生亲子关系引发情绪问题的心理辅导案例》，载《中小学心理健康教》，2023 年第 z1 期，第 33—30 页。略有删改。

母伤心。

对来访者进行临床评估发现：生理上，胸闷，站不稳，睡眠变差，饮食变差；心理上，情绪低落，压抑，莫名哭泣；行为上，学习效率较低、注意力不集中。

由案例可见，小 A 面对母亲长期对自己的否定和指责，引发了抑郁情绪和躯体化症状。

｜ 亲子关系解读 ｜

亲子关系与青少年心理健康

青春期是个体寻求独立发展的时期，子女希望与父母处于平等的关系，因此在这个过程中子女常与父母发生冲突，导致亲子关系出现危机。相关研究发现，消极的亲子关系可以显著正向预测青少年抑郁。国外的一项追踪研究也显示，童年期亲子关系质量较差的儿童，在步入青春期后发生抑郁的风险也会更高。吴念阳和张东昀对 349 名青少年亲子关系与心理健康关系的调查结果显示，亲子关系与心理健康状况存在显著的高相关，不同类型的不良亲子关系与青少年不同的心理健康问题有关。研究者认为，青少年时期有其特殊的心理特征，需要新型的亲子关系。随着子女的成长，家长对待孩子的方式方法也要"成长"。青少年种种错综复杂的矛盾都需要父母的配合才能很好地解决。如果亲子间缺乏爱和关心、缺乏支持和帮助、很少沟通或不直接表达其情感、过于严格控制、过多干涉、有过高的期望，那么处在这种亲子关系中的青少年往往无法解决好各种矛盾冲突，从而导致心理失衡，诱发种种心理问题。[1]

胡义秋等人对 1243 名初中生的调查研究结果也证实了，不良亲子关系可以预测青少年抑郁。由此可见，亲子关系可以直接预测青少年抑郁。研究者认为，

---

① 吴念阳、张东昀：《青少年亲子关系与心理健康的相关研究》，载《心理科学》，2004 年第 4 期，第 815 页。

父母对孩子心理健康的发展有着深远而持久的影响。父母养育对个体早期依恋关系的形成有重要影响。中国长期受家庭本位思想的影响，在日常生活中注重父母对孩子的共同养育，因此父母对孩子的关爱以及在此过程中形成的亲子关系对个体的身心发展有着不可替代的作用。[①]

亲子关系与青少年社会化、人格发展

家庭是青少年社会化的重要因素之一，家庭中的亲子关系也会对青少年社会化产生影响。青少年社会化包括社会规范的学习、人格特征的形成、价值观念的内化、生活目标的确立、社会角色的认同等方面的内容。有研究发现，父母教养方式的不同层面与青少年的心理社会发展、自我同一危机呈显著相关。父母教养方式中的情感温暖、理解与其子女心理社会发展的总体水平和各分层面水平都呈显著的正相关，即父母对子女的情感温暖、理解越高，子女的心理社会发展越好，心理社会积极层面程度越高，消极层面程度越低。而父母的严厉惩罚、过分干涉、拒绝否认、过度保护等教养方式与其子女的心理社会发展总体水平和各个分层积极发展基本都呈负相关。可见，如果父母持有温暖、接纳、爱护的态度，则其子女多能自我接纳、愉快和情绪稳定。同样，青少年人格的形成和发展与家庭环境因素也有密切关系。国外的相关研究表明，不协调的亲子关系在子女不良性格、不良行为过程中有重要作用。国内有研究发现，亲子关系主要与人格的精神质和神经质两个维度有关。神经质倾向和精神质倾向人格的突出表现将构成一些不良情绪、错误观念、异常行为以及某些精神疾患的人格基础。[②]

---

① 胡义秋等：《亲子关系对青少年抑郁的影响：认知灵活性和友谊质量的作用》，载《中国临床心理学杂志》，2023年第3期，第185页。
② 陈静：《关于亲子关系及其对青少年心理发展影响的研究》，载《长江师范学院学报》，2009年第4期，第145页。

青少年亲子关系状况分析

亲子冲突状况

亲子冲突主要体现在以下方面[1]：

（1）母子冲突多于父子冲突，且母子冲突和父子冲突的侧重点有所不同。亲子冲突内容包括学业、做家务、交友、花钱、日常生活安排、外表、家庭成员关系和隐私。父子冲突最多的方面是学习，而母子冲突最多的是生活。这可能反映了父母在家庭中角色分工的不同。在很多家庭，父亲更多地参与到孩子的学习中去，而母亲更多的是扮演照顾孩子生活的角色。因此，参与方面和参与程度的不同，直接造成父子冲突和母子冲突内容的不同。当然，父子冲突与母子冲突也有一致之处。例如，冲突最多的三个方面均体现在学习、生活和家务上，而冲突最少的是隐私方面。

（2）与父母发生冲突的青少年所占的比例随冲突内容的不同有很大的差别。在学业和生活方面，与父母发生冲突的青少年人数远远超过与父母没有冲突的青少年，而在家务、花钱、交友、日常生活安排、外表和家庭成员关系六个方面，却是与父母没有冲突的青少年多于与父母发生冲突的青少年。所以，在进行针对亲子冲突的干预训练时，应该将学业和生活方面的亲子冲突作为重点。

家庭环境与亲子关系[2]

有研究发现：（1）高亲密度、高情感表达、低矛盾性的家庭在亲子冲突解决的关系目标上的得分显著高于其他类型家庭；低亲密度、低表达性、高矛盾性的家庭在权力、公平、自认和自主目标上的得分显著高于其他类型家庭。（2）高亲密度、高表达性、低矛盾性的家庭更多使用积极的冲突解决策略，低

---

① 方晓义等：《亲子冲突与青少年社会适应的关系》，载《应用心理学》，2003年第4期，第14—19页。
② 涂翠萍等：《家庭环境类型与青少年亲子冲突解决的关系》，载《心理与行为研究》，2008年第3期，第190—191页。

亲密度、低表达性、高矛盾性的家庭更多使用消极的冲突解决策略。这说明不同家庭环境类型下的青少年亲子冲突解决有不同的特点。

随着青少年年龄的增长，其家庭环境类型也有所变化，具体表现为：初一学生在高亲密度、低表达性、低矛盾性上的人数最多，初二学生在低亲密度、低表达性、高矛盾性的家庭上的人数最多，而高中生在高亲密度、高表达性、低矛盾性的家庭上的人数最多。初一到初二是一个转折期，亲密度从高到低，矛盾性从低到高，这是因为初二学生已经进入青春期，生理、心理上的变化导致其不愿意在家人面前过多表达自己，而父母往往还没有适应子女心理的变化，容易导致亲子冲突增多，家庭矛盾升级；而到高中后，相对而言又有完全相反的变化，亲密度和表达性变高，矛盾性降低。

亲子三角关系 ①

和谐的亲子关系离不开和谐的父母关系。由于种种原因，家庭生活中父母也会有冲突，有时父母冲突会卷入孩子，使得亲子关系受到影响，产生亲子三角关系。所谓亲子三角关系，是指当父母发生冲突时，子女主动或被动卷入其中以降低或转移焦虑与紧张，从而形成"父亲—子女—母亲"的三人关系模式。它往往被视为一种不良的父母冲突解决方式，或者一种消极的亲子关系模式。国内学者根据前人研究，将亲子三角关系归总为替罪羊（scapegoating）、跨代联盟（cross-generational coalition）和亲职化（parentification）三种类型。替罪羊是指冲突中的父母通过将注意力转移到子女身上，来回避彼此间的冲突与压力；跨代联盟是指当父母发生冲突时，子女与父母中的一方结盟来对抗另一方；亲职化是指亲子间角色倒转，子女忽视或压抑自己的情感和需求，转而承担原本应由父母承担的角色。

邓林园等人对 1100 名初中生的调查发现：（1）父母冲突强度越大、频率越高、冲突解决越差，青少年就会更多地采用消极应对方式，更少地采用积极应

① 邓林园等:《父母冲突、亲子三角关系与青少年应对方式之间的关系》，载《北京师范大学学报（社会科学版）》，2017 年第 1 期，第 89 页。

对方式，且卷入亲子三角关系的程度也更高；（2）亲子三角关系各维度中，亲职化程度越高，青少年采用积极应对方式越多，而替罪羊和跨代同盟的程度越高，青少年采用消极应对方式则越多；（3）亲职化在父母冲突与青少年积极应对方式之间起部分中介作用，而替罪羊、跨代同盟在父母冲突与青少年消极应对方式间起完全中介作用。

该研究还发现，在父母冲突对青少年应对方式的影响关系中，亲子三角关系扮演了重要的角色。因此，为了促进青少年形成积极应对方式，减少其消极应对方式的形成，有以下启示：首先，父母应尽量避免在青少年面前发生冲突；其次，父母双方要提高认识，避免因为夫妻关系的问题，将孩子作为出气筒或情绪宣泄的对象，也要尽量减少将孩子拉入进来夹在夫妻中间左右为难并体验不必要的紧张或愧疚情绪；再次，父母可以适当培养子女照顾家庭的责任心，进而促进青少年在面对问题时采取更多积极的应对方式；最后，可以鼓励青少年在面对问题或压力时，积极利用内外部资源，主动构建解决问题的策略。

｜ 亲子关系问题原因分析 ｜

导致青春期亲子关系紧张的家庭环境因素有以下几方面[1]：

（1）家长对孩子要求过高，使孩子不堪重负。有的家长在"望子成龙"的心理驱使下，希望自己的孩子学科门门优秀，琴棋书画样样精通。为了实现这个目标，他们不顾孩子的反对，给孩子报各种各样的辅导班、特长班，把孩子的时间填得满满的，使孩子休息和娱乐的时间少之又少。一旦孩子考试分数稍有退步，家长就忧心忡忡，唉声叹气，甚至对孩子冷嘲热讽，严加苛责。可以说，父母在"都是为了你好"的说辞之下，使爱变成了负担，变成了压力和引发矛盾的导火索。

---

[1] 魏永娟：《青春期亲子关系紧张的原因及其解决策略》，载《中小学心理健康教育》，2011年第20期，第16页。

（2）家长对孩子干预过多，使孩子不胜其烦。孩子进入青春期后，自主意识明显增强，他们不再愿意把父母的话当作权威，而是希望表达自己的意见和需要，按照自己的想法行事。但是，并不是所有的父母都能了解并尊重孩子的这种心理，他们习惯于认为孩子还太小，什么都不懂，自己应该为孩子负责。因此，大到人生理想，小到穿衣戴帽，他们把一切都为孩子安排好，要求孩子按照他们的旨意来做一切事情，总是跟在孩子身后没完没了地提醒孩子应该这样、不应该那样。不可否认，家长做这一切是出于对孩子的关心和爱护，但在独立意识和反叛精神逐渐觉醒的孩子心里，父母的这种安排无异于一种痛苦和束缚，而家长喋喋不休的提醒，对孩子而言更是一种折磨和"精神暴力"。由此，孩子的"独立"诉求和父母的约束惯性使得亲子之间很容易产生冲突。

（3）亲子缺乏有效的沟通。孩子进入青春期后轻易不愿意向父母敞开心扉，认为像小时候那样和父母无话不谈是幼稚的表现，父母也常因为忙于工作而很少有意识地和孩子沟通，只是把有限的时间用来"管治"孩子。沟通的缺乏，使父母和孩子之间失去了相互了解的机会，使孩子不明白父母对自己"严格管理"的真正用意，而是仅仅从浅层和表面上将其解读为嫌弃和"不爱"。

（4）父母忽视了对孩子的家庭伦理道德教育。有的家长对孩子过于溺爱，在他们眼里，孩子的所有要求都应该去满足，孩子的一切错误都可以被原谅；还有一些家长认为孩子只要学习好就可以"一俊遮百丑"，忽视了对孩子的家庭伦理道德教育。在这样的家庭中长大的孩子，会变得任性、自私、不体谅父母，一旦自己的要求（甚至是过分的要求）被父母拒绝，他们就会对父母怀恨在心，甚至大打出手。

| 亲子关系的辅导策略 |

由上所述，青少年的独立性与日增长，难免会与父母发生冲突。青少年与父母发生冲突后，有些甚至长时间不与父母对话，导致亲子关系紧张。亲子关系的辅导策略要着眼于亲子冲突的妥善处理、亲子沟通的优化，方法上，可以采用亲子团体辅导和个别辅导等。

妥善处理亲子冲突的策略

构建良性互动的家庭环境 [①]

涂翠萍等人的研究表明，高亲密度、高表达性的家庭环境，为解决亲子冲突营造了一个良好的氛围。生活在高亲密度、高表达性、低矛盾性家庭环境中，家庭成员有更多关于美好人际关系的积极体验，而这种积极体验又强化了他们的行为，使他们在解决亲子冲突时更趋向追求关系目标，对关系的关注使他们在对待家庭成员时能及时表达情感和亲密，这就形成了一个良性的循环系统。他们的冲突水平较低，即使有了冲突，高的亲密度和高的表达性为他们解决亲子冲突营造了一个良好的氛围。在这样的氛围中，他们更善于将自己的感受告诉对方，或者主动请第三方来调节。这种积极解决策略很大程度上有效降低了冲突的水平，在实践中被证明是有效的。

当家庭成员处于低亲密度、低表达性和高矛盾性的家庭环境时，家庭成员之间的关系疏远，彼此很少向对方谈论他们的感受，即使有矛盾和要求，也更倾向于逃避问题或者直接把自己的要求强加给别人，而不是坦诚地沟通。这种消极冲突解决策略，会使矛盾不断积累，直至更加激化，导致家庭功能发挥不良，形成恶性循环。

父母对亲子冲突的处理

在亲子冲突中，父母往往起着决定性作用，妥善处理亲子冲突要先从父母做起。（1）在孩子进入青春期前，父母应与孩子建立开放的亲子关系和进行坦诚的沟通交流。（2）当孩子进入青春期后，要关注孩子身心的变化和心理需求，给孩子适当的独立自主权，逐步摆脱对父母的依赖。（3）关注孩子的日常生活，但不要过分干涉，让孩子参与到家庭的决策制定中，为其提供一个温暖的、支

---

① 涂翠萍等：《家庭环境类型与青少年亲子冲突解决的关系》，载《心理与行为研究》，2008 年第 3 期，第 191 页。

　　　　　第七章 和谐人际交往

持的家庭环境。

有效应对亲子冲突，要以减少家庭成员间的敌对、增加家庭温暖气氛为宗旨，以直接解决问题为目的。例如，直率的交谈、协商；针对引发冲突的事件探讨解决方案，而不是对孩子表现出情绪化反应；接纳、包容彼此的差异性等。

子女对亲子冲突的处理

研究发现，亲子冲突的产生和加剧，在很大程度上是亲子之间的认知偏差和缺乏有效沟通造成的。青少年可以从以下几方面妥善处理亲子冲突：（1）学会对自己的观点和陈述提供解释和理由。（2）学会角色转换，站在父母的立场来看待父母和自己的观点和行为，学会包容他人。（3）学会人际沟通的技巧，对自己的行为后果负责，尊重和理解父母，主动与父母沟通，决策行事与父母商量等。[①]

优化亲子沟通的策略

亲子沟通对于亲子关系改善至关重要。李燕提出如下策略[②]，笔者认为其有参考价值。

父母沟通协调一致

父母在孩子的教养过程中扮演的角色不同，在与孩子交往的时间、内容、方式上都存在差异，对青少年心理行为的发展起着不同的作用。与母子沟通相比，父子沟通的整体水平相对低很多。父亲与子女之间的沟通缺乏，只有不到 25% 的青少年经常与父亲沟通。母亲在沟通的主动性和频率方面则高于父亲，青少年与母亲沟通的话题较多且满意度更高，与母亲沟通更多伴随积极

---

① 何晓燕、郭成：《试论亲子冲突及其与青少年心理健康的关系》，载《贵州教育学院学报》，2008 年第 4 期，第 4—5 页。
② 李燕：《亲子沟通对青少年成长的影响及提升策略》，载《中国德育》，2020 年第 4 期，第 26—27 页。

的情感。

在家庭教育中，父亲要积极参与子女的教育，夫妻要通过交流，实现关爱平衡。父母需要通过自己的努力，积极扮演合作者、鼓励者和监督者等多重角色，共同参与子女的教育，使家庭生活更为和谐，促进孩子健康发展。

学会使用爱的语言

美国著名婚姻辅导专家盖瑞·查普曼（Gary Chapman）博士确定了感情关系中五种爱的语言：肯定的言辞、精心时刻、爱的礼物、服务的行动、身体的接触。在亲子沟通中，父母和子女爱的语言是很关键的，用对爱的语言，才能正确地表达和接受爱。

（1）肯定的言辞，就是要真诚地欣赏，发掘闪光点，表达赞扬或者鼓励。在子女缺少勇气、缺乏安全感时，鼓励他们去发挥潜能。鼓励需要同理心，要关心子女的心理需求，从他们的视角来看世界。

（2）精心时刻的中心意思是同在一起。同在一起不单单指接近，而是给予全部的注意力。当父母全神贯注地和子女在一起，彼此的给予就是爱的一种有力的传达方式。精心时刻的关键在于集中注意力，陪伴孩子一起做事。除了集中注意力外，精心时刻还要有精心的对话。精心的对话是指具有同理心的对话，在交谈的时间，具有同理心地倾听，让子女吐露心声，分享他们的经验、思想、感觉和愿望。当子女说话时，保持目光接触，观察对方的肢体语言，注意他们的感受，不打断对方。倾听是建立关系的基石，是沟通的先决条件。父母要提供平等的交流空间，真诚地倾听，理解子女的感受。

（3）爱的礼物是指能够表达出关爱的礼物。礼物不一定是昂贵的，可以是买来的、找到的或者自制的。有时在场陪伴也是一种无形的礼物，当子女需要父母陪伴时，用心陪伴会促进亲子关系。

（4）服务的行动就是为在乎的人做事情，比如子女在家主动承担家务，减轻父母的负担；父母答应孩子的事情一定要做到；家庭成员共同承担家务劳动，互相关心，有利于营造良好的家庭氛围。

（5）身体的接触是一种沟通情感的方式，是表达爱的有力工具。在孩子伤心难过时，拥抱会传达父母的关爱。亲子沟通是一个双向的交互过程。在沟通的过程中，父母准确掌握手势、表情、眼神、触碰等非语言信息的使用技巧，不仅可以将其作为语言信息的补充，还可以通过观察孩子传达的非语言信息，解读孩子内心的真实感受。

合理使用网络媒体

研究发现，网络亲子沟通是青少年心理社会适应的一个重要保护性因素。借助网络沟通，青少年可以感知到更多的线上社会资本，从而降低其抑郁水平。网络亲子沟通方式多样，使得亲子之间的沟通更便捷，成为线下亲子沟通的一种有力补充，一定程度上弥补了语言交流的局限性。新媒体表达心声的方式为亲子沟通开辟了新的途径，有利于亲子间的良性互动。

开展团体亲子辅导活动

可以根据团体心理辅导的相关理论，结合亲子关系调查发现的具体问题，自行编制团体辅导内容，对亲子关系不良的学生和家长进行干预。设计时可采用小团体、双向互动、平行教育的家庭心理辅导方式。

团体辅导具体方法如下[①]：

（1）角色扮演，是指根据亲子关系不良的主要问题设计一些亲子交往的日常情境，要求亲子双方交换身份，将对方平常在该情境下的情绪表达方式和行为处理方式以心理剧的形式表演出来。该方式主要是借用敏感性训练技术，使亲子双方进行换位思考，通过移情去理解对方的内心世界以及自己反应的适当性，由此改变过去不当的行为方式，改善亲子关系。

（2）讨论分享，泛指亲子之间的经验分享，包括对某个事件或人物的看法、自己内心中不为对方所知的感受和体验等。该方式主要是利用焦点团体访谈的

---

① 刘海鹰、刘昕：《改善青少年亲子关系的团体实验研究》，载《山东师范大学学报（人文社会科学版）》，2008 年第 3 期，第 146 页。

形式，在一种或轻松或温馨的团体氛围中，使亲子双方能够直接表达出自己的感受和看法，打破沟通障碍，增进相互理解。这有利于去除不良的教育方式，形成合理有效的教育态度。

（3）案例分析，是向参与者呈现一些具有代表性的亲子关系不良事件，然后让所有团体成员发表自己的看法，探讨相应的解决对策。该方式也是利用了焦点团体访谈的形式，由参与者各抒己见，研究者不妄加评论，通过这种自由讨论来促进亲子双方的成长。

（4）亲子游戏，是指由亲子双方共同参与的合作式团体康乐活动，其目的主要是通过轻松愉快的游戏氛围使亲子共同体验相互配合、相互鼓励的乐趣，以此创造家庭和谐的动力。

（5）激情演讲，是指老师将亲子交往的正确观念与方法用充满激情的演讲方式表达出来，给家长和孩子强烈的震撼与感染，激发他们行动的欲望与动机，从而去除以往不良的行为方式，接受新观念，塑造新行为。

（6）知识讲授，是指直接传达或在以上各种方式进行的过程中寻找合适的机会向参与者讲授构建良好亲子关系的重要性以及有关的心理学、教育学知识。该方式的主要目的是增强本干预训练的科学性和说服力，强化上述方式带来的活动效果。

个别辅导

对于有亲子关系问题的家庭和孩子，可以进行个别辅导。例如，本节案例中，针对小 A 的问题，辅导老师与小 A 商定了以下辅导目标：

近期目标：进行情绪表达和宣泄，缓解小 A 的压抑、焦虑与烦躁等情绪；学习如何在与父母的相处中恰当表达自己的情绪和内在需求。

长期目标：提升情绪调控能力，发现自身的资源和优势，增加自我认同，提升自我价值感，提高应对关系的能力。

具体辅导过程如下：

第一阶段：建立关系，接纳情绪

过程：（1）向小Ａ介绍咨询伦理，了解基本情况，建立咨询关系，讨论咨询目标。（2）运用萨提亚冰山理论问话，厘清来访者的内在问题。（3）运用叙事疗法的外化技术，帮助来访者接纳情绪。

咨询中，小Ａ提到了妈妈不断督促自己立刻去学习。辅导老师以此事件切入，和小Ａ一起探索其感受、观点、期待、渴望等。当询问小Ａ："妈妈不断催促你立刻去学习时，你有什么样的感受？这些感受可能让你有什么样的表现？你希望妈妈以什么样的方式督促你学习？"小Ａ说出了烦躁、气愤、无奈等情绪。同时，她表示"我不该有情绪，有了情绪也不应该表现出来"。对此，辅导老师尝试对情绪进行外化，帮助小Ａ探索该如何对待情绪。

师：这种烦躁和压抑的情绪出现有多久了？

小Ａ：小学四五年级就开始了，最近半年更加明显了。

师：感受一下它们，看看是在身体的哪个部分？

小Ａ：（闭上眼睛）大概是在胸口的位置，在那里堵着，压得人透不过气来。

师：形状、大小、颜色如何？

小Ａ：说不清，好像是红色的一团，非常乱。

师：如果给它起个名字，你会叫它什么？

小Ａ：嗯……（思考片刻）"火球"吧。

师："火球"的到来给你带来什么样的影响呢？

小Ａ：让我烦躁，睡不好，学不进去，有时还心慌，很想哭一场。

师：嗯嗯，听起来它影响了你正常的学习和生活。如果有一句话想要跟它说，你最想跟它说什么呢？

小Ａ：你走开，不要再来烦我！

师：对，再次大声告诉它！

小Ａ："火球"，你走开，不要再来烦我！

在让小Ａ把"'火球'，你走开，不要再来烦我！"这句话反复说了几遍之后，辅导老师让小Ａ坐到对面的椅子上扮演"火球"，用小Ａ的书包代表小Ａ自己。

师："火球"，听到这些话之后有何感受，你愿意不愿意走开？

"火球"：我不走，她越说让我走，我就越不想走。

师：为什么呢？

"火球"：那么多事情，我怎么能不出现？

师：听起来似乎是因为有事情发生，所以你要出现。你的出现是想表达什么或提醒什么吗？

"火球"：（过了一会儿）是的，她（小Ａ）不舒服，我自然要出现啊。

师：所以你是来做什么的？要伤害小Ａ吗？

"火球"：当然不是啦，我就是来提醒她，她有烦恼，她需要改变一些事情啦。

师：看起来你的到来其实带有一份善意呀。

"火球"：嗯嗯！

辅导老师让小Ａ回归本来角色，并询问小Ａ有什么发现。

小Ａ：发现"火球"特别难搞，还有点逆反心理。想赶走它是不行的。

师：是的，"火球"就是一种情绪，当你遇到一些事情，它就自然呈现。

小Ａ：嗯，我越是烦它，发现自己越痛苦……

师：嗯，看起来与它相处时，不能压抑它呀。这就是我们在心理课上经常说的，情绪需要流动，需要被表达，不能被压抑。还有其他的发现吗？

小Ａ："火球"好像也没有那么讨厌，它也有它的道理。

师：是的，情绪其实就是一个信号，向我们传递着信息。我们要做的是接收到它的信息……

小Ａ的认知一步步松动了，决定用新的方式与情绪相处。

第二阶段：表达情绪，初探资源

目标：加深咨询关系，表达压抑已久的情绪。

方法：空椅子技术；发展支线故事，与内在小孩对话技术。

1. 表达情绪。

辅导老师在小 A 对面放了一把椅子，让她想象妈妈就坐在那里，并对着"妈妈"表达出自己的压抑、无奈。小 A 刚开始不愿说出来，担心妈妈听到后受伤和难过。于是，辅导老师改变策略，在对面放了两把空椅子，一个代表"好妈妈"，一个代表"不好的妈妈"，引导其对"好妈妈"表达爱和在乎，对"不好的妈妈"表达不满和期待。这样小 A 复杂的情绪有了表达的机会，因说妈妈不好的愧疚感得以降低，话匣子就打开了。

2. 发展支线故事，看到支线故事中的资源。

小 A 讲述的是一个问题故事。在这个故事中，妈妈严苛控制，爸爸习惯说教，小 A 承受着来自父母、学习和同学交往等方面的多重压力，快要撑不住了。

叙事疗法认为，问题故事之外还有一个支线故事。支线故事中隐藏着积极资源。所以辅导师决定重新建构这个故事，引导小 A 看到问题中的"例外"——自己做得好的部分。

师：这几年你跟妈妈相处并不愉快，你是怎么熬过来的呀？

小 A：有什么办法呢，就是熬呗。

师：在你这样说的时候，我仿佛看到一个小女孩，经历了许多困难，流了很多眼泪，在苦苦煎熬。这个过程中，最不容易的是什么呢？

小 A：（眼睛有点红了）没有人理解我，都是我一个人在撑着。妈妈这样子，我很难过，可是再怎么难过，还是得该干什么就干什么，该学习就学习。

师：嗯，这个女孩在家里承受着巨大的压力，在班级中还承担着班务，同时还在努力学习。她也很厉害呀！

小 A：（陷入沉思，过了一会儿）还挺坚强的。

师：是的，非常坚强。虽然内心有痛苦，但她也没有放弃努力。所以，我还看到了她的积极上进。

小 A：（若有所思）是的。

师：你愿意把自己看到的这些部分告诉她吗？

小 A：嗯嗯。

师：我看到你了，我知道你很不容易、很辛苦。你承受了很多，跟父母相处不容易，很累，学习也不能落下……我心疼你。同时，我也看到你很坚强，你挺过来了，你很棒！

小 A 流了许多眼泪，身体也放松了许多，内在资源被进一步发现和夯实了。

第三阶段：改变认知，宣泄情绪，再探资源

目标：表达情绪，宣泄情绪；看到自己的资源。

方法：寻找支线故事，认知调整。

辅导老师原打算继续运用空椅子技术引导小 A 表达情绪，但发现小 A 依然认为"我不该说妈妈，这会伤害到她"，咨询出现了阻抗。因此，辅导老师改用认知治疗技术来改变小 A 的限制性信念，请小 A 代入妈妈的角色，思考：妈妈如果知道女儿经历了这些不容易，她会怎么说？她想知道女儿的真实想法吗？女儿认为说出妈妈的"不好"是在伤害妈妈，如果妈妈知道这些，她会怎么看？

通过换位体验，小 A 意识到，其实妈妈希望她表达出自己的真实想法，妈妈也希望走进她的内心。同时，辅导老师也告诉小 A，表达对父母的不满，并不意味着否定父母的爱，也不意味着对父母不孝。父母子女之间，被伤害的感受是真实的，被爱的感受也是真实的。很多时候，彼此敞开心扉反而能促进双方关系更深入。

接下来，辅导老师继续运用叙事问话中的支线故事，让小 A 进一步看到自己的资源；同时，也帮助小 A 换一个视角，看到家中积极正向的资源，比如，妈妈的爱和在乎，爸爸尽力在自己和妈妈之间调和。

最后，辅导老师提出想约谈父母，小 A 不同意，提出过一段时间再说。辅导老师选择尊重小 A 的意愿。

第四阶段：约谈父母，形成合力

孩子的改变离不开父母的支持和配合。为了让父母了解孩子的真实状况和内心需求，明确如何调整和改变，辅导老师考虑邀请小 A 父母来到咨询室。在一次课后，辅导老师

向小 A 试探性地说明了自己的想法，小 A 同意了，并且告知了联系方式。

小 A 父母来到咨询室后，辅导老师如实告知了孩子的状况，阐明了家长教育方式给小 A 带来的影响，并和小 A 父母一起探讨了日后的调整方法，建议多给小 A 一些自我表达的空间，家庭成员多增加感情交流和互动，走进彼此的内心世界。

一段时间后，再见到小 A，小 A 称自己的情绪已经稳定下来，身体症状减轻，莫名哭泣减少，睡眠和饮食状况得到改善。班主任老师反馈，小 A 比从前开朗了，上课注意力也比较集中了。通过回访与跟踪，发现咨询已基本达到预期目标。

本案例中，小 A 面对母亲的严苛要求和指责，不敢抗争，内心是极其压抑的，正是长期的压抑引发了心理问题。解决本案的关键正如这篇文章的标题："痛，需要被表达"。压抑在内心的负面情绪要能够得到宣泄和释放。辅导老师恰如其分地运用了叙事治疗的外化技术和支线故事，为小 A 紧闭的心房打开了一扇窗，鼓励她和母亲积极沟通，彼此敞开心扉，促进母女关系和谐。当然，对母亲的辅导工作还可以加强，毕竟亲子沟通是相互的，而不是单方面的。

· 本章结语 ·

与人和谐相处是青少年发展和社会化的一个核心任务。在当今多元化的社会，青少年尤其需要关怀、尊重、宽容、理解和合群等优秀品质与为人处世之道。教师应该帮助青少年积累积极的人生经验，使其成为他们终身受用的精神财富。

同伴关系、亲子关系是青少年成长过程中重要的人际关系，这些人际关系构成了青少年重要的情感支持系统。青少年在同伴交往中，常常会遇到同伴拒绝，乃至同伴冲突。心理辅导时，就要帮助青少年在同伴交往过程中与同学建立友谊，在同伴冲突中学会谦让、协商和宽容，得到更多同学的接纳。青少年在同伴交往中，有时也会发生攻击性行为。攻击性行为是一种破坏性力量，不利于青少年的学习、生活和社会交往。青少年攻击性行为辅导应着眼于预防。同时，对欺凌者和受欺凌者都需要进行心理辅导，以帮助他们回归健康的人际交往活动。家庭是青少年生活和情感的港湾，父母的教养让孩子学会做人。然而，面对青少年日益增长的自我意识和独立性，亲子冲突常常会发生。这就需要父母和孩子共同学习亲子沟通的方法和艺术。温馨、和谐的亲子关系是青少年人格健康成长的土壤。

第七章 和谐人际交往

第八章

生涯辅导

长期以来，人类社会强调职业对人的生存需求的满足，而现在，职业的意义扩展了，它不但能够满足个人的生计需要，也能满足生存以外的需要；不但具有个人意义，也具有社会意义。因此，"职业"这个词逐渐被"生涯"（career）所取代，职业发展成为生涯发展，职业辅导的概念也逐渐拓展为生涯辅导。[1] 当然，职业辅导的内容也是生涯辅导的主要部分。

生涯辅导就是旨在使学生具备较强的生存能力，进而创造成功的人生、拥有成功的人生。在以社会分工不同为特点的现代社会，每个人都有发挥自己才能的舞台，都能找到属于自己应有的位置。从这个意义上说，生涯辅导是学校心理辅导的重要任务，是为人谋求终生幸福而服务的。

本章讨论以下问题：
· **生涯辅导概述**
· **生涯探索与决策**
· **生涯适应力培养**

---

[1]　吴武典：《生涯发展能力的培养》，载《中小学心理健康教育》，2006 年第 1 期，第 22 页。

生涯辅导概述

生涯辅导（又称生涯教育）一直是学校心理辅导的一个重要内容。笔者在《现代学校心理辅导》一书中，就曾强调生涯辅导是学校心理健康教育主要内容之一。沈之菲教授在 2000 年也出版了《生涯心理辅导》一书。但是多年来，生涯辅导并没有得到教育界的更多重视。直到 2014 年 9 月，《国务院关于深化考试招生制度改革的实施意见》的出台，拉开了新一轮高考改革的序幕。为了应对高考制度改革，生涯辅导才日益受到人们关注。

生涯辅导的概念界定

要讨论生涯辅导的概念，首先要了解什么是职业辅导。职业辅导是帮助学生选择职业、准备职业、安置职业，并在职业上取得成功的过程。它以帮助个人决定并选择适合自己的职业为条件。由于各国的职业辅导侧重点不同，职业辅导有不同的名称：美国和英国称为"职业辅导"，苏联称为"职业定向教育"，日本称为"出路指导"。在我国普通中学，职业辅导同时包括升学指导和就业指导。职业辅导在国外有着悠久的历史，20 世纪初就在美国兴起，至今已成为学校教育中极为重要的一部分，并普遍认为职业辅导是充分利用人力资源、发挥人的才能的一种有效的手段。

传统职业辅导的概念

传统的职业辅导以帮助个人选择职业、准备就业、工作安排和就业后的适应为主。国外学校的职业辅导主要从三方面着手进行。

测验和鉴定

学校采用各种心理测验的手段，了解中学生的学习能力、职业兴趣、能力倾向和个性特征，然后汇总资料作出鉴定。教师还对学生的健康状况、学习成绩、家庭历史、社会背景、家庭经济状况、学生的行为习惯进行记录，设立学生个人的资料档案。在学生毕业时，分析毕业生的材料与招生条件、招工条件的符合程度。

信息服务

学校逐年收集本地区各类职业的信息，并且及时提供给毕业生和家长。职业信息包括四个方面：

（1）各职业的性质特点、工资待遇、工作条件等。

（2）招工的最低条件，包括学历、健康状况和个性特征等。

（3）为准备就业而设置的教育课程计划，以及提供这种训练的教育机构、学习期限、入学资格与费用等。

（4）就业机会，包括本地区的招生情况、毕业后的流向等。

咨　询

一般中学设有专职的职业辅导教师和职业安置员。在咨询阶段，他们主要帮助学生根据心理测验的结果和已获得的职业信息选择将要从事的职业。教师先将生理、心理测验结果告诉学生，使学生了解自身的特点，同时向学生提供有关的职业信息，分析各种职业对人的要求，在使学生了解自身特征和职业因素的基础上，选定一项符合自己特点又有可能获得的职业。咨询一般是个别进行的，由指导教师和学生谈话；也有小组咨询的形式，一个小组在指导教师引导下共同研究职业，相互交流资料，讨论各自的职业选择。

生涯辅导的概念

从 20 世纪 70 年代起，职业辅导工作发生了比较大的变化。它从以职业选择、准备、就业和适应为重心的职业辅导，转变为以自我了解、自我接受和自我发展为主的生涯辅导。所谓生涯辅导，是指通过对学生的生涯认知、生涯导向、生涯试探、生涯选择、生涯安置、生涯进展等一系列有步骤、有阶段的活动，实现学生生涯发展目标的辅导活动。

与传统的职业生涯辅导相比，生涯辅导不仅仅涉及职业生涯指导，更关心如何帮助学生学会思考"过一种怎样的人生"，这是对传统职业指导内容的丰富与拓展。生涯辅导的目标就是通过给予学生恰当的指导，帮助他们学习如何平衡人生历程中各种社会角色的关系，从而使他们更有可能"过一种好的人生"。从生涯辅导的国际发展趋势来看，青少年生涯辅导的目标绝不仅仅是培养学生的学科选择能力与职业规划能力，而是在"对个体的生命历程也有宽广而深远的透视"的基础上，教给学生适应未来社会发展所需要的关键的知识、技能与态度，使之在人生的任何阶段都能主动、智慧、持久地适应社会，实现自我发展与终身发展。[1]

| 生涯辅导理论的发展历程 |

生涯辅导由职业指导发展而来，起源于 20 世纪初的美国，以 1909 年弗兰克·帕森斯（Frank Parson）的著作《选择一个职业》的出版为标志。随着社会生产力的不断发展，生涯辅导理论在学者们的不懈探索中也在一直向前发展，

---

① 刘静：《高考改革背景下高中生涯规划教育的重新审视》，载《教育发展研究》，2015 年第 10 期，第 33–34 页。

迄今已大致经历了四个发展阶段[①]：

（1）人职匹配理论时期。

20世纪早期，职业生涯理论以职业指导运动为标志，强调个体的差异性以及人格与职位的匹配。帕森斯最早提出的人职匹配理论，是用于职业选择与职业生涯辅导的经典理论之一。后来，霍兰德（Holland）在1959年提出了职业性向理论，沙因（Schein）在1974年提出了职业锚理论，二者都是典型的人职匹配理论，是在前人研究基础上更加深化的人职匹配理论。

（2）职业发展理论时期。

20世纪中叶，人们开始从生命周期的角度探索职业生涯，引入了职业生涯发展阶段、发展模式和发展路径等概念，强调员工在职业生涯中的多重角色。

职业生涯发展理论将人的职业生涯发展按照时间及发展顺序，划分成不同阶段。以舒伯（Super）的职业生涯发展阶段理论为代表，他将个体职业生涯发展分为五个阶段：成长、探索、建立、维持和衰退。这标志着职业辅导转变为职业生涯辅导。此外，美国心理学家金斯伯格（Ginzberg）根据生命周期的特点及在不同年龄段面临的问题和职业工作主要任务，也提出了具有不同侧重点的职业生涯发展阶段理论。

（3）社会认知视角时期。

20世纪80年代，社会认知视角的职业生涯理论崭露头角，学者们通过对价值观、经验、动机以及行为的研究来解释职业发展的规律。最能代表此时期社会认知视角的职业生涯理论是伦特（Lent）的社会认知生涯职业理论。此理论接受了当时班杜拉的三因素互为因果模型，认为个人的属性如内部认知、情感状态和身体属性，外部环境因素与外显行为都双向地影响着，且将自我效能、结果预期和个人目标作为其核心概念（见下图）。除此之外，社会认知职业理论也十分重视包容已有的理论成果，如心理因素（如兴趣、能力、价值观）、社会因素（如社会经济地位、性别、种族）、经济因素（如就业机会、培训机会等）的

① 李亚强、陈朝阳：《职业生涯辅导理论发展的趋势》，载《中小学心理健康教育》，2016年第7期，第7—8页。

作用。因此，社会认知职业理论是将心理、社会、经济等融入职业理论，并阐述其对职业选择和发展过程影响的一种整合的职业生涯理论。与其相类似的整合理论还有福特（Ford）和勒纳（Lerner）提出的发展系统理论。

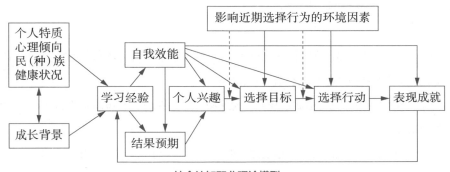

社会认知职业理论模型

（4）建构主义和叙事方法时期。

近年来，建构主义和叙事方法成为新的研究动向，职业生涯理论开始关注人生信念、人际关系和生存价值的建构。建构主义提供了一个可理解的、历史的、具有语境意义的职业生涯视角，强调员工在工作和生活中发现和创造自我。系统职业理论和混沌职业理论就是建构主义背景下新发展的理论成果。

麦克马洪（McMahon）和巴顿（Patton）将系统思想引入职业发展领域，考察个体、组织、群体及社会环境因素对职业发展的综合影响，提出了系统职业理论（systems theory framework of career development）。该理论认为，个体不是生活在孤立的自我世界里，而应该将自己放在整体环境和职业发展过程中系统地思考职业生涯发展问题。

普莱尔（Pryor）和布莱特（Bright）将数学和物理领域的混沌理论引入职业生涯理论，发展出生涯混沌理论。此理论强调职业发展咨询的重心逐渐由线性的职业决策转向复杂、动态的职业发展过程，呼吁职业发展咨询师改变咨询方法，注重平衡被辅导者的潜力和限制、不可预测性和预期以及混沌和有序等要素，并提出正视客观限制比回避限制更有益于职业发展。

┃ 生涯辅导的目标、任务和内容 ┃

学校生涯辅导的目标

（1）教育学生热爱劳动，培养劳动习惯，懂得平凡劳动的社会价值，帮助学生树立正确的劳动观、职业观、择业观。

（2）帮助学生从身边职业开始，逐步深入社会，了解本地区各类学校和各类职业的情况。

（3）帮助学生了解自己（包括兴趣、能力、个性），引导学生扬长避短，提高学生各种素质，发掘学生的潜能。

（4）帮助学生正确协调个人志愿和国家需要之间的关系，根据国家需要和自己的特点确立初步的职业意向，提高升学和就业的决策能力。

学校生涯辅导的任务

（1）从起始年级开始，有计划、有步骤地对学生进行职业观和职业理想教育，并向他们讲解社会主要职业和专业的有关知识，使他们逐步形成正确的职业意识和职业理想。

（2）收集和积累学生的个人资料，包括学生的学习成绩、能力、智力、兴趣、志向、思想品格和家庭经济状况；同时调查和了解企事业用人单位、各级各类职业技术学校和高一级普通学校的职业、专业的内容，招工和招生的条件，以及有关工种的劳动强度和报酬待遇等。

（3）对毕业生进行个别指导和咨询，帮助他们根据社会需要和个人特点来确定就业或升学的方向，选择合适的职业或专业；学校也可向用人单位和高一级学校推荐合适的人才。

学校生涯辅导的内容 [①]

（1）了解职业辅导，包括了解职业、了解专业和了解社会。主要介绍职业的分类，介绍高一级学校专业内容及与未来职业的关系，帮助学生研究职业内容和收集职业资料。

（2）了解自己辅导。帮助学生了解自己的职业能力、职业兴趣、职业个性等，以及自身的生理、心理特点。

（3）人生探索辅导。树立正确的职业观和择业观，帮助学生了解职业的内涵和职业在人生中的重要意义，懂得学习与未来所从事的职业的关系。同时，要教育学生正确对待社会分工和职业差别，树立正确的职业理想，能根据社会需要和自身条件选择专业或职业。

（4）合理选择辅导。帮助学生根据自己的身心特点和职业要求，发现自己的长处，找出不足，在选择职业的过程中扬长避短，选择最适合自身特点的职业或专业。同时，帮助学生面对自己未来的道路，通过理性分析和自身努力，达到自己的职业理想，然后辅导学生掌握填报升学志愿和求职择业的技巧。

不同年龄学生的生涯发展任务

（1）幼儿园到小学六年级，为生涯认知阶段。这个阶段的主要任务是：个体对自我、职业角色、工作社会角色、社会行为及自身应负的责任等方面有初步的认知和了解，使个体的生涯意识初步觉醒。

（2）小学六年级到初三年级，为生涯探索阶段。这个阶段的主要任务是：个体发展有关自我和职业世界的知识和基本技能；探索生涯方面的知识和其他有关生涯选择的重要因素；掌握一定的生涯决策技能。

（3）初三年级到高一年级，为生涯定向阶段。这个阶段的主要任务是：个

---

① 吴增强等：《学校心理辅导通论》，上海科技教育出版社，2004 年，第 179–180 页。

体进一步掌握有关的职业知识，能评价工作角色；进一步澄清自我概念、探索自我；了解社会的需求及个体自身的需求，发展社会可接受的行为；了解生涯计划与社会需求、自身需求的关系。

（4）高一到高三年级，为生涯准备阶段。这个阶段的主要任务是：个体进一步掌握进入某一个行业所需要的知识、相关的职业道德；进一步了解社会的需求和个体自身的需求，澄清自身能力倾向、对职业的兴趣和价值倾向；拟订接受高中后教育或其他教育或训练的计划。

（5）高中以后，为生涯安置阶段。这个阶段的主要任务是：个体进一步探索对职业的兴趣及能力倾向，或重新认定职业选择；发展生涯的专业知识和技能；建立人际关系；正式跨入选定的教育或职业旅途。

｜ 生涯辅导实施策略 ｜

生涯辅导是一项综合性的教育活动，为全面达成青少年生涯辅导的目标与任务，学校应该整合资源，丰富生涯辅导途径，唤醒学生的生涯意识，增强学生的生涯管理和决策能力。学校可以从以下几方面实施生涯辅导。[①]

加强学校生涯辅导的顶层设计

在新高考背景下，开展生涯辅导是凸显学校办学特色和实现工作创新的可行途径。生涯辅导的开展离不开学校的顶层设计，这有助于推进生涯辅导工作的落地，确保课程、活动及个体辅导等有序开展。学校可成立生涯辅导中心，由校长或负责教学、德育的校领导直接统筹学校生涯辅导工作。生涯辅导中心的主要工作内容为：规划并制订年度生涯辅导工作计划，作好与新高考有关的选课和走班设计，健全师资队伍，开设生涯辅导课程，开展生涯辅导有关实践

---

① 陈宛玉等：《新高考背景下高中生涯辅导的必要性、内容及实施途径》，载《教育评论》，2017年第11期，第102-103页。

活动和学生社团活动，进行个体生涯心理咨询与辅导，完善生涯辅导人员定期交流研讨机制。

加强生涯辅导队伍的建设

开展生涯辅导需要建立专、兼职的生涯辅导队伍，确保全员参与。生涯辅导的队伍可包括生涯辅导专职人员、教务处教师、德育处教师、班主任和科任教师。生涯辅导专职人员可根据学校实际需要配置，负责生涯辅导中心的日常工作和课程教学等，其他人员可从学校心理健康教师队伍中选派或进行外部招聘。教务处从学生课程设计调配角度会同生涯辅导中心及班主任作好学生选考科目的明确与设计走班制度。德育处教师、班主任可从班级和社团活动中设计相关的生涯体验活动或比赛。科任教师可从任教的学科出发，发掘学生的兴趣与特长，渗透开展生涯辅导。生涯辅导是一个较为个性化的工作，有条件的学校可为学生配备生涯导师，进行一对一的指导。目前教师队伍对生涯辅导的内涵了解不足，生涯辅导能力和理念有待提升，所以学校还应结合不同辅导对象加强生涯师资的培养力度，为教师提供培训和交流的机会，逐步提升教师生涯辅导能力。

构建生涯辅导课程体系

开展生涯辅导工作最核心的方式是课程教学，这可以保障生涯辅导面向全员系统开展。比如，高中生生涯辅导课程应以必修课程为主，探索特色选修课程，尝试学科教学渗透。必修课程要以高中生生涯辅导的目标和任务为导向，围绕学生面临的共性问题和发展需要开展教学。选修课程可根据不同年级学生的差异性需求，开展针对性教育，如对高一学生开展入学学业适应教育、新高考政策介绍等，对高二学生加强考试安排及策略指导等，对高三学生开展考前心理辅导及高校专业探索等。学科渗透可多介绍与相应科目有关的专业、职业的历史和未来趋势，引发学生的好奇和关注。生涯辅导课程还必须厘清教学活动的责任主体，必修课程一般应由专职生涯辅导教师承担，选修课程可由班主任、生涯导师等开设，学科渗透应以科任教师为主。

丰富生涯辅导形式

生涯辅导课程相对能满足共性需求，但无法很好地照顾学生的个性化需求。学校还应尝试多种辅导形式，提升学生生涯辅导的有效性。在生涯辅导中，学校可利用一些测评和生涯探索平台，通过生涯心理测评、学科倾向测验、升学指导测验、职业导航等加深对自我和职业的认知。另外，学校也可通过校园网站、校报、广播、黑板报及新媒体等途径向学生宣传和普及生涯理念。学校要注意建立健全个体生涯辅导机制，为有生涯困惑的学生提供有针对性的服务，协助他们分析问题，处理情绪，作出更好的规划与决策。生涯辅导的开展还需组织形式多样的活动，比如举行职业知识竞赛、模拟选考科目、高考志愿模拟填报、模拟求职等活动，让学生预演各种生涯情境。生涯辅导要注重学生的切身体验，可以举行生涯榜样交流、生涯访谈汇报、高校体验等活动，多鼓励学生利用社区服务和社会实践了解不同职业的工作性质和要求，了解职业的发展与变动。为增进学生的生涯管理能力，学校还应组织丰富的活动为学生创设自我展示和提升的机会，如组织生涯规划大赛、创新创业大赛、生涯演讲、征文等，让学生在活动中发现自己的优势。

获取生涯辅导的外部支持

生涯辅导是一个复杂的系统，家庭、社区和社会发展都会对学生的生涯发展产生影响。在开展生涯辅导时，学校要多利用社区、家长和校友等资源发挥作用。在社区资源利用方面，学校可与社区范围内的各类企业、政府部门、高校、公益组织等机构进行合作，开展社区服务、社会实践等活动，为学生搭建生涯体验和学习实践平台，邀请各行业的代表人士与学生面对面交流，增进与高校的互通。

学校可以尝试联系家长委员会，面向家长开展生涯辅导讲座，也可以邀请部分有经验的家长来校开展讲座，或发挥家长自身资源优势为孩子提供职业体验机会。校友资源也是学校生涯辅导的独特资源。学校可以定期邀请校友回校做专业和职业的介绍，汇报个人生涯体验及成功经验，增强学生对大学专业和职业的感性认识，为学生生涯成长提供参考。

生涯探索与决策

| 职业意识与生涯发展 |

如果认为开展生涯辅导仅仅是运用一些方法和手段来测定和了解学生的个性特征，帮助他们确定相应的职业或专业方向，这是片面的。我们必须认识到，职业指导的对象主要是那些身心还未成熟、可塑性极大的学生。他们的职业意识有一个形成、发展的过程。而且，个人有效的职业活动，不仅需要相关的兴趣爱好、知识技巧，还需要其他优良品质来保证。因此，生涯辅导的一个重要任务就是通过一系列辅导活动，帮助青少年逐渐形成正确的职业意识，培育良好的个性品质，以适应未来的工作世界。

职业生涯发展阶段

职业生涯发展理论是研究人的职业心理和职业行为成熟过程的理论。这个理论认为，职业发展在个人生活中是一个连续的、长期的发展过程。职业选择不是个人生活中面临择业时的单一事件，而是一个过程。人的职业态度和要求也不是面临就业时才有的，而是在童年时期就开始孕育职业选择的萌芽。随着年龄、经历和教育等因素的变化，人们的职业心理也就会发生变化。职业发展如同人的身心发展一样，可以分成几个既有区别又有联系的阶段。每个阶段都有其不同的特点和特定的职业发展任务。如果前一阶段的职业发展任务尚未很好完成，就会影响后一阶段的职业意识和职业行为的成熟，最后导致职业选择时发生障碍。对学生进行职业辅导要注意考查学生职业发展阶段和他的职业意识与行为的成熟水平，辅导学生通过各种途径增进对职业的认识和实现职业目标的途径与方法的了解。舒伯（Super）提出了职业发展的五个阶段，其对处于不同阶段的人们的职业指导和职业决策有着重要的指导作用。

（1）成长阶段（1~14岁）：这个阶段的个体是通过在家庭与学校中的游戏、想象和模仿中来发展自我概念、认识社会的。其中4~10岁为幻想期间，常常扮演幻想中的角色。11~12岁为兴趣期，兴趣期为影响儿童活动的主要因素。13~14岁为能力期，这时更多地考虑任职条件和自身的基本能力训练。

（2）探索阶段（15~24岁）：这一阶段的个体开始尝试职业角色，认识不同的职业，并不断改变对职业的期望。其中15~17岁为实验期，个人对自身的需要、能力、价值、就业机会都有所考虑，并据此进行实验性的尝试。18~21岁为过渡期，是个体进入劳动力市场或专门训练机构进一步完善自己的时期。22~24岁为尝试期，个人选择一种适合自己特点的职业，并试图把它作为终生职业。

（3）建立阶段（25~44岁）：这一阶段的个体已找到一个适合的工作领域，并努力在其中确立永久的地位。这一阶段的早期（25~30岁），有时会对自己从事的职业领域不满意，可能变换一两次工作岗位，直到31~44岁才完成职业选择的探索，进入稳定期。

（4）维持阶段（45~60岁）：这时人们在工作中已取得一定的地位，一般不再寻求新的工作领域，而是朝着既定的目标前进。

（5）退出阶段（60岁以上）：这一阶段的特点是个体生理与心理能力逐渐衰退，职业活动范围开始缩小，活动兴趣开始发生变化，并由此引起职业转换，直到最后退出职业岗位。

不同的人，由于个体条件和外界环境不同，其职业阶段可能呈现出不同的特点。从事不同职业的个体，其职业阶段也往往不同。

而后，舒伯在生涯发展阶段论的基础上加入了角色理论，提出了更具广度和深度的生涯发展观，并形象地用"生涯彩虹图"（见下图）来表示。它是用自然界中彩虹的轮廓形象地反映了人一生的角色在时间上的透视。

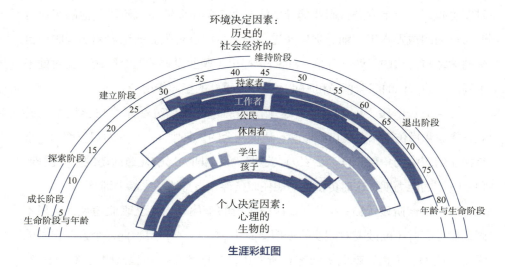

生涯彩虹图

图中最上面的数字代表年龄，六个环代表了每个人正在承担或将要承担的六种角色，其中工作者角色即人的职业角色。

"生涯彩虹图"形象地表明了人生中的职业角色在时间和空间上与其他生活角色的联系和相互之间的影响：一是对过去成长痕迹的反省；二是对目前发展状况的审视；三是对未来可能角色的展望。这三者是同样重要的。过去是现在的成因，现在又是未来的基础。人只有把握住生命活动的每个阶段，才能画出绚丽的彩虹。

职业价值观教育

职业价值观是指一个人对职业的看法。人的价值观，在哲学上属于世界观、人生观范畴；在心理学上，则可以看作一个人的社会态度的重要组成部分。一个人的价值观，主要受制于他所处的社会文化背景，特别是家庭传统和教育的影响。同时，又受制于一个人的个性、能力、情绪等心理因素。

人们在选择职业时，最看重的有：（1）工资高；（2）福利好；（3）工作容易做；（4）工作环境好；（5）工作稳定；（6）能提供好的受教育机会；（7）有较高的社会地位；（8）工作轻松；（9）能充分发挥自己的才能；（10）工作符合自己的兴趣；（11）工作的社会意义大。

对学生职业意识的陶冶不是空洞说教，而要运用多样的、生动活泼的辅导方式使其体验职业的内涵，辨析自己的职业观。其方法有：

（1）调查：对学生和家庭的基本情况、学生本人的期望和家长对子女的职业期望、学生的职业意向等进行调查。

（2）专题讨论：通过班级或小组讨论，让学生围绕每个问题或专题自由发表意见和看法，以达到相互交流和引起思考的目的，如对"人人要有工作""人人皆平等"等对职业内涵和职业意义的讨论。

（3）报告会、故事会、演讲会：请专家、名人、劳模作报告，或让学生自己演讲等，加深对职业理想和职业道德的认识，探索成功人生之路。

（4）辩论会和价值辨析：通过讨论、思考和价值辨析，了解自己的价值观和职业的价值，如对"发挥才能和贡献社会哪个更重要"的辩论。

（5）角色扮演或小品表演：通过职业角色的表演，让学生运用戏剧表演的方法，体验职业活动。

（6）读书会：收集名人名言或职业成功者的故事等，帮助学生探索人生和进行职业选择。

（7）社会考察实践活动：参观工厂、企业、学校，调查社会的职业状况，深入了解职业、了解社会。

（8）图片展览：如举办职业信息角、职业信息交流会等。

上海市天山中学进行了多年的生涯辅导实践，学校从自我认知、职业认知、生涯探索和生涯抉择等方面对学生进行生涯辅导，取得了明显的成效。以下是该校多年前曾帮助学生认识职业世界的一则辅导案例。

多数学生已意识到信息社会价值多元的现象，他们开始关心社会发生了什么事，并在学习过程中逐渐培养出判断的能力。他们也对外在工作世界充满好奇，对相关信息十分渴求，但是缺乏获得信息的方法与媒介的知能，往往不得其门而入，容易有事倍功半的情形。除此之外，学生在对职业认识清楚之前，往往存在许多既有的迷思，如读社会科系无法赚钱、理工科系相对比较赚钱……学生其实对职业世界的认知是不够清楚、正确的。因此，有需要，也有必要让学生了解职业世界和更多的职业信息。

一、他迷上了网游

Y，高二年级，男生，原先成绩优秀、位列年级前茅，但是最近迷上了网游，成绩直线下降。班主任焦急，担心其沉迷，因而寻求咨询室的帮助。

二、咨询过程

印象形成：一个网游帝国的梦想。

在一堂名为"我的高中企划书"的心理课堂中，心理咨询师特地邀请Y来谈谈他的梦想。Y侃侃而谈，说起了关于网游的梦想，他觉得现在中国的网游都被韩国、日本、欧美的游戏所占据，但是中国自己的游戏却少得可怜。"我希望能够成立一家成为行业巨头的网游开发公司，而不是代理商！"当他说出这句话的时候，许多男生为他鼓掌叫好。

三、问题诊断

在网游中，青少年扮演了他们在真实生活中不能体验的角色，如救世的英雄、时代的霸主、无所不能的魔术师等。

"网游帝国"，这是一个有着明显时代特征的梦想，它属于成长在网络时代的90后。高二年级的男生处于对自我能力认识逐渐清晰的成长期，但同时成长目标又不够明确，缺乏对网游行业深入的了解，仅凭自己的主观体验便规划了一条从普通玩家到职业游戏开发者的生涯发展道路，存在一定的盲目性。同时，这样简单的方式显然还有让自己陷入网瘾的危险。

四、干预措施

咨询师及时和班主任沟通了个案情况，共同商讨后决定采用"生涯梦想单"以及生涯人物榜样的方法促进Y同学对自己的生涯发展进行具体而又详细的规划。

班主任运用班级随笔的平台，给Y同学推荐了一位从事游戏开发的大学同学（班主任是男性，本身也对游戏比较感兴趣），让其去了解一名游戏开发者的成长历程。

隔周的周一，班主任收到了丫同学的"生涯梦想单"，但奇怪的是，交上来的梦想单是空白的。班主任心生疑惑之际，不禁担忧：看来这次的辅导是要失败了。忐忑不安中，丫却主动来找班主任交流了。

丫：老师，我知道你让我写这个"生涯梦想单"的意图，但是我想我没有写的必要了。

师：哦？你这么说一定有你的理由，能告诉我吗？

丫：我知道是想让我别沉迷网络，思考自己的理想是不是现实。一开始我挺反感的，觉得这种方法太土了。不过在和你推荐的大学同学QQ聊过后，我的确有了些新的想法。

师：哦？能说来听听吗？

丫：我现在其实也能做一个职业网游测试者，帮网游公司测试新游戏。不过要是想做开发的话，我就要去学一些程序设计方面的东西，这种东西自己学肯定难度太大，只有去专门的软件学院学习，学成后才有机会去大公司工作，了解游戏制作的流程。现在我的成绩好像离心仪的软件学院还有点距离，唉，目标好远啊。

师：嗯，看来你对网游开发有了更多的认识呀。在选择一个职业之前了解它是很有必要的。不过你也不用灰心丧气，其实现在你的基础还是不错的，只要把精力合理分配，就应该可以迎头赶上。

丫：那我不是暂时要放弃我的网游开发梦了吗？

师：可能不是马上实现，但也不完全就放弃。我推荐你看一下《头脑风暴》这个节目，其中有一集访谈了国内著名游戏代理的首席执行官。她原来并不是一个网游领域的专业人士，但是在其他行业的从业经验同样给她以丰富的积累。在为自己未来的梦想准备的时候，我们需要储备的不仅仅是专业知识，更重要的是一些能力和品质，比如坚持的毅力、创新的思维、合作的精神等。期待你未来成为一名成功的网游开发者。①

本案例中的 Y 同学是一个聪慧、敏捷的男生，在完成生涯作业的过程中，他一眼就识破了班主任的用意。其实这种情况在辅导中常能发生，并不是一件坏事，反而有利于学生更认真地完成生涯作业。虽然最终书面的文字并没有落下，但是通过对生涯人物的访谈，学生粗浅了解了网游开发这个行业的知识，并且对如何成长为一名开发者有了更为具体的认识，这种职业意识的萌芽使得他对于目前的生涯任务——学习有了新的动力。

本案例使用了"生涯梦想单"和生涯人物访谈两种方式来促进学生对网游开发这个职业的认识。梦想单能够使生涯梦想逐步具体化和现实化，生涯人物访谈则是通过对相关从业人员的访谈来掌握某种职业的具体经验，这些经验都是来自个体的真实体验，更具有感染力和参考价值。但更值得肯定的是，案例中的咨询师运用了心理辅导技术，以平等、尊重、中立的态度和学生探讨他的职业生涯规划，使得学生能够敞开心扉，坦诚相待。

| 中学生合理分流 |

对中学生来说，只有很少一部分学生是直接就业的，大多数学生将面临高一级学校和专业的选择，通过再学习走上就业之路。下图是中学生的就业途径。

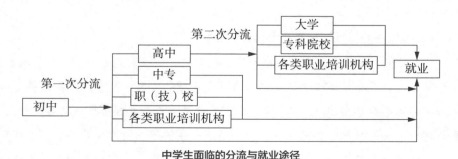

中学生面临的分流与就业途径

---

① 郭兆年等:《高中生涯发展指导的实践研究》，2010 年（内部报告）。略有删改。

从图中可见，第一次分流开始于初中毕业。中等普通教育在整个学校教育体系结构中起着承上启下的作用，担负着为国家建设及国民经济各部门培养中等技术人才和劳动后备力量，以及为高一级学校输送合格新生的任务。对初级中学来说，已经完成了劳动者文化素质的基础教育，为定向职业技术教育打下了基础。初中毕业后可能的出路有：普通高中、中等专业学校、技工学校、职业学校、各类职业培训机构和少量学生直接就业。分流的目的是培养不同类型、不同层次的劳动者，使劳动者的技术适应专业化要求，以满足社会经济发展和各个部门的不同需要。

第二次分流是高中毕业时。高中毕业后，部分学生要进入高等学校。随着高等学校招生和毕业生分配制度的改革，考生的志愿将得到进一步的尊重。考生的高考志愿与以后所从事的职业密切相关。

合理分流，是学生在职业决策时要面临的重要抉择，也是职业辅导的重要任务。合理分流要注意以下几点：

（1）以潜能为依据。以前职业决策的主要依据往往是分数，考分高录取高一级的学校，考分低只能进职校、技校，这并不完全正确。有些学生尽管学习成绩很好，但这个成绩如果是靠晚上加班加点而来的，这些学生一旦进入高一级的、比较繁忙的、要求更高的学习环境时，就会感到很吃力，成为"陪读生"，也不适合个人职业的发展；而有一些潜力强，但由于调皮好玩而学习成绩不佳的学生，在以后的学习中可能成为拔尖学生。所以，科学地选择职业，最主要的是依据学生的学习潜力，平时的学习成绩只是起参考作用。

（2）以心理测验为手段。科学选择志愿的方法是通过心理测试，使学生了解自己的兴趣、能力、个性等特点，了解适宜的发展方向，合理选择志愿。

（3）以学生为主体。现在很多学生填报志愿是家长说了算，或者希望教师包办代替，放弃了自己的权利。合理选择就是要让学生了解自己的特点，通过各种途径向学生提供不同学校、专业的情况介绍，分析各种选择的利弊，最终帮助学生自己作出明智的选择。注意：教师的意见只是建议，而不是命令。

| 生涯决策与高考选科 |

青少年生涯决策与成年人有很大的不同。成年人是为了就业，而青少年在高中阶段的生涯发展任务是为进入大学作准备，需要顺利应对高考。因此，高考选科是高中生重要的生涯决策行为。特别是随着高考制度的改革，如何根据高考科目要求，帮助学生进行选科辅导，是一项重要且需具体落地的工作。它影响学生在整个高中阶段的学习生活，也对将来的大学专业学习和今后的就业产生深远的影响。

生涯决策的一般过程

生涯选择过程也是个人的决策过程。一个人对生涯决策越是认真考虑，这一决策成功的把握就越大。生涯决策的一般过程为[①]：

（1）明确要决策的问题，即为什么要进行专业或职业的选择，需要作什么样的选择，这种选择是由什么原因引起的，需要解决什么问题。

（2）收集有关信息。作决策需要大量的信息。生涯选择最主要的是有三方面的信息。第一方面是个人的情况，主要包括个人所受的教育程度、意愿、能力、个性、身体健康情况和渴望做成这件事的动力等。第二方面是职业的情况，主要包括职业的类型、职业的报酬、职业的要求等。第三方面是社会的信息，主要包括社会对某种职业的需求量、求职的竞争程度、社会职业的发展趋势等。

（3）列出各种备选方案。综合有关信息，可以确定两种或两种以上可能的选择方案，排列出所有的可能性，以便找出理想的选择方案。在作生涯决策时，要考虑避免与自己身心状况不符合的专业和职业。

（4）决策利弊。这一步骤需要对所有可能选择的方案进行平衡比较，分析

---

① 吴增强等：《学校心理辅导通论》，上海科技教育出版社，2004年，第201—202页。

各选择方案的优点和缺点，将各种方案按优劣排序。

（5）作出抉择。一旦权衡了全部利弊，即可找出合理的选择。

（6）采取行动。采取一些积极的行动，努力实现自己的选择。

（7）检查已作出的决策及其后果。这是对自己的选择方案进行反思和检验的过程，验证它是否解决了在步骤（1）中提出的问题。如果答案是肯定的，则可以维持原决策不变；如果决策的实施没有解决所确定的问题，就需要按上述步骤的程序从头开始，以便作出新的决策。这时学生可能要收集更详细的信息资料或不同的信息，寻找新的选择方案。

青少年高考选科状况分析

青少年高考选科存在的问题

杜芳芳和金哲对浙江五所高中 500 名高中生的调查发现，学生在高考选科时存在以下倾向[①]：

（1）科目选择的功利主义取向。

学生在行使选择权的过程中呈现出一定的矛盾：大部分学生认为自己的学业兴趣与学科专长是作出选择的首要因素，然而学生的选择仍受到报考高校专业学科要求以及自身学习情况尤其是学业成绩的影响。目前，部分高校已陆续出台报考本校专业的相关科目要求，选考物理学科可报考近九成专业，甚至一些文科专业对物理学科也提出选考要求，很多学生出于现实的考虑会被迫选择物理学科。由于学业水平考试成绩将计入高校招生录取总成绩，学生和家长会把容易获取高分数的学科确定为高考科目。这种功利心态可能导致选科集中的现象，使得改革培养学生兴趣专长、促进学生全面发展的目标难以落地。

（2）学生应对的茫然与焦虑心态。

---

① 杜芳芳、金哲：《新高考改革背景下高中生科目选择意向现状及对策——基于浙江省五所高中的调查分析》，载《教育理论与实践》，2016 年第 8 期，第 17—18 页。

很多学生因改革带来的不确定因素，表现出不同程度的茫然与焦虑。赋予学生自主选择权的新高考改革，使得长期处在被安排、被规定学业生活中的学生出现了选择焦虑症。作为第一批"吃螃蟹"的学生，巨大的不确定感让他们对未来高考产生恐惧和担心。

（3）学生学习状态尚未实现转型。

学生给出的高考科目仅处于初步选择阶段，他们中的大部分并没有十分清晰的目标。例如，很多高一学生表示，在兴趣与就业、专长与爱好之间存在选择矛盾，甚至部分学生不清楚自己喜欢什么，希望学校及科任教师给出明确的指导。可见，高中之前被动化、制度性的学习生活使得学生缺乏明确的学习规划和自主学习能力，学生"等、靠、要"的学习状态还未发生转变。

（4）学生自主选择能力有待提高。

新高考改革提出考生拥有"七选三"的选考自主权，本是想通过高考改革引导学生了解自己、关注社会，理智地寻找未来学业的方向。然而，学生在应对选考时表现的茫然与焦虑，却折射出我国基础教育的"弊病"：选择性教育的缺失以及学业指导、生涯规划指导的不到位。很多学生表示，希望校方及科任教师能提供选科指导，通过考试等方式帮助他们了解自己感兴趣的及擅长的学科，甚至有学生认为学校应直接给出选考意见。

影响高考选科的因素

刘宝剑对浙江省 23511 名高一学生的调查发现，76.33% 的学生认为在选择高考科目时起决定作用的是自己，主要考虑因素是学科成绩、兴趣和信心。研究者认为，高中生在选择高考科目时存在一定的盲目性和随意性，如学生主要是根据"目前成绩"来选择高考选考科目，"学科兴趣"和"学好信心"其实也与成绩密切相关，但学生对自己成绩的判断，往往只是依据某次或某几次考试的分数或排名。高一年级只是学一些基础性的必修课程，列为高考范围的选修模块还没学，仅凭当下成绩来确定是否作为高考选考科目，不免有些"不牢靠""不踏实"。[①]

高考选科辅导策略

　　高考选科考虑的因素是多方面的，涉及本人的学业成绩、学习潜能、个性特征、职业倾向、身体条件等内部因素，也涉及学科学习难易度、大学专业特点等外部因素。教育工作者要指导学生统筹兼顾、扬长避短，以实现选科效益最大化，作出最有利于学生长远发展的选择。[②]

　　除了遵照前述生涯选择七步骤，教师还要帮助学生了解高考政策，如了解高考选考科目要求、遵循高考录取规则、了解高校专业限报要求、高中学科与大学专业对应关系等。

　　请看以下两个案例。

怎样帮助他们选择[③]

　　【案例一】学生 A 很喜欢帮助别人，而且立定志向要找一份能够帮助别人的工作。可是辅导老师分析她的职业个性：相当保守，缺乏自我肯定的能力，而且顺从的需要很强烈。她也认同辅导老师的分析，认为以这样的人格特质要去从事助人的工作的确有些困难。在辅导老师的建议下，她决心改进这些个性特质，报名参加了自我肯定训练团体与自我成长团体。

　　【案例二】学生 B，一名高三的学生，对商业有关的专业都很有兴趣。在填志愿时，她在商业领域内的专业中不知该把哪一个放在第一志愿。从她过去的学业表现与成就测验来看，她有相当大的希望能按志愿考上大学。在辅导老师的建议下，她也主动收集了不少有关商学院专业的课程、师资等资料。在学生 B 与辅导老师交谈的时候，根据所收

---

①　刘宝剑：《关于高中生选择高考科目的调查与思考——以浙江省 2014 级学生为例》，载《教育研究》，2015 年第 10 期，第 146—147 页。

②　张鹏举、石代伟：《"3+1+2"高考模式下高中选科指导原则与策略》，载《黑龙江教育》，2024 年第 8 期，第 73 页。

③　吴增强等：《学校心理辅导通论》，上海科技教育出版社，2004 年，第 202—203 页。

集资料的分析，她已经能够把选择的范围缩小在会计、保险、国际经济与贸易和企业管理学这些专业上。辅导老师问她是否考虑过自己的个性特质和这些商业生涯有关专业的关系时，她表示自己的兴趣是想要知道自己有哪些需求是比较强烈的，而且想要知道在这些专业的选择上是否和自己的需求有关。辅导老师选择了有关的个性测验，发现她在"表现性""变异性"和"支配性"上的分数很高，最低的两个分数是"顺从性"与"谦逊性"。她也表示："我喜欢在例行的事情当中多一些变化，也喜欢住在不同的地方体验那种新奇而且刺激的感觉，实在令人兴奋。最不能忍受的是每天做着单调而重复的工作，日复一日，年复一年。是的，我的'变异性'的确很高。""'表现性'的分数这么高，的确使我不安。但我不得不承认，我常常希望别人称赞我伶俐机智，渴望成为别人注意的焦点。""我非常同意在'支配性'上的分数。我有很强的领导欲。事实上，我在各种场合也多争取领导者的位置。当一个领导者对我而言是很重要的事。这样也可以证明为什么我的'顺从性'和'谦逊性'都比较低。"

辅导老师一方面同意她的看法，另一方面鼓励她将这些需求应用在她的生涯选择上。辅导老师建议她再去看看她以前整理出来的专业资料，同时把这些心理需求放进去一并考虑。她认为在商科的职业均有可能满足她领导的欲望。经过思考，她认为企业管理学和国际经济与贸易较会计与保险有较大的机会满足她"变异性"与"表现性"的需求。

最后，辅导老师与学生 B 又讨论了企业管理学与国际经济与贸易的情形。两人同意下一步的做法是继续生涯探索的历程：在作最后的决定之前，学生 B 对这两个专业未来的出路、就业机会等作进一步的资料收集。

由以上两个案例可见，帮助青少年升学择业，是他们生涯规划的第一步。由于青少年缺少生活经验和职场经验，因此需要老师的辅导，在了解自己的个性、能力，以及社会职业需求的基础上进行抉择。这种抉择的过程可能比抉择的结果更有意义。在这个过程中，学生学会了如何收集相关信息、怎样深入了解自己、如何倾听别人的建议和怎样作出明智的决定。

上海市天山中学的老师是怎么帮助学生进行高考选科的？请看多年前的一则案例。

在生涯发展过程中，学生会面临许许多多的抉择。生涯不确定性使得抉择的过程变得像是一场赌局，充满着未知与凶险。教师有权利、有义务帮助学生作出合理的生涯抉择，但在这个过程中一定要注意技巧，万不能逼迫学生作出选择。

一、小志的来信

心理辅导老师登录自己的社交网络账户，发现收到一封一名高二学生写的信件。

信件是使用淡蓝色的字体输入的，给人一种浪漫而又活泼生动的感觉。在信中她提到了自己对选科后的困惑。

老师：

您好！

我最近遇到了一个问题，就是选科问题。

在前段时间选科，因为对生物比较感兴趣，就坚定不移地选了生物。但结果也是意料之中的——开不出班。（其他的，如化学，我平时都是刚刚及格的分数；物理，是70来分的样子。所以选文科。）

第二个选择就是政治和历史。因为当时没想到历史班能开，就犹豫了一下，选择了政治。现在，历史班的人数越来越多。

上次政治拓展班测验，我的几个同学都是70~80分，我的分数却极低，41分。所以我开始犹豫了：要不要选历史呢？我感觉自己对历史一窍不通，不知道能不能学好这个科目。因为以前上课不太认真听，所以概念也比较混乱，云里雾里。我不知道如果我认真听的话，能不能学好历史。而且我在最近一段时间内开始对历史感兴趣了。

还有个原因就是在政治班压力大。每当我们这里奋笔疾书地做笔记、紧张地背概念时，对面教室——历史班里却悠悠地听着故事。学习气氛完全两样。

政治老师说，选政治要特别会吃苦，因为政治又枯又苦。我吃不起苦——我一直坚定的学习观念都是轻松学习，所以对政治有点怕。

另外，竞争力很大。政治班里那么多女生，你擅长的科目大家都擅长，因此竞争力就大了。对于别人来说，竞争力是好事，但我很怪，我不喜欢有很强的竞争力氛围，那样我会感觉疲倦。

还有一个主观的原因，我好多初中同学和朋友都在历史班，我也想过去……（看似有点荒谬）

现在拓展班已经开了一段时间，如果我要换班的话，总觉得有点……貌似我还有好多话想说，就是不知道怎么说了，思路比较混乱。希望老师给点建议，或随便说点啥，想说啥就说啥。谢谢。

我的思想斗争现在是越来越厉害了（貌似现在有点偏于历史）。另外，我的语数英三门成绩还算可以，排年级50名左右。最主要的，我的个性乐观，喜欢、主张轻松学习。

真诚地期待回复。

小 志

二、分析：趋避冲突

面对决策时，我们就会产生"趋避冲突"。在本次咨询的生涯抉择中，这种冲突就表现得特别明显。从三门主课的成绩可以看出，小志的学习情况是比较良好的，这种冲突的产生源自其内心对高三生活的非理性观点。

在选修科目中，小志想要选择一门可以"轻松学习"的学科，但是很显然，选择任何一门学科，对她而言都存在"一定的困难"。她期盼的是"悠悠地听着故事"的高三生活，最好还能和"好多初中同学和朋友"在一起，但唯一符合她想象中要求的历史却又存在"概念混乱、需要转班"的问题。从其选择行为来看，存在一个非常明显的非理性观点：高三，我想轻松度过，我害怕吃苦。这显然是与实际不符的。如何帮助其正确认识到自己的非理性信念，成为第一封回信的重点。

三、干预：生涯角色辨析

在回信中，辅导导师采用了心理咨询中的同感、解释、聚焦和澄清的基本技术，同时还采用了生涯辅导中的生涯角色辨析技术，通过对当事人目前主要生涯角色的辨析，使其明确角色任务和使命，接纳生涯角色所带来的挑战。

小志：

你好。

首先非常感谢你对我的信任，愿意把你的想法来信告诉我。（**建立良好咨询关系**）但是读着读着，我却有点儿为你担心了。

我很理解你的心情，眼看着自己选择的科目成绩不理想，而周围的同学却表现出色，开始担心疑问：自己是不是不太适合这个科目？高三会不会念好？能不能顺利考上自己理想的大学？（**同感，点出其心中困惑**）在作出选择以前，我们先分析一下现状吧。

首先是你的基础。三门主课排年级 50 名左右，说明你的"大三门"基础相当不错，文理发展比较平均，无明显偏科（这也是你能从生物直接跳到政治的原因）。正确地选择一门课程无疑对你有着非常重要的意义，选好了就能更上一层楼。（**分析现状**）

其次是你对政治的看法。看起来你的"'政治'处境"似乎的确不太妙，自己成绩考得不理想，但是周围的同学却表现不错，这点让你开始担心……那究竟是你念不好还是没有好好念呢？这里就要说到你对于历史的"遐想"了。（**开始澄清非理性观念**）

在你的描述中，历史班似乎是一个没有压力的"净土"，大家都悠闲地听着老师讲故事。那高三的历史是不是真是如此呢？我作为一个曾在高三选择历史的人可以很负责地告诉你：没有那么轻松的事情。历史的内容是固定的，但是也需要经过背诵、理解，上课也要抄笔记、记考试要点，而且根据你自己的描述，高一时对于历史不上心，那么恐怕你从头学起得花上比别人更多的力气吧？至少你的那些初中同学已经比你多听了近半年的"故事"。

其实，最终就是一个问题，那就是你还没有进入准高三状态。（**生涯角色的辨析**）的确，也许因为你的天资不错，以前可以不费多大的功夫就考进年级 50 名左右，但也只是如此而已。要高三了，你有理想的学校了吗？它的门槛是什么样的？无论你选择什么学校，无论你选择什么科目，高三都会辛苦。如果没有作好吃苦的准备，恐怕你无论选择哪一门科目都会觉得越学越害怕。

如果要改变选择，也应该是为了更好的未来，这样才是智慧的选择。如果仅仅是为了逃避而选择，恐怕这样的选择最终后悔的可能性更多些。你是个聪明的孩子，不知道我的回答你满意吗？如果中间有些话语是你不能接受的，那么我道歉，也许我的表述过于直接了一些。

希望能够对你有所帮助，要是有啥疑问，欢迎再次来信。

小志的第二封信内容如下：

谢谢老师！

貌似这个问题从生物开不出班开始就困扰我了。我昨天又听了以前老师的建议，意思跟您讲得差不多。不管选什么，都是要吃苦的。没有一门科目是不付出汗水就能取得成绩的，这点我当初真的没仔细考虑到。我真是个爱偷懒的孩子。

我从初中开始就有理想的学校了——上海外国语大学（以下简称"上外"）。上外分数很高，而且对英语的要求也很高。所以我也一直在担心自己的成绩怎么样才能更进一步提高，所以对高三的一些东西比较不知所措。

你们说得对。我比别人晚起一步，就要比别人多付出一些，不能再摇摆不定了，选择好一门就要坚定不移地接受它，不能逃避它的苦。这样会更早更好地进入状态吧！

我知道该怎么做啦。谢谢老师！

充满信心的小志 [1]

这是一个比较成功的高考选科辅导的案例。在第一次的回信中，心理辅导老师帮助小志澄清了非理性的观念"我真是个爱偷懒的孩子"，在回信中心理辅导师并没有像传统教育中直接点出小志存在的问题，而是通过心理咨询的相关技术，使得其通过自行的思考而意识到存在的不恰当想法。之后的生涯角色辨析更加促使小志认识到"不管选什么，都是要吃苦的"。一旦个

---

[1] 郭兆年等：《高中生涯发展指导的实践研究》，2010 年（内部报告）。略有删改。

体认清自身担任的生涯使命，就会产生相应的动力，鼓起勇气接受即将到来的挑战。

┃ 生涯决策与填报升学志愿 ┃

学生想要被自己填的理想的学校录取，还有一个志愿填写技巧的问题。对学生填写志愿技巧的指导，也能使学生减少选择志愿的盲目性和随意性，避免学生因志愿填写不当而丧失机会。辅导学生填写志愿的技巧，主要从以下方面帮助学生[1]：

（1）按自己的特点选择专业类别。在填报志愿前，首先要了解各类学校的专业分类，确定适合自己特点的专业类型。

（2）收集学校和专业的信息。尽可能准确地了解自己准备报考的学校和专业的情况，这可以通过多种途径来获得，如阅读专业介绍资料，包括招生简章、招生通讯、学校介绍等；参观学校和专业院系，请已进入相关专业学习的学生介绍专业，请有关专家介绍专业要求等，尽可能广泛地收集学校专业和职业信息，防止缺乏了解而造成的对专业的误解和偏见。

（3）检查自身的生理状况。结合自己的生理状况，如是否近视、有无遗传病等，避免填报因自身疾病和生理缺陷而不能录取的专业。

（4）参考自身的学业成绩。充分了解学校各专业的招生人数、限考条件、历年录取新生的分数线等，大致确定自己的学业成绩等情况处于哪一档次，可能进入哪一类学校或哪几类专业，从而按照自己毕业考或升学考的成绩较准确地认识自己，防止志愿报得偏高或偏低。

（5）了解招生工作的政策和方法。在填志愿前，学生要细致地了解本地当年的招生情况，在志愿填写的顺次上要参考招生次序，防止失误。

以下是填报志愿的具体指导。

（1）专业与院校，在选择时究竟哪个更重要？

---

[1]　吴增强等：《学校心理辅导通论》，上海科技教育出版社，2004年，第203—206页。

这是困扰考生的一大难题。有专家认为，一般情况下，相对来说，专业对考生更为重要。对考生而言，在大学里学到真才实学至关重要。所以，学生填报志愿时应先了解所选专业的课程设置、师资力量、就业方向、学籍管理等，然后结合个人的性格、兴趣，作出抉择。

另外，院校的因素也不应忽视，例如同样是会计专业，学校不同，专业方向和就业前景会差异很大。由此学校和专业对学生来说，都很重要，应该结合个人兴趣爱好，全面深入了解专业的详细信息，在填报时兼顾该专业在该院校乃至全国高校中的地位、前景等，全面衡量院校与专业的选择。

（2）何为填好第一志愿"标尺"？

①误区扫描：优势科目不是唯一标准。

绝大部分学生知道第一志愿的重要性，但在填报时由于缺乏科学的引导，就出现了盲目填报的现象。主要存在这样的误区：

一是对自身实力估量不准，不经细细推敲就盲目填报，如过高估计自己的成绩，好高骛远，守住心慕已久的院校不放，报考风险必然陡增；或定位过低，为了稳保考上，填报志愿时十分保守，没有"斗勇"的决心，从而丧失了就读更好层次院校的机会。

二是在填报第一志愿时只根据自己的某一个优势科目来确定报考专业，这样很可能导致第一志愿的误报，最好的机会被荒废掉，如有学生的数学成绩在各科中最好，但该生在专业选择评估中的结果却是人文社科类，这位学生如果按照数学成绩来填报第一志愿，风险就很大。

②策略技巧：给志愿院校排排队。

据统计，重点大学第一志愿的录取比例占被录取考生的95%以上，一般院校第一志愿的录取比例占80%左右，第一志愿的重要性可见一斑。

随着招生院校录取新生的自主权进一步扩大，当第一志愿生源比较充裕时，一般就不再考虑第二、第三志愿的考生。而且，一般来说，招生院校为了巩固学生的专业思想，也总是乐意录取第一志愿的考生。因此，考生在填报志愿时，对自己不能估计过高或过低，要特别注意恰当、慎重地选择每一批录取院校的第一志愿。

那么，如何报好第一志愿呢？怎样才能避免"一落千丈"？有专家认为，关键是依据考生自身的实力，即平时成绩以及在考生群体中的位置。

成绩稳定、心理素质过硬、临场发挥出色的考生，第一志愿可以适度超前，以免留下遗憾；但对于平时成绩起伏较大、估分时不稳定因素较多的考生，报考第一志愿应保守一些。

鉴于第一志愿的重要性，考生、家长有必要对拟报的院校列出一个候选名单，再根据收集和掌握的各个院校往年的录取分数线、投档线、上线生录取比例、专业录取的走向，对照考生可能实现的程度，逐一筛选、排除，得出各批次的第一志愿院校。

（3）什么才是合理的"梯度"？

①误区扫描：录取时"一落千丈"为哪般？

部分考生没有被第一志愿录取，而第二、第三志愿又没有与第一志愿拉开适当的梯度，结果从第一批重点线滑入第二批录取的普通院校，或者落入第三批志愿院校中，造成"一落千丈"的局面。

②策略技巧："降幕式"排列避免"撞车"。

所谓梯度，是指同批志愿中高低不同的院校层次。

高校招生录取时，虽然优先录取第一志愿的考生，但总是有一些类别院校和专业由于第一志愿生源不足，还要从第二、第三志愿的考生中补充录取。因此，考生在填报同批志愿时，为了增加录取的机会，要用心处理好志愿之间的院校梯度和层次。

高考竞争异常激烈，为了避免发挥失常而落榜，考生在确保所填报第一志愿是与自己实际相符的录取层次较高的院校外，为了不失掉中间阶层院校和出于保底的需要，其他志愿的填报应由高到低，呈"降幕式"排列。同一层次院校不能填写成"并列式"或"波浪式"，更不能填成"升幕式"，这样可以避免同一层次的志愿之间出现"撞车"现象。

除了填报的院校之间要有梯度，填报同一高校的几个专业间也应适当形成梯度，不要同时填报该校的热门专业。

一些高中老师感慨道，考生往往忽视了专业的梯度和层次。很多考生的成绩高于他所填报院校志愿的最低分数线，但由于所填的专业要求都比较高，出现全部专业都没有达到录取线的后果，这就是常见的"填报志愿偏高而且没有梯度"现象。只要考生在填报时注意，这种现象还是可以避免的。

第三节

生涯适应力培养

生涯适应力的概念是随着社会的发展变化以及生涯建构理论的兴起而逐渐受到人们关注的。它是指个体对于可预测的生涯任务、所参与的生涯角色与面对生涯变化或不可预测的生涯问题的准备程度与应对能力。

┃ 生涯适应力概念的缘起 ┃

不确定性与人的生涯发展

全球化促使世界各国在经济、政治、文化、科技、军事、生活方式、价值观念等多领域和多层次产生了相互联系与影响。这种社会发展模式，一方面为个体的发展带来多种选择与各种机遇，另一方面也会使每个人的发展具有更多的不确定性。这种趋势对年轻一代的冲击更为剧烈。社会的快速发展使很多人本来预想的情况发生了变化，如转换专业、离职、深造后再就业……不可预测性与不确定性已是生涯发展的本质特征。[①]

---

① 朱凌云：《生涯适应力：青少年生涯教育与辅导的新视角》，载《全球教育展望》，2014 年第 9 期，第 92—93 页。

生涯建构理论的发展 [①]

　　生涯建构理论是对生涯发展的一种新理解，是社会建构主义在生涯发展领域的体现。生涯建构理论强调了个体与环境的交互作用。个体会对自己过去的记忆、当前的经验和未来的抱负进行意义解释并与学校环境、家庭环境、社会环境等外界因素相整合，最终决定选择的方向。

　　生涯建构的过程被视为个体将自我概念融入社会角色之中的一系列尝试。个体会根据内在的自我概念系统，对承载着不同要求和期望的角色进行协调与整合，使各个层面的生涯角色成为一个有机的整体。当个体认为自己所要追求的角色无法获得时，会主动地进行自我调节，以解决自我概念与环境中现有的机会之间的冲突，使两者重获和谐的关系。因此，对生涯发展的关注点应在于个体对各种变化的适应情况，如从学校进入工作世界、组建家庭、改变工作与职业等事件带来的社会角色的变化。这是一个积极能动的过程，是在适应—不适应—适应、平衡—不平衡—平衡的循环中不断进行内外的调整，以实现与环境动态的协调，进而追求成长与发展的过程。

｜ 生涯适应力的内涵 ｜

生涯适应力的界定

　　生涯适应力既不同于一般的人格特质，也不同于一般的生涯探索行为，而是居于二者之间的一种心理特征。它被视为个体在快速变化的现代社会中获得生涯成功的关键能力，研究者们都把它作为生涯发展的核心概念。

---

① 朱凌云：《生涯适应力：青少年生涯教育与辅导的新视角》，载《全球教育展望》，2014 年第 9 期，第 93 页。

生涯适应力的理论建构

关于生涯适应力的结构，萨维卡斯（Savickas）和波费利（Porfeli）认为，生涯适应力包括四个维度：生涯关注（career concern）、生涯自主（career control）、生涯好奇（career curiosity）和生涯自信（career confidence）。其中，生涯关注是指个体对未来的关心，它有助于个体放眼未来，为可能面临的生涯任务作准备，本质上是一种未来取向的人格特质；生涯自主是指个体为了应对未来的生涯任务能做到自律并付诸努力，坚持不懈地塑造自己或周围环境，对自己的生涯发展负责，体现出主动性人格的特质；生涯好奇是指个体积极地探索周围的环境及自己的生涯角色，对自我和未来愿景形成认识；生涯自信是指个体不断增强自己的生涯抱负，在探索中建立实现人生设计的信心。这个观点从个体与环境交互作用的视角，比较全面地阐述了生涯适应力的本质特征。[①]

萨维卡斯对生涯适应力理论建构的探讨并未就此停止，他于 2005 年对生涯适应力的理论建构又作了进一步的修正和完善，提出了一个更为完整的建构模式（见下表）。要开展以提升青少年生涯适应力为目标的教育活动，首先须将这一概念外显为可以通过教育活动培养的品质与能力，使从对生涯适应力这一概念的理论探讨转化为开发出可以应用到教育实践中的策略与方法。这一工作兼具理论丰富与实践指导的双重价值。

生涯适应力的理论建构模式表[②]

向度	生涯问题	态度与信念	能力	生涯诊断	因应行为	生涯干预
关注	我有未来吗？	计划的	计划	不关心	觉察、投入、准备	生涯导向练习
自主	谁拥有我的未来？	确定的	作决定	不确定	自信、有条理、执着	决策训练

---

① 朱凌云：《生涯适应力：青少年生涯教育与辅导的新视角》，载《全球教育展望》，2014 年第 9 期，第 94 页。

② 赵小云、郭成：《国外生涯适应力研究述评》，载《心理科学进展》，2010 年第 9 期，第 1505–1506 页。

向 度	生涯问题	态度与信念	能 力	生涯问题	因应行为	生涯干预
好奇	未来我想要做什么？	好奇的	探索	不真实	尝试、冒险、询问	从事信息搜集
自信	我能做到吗？	有效的	问题解决	抑制的	坚持、努力、勤奋	建立自尊

由上表可以看出，生涯适应力的每一个维度都可以外显为相对应的态度、能力和行为，以及可能表现出的生涯发展问题。生涯关注可以通过增强青少年的生涯意识来培养，提高他们的计划取向与行为。对于生涯自主，要帮助青少年获得对自我生活的掌控感，教师和家长要给予他们自主决策的权利和机会，使他们通过自我调节进行决策并对未来负责。本质上，生涯未决是缺乏自我控制感的表现，增强生涯自主能帮助他们澄清自我概念、降低焦虑、学习处理与父母和他人对立的方法。生涯好奇是一种基于现实的探索，教育者可以鼓励个体即使在看不到转变的情况下也去努力探索其他的可能性。这种探索并不是徒劳的，它会使青少年更接近自己理想的生涯发展机会。生涯自信可以体现在帮助青少年预测变化以及提前作心理准备，慎重地处理临时任务与长远目标之间的关系，通过一步一步地努力去完成现实的目标。①

｜ 青少年生涯适应力状况分析② ｜

孟四清等人对 1127 名中学生的调查发现，青少年的生涯适应力存在学校类型差异、年级差异、性别差异、居住地差异、父母教育程度差异、家庭收入差异、子女类型差异、家庭类型差异、生活满意度差异。具体内容如下：

（1）初中生好于高中生。调查结果表明，初中生的生涯适应力要好于高中

---

① 朱凌云：《生涯适应力：青少年生涯教育与辅导的新视角》，载《全球教育展望》，2014 年第 9 期，第 95—96 页。
② 孟四清等：《天津市青少年生涯适应力的调查与建议》，载《天津电大学报》，2023 年第 1 期，第 68—69 页。

生，最好的是初一年级，最差的是高一年级。高中一年级的学生从初中升入一所新的学校，陌生的学习环境、教师和同学，加上不断增加的学习科目和学习难度，还有选课走班的实行，都需要高一学生重新适应，无疑给高一学生带来了适应的难度，因此表现为生涯适应力较差。学校的心理老师要特别关注高一学生的心理健康状况，加强对高一学生生涯适应力的辅导。

（2）女生好于男生。调查结果表明，女生的生涯适应力要好于男生，这可能与女生的性别特点有关。女生天性活泼，乐于与人交往，在遇到事情时愿意与人沟通和交流，因而更容易找到解决问题的办法，因此生涯适应力强；男生总体来说比较内向，遇到事情不愿意与人沟通，生涯适应力较差，因而学校心理老师要多加关注男生的生涯适应力。

（3）城市学生好于农村学生。调查结果表明，城市学生的生涯适应力好于农村和县镇学生。目前城市学生的生活环境要好于农村学生，他们有更多的机会去旅游，去接触外部世界，开阔视野，接受更多的锻炼；也有更多的机会去认识各种职业，因此他们的生涯适应力要好于农村和县镇的学生。

（4）父母文化水平与青少年生涯适应力正相关。调查结果表明，随着父母文化水平的提高，青少年的生涯适应力在逐渐提高，这可能与其父母的教养方式有关。高学历的父母由于所受的教育，往往会采取更加科学的教养方式，教育子女时更有耐心，更重视与子女的沟通与交流，使孩子遇到问题时更容易与父母沟通，从而找到解决问题的办法。他们不仅重视孩子的学习，还非常重视孩子其他方面素养的培养，尤其重视对孩子心理健康的教育，因此孩子的生涯适应力更强。相反，低学历的父母由于自己的学历低，反而更重视孩子的学习成绩，对孩子的期望值过高，把自己没有实现的愿望强加到孩子身上，使孩子承受了更大的心理压力，因此孩子的生涯适应能力更差。

（5）青少年生活满意度与生涯适应力正相关。调查结果表明，青少年的生涯适应力随着生活满意度的增加在逐渐提高，这可能与学生良好的心态有关。生活满意度高的学生，生活愉快，积极乐观，人际关系好，心理适应良好，生涯适应力强；生活满意度低的学生，生活悲观，情绪压抑，人际关系往往不良，容易出现心理问题，因此生涯适应力也较差。

⏐ 青少年生涯适应力培养策略 ⏐

一般策略

青少年生涯适应力的培养，可以从学生个体因素、学校教育和家庭教育等方面采取有效的策略与方法。[①]

了解青少年心理发展特点

（1）帮助学生建立良好的自我认知。

良好的自我认知包括正确的自我评价、积极的自尊心及自信心、精准的性格分析等内容。首先，正确的自我评价可以通过个体能力图表完成。班主任以及心理辅导老师等相关人员可以采用定性与定量的方法，对高中生的各项能力进行较为准确的分析，最后确定网状结构图，确定优势特长与缺憾不足，以此作为后续各项工作的参考。其次，积极的自尊心与自信心需要通过专项训练活动来培养。教师等相关人员可以通过开展"专项拓展训练""自我突破夏令营""小组项目任务分解"等各种形式的活动，培养学生的自尊和自信。最后，性格分析与引导也可以通过自我评价、同伴评价及教师评价相结合的方式进行，由三方共同评判出高中生的性格特点，并提出指导性建议和意见，推动积极性格的形成。

（2）培养理性的思维方式。

理性的思维方式是高中生生涯适应力的必要组成部分，只有具备理性的职业生涯规划和生活规划，才能为自己的人生设计"基于客观现实，符合科学要求"的发展蓝图。从理性与感性的角度对学生进行引导和教育，是教师的责任和义务。首先，教师可以引导学生区分自己的发展实际情况与主观兴趣爱好的

---

① 郑艳春：《高中生生涯适应力的影响因素及培养策略》，载《中小学心理健康教育》，2019年第17期，第28—29页。

界限，以此为基础判断自己的未来需要设计什么样的路线和轨迹。盲目地对自己进行含混不清的理想与现实杂糅的生涯规划，既达不到实际效果，又是对自己生涯的不负责。其次，教师可以引导学生形成理性的自我判断和自我调整能力，这也是理性思维所具备的功能。部分学生对于自身学习、成长和生活中遇到的问题无法及时作出调整和规划，由于思维定式的局限，长期陷入低质量循环发展的怪圈。这种情况的发生，很大程度上是因为缺乏理性思维方式，或者说缺乏高质量的元认知能力。

（3）培养自我效能感。

自我效能感是进行生涯适应力培养不可或缺的内容。如果说理性思维是进行灵活的自我调整和转变的工具，那么自我效能感就是确保既定目标得以实现的力量。较高的自我效能感可以为生涯适应力提供强有力的信心。学生在培养学习意志力、自我效能感时，可以尝试多种方法。首先，从小事做起。自我效能感的提升并非一朝一夕之功，需要从点滴做起，从小事做起。比如，每天坚持重复完成关于自己职业生涯的一件小事，包括单词背诵、概念学习、技能训练、意念强化等。其次，循序渐进。在小目标实现后，可以设立中长期目标。目标任务的达成是提升自我效能感非常有效的手段。

学校教育

（1）适宜的教育内容。

教师需要围绕生涯适应力要解决的核心问题（生涯关注、生涯自主、生涯好奇、生涯自信，即"我有未来吗""谁拥有我的未来""未来我想要做什么"和"我能做到吗"四个重要的职业发展问题）确定教育内容。生涯关注主要解决生涯探索的计划性问题。在日常教学过程中鼓励学生提高学习自主性，协助学生制订符合自身的计划。生涯好奇主要结合生涯信息呈现，如高中生的生涯信息主要集中体现在高考政策、高中选考、大学专业设置、职业定向等方面。生涯自主则是强调生涯决策和承担生涯决策的责任。学校在组织教学过程中应给学生创造多项选择的机会，使学生在学习过程中学会抉择并承担相应的责任。生涯自信则是强调个体有信心能解决生涯发展过程中遇到问题的情感及能力。

教师在学科教学过程中把握适当的教学节奏、合适的试卷难度，布置难度适宜的学业任务，对学生产生生涯自信、获取自我效能感有积极的作用。

（2）灵活的教育方式。

学校可以将生涯教育活动按照参加对象分为不同层级：第一层级面向全体学生开展，具体内容包括生涯相关必修课、学科课程渗透、主题班会、社会实践、校园文化活动、生涯测评及生涯教育知识宣传；第二层级面向部分学生开展，具体内容包括生涯相关选修课、讲座、学生社团及团体辅导；第三层级面向个别学生开展，具体包括生涯导师的设置、心理教师或其他教师的个别咨询。教育方式最重要的原则是能够充分调动学生的积极性和主动性，使他们对自己的未来职业生涯产生浓厚的兴趣，并能为之思考和实践。

家庭教育

家庭教育重在亲密关系的构建和生涯探索的支持。亲密的亲子关系是亲子良好沟通的基础。在日常生活中组织家庭集体活动，与子女平等沟通，子女参与家庭生活决策等，都是亲密亲子关系的构建方式。在生涯探索的支持方面，父母可以根据自身的生涯经验，在子女遇到生涯选择时帮助子女对其生涯发展进行分析。父母也应尽早让子女有意识关注与未来生涯发展相关的问题，可以利用自己的人脉资源扩宽子女关于生涯发展和生涯认识的眼界，鼓励子女参与更广阔的生涯探索，在子女生涯发展中提供工作引导方面的支持。

生涯辅导课程

生涯辅导课程是培养青少年生涯适应力的重要载体。在现有的心理健康教育课程里，一般都有生涯辅导的内容。但是由于生涯适应力培养是近年来生涯辅导发展的一项新的主题，这就需要与时俱进，对生涯辅导课程内容进行重新整合与创新。下表是北京市顺义区杨镇第一中学（以下简称"杨镇一中"）开设的系统的生涯适应力课程，供大家参考。

生涯适应力	活动单元	活动方案	具体活动
生涯关注	生涯学习 与高中生活	吾生有涯	生命线、生涯彩虹图
		高中，你好	绘制校园地图、制作高中学业单
生涯自信	自我探索	兴趣点亮生活	兴趣单、兴趣岛
		能力面面观	多元智能测试、能力清单
		我的性格代码	职业配一配、职业性格测试
		价值观探析	价值观拍卖、价值观交换
		你好，亲爱的自己	动物自画像
生涯好奇	环境探索	探索职业世界	职业地图
		一家一世界	家谱图
		性别两面观	性别方程式
		我与大学专业	我的大学与专业选择计划
生涯控制	生涯规划与管理	我的学习风格	学习风格测试
		智慧目标促成长	目标 SMART 原则
		选科与学业规划	决策平衡单
		树立乐观的生涯信念	走迷宫
		校园模拟招聘会	撰写个人简历、模拟面试

　　朱倩雨也进行了生涯适应力课程的教学实验，结果显示，实验组学生接受生涯辅导课程后，生涯适应力有了显著的提升。通过生涯指导课程，高中生的生涯关注水平得到提升，高中生更加关注自身的生涯发展，进而明确个体的未来发展方向；生涯好奇水平的提升，使高中生对自身和外部职业世界有了更多的好奇，进而加速对可能自我和职业的探索；生涯自主水平的提升，使高中生对未来生涯有了更大的掌控感，进而个体拥有自我选择未来的权利；生涯自信水平的提升，使高中生有信心建设完美的未来，进而克服遇到的困难。随着生

---

① 樊瑞婷：《新高考背景下高中生生涯适应力培养的实践研究》，载《中小学心理健康教育》，2021年第34期，第58—59页。

涯适应力的提升，高中生逐步回答生涯发展的核心问题："我有未来吗""谁拥有我的未来""未来我想要做什么"和"我能做到吗"。随着核心问题的解决，实验组的学生也逐步形成了与生涯规划、决策和调整有关的独特的态度、信念和能力，以及个体在面对生涯发展任务、生涯转换或生涯困境时的相应行为。[①]

通过叙事取向的生涯辅导课程，培养学生的生涯适应力，是目前青少年生涯辅导的新方向。

在对青少年进行叙事生涯辅导时，可遵循以下三个步骤[②]：

（1）共构，即生涯辅导教师引导学生将过去及现在的经验以故事的形式呈现出来。

（2）解构，即提供更多的故事，让学生看到不同的观点和例外。如果学生所叙说的故事充满了悲观、消极的论调，或是经历过的失败、惨痛的生涯选择，解构意味着协助学生寻找和创造更多的可能性，扩大自我故事的广度，寻找被其忽略的"例外"，或是在已经成篇的故事中寻找"祸兮福之所倚"的新诠释，进而采用新的叙说脚注，使学生产生新的顿悟。

（3）建构，即鼓励学生重写未来导向的故事。学生在经历共构和解构的阶段后，逐渐形成了对未来生涯的新愿景，教师可以使用"从老年的我看现在的自己"这一辅导技巧，让"老年的我"（代表"如其所是"的自我）与"现在的我"（代表"如期所是"的自我）进行跨时空的对话，指导学生以书信的方式写下来。这种对话方式能使学生为现在的自己找到破土而出的力量。还可以采用"神奇事件回顾"的干预策略，唤醒学生在学习和生活中经历的不同寻常和意料之外的特殊体验，帮助学生探明其带来的意想不到的影响力、重要洞见和富有创造力的思维等。

下面是叙事取向生涯辅导的一个课程，供大家参考。

[①] 朱倩雨：《生涯指导课程的开展对高中生生涯适应力的影响》，载《中小学心理健康教育》，2017年第1期，第17页。
[②] 王晓娜：《生涯混沌理论对初中生涯教育的启示》载《中小学心理健康教育》，2023年第15期，第8页。

人生拍卖场 ①

一、课程目标

1. 了解价值观的内涵及价值观对个人的重大影响。

2. 通过拍卖的形式，让学生体验到自己价值取向的独特性，并认识到自己的核心价值观。

3. 利用创作主题故事的形式，引导学生思考价值观对于自身的意义。

二、课程方法

以学生为主体，教师作为活动组织者，充分激发学生的积极性。具体实施中采用活动体验、自主创作、小组合作讨论分享、总结与归纳等方法。

三、课程对象

高一学生。

四、课程准备

多媒体课件，价值观卡片，纸质代币，白纸。

五、活动过程

课程引入：案例讨论

讲述袁隆平的故事，播放习近平总书记为袁隆平颁发共和国勋章的视频，引导学生进行自主探究讨论，回答以下问题：

1. 什么是价值观？

2. 袁隆平身上体现出哪些价值观？

3. 袁隆平的价值取向对他产生了哪些影响？

---

① 秦绪宝：《基于叙事视角的高中生涯规划辅导思考与尝试》，载《中小学心理健康教育》，2020 年第 15 期，第 43-44 页。题目为课程名称。

活动一：价值观拍卖

师：本场共拍卖 20 个藏品，每个藏品均有自己的底价（1000~2000 代币），拍卖师喊出底价后，参与者出价，价高者得。每个参与者有 10000 代币的启动资金，每次出价以 500 代币为单位。如果有参与者出价 10000 代币，则直接成交。参与者应合理利用手中的启动资金，获得更多的藏品。

"藏品"有亲情、爱情、健康、自由、美貌、权力、友情等，教师可以根据学生群体的实际情况进行调整与补充。

拍卖活动完成后，教师引导学生讨论，思考如下问题：

1. 为什么拍下该藏品？是否后悔？为什么？

2. 有无想要的东西被他人拍走？

3. 请什么都没有拍到的同学分享一下心路历程。

4. 如何才能获得想要的东西？

活动二：模拟人生故事叙说

师：刚才的"价值观拍卖"活动如同人生。有些人得到了自己想要的东西；有些人有想要的东西，但是遗憾没能得到；有些人手里还有 10000 代币，不知道该去拍什么；有些人始终没有进入游戏当中，以一个旁观者的身份看完了活动过程。不论属于哪一种，相信你们在这次活动中都有所感悟。

接下来，我们将进行第二个活动——模拟人生故事叙说。这个活动承接上面的内容，需要大家调动自己的想象力与情感。你需要完成一个故事，这个故事的主人公可以是你自己，也可以是一个虚构的人。这个故事的主要内容就是主人公追求上一阶段活动中拍卖的"东西"的历程，但是故事的结局不同。如果你在上一轮游戏中拍到了相应的"藏品"，那么你的结局是成功；如果上一轮游戏中你想要拍一个"藏品"，但是没有拍到，那么你的结局是失败；如果上一轮游戏你没有想要拍的东西，那么请你想一个要追求的东西，结局自定。不论结局如何，你都需要完成一个完整的故事。你将有 15 分钟的时间完成这个故事，结束后请小组内先分享，然后每组推选代表在班级中分享。

分享完成后，教师引导学生思考如下问题：

1. 写完这个故事后，你的感受如何？（结局是成功或失败的学生都要分享。）

2. 在这个故事中，主人公所追求的东西对他有什么影响？

3. 在这个故事中，主人公的哪点最让你欣赏？

> 设计意图：通过自主故事创作、分享、思考，体验符合自身价值观的人生发展与不符合自身价值观的人生发展带给自己的感受，认识到价值观对自身的影响。

六、课后反思

1. 用叙事取向的活动可以帮助学生认识生涯教育的意义与必要性。在本节课中，这种半限定的故事创作给了学生加深自己对于生涯规划中各种元素理解与认识的机会，同时也能够侧面反映出学生对价值观，以及对兴趣、性格、能力等要素的统整程度，为后续的辅导奠定基础。

2. 将叙事取向的活动与传统生涯活动结合起来，能帮助学生清晰地认识到价值观等要素对自身的重要影响。

传统生涯教育中有许多经典活动，在个体辅导和团体辅导课程中都有很不错的应用效果，例如"价值观拍卖"活动。在这一活动中，学生必须用手上有限的"筹码"尽可能地拍到自己想要的"价值观"。这样的游戏加深了学生对于人生价值的思考。在活动后，学生也能发现：原来拍卖到的东西就是我认为重要的东西。然而，如果仅限于此，未免有些单薄。因此，我们通过讲故事的活动增加了"价值观拍卖"活动的厚度。故事有一些限定条件，但是仍有很大的创作自由度，最终主人公在追求自己的价值观的过程中感悟、收获、成长。故事讲述完之后，学生对于价值观的理解又加深了一层。

"价值观拍卖"是生涯辅导课中一个经典活动设计。上述课例将其与"模拟人生故事叙说"这个活动结合，巧妙地将叙事生涯辅导的理念渗透其中，提升了学生对人生价值的思考深度，是一次很有意义的尝试。叙事取向的生涯辅导的核心思想是学生能将自己的职业兴趣、能力、价值观等借助故事描述表达出来，教师扮演的是伴读者的角色，协助学生看清楚自己的生涯意义和价值，激发学生的生涯自主意识，看到自己未来的生命历程中无限的可能性。

·本章结语·

　　近年来，随着高考制度的改革，各地学校的生涯辅导活动开展得如火如荼，但是和发达国家相比，我们仍处于发展阶段。因此，需要借鉴发达国家的经验，如在美国、英国和日本，青少年生涯辅导得到了社会的广泛认可，这源于：（1）借助政策法规推进青少年生涯辅导；（2）青少年生涯辅导的内涵要求强化以人为本，是从"关注职业的适切性——个人潜力的呈现与提升"到"对个体全方位生活方式的关怀——关注个人生命意义的实现"的过程；（3）青少年生涯辅导的实施构建了从幼儿园、小学、中学到大学的完整体系。[①] 可见，青少年生涯辅导不仅仅是为了应对高考改革，从更长远的视角看，是为了每个学生的终生发展。

　　生涯辅导旨在帮助学生树立正确的劳动观、职业观、择业观；帮助学生逐步深入社会，了解本地区甚至全国各类学校和职业的情况；帮助学生了解自己，引导学生扬长避短，提高学生各种素质，发掘学生的潜能；帮助学生正确协调个人志愿和国家需要之间的关系，根据国家需要和自己的特点确立初步的职业意向，提高高考选科和大学专业选择的决策能力。生涯辅导不是空洞说教，而要应用多样的、生动活泼的辅导方式使学生体验

---

① 赵荣生：《美英日三国青少年生涯辅导经验及启示》，载《中国青年研究》，2011 年第 4 期，第 106—109 页。

职业的内涵，辨析自己的职业观，是对全体学生的生涯意识与发展进行熏陶和培育的过程。

　　随着生涯辅导理论的发展，生涯适应力和生涯混沌理论的实践探索成为热点问题。生涯适应力概念随着社会的发展变化以及生涯建构理论的兴起逐渐受到人们的关注。面对当今职业世界发展的变幻莫测，生涯发展的不确定性在增加，需要个体对可预测的生涯任务、所参与的生涯角色与不可预测的生涯问题有足够的应对能力。因此，青少年生涯适应力，是其今后职业生涯发展的基本能力。

第九章

休闲生活辅导

青少年喜欢流行与时尚、喜欢网络、喜欢体育运动、喜欢阅读……表明他们热爱生活，向往丰富多彩的生活。但是，社会环境的变化，常常使青少年变得迷离与困惑，多元化的、海量的网络信息又使青少年无从选择，于是，有的青少年沉迷于网络游戏，无心学习，甚至自我封闭，脱离社会；有的青少年过于追求物质生活，超前消费……因此，培养青少年追求健康、丰富的生活情趣，是青少年心理辅导的一项不可或缺的主题。

本章讨论以下问题：

· **青少年休闲辅导**

· **财商与消费辅导**

· **网络沉迷辅导**

青少年休闲辅导

休闲对人的发展的价值主要表现在休闲活动的性质和内容上。对中小学生而言，在闲暇时间里，如果以积极进取的方式取代消极、打发日子的方式，就能让休闲活动变得充实有益、丰富多彩，起到消除学习疲劳、缓解因学习紧张带来的心理压力的作用。例如，听音乐、欣赏戏剧、逛公园、练书法、游览名胜、参观展览以及阅读文学作品等，既可让学生得到乐趣和休息，又可提高其文化素养和审美鉴赏能力，升华道德境界。而现实情况是，学生学习压力大、课业负担重、学习时间长，他们很少有休闲的机会和时间。

| 青少年休闲生活解读 |

休闲生活对青少年发展的价值

青少年时期是个性发展的重要时期，健康的休闲方式能够培养良好的个性特征，塑造个体的道德品格，有助于青少年身心愉悦，获得生活的乐趣并体验到人生的快乐和意义。韩艳认为，休闲生活对于青少年个性发展、社会化水平和道德发展具有重要意义。[1]

---

[1] 韩艳：《论休闲文化的青少年发展功能》，载《青少年学刊》，2015年第4期，第40—42页。

促进青少年个性发展

在早期的工业社会中，由于异化劳动和分工的大量存在，人的个性被繁重的体力劳动所掩盖，人的个性发展是不全面的。随着社会的进步，在现代社会中，随着闲暇时间越来越多，人们能够在工作中以及工作之余寻找各种机会来实现个性的发展。个性的充分发展已成为社会现代化的重要标志之一。

青少年是人生发展的重要阶段，也是他们个性形成和发展的重要时期。随着生理和心理的急剧变化以及年龄和知识的增长，青少年的自我意识不断增强，独立思考能力不断提高，渴望发展个性、展示个性的愿望越来越强烈。而休闲恰恰为青少年的这种个性发展要求提供了机会。休闲是在自由时间里从事非强迫性活动，而且许多休闲活动具有丰富的创造性。在休闲时间里，人们拥有较高的自由度，可以充分享受创造带来的愉悦。更为重要的是，大部分休闲活动是人们根据自身的兴趣爱好进行的选择，能够充分体现人的个性特征。同时，部分休闲体验需要一定的技能和持久性，如绘画、演奏乐器等。如果参与者能够把这种休闲体验持续地坚持下来，还能够培养个体坚强的意志品质。

可以说，健康的休闲文化有助于青少年健全个性的发展。然而，面临繁重的学业和升学压力，青少年的闲暇时间非常有限。即使有一定的自由时间，个别青少年并没有正确利用，而把这些有限的时间用于看电视、打游戏、上网聊天等简单的娱乐活动。良好的个性不是与生俱来的，个性的发展受到遗传基因以及家庭、学校、社会环境的综合影响。当前，整个社会氛围比较重视休闲，然而，绝大多数人的休闲体验还限于低级的感官体验和物质享受。多数青少年的休闲活动也表现为低级的感官体验，独立性和创新性不足。更有甚者，有些家长和老师把青少年的兴趣爱好当成日后升学加分的砝码，完全忽视了休闲体验的本质特征。因此，在休闲生活中，家庭、学校要树立科学的休闲理念，充分发挥休闲的积极作用，青少年可以依据自身的爱好和兴趣来安排自己的闲暇时间，从而在一定程度上发展个性。

提高青少年社会化水平

随着社会的发展，人们对于个性化的生活要求越来越高，而这一发展趋势也可能会导致人们在日常的工作中进行社会交往的机会越来越少，休闲有可能成为培养社会角色的重要领域。作为人们在自由时间内从事的一种活动，休闲活动既包括自己独立完成的单人项目，也包括需要多数人参加的集体项目，如体育运动等。由个人完成的休闲活动可以发展青少年的个性、爱好，而那些具有集体性质的休闲方式则可以为青少年提供社会化的机会。例如，多种体育活动具有一定的游戏规则和竞争性，并且需要一定程度的团结合作，而像社会公益活动、志愿者活动等休闲活动可以培养与人合作、遵守规则、积极进取的良好品质。如果青少年经常参加这种休闲活动，不仅可以调节由于学业压力所带来的紧张情绪，而且可以提高青少年与他人进行情感和人际沟通的能力，为青少年今后走向社会奠定良好的基础。因此，作为青少年社会化重要中介的家庭和学校，应该创造各种条件，积极鼓励青少年参与各种休闲活动。在休闲活动中，青少年通过与他人相处，不仅能够获得快乐，更重要的是在玩的过程中提高了自己的社会化水平。

塑造青少年良好的道德品质

休闲文化作为一种重要的文化现象、生活方式，对青少年道德品质的形成有重要的影响。休闲文化本身蕴含着丰富的道德内涵。我国学者把休闲分为雅闲、庸闲和劣闲三个层次。雅闲是指合乎道德、应予提倡的休闲方式，如琴棋书画；庸闲是指不违反道德但内容没有提倡价值的休闲方式，如闲聊；劣闲是指违反社会基本道德、社会极力加以否定的休闲方式，如黄赌毒。西方学者把休闲分成随意休闲和深度休闲。深度休闲包括业余人士、兴趣爱好者的活动和志愿者活动。从国内外学者对休闲的分类可以看出，人们倾向于用道德行为准则来评价休闲的方式和内容。事实上，文明健康的休闲文化具有塑造良好道德品质的作用，可以培养人的高雅情趣，陶冶人的道德情操。在一些发达国家，休闲服务机构和设施相当完善，如美国几乎每个城市都有公园、历史文化景点等场所以及其他娱乐设施；非营利性服务机构主要提供一些休闲项目，以促进青年成长发展，包括青年服务组织、服务特殊人群的组织、救济组织、社会服务组织等。漫步于公园和历史景点，可以感受到历史和社会发展；参与各种非营利性服务组织，可以培养乐于助人、团结合作的精神品质。我国具有悠久的历史，文化底蕴更为深厚，旅游式的休闲可以让青少年饱览祖国大好河山，爱国之情油然而生；阅读式的休闲可以让青少年感受到文化的魅力；具有竞技性的体育项目可以培养青少年的坚强意志，以及与人团结合作的品质等。可以说，休闲是个体自由选择的活动，是自愿参加的，因此对道德品质的塑造也是潜移默化的。文明健康休闲活动的参与者更容易在活动过程中体会到道德魅力，并自觉指导自己的行为。

青少年休闲生活的状况分析

陈传峰和杜梦石对 1 万多名中学生的暑期生活进行调查，结果表明，中学生的学习压力较大，学习仍是暑期生活的主要活动（占 58.9%），中学生的暑期休闲活动较单调，对健身益体的体育活动和琴棋书画活动参与度较低。例如，体育活动在中学生参加的活动中只占 29.6%，调节身心状态的文艺活动和棋牌书画分别占 6.7% 和 9.8%；中学生暑期看电视和上网的频率太高，不利于身心健康。[①]

闲暇时间本应由青少年自主掌控，休闲教育也本应在青少年的成长教育中发挥重要作用，但反观现实，迫于升学压力和社会功利引诱，青少年的生活出现不"休"不"闲"的现象，影响着青少年的健康发展。

刘海春认为，随着中小学"减负"、素质教育的实施，中小学生在校学习时间缩减，可供学生自由支配的闲暇时间将达到学生一年时间中的一半。即使在上课日，中小学生除了必要的休息时间，也拥有 5 个小时以上的闲暇时间。客观来说，闲暇时间的充裕为他们的自由全面发展提供了现实条件。但事实并不

---

① 陈传峰、杜梦石：《中学生暑期休闲活动调研报告》，载《教育研究》，2010 年第 11 期，第 64 页。

如此，越来越多的调查结果显示，城市学生的休闲生活往往因为家长的干预而趋向成人化或被剥夺，农村地区儿童的休闲生活则因为缺乏家长的管教引导使内容乏味、低俗。闲暇时间的充裕和休闲生活的贫瘠在当前青少年的成长境况中形成鲜明对照。① 目前青少年休闲生活存在以下问题：

（1）休闲生活的迷茫。

有了"闲"的时间，却因为认识偏差和能力缺失，得不到"休"的状态，是青少年休闲现状的突出问题。很多农村地区学生在课余或假期时间里无所事事，要么睡懒觉，要么闲聊闲逛，休闲生活缺乏具体规划和自主性，表现出很强的随意性。城市学生则往往把闲暇时间都花在了网聊、看电视、看小说、打游戏上，休闲方式单一、内容庸俗，受大众文化中的低俗文化影响大。有研究指出，休闲生活的"无聊"带来的"无聊症候群"问题在青少年群体中具有较高的比例。美国学者考德威尔（Caldwell）指出，休闲生活的"无聊"极可能引发青少年的偏差行为，并针对此提出"时间智慧：学会终身休闲技能"课程，引导青少年科学管理闲暇时间，体会休闲意义，掌握休闲技能。

（2）休闲生活的缺失。

与"休而不闲"现象相反的是"不休闲"现象，即青少年休闲生活被剥夺。例如，有家长害怕孩子"玩物丧志"，给孩子请家教，带孩子上培训班，生怕孩子落后。此外，随着经济社会的快速发展，现代城市的家庭结构和居住空间发生了巨大变化。这就使得城市青少年出现"童年缺失"状况，具体表现为"没有一起玩耍的玩伴""没有娱乐玩耍的场所""没有丰富多彩的游戏""没有支配时间的自由"等。

---

① 刘海春：《休闲教育：青少年自由全面发展的必修课》，载《中国休闲研究 2015》，广东高等教育出版社，2016 年，第 145–146 页。

　　第九章　休闲生活辅导

| 青少年休闲辅导实施策略 |

青少年休闲辅导的任务

培养青少年正确的休闲意识

几千年来，中国的教育基本上是为了人的生存而进行的。但从一定意义上讲，教育不仅要让人"学会生存"，还要让人"学会休闲"，或者说在"学会生存"中"学会休闲"。因此，对于休闲教育，学校首先要做的就是变职业教育为人生教育，培养学生的休闲意识和正确休闲的习惯，让学生从丰富多彩的活动中发现生活的乐趣，开启生命的智慧，感受人生的精彩，从而养成乐观向上的性格。

培养青少年的休闲技能

提高学生的综合素质，为终身休闲打好基础。素质，不仅仅是一般意义的智力，而是人格、心灵、情感、人际关系、生存能力、社会适应性能力、体能、意志等要素的综合体，它具有全面和谐的整体性特点。学校应利用各种活动挖掘学生的潜力，促进他们各方面才能、兴趣和特长和谐发展，以达到充实精神和发展人格的目的。当前有些学校过于注重语文、数学和英语等基础性教育，而对休闲教育却缺乏关注。学校必须避免这种情况出现，充分利用课堂和课余，将休闲教育作为素质教育的一部分。目前，有学校利用抖空竹、转陀螺等传统游戏丰富学生课间生活，这种做法值得借鉴。这些活动不仅能够活跃学校气氛，增添学校生活的趣味，更重要的是起到锻炼身体、活跃思维的目的，有效激发学生生活的热情，培养学生积极、乐观的生活态度。

为青少年创设休闲活动空间

学校等教育部门要通过多种形式，与文化艺术、广播影视、新闻出版、体育科技部门及群众团体统筹协调，通力合作，以提高学生闲暇生活质量为切入点，把提高学生思想素质、文化素质、审美素质、身心素质作为重要目的，重视青少年节假日的休息和活动安排。同时，充分利用社会文化娱乐场所，因地制宜地为青少年创造尽可能丰富多彩的自由活动空间。学生活动不能只局限于教室、宿舍，还要有大自然，要有图书馆、阅览室、展览馆、纪念馆、科技馆、博物馆、烈士陵园、影剧院、游乐场、公园、游览景点等群众性文化场所。在这些地方进行合理的休闲活动，既是获得知识、充实头脑的学习过程，又是净化心灵、升华情感的审美享受。恩格斯在其散文《风景》中生动地记述过一次使他永难忘怀的体验："你攀上船头桅杆的大缆，望一望被船的龙骨划破的波浪，怎样溅起白色的泡沫，从你头顶高高地飞过；你再望一望那遥远的绿色海面，那里，波涛汹涌，永不停息，那里，阳光从千千万万舞动的小明镜中反射到你的眼里，那里，海水的碧绿同天空明镜般的蔚蓝以及阳光的金黄色交融成一片奇妙的色彩；——那时候，你的一切无谓的烦恼、对俗世的敌人和他们的阴谋诡计的一切回忆都会消失，并且你会融合在自由的无限精神的自豪意识之中！"这既是审美的体验，又是休闲的体验，是超越性的休闲审美体验。它带给我们的不仅是外部感官的享受，更可贵的是伴随这种享受而来的自我丰富和生命升华。①

丰富家庭休闲生活

家长可通过丰富的休闲活动形式，让孩子积极投入休闲活动中。文学艺术鉴赏、体育活动、旅游、个人爱好、社会交往都属于休闲性活动。鼓励孩子参加志愿活动，参与社会实践；增加户内、户外体育锻炼的时间，培养运动爱好、强身健体的同时，还能培养坚毅的品德和积极的生活态度；鼓励孩子积极参加创新体验类、博览会等休闲活动，体会创新与科技的力量，也会让孩子的思路

---

① 李爱军、陈曦：《现代休闲教育实施策略初探》，载《兰州学刊》，2008年第12期，第212—213页。

更加开阔。[①]

开发休闲辅导课程

发达国家的中小学非常重视休闲教育课程的开发，如美国中小学休闲教育课程有独立形态课程、渗透形态课程和体验式户外休闲教育课程等。[②]

最具独立形态的课程是美国闲暇和娱乐协会的闲暇教育推进项目。这种课程被整合到校本课程里，不分具体年级和学科。具体目标是：（1）认同、理解学校、社区、州和国家的休闲资源，帮助学生以不同方式使用休闲资源；（2）使儿童知道如何在闲暇时间里获得宝贵的休闲机会，认识到有效地使用闲暇时间是促进个人幸福和个人发展的一种手段；（3）使儿童理解闲暇时间对社会的重要意义；（4）使儿童能够掌握一定的休闲技能；（5）使儿童能够作出自己的休闲决定。

渗透形态课程是由闲暇教育过程派的学者提出的。波士顿大学的詹姆斯·怀特（James White）教授曾经明确指出："闲暇教育必须是每一位教育者的任务，不论他从事的是哪一门学科的教学工作。"渗透形态课程不局限于体育、音乐、绘画等，还包括其他学科，如科学、历史、地理和语言等。从这个角度看，与其说闲暇教育是一门课程，不如说它是一种带渗透性价值的指导思想。

体验式户外休闲教育属于户外教育领域，包括环境教育、青少年野营、野外捕捉、风土人情、生态旅游、冒险教育、野外体验教育等。这些活动的目的是加强人与自然之间的联系，培养学生理解和珍惜户外休闲活动，促进自然环境与人的智力、身体、精神以及社会性等全面发展与和谐一致。

近年来，国内有关专家针对当前学校休闲教育的缺失，借鉴发达国家休闲教育课程的经验，设计了符合我国中小学教育实际的休闲教育课程。例如，万

---

① 杨梅、多强：《"双减"背景下休闲教育的家庭实施逻辑与提升路径》，载《宿州教育学院学报》，2023 年第 4 期，第 127 页。
② 陈建华：《美国中小学闲暇教育课程设置及其启示》，载《全球教育展望》，2007 年第 6 期，第 78-79 页。

伟对于学校休闲课程的开发提出了一些建议。① 该课程虽然是针对小学阶段的，但是对于青少年休闲课程开发也有一定的启示。

（1）儿童休闲活动课程的目标。

中小学的儿童休闲活动课程应该直面当前学生不知道如何合理安排自己闲暇时间的真实问题，通过丰富、多样、有趣、具有选择性的休闲活动课程内容的开发，引导学生参与到丰富多彩的休闲活动中，在此过程中获得最佳的闲暇体验，深化学生对闲暇时间的认识，帮助学生学会寻找各种闲暇资源，掌握各种丰富的休闲活动技能，学会对自己的休闲时间进行有效、科学、合理、有趣的规划和安排，提升生活幸福感。在各种休闲活动中，要引导学生学会与人交往、沟通合作，学会遵守规则和秩序，形成积极乐观的生活态度和健康的休闲生活方式。

（2）儿童休闲活动课程的内容设计。

在课程内容的设计和开发上，可以将课内、课外、校内和校外活动有机整合起来。一般来说，可以从游学类、文艺类、运动类、生活类、科技信息类、游戏类等几个方面开发课程（见下表）。

儿童休闲活动课程表

类　别	项　目
游学类	自然景区游览、参观博物馆、参观科技馆、考察历史遗迹、世界风景博览、学做旅游攻略与指南、野外生存技能训练
文艺类	电影课程、音乐欣赏、读书沙龙、画画、插花、下棋、弹奏乐器、芭蕾舞、民族舞、集邮、练书法、戏曲欣赏、陶艺、儿童戏剧、课本剧、折纸、布贴画
运动类	踢足球、跑步、打篮球、打羽毛球、打乒乓球、骑自行车、爬山、游泳、花样跳绳、啦啦操、转呼啦圈、瑜伽、溜冰、轮滑、抖空竹、放风筝、健脑操、太极拳、八段锦、击剑、马术、踢毽、武术
生活类	摘草莓、钓鱼、针织、编织、烹饪、缝纫、摄影、动植物养殖、种菜、家装设计、服装设计与搭配、包粽子、包饺子、采茶品茶、中药养生、烘焙、寿司制作、微型家具设计

---

① 万伟：《儿童休闲活动课程的开发与实施》，载《中小学教材教学》，2018 年第 1 期，第 35—37 页。

类　别	项　目
科技信息类	定格动画、微电影制作、DIY 工厂、趣味实验、机器人制作、3D 打印课程、FLASH 制作
游戏类	丢手绢、盲人摸象、绑腿跑、学科游戏、拼图游戏、你说我猜、木头人、火眼金睛、玩转多米诺骨牌、魔方、九连环、魔术

（3）儿童休闲活动课程的场馆建设。

儿童休闲活动课程的开设需要各种各样的场馆支持。江苏省的很多学校根据课程开发与实施的需要，建设了各种各样的主题休闲活动场馆。

①种植养殖类场馆。

绿色养殖园。在校园内开辟专门的种植空间，如"百草园""百花园""嘟嘟多肉坊""开心农场"等。例如，南通市海门经济技术开发区小学专门开辟了"太空种子培育园"等，让学生认识、欣赏并动手培育各种来自太空的植物；扬州市育才小学将校园里闲置的空地开辟成让学生种菜的"开心农场"，学生在农场中可以经历翻地、播种、施肥、割草、丰收的全过程。对于采摘下来的蔬菜，学生可以通过各种途径去售卖，在此过程中收获了满满的成就感，还培养了多方面的能力。

宠物联盟坊。学生可以在这个场馆中饲养自己喜欢的小金鱼、小乌龟、小仓鼠等宠物，在教师的指导下学会观察，了解各种小动物的生活习性，学会与动物和谐相处。例如，南京市凤游寺小学专门打造了"六足园"，饲养各种各样的蝴蝶，并开发了"蝶舞凤凰台"系列课程。学生既可以在"六足园"里嬉戏玩耍，与蝴蝶亲密接触，还可以开展各种有趣的科学观察和实验。

②生活休闲类场馆。

缤纷美食坊。在美食坊，学生可以摆放各种厨具、微波炉、烘烤箱等器具，教师和学生可以在这里制作并品尝各种美食。例如，扬州的跃进桥小学、常州的春江中心小学都建设了设备齐全的"快乐厨房"，开设了丰富多彩的美食制作课程，受到师生的一致欢迎。

休闲音乐吧。可以让学生选择各种类型的音乐，供学生在闲暇的时候欣赏。

学生也可以自己在网上搜索，找寻自己喜欢的音乐作品进行欣赏，主要让学生放松心情，提升学生的审美鉴赏力。

阅读悦美吧。在学生平时容易触及的地方放置精美的读物，并提供小型书桌、舒适的沙发、座椅、榻榻米、地毯等，为学生打造自由、温馨的阅读场所，让学生获得完美的阅读体验。

影视播放厅。为学生提供观看各种优秀影视作品的场馆，为学校电影类课程的开设提供各种硬件和软件资源的支持。

欢乐点唱台。提供各种点唱设备，让学生在校本课程实施过程中或空余时间，能够自由点唱，享受欢乐。

③体育运动类场馆。

冥想舒缓坊。针对学生学习压力比较大的情况，在坊中存储大量可供冥想的优美音乐，学生可以在教师的引导下放空大脑，释放压力，也可以在舒缓的音乐中闭目静思，享受宁静。

瑜伽休闲馆。为学生提供温暖、舒适的场地，适合学生、教师一起练习瑜伽。

绿茵运动场。提供安全、舒适的运动场所和各种体育运动器材，让学生根据自己的兴趣选择各种运动项目。

④操作体验类场馆。

创客体验室。学生可以将自己在学习中产生的各种奇思妙想和精彩设计，通过创意手工、3D 打印、欢乐机器人等，让梦想成为现实。

DIY 工作室。在工作室里提供多种类型的材料，如纸、陶泥、毛线、布料、木头等，让学生随意拼搭、编织、剪裁、切割，制作出各种有创意的作品。

趣味游戏馆。为学生提供各种游戏道具，让学生轻松享受游戏的乐趣。

在研学旅行中开展休闲活动

研学旅行是近年来新兴的一种旅行与学习相结合的校外教育活动。它和美国的体验式户外休闲教育活动类似。研学旅行有不同的形式，如自然探究、文化考察、乡土探访等。[①]

自然探究

自然环境对研学旅行来说是最为重要的一种资源，学生对自然环境形成深层次的感受与理解是研学旅行所希冀达到的目标。卢梭在《爱弥儿》中提出，真正完美的教育应当由自然的教育、事物的教育和人为的教育共同组成，儿童首先应当尽可能遵循自然的发展，在自然环境中不断磨砺和成长。许多心理学家和教育学者也指出，现代学校教育方式使学生远离自然环境，降低了身体感官的使用程度，导致学生注意力明显下降，患心理问题的比例也显著提高。这就更需要学生充分接触自然环境以调节和保持自己的身心健康。另外，学校可以组织学生开展自然遗产考察、野外生存探险、动植物观察等活动来促使学生接触自然、感悟自然，对自然环境产生熟悉感、亲密感，形成正确的环境价值观念，提升学生对环境保护的意识和兴趣。

文化考察

文化考察具体包括对历史文化景点的参观、红色革命圣地的瞻仰、工厂科技园区的体验等。参观历史文化景点主要是了解和认知中华优秀传统文化，感受中华文明的魅力，提升学生对中华优秀传统文化的认同感和自豪感，培养国家意识，使学生传承和汲取中华优秀传统文化中的精华。瞻仰红色革命圣地是让学生近距离感受老一辈革命家为国家的独立和振兴所进行的艰苦奋斗，将课本中的故事通过实地实物展现出来，让学生的爱国主义情感得到升华。参加工厂科技园区体验活动则是让学生走出单调的校园生活，走进工厂、科技馆等，运用各类器材和设备来接受创客教育，行之有效地发展动手操作能力和团队协作能力。

---

① 薛博文：《中小学研学旅行的价值意蕴与发展策略》，载《现代教育科学》，2020 年第 1 期，第 22—23 页。

乡土探访

自呱呱坠地起，家乡就是学生主要的学习和生活场域，是所在地学生最亲切、最熟悉，也是最为重要的学习环境。美国学者格林伍德（Greenwood）将地方感定义为一种与自然、文化和社区的联结，它具有充分的情感因素和认知因素，是长时间与地方积极互动而产生的素养。这种地方感能够坚定个人与自己生长生活的地方的联系。乡土探访的主要目标就是发展和培养学生喜爱和感念家乡的地方情感。这类研学旅行一般以学校所在的地区为基础开展活动，除了对周边自然地理环境的认知外，还将当地的历史、乡土文化、经济、社会发展等情况传授给学生，让学生充分认识到家乡之美，使学生对"生于斯，长于斯"的家乡充满自豪感，且愿意为其发展而奋斗。

以下是浙江省桐乡市语溪小学"乡土寻趣"研学旅行的具体做法[1]，供大家参考：

其一，乡野走学，是指教师利用乡村学校周边具有教育价值的资源，引导学生在真实的乡野情境中边走边学边思，并用所学的知识解决实际问题，实现认知升华，提高学生综合素养的研学方式。

其二，农事探访，是指在研学过程中，引导学生观摩和探究一些可观、可赏、可模仿的农事活动，直观形象地积累耕耘经验和劳动经历，模仿、学习和掌握一些农事操作技能，并从中获得学习感悟的研学方式。

其三，乡情感悟，是指通过对乡间民俗和乡情的研学，达成体验和感悟的研学方式。它历经直接认知、欣然接受、尊重和运用当下得到的感悟，是一种由感性认识上升到理性思考的过程，能丰富学生的直观经验，促进学生深度思考。

---

① 杨建伟：《乡野寻趣：农村小学研学旅行再出发》，载《教学月刊（小学版）》，2019 年第 11 期，第 4 页。

财商与消费辅导

在 21 世纪公民核心素养中，新兴领域中的三大素养包括财商素养、信息素养和环境素养。可见财商素养对于青少年发展的重要性。然而，什么是财商素养，怎么培养财商素养，这在学校教育中还是一个比较陌生的领域，家长对此更是知之甚少。

| 财商与财商教育解读 |

什么是财商教育

"财商"是由美国日裔学者罗伯特·清崎（Robert Kigosakj）在《富爸爸，穷爸爸》一书中最先提出来的。它包括两方面的能力：一是正确认识财富以及财富增长规律的能力（即价值观）；二是正确应用财富及财富增长规律的能力。财商主要由以下四个方面的知识构成：一是财务知识，即阅读理解数字的能力；二是投资知识，即钱生钱的科学；三是市场知识，即有关供给与需求的科学；四是法律知识，即有关会计、法律及税收之类的规定。清崎认为，财商实际上是才能和技巧的结合，财商可以要求人们不为金钱工作，而让金钱为人工作，人们必须真正了解金钱及其内在的规律。[①]

与"财商"相近的概念叫"财经素养"。对"财经素养"的解释,国外常用的是经济合作与发展组织(OECD)给予的定义:对财经概念和风险的知识及理解力,以及应用这些知识和理解力的技能、动机和信心。财经素养使个体在各种财经情境下能作出有效决策,提高个人和社会的经济利益,并参与经济生活。[①]

早在 1982 年,美国学者安德森(Anderson)就指出:"财商教育就是能够让人们学会如何设立理财目标,认识个人收入基础,制订详尽的理财计划以及应用理财计划,调整理财计划,评价理财目标和理财过程的一系列环节。"美国学者马格特(Margart)将"财商教育"定义为:"财商教育的目的是使受教育者更能觉察到理财机会,并感受到它们的影响,特别是帮助受教育者发展积累资本的技能。"[②]

可见,财商教育不仅是帮助青少年学会理财、学会消费,更重要的是培养青少年的理财观念,普及理财与投资知识,以及提升理财智慧和能力。

发达国家重视财商教育

发达国家非常重视青少年的财商教育,以下简要介绍美国和日本的财商教育。[③]

美国的财商教育

美国关于青少年财商教育的探索开始得较早,相对于其他国家,也发展得更完善、更系统,这与美国社会浓重的商业氛围对教育体系的影响是息息相关的。

(1)家庭教育。

美国的父母把财商教育称为"从 3 岁开始的幸福人生计划"。大多数美国孩

---

① 封梦媛:《英美青少年财商教育现状对我国教育的启示》,载《江西广播电视大学学报》,2018 年第 1 期,第 64 页。
② 同①,第 64—65 页。
③ 陈勇等:《国外青少年财商教育研究梳要及其启示》,载《外国中小学教育》,2015 年第 2 期,第 25—27 页。

子会接受贴近生活的财商教育，从而使其具备较强的自主能力、金融意识以及基本的物质资源管理能力。美国家庭普遍采取的财商教育方式有：让孩子从小就做力所能及的劳动，使其明白财富的来之不易；在真实生活情境中指导孩子合理消费，学会计划，学会自我控制；给孩子介绍投资理财与金融产品，帮助他们形成投资意识，掌握初步的投资知识与技能。

（2）学校教育。

《联邦中小学教育法案修正案》（1994年）的颁布，标志着美国联邦政府正式将财商教育纳入学校课程体系，而正式把面向全民的财商教育纳入美国国家法案的则是2003年颁布的《金融扫盲与教育促进条例》。之后，美国六个州（包括新泽西等）均通过立法，将财商教育列为12年学校教育（小学、中学）的必修课程。

美国的财商教育在儿童的不同成长阶段有不同的要求。如：3~4岁能辨别纸币和硬币，辨认币值，并知道金钱不是无限的；5岁能知道钱的等价物及钱的来源；6岁能数钱；7岁会看价格标签；8岁学会储蓄并知道通过自己的劳动赚钱，懂得自食其力的道理；9岁能制订开销计划，并比价；10岁懂得记账、节约，以备不时之需；11岁能分辨广告里的真实信息；12岁懂得正确使用银行业务中的基本术语；12岁以后直至高中毕业阶段，则鼓励孩子从事一些购买股票、债券等投资活动，利用业余时间打工赚钱，从而为步入社会作好充分准备。

日本的财商教育

日本之所以位居世界经济发达国家的行列，与其高度重视儿童早期财商教育有关。日本的财商教育是以学会赚钱、花钱、存钱和让钱增值为主要内容。日本青少年的生活中财商氛围浓郁，有利于形成善于理财的品质和能力。

（1）家庭教育。

日本财商教育强调"自力更生，勤俭持家"。日本有一句名言："一切都要自己通过劳动获取，除了阳光和空气。"近年来，由于经济持续不景气，日本人愈加推崇勤俭持家的理念。

（2）学校教育。

日本政府认为学校应承担起青少年财商教育的主要任务，认为应该让孩子从儿童时期就开始在实践中学习金融知识与技能。与美国不同的是，日本学校的财商教育强调的是一种社会责任感，实行让学生正视金钱的价值，理性合理地使用金钱，以及正确实惠地预算、合理制订消费计划等相关的财商教育。近藤由纪彦先生是提倡在日本小学阶段就践行财商教育的先行者之一，他强调："打铁要趁热，如果等到小学高年级的课本中才出现指导消费的内容，恐怕积习太深，木已成舟，为时已晚。应从低年级就开始教导一些对金钱的基本看法和想法。"

日本的中小学校普遍会进行正确认识金钱的启蒙教育。例如，东京证券交易所编撰的教材《股票学习游戏》，已被上千所中小学采用。此外，日本中学中主题为财商教育的课程内容比较普遍，如日本大阪的中学以"储蓄与消费""用卡知识"等为主题授课。

日本的学校不仅充分认识到财商教育的价值，并且在学校财商教育实践上也别具特色。例如，每班都会选出两个"财商教育干事"，负责有关事宜；学校还按期发行校办的财商教育报刊。青少年成长中心（全球性民间非营利机构）在文部科学省、品川区政府和世界知名金融机构——花旗集团的资助下，首次在日本兴办起一个"学生城"，将繁华的商业街搬到了学校。学生可以在"学生城"里的银行、便利店、公司打工赚钱。这可以让孩子们体验成人世界里的经济行为，体会赚钱的甘苦，为将来的健康理财打下扎实的基础。

由上可见，发达国家政府部门非常重视青少年的财商教育，从小学到中学形成了比较完备的教育体系，并且重视家庭教育中对孩子财商的培养。

财商教育对青少年成长的意义 [1]

青少年阶段是财商教育的最佳时期，良好的财商教育能让学生养成良好的

---

[1] 刘向峰：《财商教育初探》，载《山东工商学院学报》，2021年第1期，第8—9页。

生活态度、树立正确的价值观念、形成优良的品格、积淀文化素养和培养责任意识等。培育青少年形成健康的财富观，帮助他们掌握必要的金融知识、理财知识和理财技能，是帮助他们成长成才的重要途径。

在青少年成长过程中，学习成绩并不是影响个人成长的重要因素，个人综合素质已成为影响个人成长的关键因素。综合素质包含很多方面，财商素养无疑是其重要的构成要素。对青少年进行财商教育，提升其正确获得、使用和保管金钱的能力，改变其不善于理财保值的行为，有利于提高自我管理、自我约束和自我发展的能力。把财商教育纳入学校教育体系，将有利于提升学生的理财技能，丰富学生的理财知识，树立正确的财富观念，坚定人生理想信念，获得不一样的人生体验。

青少年财商教育主要内容

由于我国中小学财商教育还处于起步阶段，对于财商教育的概念、目标和内容，学界有不同的论述。例如，王甲提出的财商教育内容比较简洁明了，比较符合中小学教育实际。他认为对青少年进行财商教育的主要内容有以下三个方面[1]：

一是促进学生形成正确的金钱观和财富观，通过各种途径培养学生的节约习惯、自控能力、计划意识、合作精神以及公益意识。

二是帮助学生掌握财务知识，让学生认识货币、银行、储蓄、利率、信用、理财等概念，掌握一些简单的经济和金融知识，初步形成理财观念。

三是学会理财技能，教会学生制订购物计划，能主动管理零用钱，会进行价格计算和比较，能进行货币存取。

这三个方面的内容，在不同的学段应有不同的侧重。在小学、初中阶段，应着重对学生进行正确金钱观、理财观的教育，在高中及以上阶段应着重对学生的理财能力进行训练。

---

[1] 王甲：《中小学应更加注重孩子财商教育》，载《中国德育》，2019 年第 3 期，第 71 页。

青少年财商素养与消费状况分析

青少年财商素养状况分析[①]

　　赵娜对石家庄 1655 名青少年财商素养的调查发现：（1）学生的基本金融常识匮乏。22.5% 的青少年不知道通货膨胀上升之后货币会贬值；仅有 67.61% 知道个人信用报告应该向中国人民银行申请查询，将近 13.84% 认为应该向公安局申请查询。多数青少年对常用的网络金融产品的认识明显不足：83.93% 的青少年知道使用支付宝旗下的花呗进行支付是信用支付，42% 不知道京东白条是信用产品，25.8% 认为微信支付是信用支付。这反映出多数青少年对于日常使用的网络产品了解少，处于盲目使用状态，存在潜在风险。（2）学生的财富管理能力匮乏。复利的意义和相关计算是财商教育的一项基本内容，有 18.97% 的青少年能正确计算复利问题。这个数据和学习过财商课程的青少年占比基本吻合。需要关注的是，有 63.44% 的高中生认为自己所在的学校没有开设过财商教育相关课程，仅有 19.46% 的高中生认为所在的学校开设过财商课程。

　　研究者认为，受访学生基础金融常识匮乏与财商教育的供给不足直接相关。具体体现在：一是家庭教育动力不足、需求缺位。青少年阶段是学业进展的关键时期，受到传统观念的束缚，家庭中很少有机会和孩子系统探讨金融知识，开展金融行为实践。面对孩子的学业压力，家长没有时间提升孩子的实际金融技能。二是学校教育重视不够，效果欠佳，主要表现为：金融知识碎片化特征明显，课程内容系统性不够；个别金融知识散落于数学、历史等学科中，不以金融知识为直接教学目标；课堂教学与现实生活联系不紧密，课堂教学以讲授基本经济概念为主，偏重于宏观调控等理论知识，缺少现代核心生活技能的教育，与青少年的知识需求不匹配。

[①] 赵娜：《青少年金融素养现状及其培育机制》，载《河北金融》，2021 年第 11 期，第 36—37 页。

青少年消费心理状况分析

为了解青少年消费与金钱价值观，冯英子对广州青少年开展实证调查，从态度和行为两个维度入手分析青少年对金钱的态度、消费决策类型。结果发现[①]：

（1）青少年对金钱的态度普遍保守、谨慎，花钱时犹豫不决。研究者将青少年对金钱的态度分为四个维度：权力—名望维度，是指视金钱为用来影响和衡量一个人成功水平的象征；维持—保留维度，是指将金钱的使用焦点放在对未来财务规划的准备情况上；不信任维度，是指对金钱的使用保持犹豫不决、怀疑的态度；焦虑维度，是指把金钱当作焦虑的来源，同时也是免于焦虑的方法。得分最高的是"维持—保留维度"，说明青少年在花钱上较为保守、谨慎，经常为未来发展作储备计划，如同意"我会定期将钱存起来以备未来需要"这一表述的青少年占比 63.5%；对未来金钱的使用有计划性，如选择"我会为了未来而作财务规划"的青少年占比是 57.6%。得分第二的是"不信任维度"，说明青少年在使用金钱时会有犹豫不决的情况，对商品的价格常抱有怀疑的态度，疑心买贵了，这与他们的保守消费习惯有关。

（2）青少年在消费决策类型上趋于理性。研究者将受调查青少年的消费类型分成四种：一是完美认知型，此导向的消费者会仔细、有系统地寻找最佳质量的产品，通常他们不会为已购好的产品感到满足；二是价格认知型，消费者对于特价或低价产品有较高偏好，且认为寻找与金钱等值的产品是一件重要的事，所以此类型消费者会仔细比较产品价格；三是决策困扰型，消费者会因有过多品牌或商店等产品信息供其选择而感到困扰；四是冲动型，消费者会因为一时冲动购买产品，且较不会在乎花费多少或是否做了最好的购买行为。调查结果显示，59% 的青少年消费决策类型为完美认知型，20.9% 为价格认知型，

---

① 冯英子：《当代青少年金钱价值观现状研究——以广州市为例》，载《青年学报》，2019 年第 3 期，第 65-68 页。

10.9% 为决策困扰型，9.3% 为冲动型。可见，青少年最突出的消费者决策类型是完美认知型。这意味着大多数青少年的消费行为极具理性，在消费时会致力于寻求相对完美的产品或者服务。

研究者认为，大多数受调查青少年消费态度谨慎、犹豫不决，在消费时倾向完美认知型、较为保守，与目前中学财商教育缺位有关。

| 青少年财商教育辅导策略 |

探索学校、家庭、社会"三位一体"的青少年理财教育联盟

要从"如何用钱""钱有何用"和"怎样赚钱"三个维度入手，建立家庭—学校—社会三维教育体系。首先，要织好理财教育中家庭的"兜底网"。在社区开展宣讲活动，张贴公益海报，向家长科普当今社会理财教育对青少年未来生涯规划发展的重要作用，引起家长主动关注。建议家长在日常生活中采取民主型的管理方式把控孩子的消费行为，多同孩子交流金钱合理分配的计划。例如，可以开展"家庭随手账"活动，由家长带领孩子一起记录每月的家庭开支，并规划下月开支，再进行家庭集体讨论、交流，提升亲子互动及理财规划能力。其次，充分发挥学校教育的基础作用。降低理财教育年龄起点，在有条件的学校引入系统、独立的理财教育课程，配备专职或兼职教师教授学生理财知识，还可同银行等金融机构合作，开展公益讲座，培养学生的理财意识。学校可通过家长座谈会等机会，举办家庭资源管理与金钱教育方面的课程与讲座，提供多元的资源与渠道，让父母学习如何对子女进行理财教育。最后，社会要在多种媒介平台上开展理财知识宣讲以及防止过度消费的宣传，如在互联网平台上播出公益理财知识、金融知识讲座视频，提醒青少年注意"校园贷"等陷阱等，还要加大对互联网信贷的管控，限制非法集资。

培养积极、健康的金钱观

第一，对当前社会上由于金钱观败坏引起的悲剧案例进行评析，将其制作成公益广告、短视频，在各大平台投放，使对青少年健康金钱价值观的教育工作引起全社会的重视。第二，学校的德育课程中应融入健康金钱观的内涵，针对学生不同成长阶段采取理性与感性融合、理论与实践结合的教育方式，引导学生从日常行为规范做起。例如，在普法教育课上，运用一些犯罪案例对学生进行金钱观教育，加强对错误金钱观的预防。第三，当今青少年处于被各种媒体平台包围的世界，政府、教育部门及国家广电部门必须发挥功能，取缔当前在网络平台上流行的一些"炫富"视频、直播、节目，严审相关内容，大力推广传播中华优秀传统文化以及成功人士艰苦奋斗的故事，重视明星效应，研发宣传社会主义核心价值观的新节目。第四，多措并举斩断伸向校园的金融"黑手"，引导学生树立正确的消费观，严查的同时也要规范，运用合适、有效的监管手段，将其纳入法治轨道。①

·财商教育课程开发

青少年财商教育的一个重要途径是财商教育课程的开发。近年来，有学校开始了财商教育课程开发的尝试与探索。下面以广州市第十六中学研发的财商教育课程为例进行说明。②

该校财商教育课程主要分为理论课程和实践活动课程两大类，每学年两大类课程的课时加起来超过 20 个。经过几年的尝试和调整，目前，理论课程主要由"个人财务策划""储蓄存款""股票""债券""外汇""保险""期货""货币"

---

① 冯英子：《当代青少年金钱价值观现状研究——以广州市为例》，载《青年学报》，2019 年第 3 期，第 70-71 页。
② 杨霞、杨平平：《金融特色课程教育模式探究——广州市第十六中学财商教育实践尝试》，载《师道》，2016 年第 6 期，第 11-13 页。

等子课程组成。理论课程由该校思想政治老师承担一部分，另一部分主要是邀请一些大学的专家、银行和保险公司等金融机构的专业人士来给学生上课。

在开设理论课程的同时，该校也在积极寻找和发掘合适的实践基地以开展形式多样的实践活动课程。现在的实践基地包括中国教育学会财商教育实验基地、中国工商银行广东省分行、花旗银行广东省分行等，开展的实践活动课程包括商品交易会、理财大赛、金融社团活动、"财智人生"财商素质教育系列活动等。

（1）商品交易会。

商品交易会活动整个流程都是模拟真实的经营场景：各参展商在参展前必须制订合理的融资方案，参与投标，申请"企业法人营业执照"；开展摊位投标竞拍，将"迎春花市"的招标模式引进校园，增加商品交易会的趣味性和现实感。商品交易会活动现场又设有消费者协会，接受现场举报，以及对参展商进行评比和表彰，活动后也会开展问卷调查反馈，为下一届活动的开展提供参考。商品交易会为学生提供了一个良好的学以致用的平台。

（2）理财大赛。

为了丰富学生的课余生活，增加学生的金融知识，逐步培养学生树立正确的就业观与生涯规划意识，该校思想政治科与汇丰银行和花旗银行联手，举办了两届金融理财规划比赛。

（3）金融社团活动。

金融社是隶属学生会社团部的学生社团，在教师的指导下，日常活动由学生自主开展管理。金融社以提高学生对经济知识的认识、日常的理财能力及对经济社会、时代的适应能力为宗旨，开展各项金融类活动，培养懂得将其应用于生活的新型尖端人才。金融社主要开展商业模拟挑战赛、金融专家讲座等活动。

（4）"财智人生"财商教育系列活动。

中国工商银行广东省分行营业部从 2015 学年开始，由营业部团委牵头，海印支行和庙前直街支行组织实施，诚邀个人金融业务部、结算与电子银行部及其他相关部室协办，在学校开展"财智人生"财商素质教育系列活动。活动以学校金融特色课程为载体，以普及中学生银行业务知识、提高学生银行业务办理生活技能、提升学生财商综合素质为目的，开展理财大讲堂、银行实地参观、银行业务体验及征文比赛等系列活动。

综上可知，广州市第十六中学的财商教育课程，联系学校和学生实际，充分利用校外金融机构资源，注重金融知识与生活实践相结合，课程内容丰富，活动形式生动，值得我们借鉴。

青少年财商教育的家庭辅导策略

时下，青少年消费品牌化、成人化、高端化已成为一种时尚，这种现象应引起社会的高度关注。不少研究者指出，青少年消费的品牌化趋势对其健康成长有诸多不利影响，如容易形成攀比心理，滋生拜金主义，对孩子的人生观、价值观的形成都十分不利。因此，在青少年品牌消费上，家长应保持理性，提倡适度消费，不盲目追求品牌。为此，崔磊等人提出了以下几条帮助孩子合理消费的建议[①]：

（1）家长要提高自身的审美情趣，端正消费行为，以身立教。

父母是孩子的第一任老师，孩子消费行为的形成往往受父母的影响比较大，甚至将父母的穿着打扮作为效仿的对象。如果父母的消费观念比较"新潮"，喜欢赶时髦、买名牌，久而久之，孩子也会上行下效。青少年追求名牌效应的心理，除受社会上高消费的影响外，也与家长自身的审美观、消费观有关。比如，有家长认为现在生活条件好了，给孩子买高档衣服、品牌鞋子都是应该的，甚至以此炫耀自家的身份、地位或富有，满足自己的虚荣心。有的家长尽管家里经济条件不宽裕，但宁愿自己省吃俭用，也要让孩子在别的孩子面前"不掉价"。殊不知，这些行为对孩子是一种误导。

（2）家长要通过摆事实、讲道理引导孩子理性消费。

在引导孩子理性消费时，"身教"固然重要，但"言教"也不容忽视。家长

---

① 崔磊、刘智成：《儿童的品牌化消费心理及其理性回归》，载《湖北师范学院学报（哲学社会科学版）》，2012年第3期，第105—106页。

① 崔磊、刘智成：《儿童的品牌化消费心理及其理性回归》，载《湖北师范学院学报（哲学社会科学版）》，2012年第3期，第105—106页。

要让孩子懂得每个人的需求不同，自己有的东西，别人不一定有，别人有的东西，自己也不一定要有。买东西的标准不是因为别人有，而是看自己是否需要。如果确实需要，再贵也买；如果不需要，再便宜也不买。当孩子提出不合理的要求时，家长应通过摆事实、讲道理予以拒绝。

青少年的消费行为很大程度上也受同伴的影响。当孩子看到同伴穿着流行的名牌时，也可能会基于攀比的心理提出不合理要求，此时父母就要通过"言教"——讲清道理之后给予回绝。如果孩子以哭闹相胁，父母不妨采用冷处理的方法，当孩子发现无法达到要求时自然会停止哭闹。父母切忌因为孩子哭闹而心软，就同意孩子的要求，这种做法只会让孩子把哭闹当成与父母"斗争"的武器，提出越来越高的要求。

（3）教育孩子养成勤俭节约的好习惯。

勤俭节约是中华民族的传统美德，任何时候都不能丢掉。现在有的孩子从小养尊处优，不知父母辛劳之苦，更不知家中每月的收入多少、支出多少、余额多少，对于父母每天要付出的劳动更是不了解。所以，在教育孩子理性消费上，父母一定要让孩子通过读书、社会实践、做家务等方式了解生活的来之不易，让孩子学会珍惜。

（4）培养孩子的理财能力。

要培养孩子理性的消费观念，最重要的是让孩子知道家里的经济状况，理解父母挣钱不容易。孩子只有了解了家庭的收支状况，才能真正理解父母，培养出一种责任感，在消费上不过分追求高档、品牌，为父母分忧。父母不妨设立一个账本，让孩子参与家庭的理财，通过这个小小的账本把家庭每天的收入和支出都记录下来。这个账本除了详细记录每个家庭成员的开支，更重要的是让作为完全消费者的孩子明白自己的消费支出在家庭支出中所占的比例，让孩子明白，他既然还没有能力为家庭创造财富，就应在消费支出上有所节制。这种方式不仅能培养孩子的理财能力，更重要的是培养了孩子的责任感，为孩子树立理性消费观念起着非常重要的作用。当孩子追求品牌消费时，家长可以翻翻孩子的记账本，通过账本上记载的收支数额，消除孩子的不理性消费行为，让孩子慢慢形成好习惯，使其品牌消费行为逐渐回归理性。

网络沉迷辅导

网络沉迷的特点是过度使用互联网，无法控制对网络的关注以及上网的冲动，从而导致身体和心理损害，影响正常生活。青少年的心理和人格尚未完全发育成熟，自制力较差，容易沉迷于网络并发展为网络成瘾。因此，青少年网络沉迷问题受到诸多学者的关注和研究。

沉迷网络的男孩 [1]

小龚，14 岁，初一男生，性格内向、倔强，不喜欢与人交往，也不爱运动，只喜欢打游戏，经常沉迷于网络游戏且不听家长的劝告，家庭冲突时有发生。由于沉迷于网络游戏，每天玩电脑到深夜，上网时间至少 6 个小时，睡眠严重不足，身心疲惫，严重影响了学习、生活和身心健康。他父母曾强行拔掉网线，小龚就在家里大吵大闹，用侮辱性语言骂家长，还扯妈妈的头发，拧妈妈的腿。邻居上来相劝就骂邻居，并以不去上学相威胁，要求家长恢复上网。他一怒之下用拳头打坏了电脑显示器，用脚踢坏了卫生间的门和房间门，撕破了沙发套子，敲碎了茶几上的玻璃。一时间，小龚的家庭关系十分紧张。

上例可见男孩小龚因网络沉迷已经拒学在家，一旦不让上网就冲动攻击父

---

[1] 包遵锋：《一例转学生的"网络沉迷"辅导案例报告》，载《中小学心理健康教育》，2017 年第 23 期，第 48—52 页。略有删改。

母，不仅损害自己的身心健康和影响学业，也把整个家庭搞得鸡犬不宁。

| 青少年网络沉迷解读 |

网络沉迷的概念与识别

网络沉迷的概念

网络沉迷，又称网络过度使用（internet over use，IOU），是指上网者毫无节制地花大量时间和精力在网上冲浪、聊天或进行网络游戏，从而引起心理和行为问题。英国某调查机构对几十个国家和地区的1000多名公司高层职员进行调查，发现竟有超过半数的人承认自己有不同程度的"网络沉迷"。网络沉迷的具体表现有：成天沉溺于聊天、网络游戏中不能自拔；在网络上痴迷于自己幻想的浪漫和胜利；网络之外不愿与人交流，对现实生活失去兴趣，也不关心自己的家人和朋友；当一段时间不能上网时，就会感到无精打采、心慌、心跳加剧，全身打战、痉挛，烦躁不安；摔东西，带有攻击性；无法正常学习、工作与生活等。

上网成瘾对人的负面影响是一个值得关注的问题。克劳特（Kraut）等人对169名上网1~2年的对象进行追踪研究，结果显示，上网时间过多会使人的社会交往减少，尤其是与家庭成员的沟通明显减少，而且人的孤独感、沮丧情绪日益增加。研究者认为，网络是一项影响人的社会参与和心理健康的社会技术，这种负面效应可以从两方面进行分析：一是社会活动时间的剥夺。人们专心用于上网的时间可能替代了原来用于参加社会活动的时间。上网类似于看电视、看书、听音乐这些被动的、没有社会交往的活动。上网时间过多，就会剥夺参加社会活动的时间，容易引起社会退缩和心理健康水平的下降。二是紧密联系的削弱。互联网是个人与群体沟通的社会技术，但它却影响人的社会交往和心理健康，这是一个矛盾的现象。使用互联网的人想用上网来作为紧密联系的手段，以改善自己原有的低质量的社会联系。很多被调查者利用电子邮件同远在异地的父母、兄弟姐妹联系,与过去的朋友和同学通信等。然而,许多上网者更多的是与陌生的网友建立联系,这是一种松散联系,而不是紧密联系。网上的虚拟关系可能比实际生活中接触到的友谊更为局限。网上朋友给予个人的切实支持,远不如家庭、同事和邻居,甚至还有在网上被欺诈、受骗上当的可能。①

网络沉迷的识别

美国心理学家杨格(Young)提出了诊断网络沉迷的十条标准:(1)下网后总念念不忘网事;(2)总嫌上网的时间少而不满足;(3)无法控制用网时间;(4)一旦减少用网的时间就会焦躁不安;(5)一上网就能消散种种不愉快;(6)上网比上学做功课更重要;(7)为上网宁愿失去重要的人际交往和工作;(8)不惜支付巨额上网费;(9)对亲友掩盖频频上网的作为;(10)下网后有疏离、失落感。②

只要有四种以上症状,便可以判断有网络沉迷。

青少年网络沉迷的状况分析

燕春婷等人对大连 2614 名中学生的调查发现,受调查青少年网络成瘾、网络成瘾倾向发生率分别是 3.46%、17.33%;高中生网络成瘾倾向发生率(19.89%)高于初中生(15.70%);农村青少年网络成瘾倾向(19.63%)、网络成瘾(4.81%)发生率均高于城市青少年(14.44%、1.76%)。③

范娟等人对上海 3068 名中学生的调查表明④:网络沉迷的发生率为 2.62%;男生网络沉迷的发生率明显高于女生;网络沉迷者更多地受情绪和行为、同伴

---

① 吴增强:《青少年心理辅导:助人成长的艺术》,华东师范大学出版社,2013 年,第 231-232 页。
② 同①,第 232 页。
③ 燕春婷等:《大连市青少年网络成瘾现状及影响因素的调查研究》,载《中国预防医学杂志》,2021 年第 8 期,第 634 页。
④ 范娟等:《上海市中学生网络过度使用者心理特征的调查》,载《上海精神医学》,2007 年第 2 期,第 73 页。

交往等问题的困扰；网络沉迷者存在特定的人格特征，需要给予心理干预。

美国卡内基梅隆大学及匹兹堡大学的研究也显示，网络沉迷者具有喜欢独处、敏感、警觉、不服从社会规范等人格特点。杨（Yang）等人发现，网络沉迷的中学生容易情绪不稳定、易幻想及沉浸于自我满足、一意孤行。克劳特等人的研究发现，过多的网络使用导致和家人的交流减少、社交圈子缩小、抑郁和孤独感增强。该研究结果显示，网络沉迷者的个性较为内向，有明显的掩饰性。网络是个隐蔽而缺乏监控的虚拟世界，网上会有很多陷阱，如网上交友欺骗等，使现实道德在网络交往中几乎失去约束力。另外，很多青少年对家长隐瞒上网的行为。因此，网络沉迷者有掩饰说谎的倾向。

范娟等人的研究还发现，网络沉迷者明显存在情绪、行为以及人际交往问题。究其原因，是过度使用网络对青少年产生了负面影响。主要体现在引起学习成绩下降、持续疲劳、睡眠障碍；长久沉迷于虚幻世界里，与现实脱节，还会妨碍或丧失重要的人际关系和学业，从而导致社会适应不良等后果。

｜ 青少年网络沉迷成因分析 ｜

青少年网络沉迷有一定的内在原因和外部原因。具体有以下几方面。[1]

满足社交需求

青少年在成长过程中面临的一大重要课题就是人际交往。他们往往有着强烈的寻求和维系人际关系的愿望，并期待从和谐的人际关系中获得满足感，即社交需要。在现实生活中，由于青少年身心发展特点及个体心理结构的差异，性格内向、自卑、孤独感强的人对社交的基本需求难以得到满足，而网络的虚拟性、隐秘性等特征恰好弥补了现实环境的"不友好"，那些具有社交障碍的青

---

[1] 李敏、陈艳婕：《困在网中的少年——青少年网络沉迷现状及其应对措施》，载《班主任》，2019年第5期，第6页。

少年能够在网络世界中自由地表达自己，体验安全的社交环境。人的需要是行为产生的出发点，也是人的行为积极性和主动性的原始动力，社交这一基本需求驱使青少年越来越依赖虚拟的网络世界。

满足认同感

戈夫曼（Goffman）指出，个体需要向他人展示自己，以求被他人认可和接纳，且人们往往根据其看待自己的方式，或者希望他人看待自己的方式，选择佩戴怎样的面具、扮演怎样的角色。在青少年成长过程中，其身份认同需要在与外界的互动中来确立，自我认知的方式很大程度上也来源于外界的印象与评价。反过来，他们同样更期待自己能够向他人展示一个良好的形象，从而获得认同感。网络的虚拟性为青少年构建理想自我、重塑自我提供了更多机会，他们可以用更多细节去描述、展现自我。通俗地讲，网络给他们提供了建立"人设"的"沃土"。例如，青少年在社交平台上发布有关自己的生活细节，向他人展示出正向、积极甚至优越的一面，同时，他们更关注社交平台上关于自己的评论，并不断进行回复，从而沉迷于网络社交无法自拔。

逃离压力

每个人都有追求快感和排除痛苦的本能，即生物学意义上的"趋利避害性"。当下，整个社会都背负着生存的压力，而青少年同样有着学习的压力。《学会生存——教育世界的今天和明天》一书中指出："儿童的人格不能分裂成为两个互不接触的世界——在一个世界里，儿童像一个脱离现实的傀儡一样，从事学习；而在另一个世界里，他通过某种违背教育的活动来获得自我满足。"书中描述的这种分裂情形在现实中有了现身说法，很多青少年为逃避学业压力，选择沉溺于网络来获得片刻的轻松和自我满足。网络游戏一方面会给青少年带来胜利的成就感，另一方面也会满足其逃避压力和发泄压力的需要。

网络虚拟空间对现实世界的侵袭

网络作为一种传播媒介，中和了人自身发展有限性和世界发展无限性这一主要矛盾，即加快了拓展生活空间的速度，满足了人们探索的需求。在人们加速探索的过程中，网络在大众面前构建了一个巨大的虚拟空间。在这个空间中，人们可以拥有各种仿现实甚至超现实的体验。进一步讲，网络的虚拟性和仿真性给青少年创造了一个异于真实世界的"异世界"，为青少年亚文化的流行提供了安全的场所；同时，网络的不断进化又模糊着虚拟与现实的边界，虚拟空间和现实空间不断重叠，为青少年营造了亦真亦假的"拟态环境"。

可以看到，无论是家里还是街上，网络无处不在，青少年被各种电子媒介所围绕，他们可以在教室里、放学回家的路上随时切换进网络世界中，以此消弭现实时光。另外，网络也在"消费至上，娱乐至死"的文化中起到了推波助澜的作用，消费文化的盛行裹挟着身在其中的每一个人。网络环境下，新的价值观和生活方式对青少年造成了巨大的冲击。

| 网络沉迷辅导策略 |

网络沉迷预防策略

从更为积极的意义上讲，青少年网络沉迷重在预防和合理引导。对于学校来说，要积极开展网络素养教育。学校是学生学习和生活的主要场所，因此，对于预防和减少青少年网络沉迷起着非常重要的作用。许多研究者认为，学校应通过网上论坛、网上谈心、辩论、演讲、座谈、讲座等形式对青少年进行网络教育，帮助他们树立健康的网络使用观念，引导其正确使用网络。

学校要重视和加强校园网络的建设，不断丰富和调整学校网站的内容和形式，融知识性、教育性、娱乐性与趣味性为一体，通过学校网络建设传播科学、健康的知识信息，缓解青少年的学习紧张情绪，陶冶青少年的情趣，对青少年普遍关心的问题集中解答和指导，利用校园网络开展心理疏导工作，积极发挥网络的教育功能，用校园网络建设抵御网吧不健康内容对青少年的精神污染。例如，美国中小学对学校电脑实行联网管理，所有电脑都安装了色情过滤软件，对影响青少年身心发展的不良网站进行屏蔽。

学校应向学生提出建议，使学生拥有自我保护意识，不要随意发送个人或家庭信息，不要轻信网上的陌生人，在网上看到不健康的内容要立即关闭等。在法国，学校为家长提出可操作的指导，要求家长与孩子制定家庭公约，经常了解孩子的喜好和上网的基本情况，与孩子探讨上网的技巧和经验。

网络沉迷个别辅导策略 [①]

对于网络沉迷学生的个别辅导，可以从以下几方面进行。

与学生建立良好的关系

由于青少年网络沉迷者很少自己主动前来求治，大部分是被父母或老师等强制来辅导，因此来访者往往对辅导者有很强的抵触情绪，所以建立良好的关系，对网络沉迷者充满爱心，从而使他们相信、配合辅导者是干预网络沉迷的前提和基础。

评估学生网络的使用情况

在辅导者和网络沉迷者建立了良好关系、相互接纳的前提下，辅导者才可能了解网络沉迷者对于网络的使用情况，网络沉迷者也才可能认识到自己的行为对自身、周围人的危害程度。比如，喜欢什么时候上网，在什么场所上网，每次上网大概需要多少时间，上网时主要做些什么等，这些情况可以帮助辅导者发现一些与上网行为有关的关键信号，如上网行为的引发条件和维持条件。同时，辅导者还要了解来访者的情绪状态、网络沉迷行为对来访者日常学习和生活的影响程度等。

---

① 吴增强、张建国：《青少年网络成瘾预防与干预》，上海教育出版社，2007年，第51—60页。

探讨学生网络沉迷行为的动机

探讨网络沉迷行为的深层次问题主要是分析、探讨来访者网络沉迷行为产生的原因，使来访者能真正认识到自己的问题所在。很多情况下，来访者之所以沉溺于网络，是为了逃避生活中所面临的问题和压力。比如，考试失败或学习碰到困难，对学习提不起兴趣；失恋、与父母不和等情感上的挫折；被周围的人排挤、没有知心朋友等人际关系上的问题；父母离婚、失业等家庭变故等。通过对话让来访者真正面对自己的问题，并在辅导者的帮助下解决这些问题，才能消除网络沉迷行为的引发条件。为了达到以上目的，辅导者可与来访者一起探讨以下问题：是什么使自己想逃离日常生活？自己在近期的现实生活中是否遇到了麻烦或有巨大的压力，是什么压力？应该怎样去解决它？生活中有谁可能会支持、帮助自己解决这些问题？网络中的什么吸引了自己，让自己沉溺其中不能自拔？……

缓解学生的压力并调整其认知

根据上一阶段探讨出的网络沉迷行为产生的原因，面对当前学习和生活的压力，辅导者要帮助来访者去面对，并着手解决，而不是逃避。因为通过上网来逃避问题，也许可以使我们一时忘记它，但这样做并不会使问题真正消失，相反，它往往会强化问题，使问题变得更加严重。这个环节主要是缓解网络沉迷倾向学生的内在压力，并初步调整其认知。例如，对于那些因为父母离婚感觉自己受到了伤害，被父母抛弃而成天通过上网聊天来寻求心理上的支持和安慰的来访者，辅导者可以通过家庭治疗以缓解家庭变故给来访者带来的压力，并鼓励其在现实生活中结交朋友以获得支持和帮助。同样，对于很多因为认知问题而出现的网络沉迷行为，辅导者首先应帮助来访者调整认知，改变其对网络以及其他问题的不正确看法，进而再纠正其网络沉迷行为。比如，不少学生认为网络比现实生活更能满足自己的需要，在网络中更能获得成就感，只有在网络中才不会被人欺负、不会自卑，网友比周围的人更懂得关心人，等等。显然，这些都是相当片面的观念，坚信这些想法会促使他们更加依恋网络，由此辅导者应该花大量的精力与他们讨论、对质这些片面观点，指出其不合理所在，并示范应如何理性地分析看待，帮助来访者形成合理、正确的认知。

协商制订具体辅导方案

为保证网络沉迷行为矫治的顺利进行，辅导者与来访者协商制订克服网络沉迷行为的具体方案非常重要。它可以将一些空洞的说理转变为可操作的具体指标，让来访者清楚自己应该先做什么，从而帮助来访者一步一步克服网络沉迷行为。

具体方案中应该明确来访者的目标是什么、在什么时间做什么事情、怎样做好这些事情、做完以后又如何等。方案的制订必须与来访者共同探讨、协商完成，不能由辅导者单方面直接拟订，也不能完全依从来访者。同时，还要考虑方案的有效性、可行性，应首先设想多种可能的方案，然后对这些方案的优劣进行权衡、评估，最后选择一个合适的、有效的、可行的方案作为行动计划。

实施矫治网络沉迷计划

有了计划后还必须具体落实和实践，这是整个干预的最重要环节——克服网络沉迷行为，即根据拟订的计划，采取行动，达到矫治目标。这一阶段的关键是计划要得到认可，即它不是辅导者所强制要求的，而是与来访者共同探讨、协商的结果，是来访者自己选定的方法，他能够去实施并加以监控。来访者可以通过控制网络沉迷行为的引发和维持条件，来改变自己的网络沉迷行为。例如，实施时间管理，打破原来的上网习惯；设置提醒卡，当又动了玩电脑的念头时，不断提醒自己："不行，现在不是时候！现在应该学习！等周末再说！"寻找支持群体，有意识地参加各种兴趣小组，通过恢复、扩大与现实生活的接触，逐步减少对网络的依赖；积极的自我暗示，每当自己又抵御住了诱惑，不上网而认真学习，度过了一个充实的夜晚后，就进行自我鼓励："今天学得有收获，很投入！坚持就是胜利！"

在实施矫治网络沉迷行为的过程中，辅导者要适时介入来访者的行动之中，对其遇到的困难之处予以及时指导，并根据监控中发现的问题对矫治方案作必要的调整。

效果评估与随访

这是对青少年网络沉迷干预的最后环节，主要是根据矫正目标和矫治方案对干预效果作评估：通过对辅导过程的总结，辅导者和来访者共同填写"网络沉迷干预效果评估表"，帮助来访者回顾整个矫治过程的要点，检查干预目标的实现情况，指出来访者的进步、成绩和需注意的问题，其中要突出对来访者的鼓励、赞赏和支持（如你现在表现得越来越好了，你能够控制自己的行为、管理好自己了等）。

此阶段要注意处理好结束关系和跟进巩固等问题。成功的辅导关系在结束时会使来访者感到一些不情愿、焦虑，甚至依恋，因为他担心失去一位最知心的朋友，并要独自面对挑战。因此，辅导者应及时说明，今后仍然会关心他的情况，还会有一些跟进辅导（随访），并随时提供一些必要的支持。

在本节案例中，包老师对小龚的辅导过程如下。

一、评估分析

通过对小龚的深入分析，我认为造成他网络沉迷的原因大致有：

1. 家庭方面。家长对小龚从小溺爱，缺少有效的监管手段；家长工作忙，缺少亲子沟通，造成小龚情感孤独；家庭关系不和谐又削弱了对小龚的教育力度，家庭教育起不到应有的作用。

2. 学校方面。由于成绩差，小龚丧失了学习兴趣，缺少学业成就感，再加上学校里没有有效的支持系统，对他网络沉迷的行为无法提供有针对性的帮助，使他出现厌学情绪。

3. 个性方面。小龚的性格孤僻，存在一些个性的缺陷。他兴趣狭隘，同时又缺少毅力，在面对极具诱惑力的网络游戏时，便陷入其中，不能自拔。

二、辅导目标与策略

1. 先与小龚建立良好的咨询关系，取得小龚对我的信任，促进他与人交往的愿望。

2. 通过认知行为治疗技术，从合理使用网络、兴趣转移策略、家庭关系改善和人际关系协调等方面入手，逐步完成对小龚的心理辅导，帮其克服网络沉迷的不良习惯。

3.通过学业辅导，提高其学习成绩，增进他在学业上的成就感，巩固辅导效果。

三、辅导过程

（一）初见小龚

我第一次接触小龚是在他的家里，因为他几天没有来校上学，我和班主任一起去家访。他的父亲接待了我们，当时已经是下午1点多，可是小龚还没有起床，从他父亲那里得知他晚上玩到凌晨4点多才睡。

（二）从游戏聊起

小龚爸爸陪班主任到客厅里聊天，我在小龚的床边与他进行了一番交谈。起初，由于对我不了解，他有些阻抗，于是我改变策略，聊他感兴趣的网络游戏。这时候，他的话匣子顿时打开了。

师：听说你的电脑游戏玩得很厉害，能不能跟我说一说？

小龚：（抬起头，眼睛都开始放光了）那当然，没有我不会玩的。

师：那你平常最喜欢玩哪种游戏呢？

小龚：当然是"杀人"游戏。

师："杀人"游戏？听上去很恐怖，我不知道你是怎么玩的，能跟我讲讲吗？

小龚：（显出得意的神情）其实一点都不恐怖，很好玩的……就算把对方"杀死"之后，他还可以"活"过来的。

师：那么你在把别人"杀死"的时候，内心是一种怎样的感觉？

小龚：很爽的！不过，你永远都不会体会到的。

师：看来，你在游戏中一定很厉害。能和老师说说你是怎么做到的吗？

就这样，我时不时装作一个游戏"菜鸟"，虚心地向他请教游戏知识，他也乐意传授游戏心得，仿佛很享受这种感觉。通过聊游戏，我逐渐与小龚建立了良好的咨询关系。对于孤独的小龚，有人能倾听他玩游戏的心得，是多么开心的事啊！这能让他很好地宣泄情感。

（三）君子协议

我建议小龚的父亲与孩子商量一下，制订一份"君子协议"：

1. 平时以学习为重，在完成作业，比如阅读、做数学题、背诵单词等后才能上网玩1小时。

2. 如果是用于学习，比如查资料、打字等，上网时间可以适当延长。

3. 上网时不能关门，必须得先和家长打招呼才能上网。

4. 双休日要参加数学补课，完成学业后每天上网不超过4小时，每次连续上网时间不超过1小时。

5. 今后不能再出现打骂父母的现象，对父母要尊重。

6. 若不遵守约定，将扣除下次的上网时间。若不听劝阻，家长将会拉掉网线，而且手机和电脑都不能玩了。

小龚看到只要遵守协议就可以玩电脑，也就同意了，并在协议上签了字。我和班主任作为监督人也签了字。协议书一式三份，小龚、家长和学校老师各执一份。

其实，我一开始并没有对"君子协议"的约束力抱有多大希望，没想到实行了一周后，小龚表现得特别好，基本能遵守协议约定。家长反映他与过去比改变很大，基本在晚上10点之前就睡觉，我很欣慰。

（四）我不能去学校

小龚网络沉迷的问题初步得到缓解，我想，下一步该解决他的人际交往和学习问题了，可是没想到又出现新问题：小龚怎么也不愿意来学校读书，无论家长怎么劝他都不愿走出家门。到底又是为什么？我又对小龚进行了家访。

"我不能去学校。"他说话时，眼睛里充满异样的神情。

我问："为什么？"

小龚说："我那么长时间没有去学校了，我去了之后别人会怎么看我？"

我没想到他会这样回答，但至少表明他心里是不反对去学校的，只是过不了自己心里那道坎。我暗自庆幸，只要他还有在意的东西，说明还有救。

我接着问他："你觉得谁会盯着你看呢？别人又不认识你。"

小龚说:"同班同学,他们会以为我有心理疾病,所以才那么长时间没有来。"

我问:"他们也可能以为你是身体不舒服呢?"

"也许吧,可是我还是很怕。"小龚在说这话时,眼睛与我对视了一下,我永远忘不了那种目光,胆怯中还夹杂着乞怜。

我问:"你能告诉老师,你最怕的情景是什么吗?"

小龚说:"我一进教室,全班同学都盯着我……太可怕了!"

我问:"我理解你此时的心情,其实你心里面是想去学校的,只是暂时缺少勇气,那么,我陪你一起进校门怎么样?"

小龚仍有些犹豫。

我说:"明天我们一早就到校,趁别的同学还没有来时进入教室,就不会有那么多人关注你了。"

小龚说:"那就试试吧。"

我从小龚爸爸那里了解到,小龚小时候就喜欢打球,于是,我邀请他到学校跟我打乒乓球和篮球,他表现得很兴奋。我还请班主任帮忙,告诉同学们尽量不要用异样的眼光看小龚,给了他安全感。小龚来校后我也兑现了诺言,放学后陪他打了几次乒乓球和篮球,采用兴趣转移的办法,逐渐阻断了小龚对网络游戏的过度依赖,同时给了他来校的动力。

(五)班集体的温暖

为了帮助小龚尽快融入班集体,感受到集体的温暖,我建议班主任尽量安排乐于助人的班干部与他同桌,平时还要帮他辅导一下功课,监督他的听讲、检查他的作业等。在课间,有同学主动找小龚玩,和他聊天,午间休息时,小龚不再扮演"独行侠"的角色,时常与同学们一起玩游戏、打球。有一天中午,从他们的教室门口经过时,我看到他在里面与同学玩得很开心,此时的我感到格外欣慰。

在学校的运动会到来时,班主任还有意安排小龚参加200米跑步比赛,目的是让他走出自我,参与到班集体的活动中。在同学们的加油助威声中,他精神十足,奋力拼搏,虽然最后没有拿到任何名次,可是这次参赛本身激发了他的集体荣誉感,使他感受到了集体的温暖。

四、辅导效果

在接受三个多月的心理辅导之后，小龚的网络沉迷现象有明显好转。他现在基本能执行"君子协议"，正常上学，完成作业，每天晚上11点之前上床睡觉，在家再没出现过打骂父母的现象，亲子关系有很大改观。小龚上课注意力集中，与同学交流增多，学习成绩也有了明显提高。他最近一次期中考试成绩是：语文73分，数学61分，英语65分。

这是一个对网络沉迷学生辅导的成功案例。包老师的辅导经验给我们的启示有：（1）要从家庭教育生态系统的视角，积极调动家庭的教育资源来处理案主的问题。正如包老师后来在"个案反思"中所说："一个问题学生的背后往往都有一个问题家庭，当我们在辅导学生的时候，要把学生放在家庭系统中考虑，注重来访者家庭关系的改善。我对小龚辅导时就是充分注意到这一点，从家长一开始强行断网，到后来立约使孩子合理上网，小龚及其父母均作出了相应的改变。"（2）从优势视角，调动案主内在积极的资源。例如，包老师了解到小龚喜欢打球，就利用课后时间和他一起打球，兴趣转移的方法运用得恰到好处，阻断了小龚的过度上网行为。再如，运用行为契约法，增强小龚的自控能力和责任意识。（3）积极调动班集体和同伴互助的力量，让小龚感受到班级的温暖、同学的关心。这种支持性力量在帮助小龚走出网络沉迷、回归学校生活起了非常重要的作用。包老师在辅导过程中，细心聆听小龚的心声，循循善诱地引导，都体现了一位成熟心理老师的专业能力和精神。

当然，对于网络成瘾的学生，应该转介到医院和专业机构进行治疗。一般有药物治疗、认知行为治疗、团体心理治疗、家庭治疗等。

·本章结语·

青少年的休闲生活往往不为学校教育和家庭教育所重视。其实，休闲生活辅导对于培养青少年健康丰富的生活情趣、乐观向上的生活态度与生活方式具有重要作用。休闲生活辅导旨在从社会文化变迁的视角帮助青少年在纷繁变化的大千世界里，不迷失自我，逐步走向成熟；在青少年休闲生活中，给予他们更多自由的空间和时间，让他们体验生活情趣，拓展灵性；财商教育不仅帮助青少年学会理财、学会消费，更重要的是培养青少年的理财观念，普及理财与投资知识，以及理财智慧和能力；帮助网络沉迷的青少年回归正常的学习生活。

一个心智健康的人应该是富有生活情趣的。生活情趣既是对生活的热爱，也是对生活目标的追求，它反映了青少年的人生价值取向，同时也使人生气勃勃、积极向上、自得其乐，内心洋溢着幸福感。因此，休闲生活辅导的宗旨是帮助青少年拥有精彩纷呈、青春飞扬的幸福生活。